ZENTRUM FÜR NIEDERLANDE-STUDIEN
Jahrbuch 16
2005

D1640110

ZENTRUM FÜR NIEDERLANDE-STUDIEN

JAHRBUCH
16
2005

ASCHENDORFF VERLAG

Das Jahrbuch wird vom
Zentrum für Niederlande-Studien herausgegeben

Redaktion:
Friso Wielenga und Loek Geeraedts

Verantwortlicher Redakteur: Markus Wilp

Anschrift der Redaktion:
Zentrum für Niederlande-Studien
Westfälische Wilhelms-Universität Münster
Alter Steinweg 6/7
48143 Münster
Internet: www.HausderNiederlande.de
E-mail: nlstudien@uni-muenster.de

Die Drucklegung erfolgte mit Unterstützung durch
den Landschaftsverband Westfalen-Lippe
und den Förderverein des Zentrums für Niederlande-Studien

Umschlagentwurf: Max Beinema

Verlag: Aschendorff Verlag GmbH & Co. KG, Münster

Druck: Aschendorff Medien GmbH & Co. KG, Druckhaus Aschendorff, 2006
Gedruckt auf säurefreiem, alterungsbeständigem Papier ∞

ISBN 3-402-04204-5

Inhalt

MISZELLEN UND BERICHTE

BUCHBESPRECHUNGEN

Vorwort

Sowohl in Deutschland als auch in den Niederlanden haben sich die politischen Ereignisse in den letzten Jahren nahezu überschlagen. Die aktuellen Entwicklungen, wie etwa die aufsehenerregenden Erfolge Pim Fortuyns oder das vorzeitige Ende der Regierung Schröder, lassen den Eindruck aufkommen, dass sich die politische Lage in beiden Ländern derzeitig in einem bedeutsamen Umbruch befindet. Vor allem in Bezug auf das Verhältnis zwischen Politik und Gesellschaft scheinen Reformen notwendig und gewünscht. Das Zentrum für Niederlande-Studien veranstaltete am 1. und 2. Dezember 2005 ein Kolloquium, in dessen Verlauf viele der in diesem Zusammenhang relevanten Fragestellungen von ausgewiesenen Experten aus Deutschland und den Niederlanden erörtert wurden. Einige Inhalte der Veranstaltung, die den Titel *Politische Kultur, Partizipation und Bürgergesellschaft - Deutschland und die Niederlande im Vergleich* trug, werden im ersten Hauptteil des vorliegenden Jahrbuches aufgegriffen und vertieft. Die Beiträge werden durch eine überarbeitete und aktualisierte Fassung des Festvortrags ergänzt, den Prof. Dr. Paul Schnabel anlässlich des Festaktes zum zehnjährigen Bestehen des Hauses der Niederlande gehalten hat.

Das Jahr 1945 stellte für die deutsche und die niederländische Geschichte eine bedeutsame Zäsur dar, die sich auch in der jeweiligen Geschichtsschreibung niederschlägt. Sowohl in den Niederlanden als auch in Deutschland ist zu keiner historischen Periode so viel geschrieben worden wie über die Jahre 1940–1945 bzw. 1933–1945. Im zweiten Teil des Jahrbuches werden die Prämissen, Inhalte und Ergebnisse der umfangreichen Forschungstätigkeiten der vergangenen sechs Jahrzehnte von mehreren ausgewählten Experten dargestellt und erläutert.

Weitere Aufsätze beschäftigen sich mit ausgewählten Themen der niederländischen Geschichte, bieten systematische Vergleiche zwischen Deutschland und den Niederlanden oder leisten Beiträge zur Geschichte der deutschniederländischen Beziehungen. Sie reichen von der Frühen Neuzeit bis in die Gegenwart. In diesem Jahr richtet sich der Blick hierbei zunächst auf den bekannten niederländischen Philosophen Baruch de Spinoza, dessen Leben und Wirken im Jahr 2005 im Rahmen einer ausführlichen Veranstaltungsreihe betrachtet wurde. Im zweiten Text findet dann eine Auseinandersetzung mit dem Lebensweg und den Bildern Felix Nussbaums statt, in deren Mittelpunkt vor allem die Exilzeit des renommierten Künstlers steht.

Wie jedes Jahr umfasst das Jahrbuch schließlich einen ausführlichen Überblick über die Aktivitäten des Zentrums für Niederlande-Studien im Jahr 2005, eine Bibliographie deutschsprachiger Literatur über die Niederlande und Flandern sowie Buchbesprechungen.

Die Herausgeber des Jahrbuchs des
Zentrums für Niederlande-Studien

Marc Frey

Zivilgesellschaft in historischer Perspektive: Die Niederlande und Deutschland im 19. Jahrhundert

Der Begriff ‚Zivilgesellschaft' ist in aller Munde. Seit Dissidenten ihn sich in den ehemals kommunistischen Staaten Ost- und Ostmitteleuropas Anfang der achtziger Jahre auf ihre Fahnen schrieben, um ihrer Opposition gegen Sowjetbesatzung und politische Unterdrückung Ausdruck zu verleihen, ist Zivilgesellschaft auch rasch im westlichen Europa und in den Vereinigten Staaten populär geworden. Seit den frühen neunziger Jahren sprangen sozialwissenschaftliche Forschungsprojekte zur Zivilgesellschaft wie Pilze aus dem Boden. Bürgerinitiativen nutzten den Begriff zur programmatischen Ausrichtung und zur ideellen Legitimierung. Rasch entwickelte er sich zu einem der Schlagworte im öffentlichen Diskurs und in der Politik. Im ost- und ostmitteleuropäischen Kontext des Spätkommunismus meinte Zivilgesellschaft eine Form staatsbürgerschaftlicher Gemeinschaft, die mit gewaltfreien Mitteln nach mehr Partizipation und nach Demokratisierung der Gesellschaften strebte. Zivilgesellschaft im westeuropäischen Kontext versteht sich als Antwort auf einen vermeintlich überforderten Sozialstaat, der seinen Aufgaben nicht mehr gerecht werden kann und nun gezwungen ist, diese an die Gemeinschaft mündiger und freier Bürger zu delegieren. Bürger können und sollen ihr Schicksal wieder selbst in die Hand nehmen, soziale Leistungen erbringen und an einer sich selbst regelnden Demokratie teilhaben, die auf einem Netz institutionalisierter persönlicher Beziehungen ruht. Zivilgesellschaft versteht sich auch als Gegenkonzept zu einem von den Parteien konservierten politischen System, in dem die Bindung zwischen Bürger und politischer Vertretung abhanden gekommen ist. Folgt man Adepten der Zivilgesellschaft, dann ist sie die Medizin gegen die fortschreitende Entpersonalisierung unseres Lebens, gegen Rationalisierung, Bürokratisierung, Institutionalisierung und Elitendemokratie. Sie wird aufgefasst als Forderung, Aufgabe und Chance. Sie bietet einen Ausweg aus den Verwerfungen fortschreitender Modernisierung, sie ist selbst eine Utopie der Moderne, und manchen ist sie das gesellschaftliche Versprechen der Postmoderne. Was ist Zivilgesellschaft?[1]

---

1   Einführend siehe F. ADLOFF, *Zivilgesellschaft. Theorie und politische Praxis*, Frankfurt 2005; N. BERMEO/P. NORD (Hrsg.), *Civil Society before Democracy. Lessons from Nineteenth-Century Europe*, Lanham 2000; A. BURGER/P. DEKKER (Hrsg.), *Noch markt, noch staat. De Nederlandse non-profitsector in vergelijkend perspektief*, Den Haag 2001; A. ETZIONI, *The Third Sector and Domestic Mission*, in: *Public Administration Review* 33 (1973),

Die Wurzeln des modernen Verständnisses von Zivilgesellschaft gehen auf die Aufklärung zurück, in der sich eine klare Differenzierung von Staat und ziviler Gesellschaft abzuzeichnen begann. Locke, Kant und die Väter der amerikanischen Verfassung propagierten eine liberale Auffassung, die davon ausging, dass ein politisches Gemeinwesen in der Zustimmung und Mitarbeit aller freien und selbstständigen Individuen gründete. Dieses politische Gemeinwesen zeichnete sich dadurch aus, dass es staatsfern war. Die Unterscheidung von Staat und Gesellschaft erfuhr schließlich bei Alexis de Tocqueville eine empirische und theoretische Basis. Tocqueville, ein französischer Aristokrat, der der Demokratie skeptisch gegenüberstand, formulierte in seinem in den 1830er Jahren entstandenen Werk *Über die Demokratie in Amerika* Thesen, die bis heute Ausgangspunkte der Beschäftigung mit Zivilgesellschaft sind.[2] Tocqueville gelangte nämlich zu der Ansicht, dass gesellige Vereinigungen die Grundlage der amerikanischen Demokratie bildeten. Amerikaner, so Tocquevilles Beobachtung, wandten sich zur Lösung sozialer und politischer Probleme nicht an eine Obrigkeit, sondern gründeten einen Verein. Sie nahmen gesellschaftliche Verantwortung in eigene Hände und wurden im Interesse des Gemeinwohls aktiv. Vereine und gesellige Vereinigungen, so Tocqueville weiter, förderten die Demokratie auch in einer zweiten, essentiellen Weise: sie bildeten Gegengewichte gegen die große Bedrohung jeder Demokratie, die politische Tyrannei der Mehrheit. Geselligkeit und solidarisches Handeln, so könnte man Tocquevilles Thesen zusammenfassen, besitzen in der Demokratie eine herausragende gesellschaftliche und politische Bedeutung. Sie knüpfen die Verbindungen zwischen den Menschen in einer Gemeinschaft. Diese waren nach der Auflösung der ständischen Ordnung des 18. Jahrhunderts und der entstehenden demokratischen Strukturen des 19. Jahrhunderts zunächst zerstört oder doch wesentlich modifiziert worden.[3]

Ein zentrales Medium der Zivilgesellschaft ist bereits genannt: freiwillige Assoziationen. Dazu gehören Vereine, Logen, Clubs und andere Organisationsformen sozialer Zusammenschlüsse wie Genossenschaften, Verbände, Gewerkschaften, Handelskammern und auch Interessenverbände. So bezeichnet beispielsweise die Europäische Union folgende Organisationen als zivilgesellschaftliche Akteure: „Gewerkschaften, Arbeitgeberverbände (‚Sozialpartner'), Nichtregierungsorganisationen, berufsständische Vereinigungen,

---

S. 314–323; M. HILDERMEIER/J. KOCKA/C. CONRAD (Hrsg.), *Europäische Zivilgesellschaft in Ost und West. Begriff, Geschichte, Chancen*, Frankfurt 2000; R. JESSEN/S. REICHARDT/ A. KLEIN (Hrsg.), *Zivilgesellschaft als Geschichte. Studien zum 19. und 20. Jahrhundert*, Wiesbaden 2004; J. KEANE, *Civil Society. Old Images, New Visions*, Oxford 1998; A. KLEIN, *Der Diskurs der Zivilgesellschaft. Politische Hintergründe und demokratietheoretische Folgerungen*, Opladen 2001; J. KOCKA, *Zivilgesellschaft. Begriff und Ergebnisse der historischen Forschung*, in: A. BAUERKÄMPFER (Hrsg.), *Die Praxis der Zivilgesellschaft. Akteure, Handeln und Strukturen im internationalen Vergleich*, Frankfurt 2003, S. 429–440; R. PUTNAM, *Making Democracy Work*, Princeton 1993; DERS. (Hrsg.), *Gesellschaft und Gemeinsinn. Sozialkapital im internationalen Vergleich*, Gütersloh 2001.

2　A. DE TOCQUEVILLE, *Über die Demokratie in Amerika*, Ditzingen 1985.

3　J. SPERBER, *Revolutionary Europe 1780–1850*, Harlow 2000, S. 9–57.

Wohlfahrtsorganisationen, Bürgerinitiativen und lokale und kommunale Organisationen mit kirchlichem oder religiösem Hintergrund."[4] Freiwillige Vereinigungen sind die Domäne, in der selbstbestimmte und verantwortliche Individuen, Gruppen oder Organisationen tätig sind. Freiwillige Organisationen implizieren die freie Entscheidung zur Mitarbeit und zum Austritt. Diese Freiwilligkeit bedeutet Freiheit; sie unterscheidet sich von der verpflichtenden Angehörigkeit zu einem Staat (Staatsbürgerschaft) oder der natürlichen Zugehörigkeit zu einer Familie. Die Zivilgesellschaft macht private Bindungen öffentlich und privatisiert öffentliche Bindungen. Ihre Akteure nehmen, um mit Jürgen Habermas zu sprechen, die sozialen Problemlagen der privaten Sphäre auf, kondensieren und verstärken sie, indem sie diese an eine politische Öffentlichkeit weiterleiten.[5] Gesellige Vereinigungen sind also Elemente, die weder der Sphäre des Marktes noch der des Staates zuzurechnen sind. Diese intermediären Elemente, so wird postuliert, bilden gewissermaßen die Infrastruktur der Demokratie.[6]

Zivilgesellschaft beruht zwar auf der freien Entscheidung zu partizipieren, und sie versteht sich als gewaltfrei, konsensual und gemeinwohlorientiert. Das bedeutet aber nicht, dass die Zivilgesellschaft alle Individuen unterschiedslos akzeptiert und aufnimmt, dass sie keine Normen kennt, die Grenzen sozialer Inklusion markieren, oder dass Zivilgesellschaft auch nach außen immanent friedlich ist. Zivilgesellschaft ist kein Allheilmittel gegen Gewalt. Sie versucht aber, Gewalt einzuhegen oder den Gebrauch von Gewalt zu kanalisieren. Im Inneren erfüllt diese Funktion das staatliche Gewaltmonopol und die Rechtstaatlichkeit, und zwar in den Staaten, die nicht nur Rechtstaatlichkeit gewähren, sondern sich selbst ihren Normen unterwerfen. Wo private Bindungen im öffentlichen Raum der Gefahr von Unterdrückung oder Verfolgung ausgesetzt sind, kann sich Zivilgesellschaft nicht artikulieren. Eine aktive und dynamische Zivilgesellschaft braucht einen starken Staat, der in der Lage ist, Rechtsstaatlichkeit zu garantieren und der in sich durch geteilte Macht – durch checks and balances – daran gehindert wird, willkürlich oder autokratisch zu verfahren.[7] Zivilgesellschaft und Staat stehen also in einer dialektischen Beziehung zueinander: die Zivilgesellschaft als Gesamtheit freiwilliger Assoziationen ist der Gegenpol zum Staat mit seiner Regierung, seinen Beamten und seinem Sicherheitsapparat. Ihre Akteure sorgen dafür, dass der Staat den Boden der Rechtsstaatlichkeit nicht verlässt. Zugleich ist die Zivilgesellschaft aber darauf angewiesen, dass der Staat sie schützt und Möglichkeiten ziviler Partizipation schafft und gewährleistet. Vor dem Hin-

---

4   COMMISSION OF THE EUROPEAN COMMUNITIES, *European Governance. A white paper*, 25.07.2001, *http://europa.eu.int/eurlex/en/com/cnc/2001/com2001_0428en01.pdf* (15.01.2006), S. 14.

5   J. HABERMAS, *Faktizität und Geltung. Beiträge über Diskurstheorie des Rechts und des demokratischen Rechtsstaates*, Frankfurt 1994⁴, S. 443.

6   S.-L. HOFFMANN, *Geselligkeit und Demokratie. Vereine und zivile Gesellschaft im transnationalen Vergleich 1750–1914*, Göttingen 2003, S. 34.

7   K. V. BEYME, *Zivilgesellschaft – Karriere und Leistung eines Modebegriffs*, in: M. HILDERMEIER/J. KOCKA/C. CONRAD (Hrsg.), *Europäische Zivilgesellschaft in Ost und West. Begriff, Geschichte, Chancen*, Frankfurt 2000, S. 41–55.

tergrund dieser Überlegungen scheint eine Definition von ‚Zivilgesellschaft‘ sinnvoll, die Freiwilligkeit, Gemeinschaft und Rechtsstaatlichkeit miteinander verbindet. Eine solche stammt von dem niederländischen Philosophen Machiel Karskens. Er definiert Zivilgesellschaft folgendermaßen: „‚Zivilgesellschaft‘ ist der Prozess und das Netzwerk frei eingegangener und frei aufzulösender gesellschaftlicher Vereinigungen, in denen Institutionen und Regeln durch Rechtsstaatlichkeit gesichert beziehungsweise gewährleistet werden. Diese Vereinigungen entstehen durch das Handeln von und zwischen den Akteuren mit ihren je unterschiedlichen, auch antagonistischen Interessen und Wünschen. Diese Akteure sind zeitlich begrenzt und partiell in Vereinigungen engagiert."[8]

Der historische Vergleich

Ein wesentliches Charakteristikum der niederländischen Geschichte seit dem 16. Jahrhundert, so hat Horst Lademacher einmal geschrieben, sei es, dass sich in den Niederlanden nicht Staat, sondern Gesellschaft entwickelt habe. In ähnlicher Weise hat Ton Nijhuis darauf hingewiesen, dass die Bürgergesellschaft der Niederlande sich selbst und nicht den Staat als konstitutives Merkmal der Nation empfunden habe. Im politischen Verständnis der Niederlande habe der Staat stets die Funktion einer ‚overheid‘ im Sinne des englischen ‚government‘ gehabt; schon der Begriff ‚Staat‘ sei in den Niederlanden unüblich. Toleranz, Freiheitsdenken und Rechtsstaatlichkeit haben in den Niederlanden eine lange Tradition, weil der Staat niemals die Rolle eines Obrigkeitsstaates eingenommen habe, der die Beteiligungsmöglichkeiten der Bürger eingeengt und seine Interessen über die der Gesellschaft gestellt habe.[9] Diese Beobachtungen erscheinen durchaus plausibel. Im Kontext einer vergleichenden deutsch-niederländischen Geschichtsschreibung wohnt ihnen aber eine statische Dichotomie inne: dort overheid (im Sinne von Regierung und Verwaltung) und Gesellschaft, hier Staat; dort Toleranz und Freiheit, hier Gängelung und Unterordnung. Diese bewusst zugespitzten Stereotypen sind wenig dazu geeignet, die Entwicklung von Zivilgesellschaft in ihrer Komplexität zu erklären.

Für einen deutsch-niederländischen Vergleich zivilgesellschaftlicher Entwicklung sprechen mehrere Gründe.[10] Zunächst einmal ist ein ausgewogenes

8   M. KARSKENS, *Wat is ‚civil society‘?*, in: J. GRUPPELAAR (Hrsg.), *Burgers en hun bindingen*, Budel 2000, S. 11–30, hier S. 28 [Übersetzung durch den Verf.].

9   H. LADEMACHER, *Zwei ungleiche Nachbarn. Wege und Wandlungen der deutsch-niederländischen Beziehungen im 19. und 20. Jahrhundert*, Darmstadt 1990, S. 2. Ausführlich auch H. LADEMACHER/R. LOOS/S. GROENVELD (Hrsg.), *Ablehnung – Duldung – Anerkennung. Toleranz in den Niederlanden und Deutschland. Ein historischer und aktueller Vergleich*, Münster 2004; T. NIJHUIS, *So nah – so fern: Das Verhältnis von Staat und Zivilgesellschaft in den Niederlanden im Vergleich zu Deutschland*, in: HILDERMEIER/KOCKA/CONRAD (wie Anm. 7), S. 219–244.

10 Zur Problematik des historischen Vergleichs siehe H. KAELBLE, *Der historische Vergleich. Eine Einführung zum 19. und 20. Jahrhundert*, Frankfurt 1999; DERS./J. SCHRIE-

Maß an übereinstimmenden und unterschiedlichen Faktoren unerlässlich. Dies ist im Fall Deutschlands und der Niederlande gegeben. In beiden Ländern entwickelte sich in ähnlichen Phasen eine bürgerliche Gesellschaft und eine Fülle zivilgesellschaftlicher Vereinigungen, die in vergleichbarer Weise auf die Herausforderungen ihrer Zeit reagierten. Die Industrialisierung und die Entstehung einer Arbeiterbewegung vollzogen sich zwar phasenverschoben, in Deutschland früher als in den Niederlanden. Aufgrund ihrer starken Integration in die Weltwirtschaft stellten sich mit diesen Phänomenen zusammenhängende Fragen wie Sozialreformen, die Ausweitung staatlicher Funktionen oder die Bildungspolitik jedoch zur gleichen Zeit mit ähnlicher Dringlichkeit. Schließlich vollzogen sich die für die weitere Entwicklung der Zivilgesellschaften in beiden Ländern so wichtigen Prozesse der ‚Versäulung‘ beziehungsweise der Milieubildung – die soziale und lebensweltliche Segmentierung aufgrund ideologischer und religiöser Kriterien – grundsätzlich ähnlich und nur im Fall der Arbeiterbewegung beziehungsweise des sozialistischen Milieus phasenverschoben. Trotz wesentlicher Parallelen der sozioökonomischen Entwicklung beider Gesellschaften im 19. und 20. Jahrhundert gab und gibt es aber große Unterschiede in der Art und Weise, mit der sie auf Herausforderungen und Probleme reagierten (challenge/response-Modell). Verantwortlich dafür sind die spezifischen Pfadabhängigkeiten, die durch je verschiedene nationale Traditionen und politische Kulturen entstehen. Der Erforschung zivilgesellschaftlicher Verständigungsprozesse kommt dabei eine zentrale Bedeutung zu, können ihre Akteure und Trägerschichten doch in erheblichem Maße als ‚Weichensteller‘ bezeichnet werden.

Entstehung von Zivilgesellschaft

Heutige Non-Profit Organisationen haben ihre Vorläufer in den religiösen Stiftungen, die Privatpersonen im Interesse ihres Seelenheils kirchlichen Treuhändern übertrugen und die schon für das frühe Mittelalter belegt sind.[11] Freiwillige Assoziationen haben ebenfalls eine lange Tradition. Sie gehen auf das städtische Zunftwesen zurück, das sich im späten Mittelalter bildete und das sozialen Halt und Fürsorge in Notfällen bot. Die alte Stände- und Zunftordnung des Ancien Regime löste sich jedoch am Ende des 18. Jahrhunderts auf. An ihre Stelle rückte allmählich eine stärker funktional differenzierte Gesellschaft.[12] Mit der Säkularisierung in der napoleonischen Ära konnten

---

WER (Hrsg.), *Vergleich und Transfer*, Frankfurt 2002. Siehe dagegen J. OSTERHAMMEL, *Transnationale Gesellschaftsgeschichte: Erweiterung oder Alternative?*, in: *Geschichte und Gesellschaft* 27 (2001), S. 464–479; M. WERNER/B. ZIMMERMANN, *Vergleich, Transfer, Verflechtung. Der Ansatz der histoire croisée und die Herausforderung des Transnationalen*, in: *Geschichte und Gesellschaft* 28 (2002), S. 607–636.

11 A. ZIMMER, *The Legacy of Subsidiarity: The Nonprofit Sector in Germany*, in: A. ZIMMER/ E. PRILLER (Hrsg.), *The Future of Civil Society. Making Central European Nonprofit-Organizations Work*, Wiesbaden 2004, S. 681–712, hier S. 682 f.

12 J. GENABEEK, *Met vereende kracht risico's verzacht. De plaats van onderlinge hulp binnen de negentiende-eeuwse particuliere regelingen van sociale zekerheid*, Amsterdam 1999, S. 41–80;

auch die Kirchen die Armen- und Gesundheitsfürsorge nicht mehr im alten Ausmaß aufrechterhalten. Mehr als früher mussten die Kommunen nun selbst für Arme und Kranke sorgen und darüber hinaus auch noch Funktionen übernehmen, die vor der Französischen Revolution von den Zünften ausgeübt worden waren. Dieser Aufgabe sahen sich viele Stadtverwaltungen nicht gewachsen. Insbesondere in der Armenfürsorge engagierten sich daher seit dem Ende des 18. Jahrhunderts in Vereinigungen zusammengeschlossene, ‚mildtätige‘ Bürger. Die Unterstützung für Arme, Kranke, Behinderte und Arbeitslose ging einher mit Bemühungen, sie zu disziplinieren und im Sinne bürgerlicher Ideale zu erziehen. Armut wurde als eine Folge von Unwissenheit, Unzucht und Verlust von Sittlichkeit betrachtet. Es galt daher als Bürgerpflicht, Arme und Angehörige der Unterschichten an bürgerliche Tugenden heranzuführen.[13] In dieser Entwicklung liegt ein wesentlicher Strang zivilgesellschaftlicher Aktivität begründet.

Ein zweiter Strang zivilgesellschaftlicher Aktivität entstand aus einem politischen, sozialen und bildungsmäßigen Impetus. Besonders wichtig für die Entstehung der Zivilgesellschaft in der Moderne waren Logen und Lesegesellschaften, die sich überall in den Städten Europas im 18. Jahrhundert bildeten. Es waren soziale Räume, innerhalb derer die Standesgrenzen durchlässiger waren, in denen sich Männer aus dem Adel und des Bürgertums mischten und auf gleicher Ebene begegnen konnten. Geheime Freimaurerlogen boten einen gewissen Schutz gegen staatliche Spitzel und ermöglichten freie gesellschaftspolitische und religiöse Diskussionen. Der Zugang zu den Logen und Lesegesellschaften war jedoch beschränkt, und bis in die 1830er Jahre hinein wahrten gesellige Vereine ihre Exklusivität durch hohe Mitgliedsbeiträge und komplizierte Aufnahmeverfahren. Gerade die geheimen Gesellschaften waren jedoch keine Orte, von denen etwa der Widerstand gegen den aufgeklärten Absolutismus der post-napoleonischen Ära ausging. Zwar fanden sich in ihnen aufgeklärte Adlige und aufstrebende Bürger zusammen, doch von einer ‚Gegenelite zum absolutistischen Staat‘ konnte keine Rede sein. So war etwa in den Niederlanden der Prinz von Oranien Großmeister der Freimaurer.[14]

M. HETTLING, ‚Bürgerlichkeit‘ und Zivilgesellschaft. Die Aktualität einer Tradition, in: JESSEN/REICHARDT/KLEIN (wie Anm. 1), S. 45–64; F. LENGER, Sozialgeschichte der deutschen Handwerker seit 1800, Göttingen 1988, S. 29–39.

13 I. DE HAAN, Burgerschap, sociale stratificatie en politieke uitsluiting in de negentiende eeuw, in: J. KLOEK/K. TILMANS (Hrsg.), Burger. Een geschiedenis van het begrip ‚burger‘ van de Middeleeuwen tot de 21ste eeuw, Amsterdam 2002, S. 231–275, hier S. 240 f; J.M. ROEBROEK/M. HERTOGH, ‚De beschavende invloed des tijds‘. Twee eeuwen sociale politiek, verzorgingsstaat en sociale zekerheid in Nederland, ’s-Gravenhage 1998, S. 25–42; C. SACHßE/F. TENNSTEDT, Geschichte der Armenfürsorge in Deutschland, Bd. 1., Stuttgart 1980, S. 222 ff.; DERS., Verein, Verband und Wohlfahrtsstaat. Entstehung und Entwicklung der ‚dualen‘ Wohlfahrtspflege, in: T. RAUSCHENBACH/C. SACHßE/T. OLK (Hrsg.), Von der Wertegemeinschaft zum Dienstleistungsunternehmen, Frankfurt 1995, S. 123–149.

14 O. DANN (Hrsg.), Lesegesellschaften und bürgerliche Emanzipation: ein europäischer Vergleich, München 1981, S. 9–23; HOFFMANN (wie Anm. 6), S. 23; M. WINTLE, An Economic and Social History of the Netherlands, 1800–1920. Demographic, Economic and Social Transition, Cambridge 2000, S. 322.

Kaffeehäuser, Klubs und Salons dagegen waren Orte, in denen sich Bürger auch auf nicht organisierte Weise treffen und austauschen konnten.

Aufgabe dieser geselligen Vereinigungen war es, der im 18. Jahrhundert entstandenen Vorstellung eines Zusammenhangs von politischer Tugend und sozialer Interaktion Raum zur Entfaltung zu verschaffen. Gebildete und vermögende Männer strebten danach, tugendhafte Eigenschaften und Gemeinsinn zu entwickeln, sich selbst weiter zu bilden und sich ganz ‚beherrschen‘, also selbst kontrollieren zu können. Dies diente der Selbstvergewisserung des Bürgers in einem wirtschaftlichen und kulturellen Sinn. Denn Staatsbürger waren seit 1798 in den Niederlanden und seit dem frühen 19. Jahrhundert in den deutschen Staaten alle männlichen erwachsenen Mitglieder einer politischen Gemeinschaft.[15] Um sich besser gegen die niederen Schichten abgrenzen zu können, drückten sich Bürger nun primär über ihren Habitus aus – über die Einrichtung ihrer Häuser, über Kleidung, Sprachgebrauch, Lesegewohnheiten, Sozialverhalten – und über Vereinigungen. Diese dienten als Refugium von Beruf, Familie und Politik, und sie schufen soziale Räume, in denen Bürger ihre exklusive Gesellschaft kultivierten.[16] Diese Gesellschaft rekurrierte auf gemeinsame Werte, die Identität und sozialen Halt vermittelten. Dazu gehörten Toleranz, Humanität, Bildung, Selbstständigkeit im Denken und Handeln sowie die patriarchalisch organisierte Familie als Hort von Solidarität und emotionaler Geborgenheit.[17]

Die verschiedenen Funktionen bürgerlicher Vereinigungen – Abgrenzung, Legitimierung, das Streben nach tugendhaftem Leben, Wohltätigkeit und soziale Disziplinierung – kommen paradigmatisch in der Maatschappij tot Nut van 't Algemeen (Gesellschaft für den Nutzen der Allgemeinheit) zum Ausdruck, die 1784 in Edam gegründet wurde. Bereits zehn Jahre später war sie in 25 Städten vertreten und verfügte über eine Mitgliedschaft von mehr als 2.500 Bürgern. Vergleichbares gab es in den deutschen Staaten zu dieser Zeit noch nicht, und auch für die Niederlande war die ‚Nut‘ in vielerlei Hinsicht ein Novum: sie war die erste Vereinigung, die ohne Beteiligung der Regenten – die aus Adel und Großbürgertum bestehende regierende Oligarchie der Handelsstädte – zustande gekommen war und Reformen im öffentlichen Leben propagierte. Sie setzte sich für eine Verbreitung der Ideen der Aufklärung ein, gründete Bibliotheken und Schulen, verlegte Bücher und vertrieb Pamphlete. Ihr Ideal war eine breite Volks- und Allgemeinbildung. Sie kämpfte gegen die vermeintliche moralische Verrohung der Unterschichten, trat für eine strikte Rollentrennung der Geschlechter ein (die die Frau auf die häusliche Sphäre verpflichtete) und für die Erziehung von Kindern im Sinne bürgerlicher Tugenden. Sie unterstützte Maßnahmen, die die wirtschaftliche Lage verbesserten – unter anderem gründete etwa die Rotterdamer Nut 1818

---

15 D. GOSEWINKEL, *Staatsangehörigkeit in Deutschland und Frankreich im 19. und 20. Jahrhundert*, in: C. CONRAD/J. KOCKA (Hrsg.), *Staatsbürgerschaft in Europa. Historische Erfahrungen und aktuelle Debatten*, Hamburg 2001, S. 48–62.

16 N.C.F. VAN SAS, *De metamorfose van Nederland. Van oude orde naar moderniteit, 1750–1900*, Amsterdam, 2004, S. 21–61; A. SCHULZ, *Lebenswelt und Kultur des Bürgertums im 19. und 20. Jahrhundert*, München 2005, S. 19–22.

17 SCHULZ (wie Anm. 16), S. 1–22.

eine Sparkasse –, und sie agitierte mit nationalen Parolen, die auch dem ‚gemeinen' Volk ein stärkeres Bewusstsein von kulturell-politischer Einheit aller Niederländer vermitteln sollten.[18] Neben der Nut gründeten sich weitere Vereinigungen, die in der Zeit der Patrioten, der Batavischen Republik und der Napoleonischen Besetzung auch konkrete politische, wirtschaftliche und soziale Ziele verfolgten. Dazu gehörten beispielsweise Vereinigungen von Geschäftsleuten in Nordholland und Friesland, die sich zur Bewirtschaftung von Poldern und zur Kontrolle von Grundwasser, Kanalsystem und Deichen zusammenschlossen.

Dass gerade in den Niederlanden (und Großbritannien) so viele bürgerliche Vereinigungen gegründet wurden, war kein Zufall. Seit Jahrhunderten waren Bürgertum und Adel weniger stark voneinander abgegrenzt, hatten auch Nichtadlige die Geschicke der Vereinigten Niederlande (und Großbritanniens) mitbestimmt. Amsterdam war bis Mitte des 18. Jahrhunderts nicht nur ein wichtiges Zentrum des Welthandels gewesen, sondern auch eine Stadt der Buchdrucker, die Schriften in vielen Sprachen verlegten. Bürgerlichkeit im kulturellen und wirtschaftlichen Sinn, politische und gesellschaftliche Partizipation sowie Kommunikation im öffentlichen Raum konnten nirgendwo in Europa auf eine ähnlich lange Tradition zurückblicken wie in den Niederlanden.[19] Bürgerlichkeit und Kommunikation entwickelten sich dort besonders, wo viele Menschen auf relativ engem Raum lebten und nicht-agrarischen Tätigkeiten nachgingen. Trotz des relativen wirtschaftlichen Niedergangs im 18. Jahrhundert waren die Niederlande um 1800 noch immer die am stärksten urbanisierte Region Europas: 37 Prozent der Bevölkerung lebte in Ortschaften mit mehr als 2.500 Einwohnern, und die Konturen des Raumes, der heute *Randstad* heißt (das Dreieck zwischen Amsterdam, Utrecht und Rotterdam) waren bereits deutlich erkennbar – hier lebte 30 Prozent der niederländischen Bevölkerung. Dagegen lebte in den deutschen Staaten zur gleichen Zeit nur 17 Prozent der Bevölkerung in Orten mit 2.500 oder mehr Einwohnern. Die aus dem Mittelalter herrührende Wendung ‚Stadtluft macht frei' besaß in den Niederlanden für mehr Menschen als irgendwo sonst in Europa eine reale Bedeutung, zumal auch die ländlichen Regionen in einem intensiven Austausch mit Städten standen. Für die meisten Niederländer war die Stadt um 1800 bereits die ‚natürliche' Lebenswelt.[20]

18 J.I. ISRAEL, *The Dutch Republic. Its Rise, Greatness, and Fall, 1477–1806*, Oxford 1998, S. 1065 f.; T. DE NIJS, *In veilige haven. Het familieleven van de Rotterdamse gegoede burgerij 1815–1890*, Nijmegen 2001, S. 67–76. Siehe auch W.W. MIJNHARDT/A.J. WICHERS (Hrsg.), *Om het algemeen volksgeluk: twee eeuwen particulier initiatief 1784–1984. Gedenkboek ter gelegenheid van het tweehonderdjarig bestaan van de Maatschappij tot Nut van 't Algemeen*, Edam 1984.

19 P. CLARK, *British Clubs and Society 1580–1800: The Origins of an Associational World*, Oxford 2000; S. SCHAMA, *Überfluss und Schöner Schein*, Stuttgart 1988; B. WILCZEK (Hrsg.), *Amsterdam 1585–1672. Morgenröte des bürgerlichen Kapitalismus*, Bühl-Moos 1993.

20 J. KLOEK/W.W. MIJNHARDT, *1800: Blauwdrukken voor een samenleving*, Den Haag 2001, S. 38; W. RIBHEGGE, *City and Nation in Germany from the Middle Ages to the Present. The Origins of the Modern Civil Society in the Urban Context*, in: *Journal of Urban History* 30 (2003), S. 21–36.

Zivilgesellschaft zwischen Entfaltung und Einhegung

Nach der Gründung des Vereinigten Königreichs der Niederlande (1813/15) legte sich jedoch der bleierne Schleier der Restauration über die frühen liberalen und radikalen Sprösslinge der Zivilgesellschaft. Ähnliche Entwicklungen vollzogen sich in den deutschen Staaten und im Übrigen in ganz Kontinentaleuropa: einer vereinigungsbereiten Bürgergesellschaft stand ein aufgeklärt-absolutistischer Staat gegenüber, der Vereinigungen unterdrückte. Versammlungen wurden verboten, Zeitungen zensiert oder von einer prohibitiven Steuer bedroht, so etwa im Jahre 1845, als König Wilhelm II. so genannte *Lilliputterblaadjes*, Pamphlete radikaler Journalisten, mit Hilfe einer Stempelsteuer aus dem öffentlichen Raum verbannen wollte.[21] Dagegen wehrte sich nun allerdings das liberale Bürgertum. Doch der Unmut gegen das Regiment des Königs war kein neues Phänomen. Während die deutschen Monarchen die Druckwellen der französischen Revolution von 1830 relativ unbeschadet überstanden hatten, war es in den Südlichen Niederlanden, in Belgien, zu einer Revolution des Bürgertums gekommen. Dort hatte sich bereits 1828 eine Opposition gegen König Wilhelm organisiert, die unter dem Namen *Union Sacrée* liberale bürgerliche Wallonen und flämische Katholiken vereinte. Ihnen war die Schulpolitik Den Haags ein Dorn im Auge, die auf Niederlandisierung und Säkularisierung der südlichen Niederlande gerichtet war. Angefeuert von den Ereignissen in Paris kam es im August 1830 zu einem von den bürgerlichen wallonischen und flämischen Eliten angeführten Volksaufstand und nachfolgend zur Proklamation des belgischen Staates am 4. Oktober 1830, der mit einiger Verzögerung zähneknirschend vom niederländischen König anerkannt wurde. Niederländische Akteure der Zivilgesellschaft verfügten von nun an in Form der belgischen Verfassung über ein Vorbild, das die Diskussion um zivilgesellschaftliches Handeln und politische Partizipation auch in den nördlichen Niederlanden nicht mehr verstummen ließ. Denn im Unterschied zum niederländischen *Grondwet* garantierte die belgische Verfassung grundlegende Freiheiten, die für die weitere Entwicklung zivilgesellschaftlicher Strukturen unabdingbar waren: die Freiheit der Meinung, Religion, Versammlung, Bildung und Presse.[22]

Während der 1840er Jahre vollzog sich im niederländischen Bürgertum eine Repolitisierung, die in der Vorstellung gründete, das Bürgertum sei Kern der Nation. Einerseits wollte es sich dadurch von den übrigen Staatsbürgern, den unteren Schichten, abgrenzen. Andererseits strebte das in Handel und Wirtschaft dominante Bürgertum nach mehr politischer Teilhabe. Bürgerlicher Unmut richtete sich nun gegen die Steuergesetze und gegen die als intransparent kritisierte königliche Finanzverwaltung. In der Verfassungsreform von 1848 konnte es wesentliche Forderungen durchsetzen. So garantierte die neue Verfassung die bereits in Belgien verbrieften Grundrechte (Einschränkungen der Vereinsfreiheit bestanden allerdings bis 1872). Dar-

21 DE HAAN (wie Anm. 13), S. 243.
22 J. KOLL, *„Die belgische Nation". Patriotismus und Nationalbewusstsein in den Südlichen Niederlanden im späten 18. Jahrhundert*, Münster 2003, S. 373–378.

über hinaus sah sie ein Zensuswahlrecht vor. Dieses schmälerte paradoxerweise zwar zunächst den Kreis der Wahlberechtigten (von 93.000 auf 70.000
Männer bei einer Bevölkerung von drei Millionen). Dafür wurde das alte, den
Adel begünstigende indirekte Wahlrecht durch eines ersetzt, das direkte Wahlen vorsah. Johan Rudolph Thorbecke, den der König in einer Art ‚Vorwärtsverteidigung' mit der Erarbeitung eines Grundgesetzes beauftragt hatte,
und andere Liberale wollten die politische Rolle des Bürgers stärken.[23] Sie
argumentierten, nur wirtschaftlich unabhängige Bürger wären in der Lage,
unabhängige Entscheidungen für das Allgemeinwohl zu treffen. Sie sprachen
den wenigen Wählern eine advocacy-Funktion zu, bei der stimmberechtigte
Bürger Mitverantwortung übernahmen für die Armen und Minderbemittelten. Im Unterschied zu Entwicklungen etwa in Deutschland oder Frankreich
war die Verfassungsreform keine Folge einer Revolution, sondern das Resultat eines Zusammenwirkens von ängstlichem König, abwartendem Parlament
und aktiven zivilgesellschaftlichen Akteuren.

Auch in den deutschen Staaten wurden Grundrechte wie die Vereins- und
Versammlungsfreiheit nach 1848 verfassungsrechtlich garantiert; in Preußen,
aber auch in anderen deutschen Staaten gab es jedoch Einschränkungen im
Hinblick auf die Gründung politischer Vereinigungen. Allerdings nahm der
Druck auf Akteure der Zivilgesellschaft nach 1848 ab. Ebenso wie in den
Niederlanden schuf das Verschwinden der alten Zünfte auch in den deutschen Staaten neue Möglichkeiten der Selbstorganisation. Diese Entwicklung
wurde begünstigt durch eine wachsende Urbanisierung und das allgemeine
Wirtschaftswachstum in den 1840er Jahren, von dem allerdings nicht alle
profitierten. Einer zunehmenden Pauperisierung der Unterschichten stand
eine zahlenmäßige Ausweitung des Bürgertums gegenüber. Nach der Revolution stieg die Gründung von Assoziationen stark an. Im wirtschaftlichen Bereich etablierten sich von Bürgern gegründete Industrie- und Handelkammern und Sparkassen, Genossenschaften und Kooperativen. Berufsverbände
von Anwälten oder Ärzten, Bestattungsvereine, Wohltätigkeitsvereinigungen,
freiwillige Feuerwehren, Gesangsvereine, Theatergemeinschaften und diverse
andere Vereinigungen wurden gegründet und übernahmen Aufgaben, die den
Interessen einer sozialen Gruppe dienten, aber auch gesamtgesellschaftliche
Funktionen erfüllten. Neben den Vereinigten Staaten wurde Deutschland das
Vereinsland par excellence, insbesondere durch die Gründung zahlloser
Turnvereine.[24]

Assoziationen bildeten nicht nur ein dichtes Netz sozialer und kommunikativer Interaktion. Die Selbstorganisation machte im Verlauf des 19. Jahrhunderts immer mehr Männer und schließlich auch Frauen und neben Bürgern zunehmend auch Arbeiter und Landbevölkerung mit sozialen und
‚zivilen' Praktiken vertraut. Vereinsstatuten, Wahlen, Ämter, Ausschüsse und
Kommissionen, Reden, Regeln, Protokolle, Jahresberichte, Schiedsstellen und

---

23 J. DRENTJE, *Thorbecke: een filosoof in de politiek*, Amsterdam 2004.
24 A.W. DAUM, *Science, Politics, and Religion: Humboldtian Thinking and the Transformations of
Civil Society in Germany, 1830–1870*, in: *Osiris* 17 (2002), S. 107–140; K. TENFELDE,
Civil Society and the Middle Classes in Nineteenth Century Germany, in: BERMEO/NORD
(wie Anm. 1), S. 83–108.

die vielfältigen Rituale des Vereinslebens erforderten Partizipation und die Fähigkeit, Kompromisse zu schließen. In den Assoziationen erfuhren sich die Mitglieder als soziale Wesen, als Glieder einer Gemeinschaft und als Teil der Gesellschaft. In ihnen übten sie Tugenden und zivile Werte, die nach innen und außen vertreten wurden. Assoziationen waren Schulen, in denen demokratische Verhaltensweisen und Praktiken erlernt werden konnten.

In der zweiten Hälfte des 19. Jahrhunderts vollzogen sich eine Reihe von Entwicklungen, die für den Charakter der Zivilgesellschaft entscheidende Bedeutung erlangten. Dabei handelte es sich um Prozesse der Institutionalisierung und der Funktionalisierung, der quantitativen, qualitativen und räumlichen Ausweitung zivilgesellschaftlicher Akteure und der Segmentierung in verschiedene ideologische und religiöse Milieus.[25] Diese Prozesse verliefen in vielen Ländern Westeuropas parallel, erfuhren jedoch ihre jeweils besonderen nationalen Ausprägungen. Sie hängen ihrerseits mit komplexen Entwicklungen zusammen, von denen die westeuropäischen Gesellschaften in vergleichbarer Weise betroffen waren. Denn Zivilgesellschaft entwickelte sich in permanenter Interaktion mit den zwei anderen Sphären von Gesellschaft, dem Markt und dem politischen System beziehungsweise dem Staat. Die Sphäre des Marktes war in der zweiten Hälfte des 19. Jahrhunderts durch eine rapide Industrialisierung gekennzeichnet. Damit einher ging eine Differenzierung und Spezialisierung der Arbeitswelt, der rasche Anstieg lohnabhängiger Arbeit, die Konzentration von Menschen um Fabriken und damit verbunden eine fortschreitende Urbanisierung, der Aufbau einer flächendeckenden Infrastruktur und die Integration von ländlichen und urbanen Regionen.

In der Sphäre des politischen Systems beziehungsweise des Staates ist eine fortschreitende Demokratisierung zu beobachten. Diese nahm allerdings zwei Formen an: in den Ländern, in denen ein Zensuswahlrecht herrschte, nahm die Anzahl der wahlberechtigten Männer allmählich zu, etwa in Großbritannien, Belgien oder den Niederlanden. Dort beispielsweise stieg die Anzahl männlicher Wahlberechtigter von 10,8 Prozent (1850) über 12,1 Prozent (1880) auf 49 Prozent (1900).[26] Diese Entwicklung korrespondierte mit einer Veränderung des politischen Systems: die konstitutionellen Monarchien verwandelten sich allmählich zu parlamentarischen Monarchien, also Königreichen, in denen die Parlamente sukzessive Macht und Verantwortlichkeiten an sich zogen, und in denen Volksvertretungen die Befugnisse der Krone einengten und sie schließlich im Wesentlichen auf repräsentative Funktionen beschränkten. In Deutschland dagegen erfolgte die politische Modernisierung von oben, das heißt, sie wurde nicht von Parlamentariern erkämpft, sondern 1867 vom Preußischen Ministerpräsidenten Otto v. Bismarck für den Nord-

25 In Anlehnung an M. Rainer Lepsius wird der Terminus ‚Milieu' hier verwendet als „Bezeichnung für soziale Einheiten, die durch eine Koinzidenz mehrerer Strukturdimensionen wie Religion, regionale Tradition, wirtschaftliche Lage, kulturelle Orientierung, schichtspezifische Zusammensetzung der intermediären Gruppen" charakterisiert sind. Siehe M.R. LEPSIUS, *Parteiensystem und Sozialstruktur. Zum Problem der Demokratisierung der deutschen Gesellschaft*, in: DERS., *Demokratie in Deutschland*, Göttingen 1993, S. 25–50, hier S. 38.

26 Vgl. *http://www.parlement.com/9291000/modulesf/glqf14fo* (28.06.2005).

deutschen Bund dekretiert und 1871 auf das neu gegründete Kaiserreich ausgeweitet: danach gab es im Deutschen Reich ein allgemeines und freies Wahlrecht, wonach alle erwachsenen Männer ungeachtet ihres Einkommens
Volksvertreter in den Reichstag entsenden konnten. Dieser besaß jedoch nur
eingeschränkte gesetzgeberische Funktionen. Sein einziges Mittel, unmittelbar
auf die Politik der Reichsregierung – Kaiser, Kanzler und seine Minister –
einzuwirken, war die jährliche Verabschiedung des Reichshaushaltes. Damit
tat sich ein Gegensatz auf zwischen „demokratischem Wahlrecht und obrig-
keitlichem Regierungssystem."[27] In Sachsen und in Preußen, dem größten
der mit weit reichenden Kompetenzen ausgestatteten Bundesstaaten, bestand
das 1849 verabschiedete Dreiklassenwahlrecht fort (bis 1918). Dieses nach
der Steuerleistung differenzierte Wahlrecht begünstigte wohlhabende Wähler
und schloss weite Teile der Bevölkerung von einer wirklichen politischen
Partizipation aus.

Parlamentarisierung und Demokratisierung wurden begleitet von der Bildung erster inner- und außerparlamentarischer Interessengruppen, die sich in
den 1860er und 1870er Jahren zu Parteien formierten. Liberale Bürger
schlossen sich zu Wahlvereinen zusammen, die bald auch über Wahlen hinaus als Verband auftraten. 1861 gründete sich in Preußen die Deutsche Fort-
schrittspartei, zwei Jahre später, 1863, rief Ferdinand Lasalle den Allgemeinen
Deutschen Arbeiterverein ins Leben, deren Mitglieder aus der Gewerk-
schaftsbewegung kamen und der sich 1866 als Sozialdemokratische Partei
Deutschlands konstituierte. Mit den Wahlvereinen und den ersten Parteien –
„staatsorientierte Überzeugungszusammenschlüsse" – verfügten Staatsbürger
nun erstmals über institutionalisierte Organisationen, die im politischen
Raum Einfluss besaßen und die partiell Funktionen übernahmen, die vorher
von zivilgesellschaftlichen Assoziationen übernommen worden waren.[28] Mit
diesem Wandel weg von der zivilgesellschaftlichen Vertretung von Interessen
hin zu einer staatsnahen organisierten politischen Beteiligung ging auch ein
Bedeutungsverlust zivilgesellschaftlicher Assoziationen einher. Dafür gewann
die Artikulation politischer Forderungen an Professionalität.

Die Professionalisierung schritt aber auch im Rahmen der Zusammenschlüsse von Arbeitern voran, die sich seit den 1850er Jahren zu Gewerkschaften mit überregionaler Präsenz formierten. Der englische Sozialhistoriker Harold Perkin spricht in diesem Zusammenhang gar vom Beginn einer
„professional society", in der sich die Mitglieder der Gesellschaft nicht mehr
durch Herkunft und ererbte soziale Stellung auszeichneten und unterschieden, sondern stets mehr durch meritokratische Gesichtspunkte differenzierten. Zunehmende Professionalisierung und soziale Differenzierung nach dem
Leistungsprinzip markierten den Beginn einer Leistungsgesellschaft, die sich
zunächst in Großbritannien und den Niederlanden entwickelte.[29] Soweit war

27 H.A. WINKLER, *Der lange Weg nach Westen. Deutsche Geschichte 1806–1933*, Bonn 2002,
    S. 195.
28 ENQUETE-KOMMISSION „ZUKUNFT DES BÜRGERSCHAFTLICHEN ENGAGEMENTS",
    Bericht Bürgerschaftliches Engagement: auf dem Weg in eine zukunftsfähige Bürgergesellschaft,
    Opladen 2002, S. 93.
29 H. PERKIN, *The Rise of Professional Society. England since 1880*, London 1989.

es im deutschen Kaiserreich noch nicht: hier nahmen Adel, Militär und Großbürgertum nach wie vor dominante Positionen in der Gesellschaft ein. Vertikale Mobilität stieß häufig an traditionelle Standesgrenzen.

Professionalisierung und Institutionalisierung, Differenzierung und Funktionalisierung sowie die Verlagerung gesellschaftlichen Engagements in die Sphäre der Politik und des Marktes wurden begleitet von einer erheblichen quantitativen Ausweitung des Assoziationswesens. Dieses war nicht länger auf das etablierte Bürgertum und auf die Honoratioren beschränkt. Neue liberale Mittelschichten, die sich in der Folge von Industrialisierung und Modernisierung bildeten, die Arbeiterschaft, der katholischen Kirche verpflichtete Staatsbürger und schließlich auch Frauen gründeten Vereine. Auch der ländliche Raum wurde nun von einer Gründungswelle freiwilliger Assoziationen erfasst. Ungeachtet der Tatsache, dass im Deutschen Reich erst 1908 die Vereinsfreiheit ohne Einschränkung gesetzlich verankert wurde, erlebte das Vereinswesen um die Jahrhundertwende herum seinen Höhepunkt. Kritisch bemerkte der Soziologe Max Weber im Jahre 1910, der moderne Mensch sei „ein Vereinsmensch in einem fürchterlichen, nie geahnten Maße" geworden, und er fügte hinzu: „Man muss ja glauben: das ist nicht mehr zu überbieten, seitdem sich auch ‚Vereins-Enthebungs'-Organisationen gebildet haben."[30]

Zivilgesellschaftliche Segmentierung

Neben den bereits genannten Gründen, die diese Ausweitung des Vereins- und Assoziationswesens bewirkten, trat nach 1875 ein weiterer Faktor hinzu, der den Charakter der Zivilgesellschaft entscheidend verändern sollte: die Segmentierung zivilgesellschaftlicher Assoziationen in ideologische und religiöse Lager. Diese Milieubildung, im Niederländischen und dann auch im Englischen ‚verzuiling' bzw. ‚pillarization' genannte lebensweltliche Fragmentierung der Gesellschaft, vollzog sich in Deutschland und in den Niederlanden, aber auch in Belgien, Österreich, der Schweiz, Frankreich und Italien.[31] Während sich die Formen dieses europäischen Phänomens ähnelten, unterschieden sich die Bedingungen, unter denen die Milieubildung zustande kam. Diese Bedingungen beeinflussten wiederum die Interaktion zwischen den verschiedenen Milieus, die milieuübergreifende Kommunikation, ihre Integrationsfähigkeit und ihr Interesse am Ausschluss bestimmter sozialer Gruppen. Die Zivilgesellschaft, die noch Mitte des Jahrhunderts relativ homogen gewesen war und sich im Wesentlichen auf das städtische Bürgertum be-

---

30 Zitiert in HOFFMANN (wie Anm. 6), S. 92.
31 T. ERTMAN, *Liberalization, Democratization, and the Origins of a 'Pillarized' Civil Society in Nineteenth-Century Belgium and the Netherlands*, in: BERMEO/NORD (wie Anm. 1), S. 155–179; S. HELLEMANS, *Strijd om de moderniteit: sociale bewegingen en verzuiling in Europa sinds 1800*, Leuven 1990; DERS., *Zuilen en verzuiling in Europa*, in: U. BECKER (Hrsg.), *Nederlandse politiek in historisch en vergelijkend perspektief*, Amsterdam 1993, S. 121–150; J. NAUTZ, *Soziopolitische Fragmentierung und Kompromissbereitschaft in der ersten Hälfte des 20. Jahrhunderts. Österreich und die Niederlande im Vergleich*, in: JESSEN/REICHARDT/KLEIN (wie Anm. 1), S. 261–282.

schränkt hatte, brach nun auseinander und bildete, allerdings auf einer viel breiteren sozialen Basis, weitgehend voneinander abgeschottete Netzwerke. Die Art und Weise, mit der sich dieser Prozess vollzog, war entscheidend für die weitere Entwicklung zur Demokratie.[32] Von besonderer Bedeutung waren dabei zwei Aspekte: die Beziehungen zwischen Staat und segmentierter Zivilgesellschaft und die milieuübergreifende Kommunikation zwischen den Teilen der Zivilgesellschaft. Beide Aspekte gestalteten sich in Deutschland und den Niederlanden auf ganz unterschiedliche Weise. In Deutschland prägte der Staat den Charakter der Zivilgesellschaft. Er wirkte auf zivilgesellschaftliche Akteure ein, indem er teilweise deren Funktionen übernahm, sie durch verstärkte Kooperation von sich abhängig machte oder versuchte, sie zu unterdrücken. Außerdem kam eine milieuübergreifende Kommunikation zwischen den Teilen der Zivilgesellschaft nur partiell zustande, die Beziehungen zwischen einzelnen zivilgesellschaftlichen Segmenten waren durch konfrontatives Verhalten gekennzeichnet. In den Niederlanden dagegen delegierte der Staat Funktionen, die von zivilgesellschaftlichen Akteuren übernommen wurden. Darüber hinaus entwickelte sich eine milieuübergreifende Kommunikation zwischen den Eliten der einzelnen ‚Säulen‘, die kooperative Züge trug und konsensorientiert war.

Die Gründe für die unterschiedlichen Pfade, die die Zivilgesellschaft in den Niederlanden und Deutschland einschlugen, lagen am Verhalten von drei Akteursgruppen: dem Staat, dem liberalen Bürgertum als ursprünglichem Kern der Zivilgesellschaft und neuen zivilgesellschaftlichen Akteuren wie dem katholischen und sozialistischen Milieu. In Deutschland führte der Staat, also die Reichsregierung, nach 1871 einen Kampf gegen die katholische Kirche und gegen die Sozialisten. Die Auseinandersetzung nahm ihren Anfang in der Reform des Schulwesens. Bereits in den 1860er Jahren hatten die Regierungen der überwiegend von Katholiken bewohnten Staaten Bayern und Baden gegen den Widerstand der Kirche die Schulen unter staatliche Aufsicht gestellt; das Reich zog 1871 nach. Nachdem dies auf erheblichen Widerstand gestoßen war, entzog die Reichsregierung der Kirche weitere Funktionen wie zum Beispiel die Beurkundung des Personenstandes – Geburten, Trauungen, Todesfälle –, die 1875 auf staatliche Standesämter überging. Das protestantische liberale Bürgertum trug diese Maßnahmen mit, und auch das konservativ-liberale Bürgertum befürwortete den Kampf gegen den Einfluss der Kirche in der Gesellschaft – der sogenannte ‚Kulturkampf‘ –, weil sein politischer Arm, die Nationalliberale Partei, im politischen Katholizismus (die Zentrumspartei) eine Kraft sah, die ihren Anspruch herausforderte, die große Volkspartei zu sein.[33] Auch wenn Bismarck in den achtziger Jahren einige anti-katholische Gesetze wieder aufhob und sich das Verhältnis zum Vatikan und zur kirchlichen Führung in Deutschland entspannte, so blieb die Zeit des Kulturkampfes als bitterer Nachgeschmack erhalten. Er weckte unter vielen Katholiken ein Gefühl der Diskriminierung, was wiederum den Zusammenhalt stärkte. Katholiken wählten nun nicht mehr nur das Zentrum oder lasen katholische Zeitungen. Sie traten in katholische Gewerkschaften ein, gründe-

---

32 P. NORD, *Introduction*, in: BERMEO/NORD (wie Anm. 1), S. xiii-xxxiii.
33 WINKLER (wie Anm. 27), S. 225.

ten katholische Sport- und Gesangsvereine und bauten katholische Sozialvereinigungen auf nationaler Ebene auf. Damit schufen sie ein katholisches Milieu, das in Teilen selbst den Nationalsozialismus überdauerte und erst in den sechziger Jahren des 20. Jahrhunderts seine Bindungskraft verlor.[34] Nach 1900 war zwischen einem Drittel und der Hälfte der katholischen Bevölkerung des Kaiserreichs Mitglied in einem katholischen Verein. In protestantischen Kreisen gab es zu diesem katholischen Milieu keine Entsprechung. Die Dynamik des zivilgesellschaftlichen Katholizismus erwuchs also im Konflikt mit dem Staat, aber auch in der Auseinandersetzung mit der Kirchenhierarchie. Denn diese stand der Ausweitung einer von Laien getragenen katholischen Zivilgesellschaft zunächst skeptisch bis ablehnend gegenüber.[35]

Auch die zweite große Milieubildung im Kaiserreich entwickelte sich aus der Auseinandersetzung zwischen Staat und organisierter sozialer Gruppe, nämlich den Sozialisten. Auch in dieser Auseinandersetzung stand das konservativ-liberale Bürgertum auf Seiten eines nun offen repressiv agierenden Staates. 1878 verabschiedete die Reichsregierung das so genannte Sozialistengesetz, das zwar die SPD nicht verbot, ihre politischen Aktivitäten jedoch erheblich erschwerte. Erst nach Bismarcks Entlassung 1890 wurde es wieder aufgehoben, vor allem deshalb, weil es aus Sicht von Kaiser und liberalkonservativem Bürgertum kontraproduktiv gewirkt hatte. Denn nur vorübergehend sank die Wählerschaft der SPD, viele Aktivitäten von Sozialisten und Arbeitern verlagerten sich in einen halblegalen Raum oder ins Ausland. Außerdem vollzog sich eine ähnliche Entwicklung wie bei den Katholiken: vom Staat und dem liberal-konservativen Bürgertum diskriminiert, stärkte äußerer Druck das Zusammengehörigkeitsgefühl. Sozialisten nutzten bestehende Organisationsformen wie die Partei und die Gewerkschaften dazu, ihrem Milieu noch mehr lebensweltliche Konturen zu verschaffen – etwa durch die Gründung von sozialen Organisationen, Sportvereinen, Gesangsvereinen, Konsumgenossenschaften usw.[36] Das sozialistische Milieu differenzierte sich im Ersten Weltkrieg aus und spaltete sich in ein kommunistisches und ein sozialdemokratisches Milieu. Letzteres konnte nach 1945 partiell an die vor dem Nationalsozialismus geschaffenen Strukturen und Organisationen anknüpfen.[37]

---

34 P. LÖSCHE/F. WALTER, *Katholiken, Konservative und Liberale: Milieus und Lebenswelten bürgerlicher Parteien in Deutschland während des 20. Jahrhunderts*, in: *Geschichte und Gesellschaft* 26 (2000), S. 471–492.

35 H.-J. GROßE KRACHT, *Religiöse Fremdlinge in der modernen Welt? Ultramontane Katholiken im 19. Jahrhundert und die Frage nach den Entstehungskontexten einer zivilgesellschaftlichen Demokratie*, in: JESSEN/REICHARDT/KLEIN (wie Anm. 1), S. 89–114.

36 Die ursprünglich auf freiwilliger Basis gegründeten Handelskammern erlangten im Kaiserreich einen öffentlich-rechtlichen Status mit Zwangsmitgliedschaft der Betriebe, um Ausbildung und Beratung zu gewährleisten. Damit verloren sie ihren zivilgesellschaftlichen Charakter.

37 T. WELSKOPP, *‚Manneszucht‘ und ‚Selbstbeherrschung‘. Zivilgesellschaftliche Werte in der deutschen Sozialdemokratie, 1848–1878*, in: JESSEN/REICHARDT/KLEIN (wie Anm. 1), S. 65–88.

In Deutschland war also der Staat in entscheidendem Maße dafür verantwortlich, dass sich Katholiken und Sozialisten in religiösen bzw. weltanschaulichen Milieus organisierten und dass die Zivilgesellschaft insgesamt fragmen-
tierte. Mittelbar trug er auch dazu bei, dass die Milieus untereinander keine
konsensorientierte Kommunikation führten. Das galt weniger für die Katholiken, deren politischer Arm, das Zentrum, sich zu einer respektierten Partei
entwickelte. Zivilgesellschaftliche katholische Akteure pflegten aber aufgrund
der in den 1870er Jahren erfahrenen Benachteiligungen wenig Kontakt zu
protestantischen und liberalen Kreisen. Die Sozialisten wiederum verstanden
sich bis 1914 im Grunde als eine Fundamentalopposition gegen Staat und
Bürgertum. Das in liberale und konservativ-liberale Segmente gespaltene Bürgertum besaß nur ein unzureichend ausgeprägtes Interesse an der Integration
des sozialistischen Milieus, und auch allgemein erlahmte sein zivilgesellschaftlicher Impetus. Die soziale Demokratisierung und der Aufschwung des Vereinslebens von Katholiken und Sozialdemokraten machte die bürgerlichen
Eliten vielmehr empfänglich für einen neuen, radikaleren Nationalismus.
Dadurch sollte der politisch-moralische Führungsanspruch, der verloren zu
gehen drohte, zementiert werden. Das gelang, aber nur um den Preis einer
unglücklichen Allianz mit einem Staat, der zwar als Rechtsstaat persönliche
und kollektive Freiheiten garantierte, der jedoch von seiner politischen Kon-
stitution her ein autoritärer Staat blieb. Für bürgerliche zivilgesellschaftliche
Akteure ergaben sich daraus drei Konsequenzen: ein Teil gab sich damit zufrieden, nur über eine eingeschränkte politische Teilhabe zu verfügen; ein
zweiter Teil verband seine zivilgesellschaftliche Partizipation mit nationalisti-
schen Anliegen, etwa im Alldeutschen Verband oder im Flottenverein, der im
Jahre 1908 über eine Million Mitglieder hatte und militaristisch-imperia-
listische Ziele verfolgte; und ein dritter Teil begnügte sich mit einer gänzlich
unpolitischen zivilgesellschaftlichen Partizipation.

In den Niederlanden vollzog sich die Entwicklung der Milieus ähnlich, im
Vergleich zu Deutschland aber partiell phasenverschoben: um 1860 zeigten
sich lokale Erscheinungen des orthodox-protestantischen Milieus (zu dem es
in Deutschland keine Entsprechung gab), um 1895 lässt sich von einem katholischen Milieu sprechen, und kurz nach der Jahrhundertwende schließlich
auch von einem sozialdemokratischen.[38] Wie in Deutschland auch, stand die
Bildungsfrage am Beginn der lebensweltlichen und religiösen Segmentierung
der niederländischen Gesellschaft. An ihr entzündete sich die Kritik gegen
die Hegemonie des liberalen Bürgertums. Diese Hegemonie trug entscheidend dazu bei, dass sich orthodox-protestantische oder katholische Niederländer allmählich nicht mehr allein als niederländische Staatsbürger empfanden. In einer Art doppelter Identifikation begriffen sie sich als Staatsbürger
und als niederländische orthodoxe Protestanten beziehungsweise als nieder-

---

38 Zum Folgenden siehe R. VAN DER LAARSE, *Bevoogding en bevinding. Heren en kerkvolk in
een Hollandse provinciestadt, Woerden 1780–1930*, Amsterdam 1989; P. PENNINGS, *Verzuiling en ontzuiling: de lokale verschillen. Opbouw, instandhouding en neergang van plaatselijke
zuilen in verschillende delen van Nederland na 1880*, Kampen 1991; P. DE ROOY, *Zes studies
over verzuiling*, in: *Bijdragen en Mededelingen betreffende de Geschiedenis der Nederlanden*
110 (1995), S. 380–392.

ländische Katholiken. Um 1870 verlangten orthodoxe Protestanten nichts Geringeres als die ‚souvereiniteit in eigen kring‘, die Souveränität im eigenen Kreis. Diese Forderung beinhaltete anti-modernistische Züge, in der sich der Unmut gegen den Geist der Aufklärung, gegen Säkularisierung und bürgerliche Normen – Toleranz, ein gewisser Materialismus, ein an den Wissenschaften orientiertes Bildungsideal – widerspiegelte. Zugleich war sie Ausdruck des Willens von Kleinbürgern und anderen politisch-sozial diskriminierten Schichten, zivilgesellschaftlich und politisch stärker Einfluss zu nehmen. Der Stein des Anstoßes war ein neues Bildungsgesetz, das die liberale Regierung 1857 verabschiedete. Es verordnete staatlichen Schulen die Neutralität in allen religiösen Fragen und schaffte die staatlichen Subventionen für konfessionelle Schulen ab. Parallel dazu vollzog sich in der Reformierten Kirche (Hervormde Kerk) ein Demokratisierungsprozess, in dessen Gefolge viele junge und mit wissenschaftlichen Methoden der Bibelexegese vertraute Geistliche zu Pfarrern berufen wurden. Schließlich schaffte die liberale Regierung gegen den erbitterten Widerstand der Konservativen im Jahre 1870 die Todesstrafe ab.

Diese Entwicklungen waren einem jungen charismatischen calvinistischem Geistlichen, Abraham Kuyper (1837–1920), ein Gräuel. Kuyper glaubte, dass die Antagonismen der Zeit sich nicht in der Auseinandersetzung zwischen Kapitalisten und Arbeitern oder zwischen Katholiken und Protestanten abbildeten, sondern in der ‚Antithese‘ von Christen und ‚Heiden‘, von bibeltreuen Gläubigen und den durch Aufklärung und Wissenschaften vom rechten Weg abgekommenen Liberalen. Völlig reaktionär war Kuypers calvinistischer Fundamentalismus jedoch nicht: er bediente sich moderner Methoden sozialer Mobilisierung, indem er an die ‚kleinen Leute‘, die Unterschichten appellierte, sich religiös, zivilgesellschaftlich und politisch zu organisieren. Im Vorfeld der Wahlen von 1871 rief er ‚antirevolutionäre‘ Wahlvereinigungen ins Leben, die 1879 in der ersten modernen niederländischen Partei aufgingen, der Anti-Revolutionaire Partij. Kuyper gründete eine eigene Zeitung, *de Standaard*, calvinistische Arbeiter schlossen sich in Gewerkschaften zusammen, 1880 wurde die Vrije Universiteit Amsterdam als calvinistische Kaderschmiede aus der Taufe gehoben. Schließlich traten Kuypers Anhänger aus der von bürgerlichen Liberalen dominierten Hervormde Kerk aus und gründeten ihre eigene Kirche, die fundamentalistische Gereformeerde Kerk (1892).[39] Diese religiös-politische Fragmentierung ging einher mit einer lebensweltlichen Segmentierung – eigene Schulen, Sportvereine, Gesangsvereine, soziale Organisationen und selbstverständlich auch Ehen – und der Forderung nach einem Wahlrecht für alle männlichen Familienvorstände und nach politischer Mitbestimmung.

Ähnliche Entwicklungen vollzogen sich im Rahmen der katholischen Opposition gegen die liberale Bildungspolitik und den säkularen Geist des Bürgertums. Letztlich hatte auch hier der Liberalismus eine wesentliche Voraussetzung zur Milieubildung geschaffen: seit 1853 war eine unabhängige römisch-katholische Kirchenhierarchie zugelassen. Sie förderte seit Ende der 1860er

---

39 H. LADEMACHER, *Geschichte der Niederlande. Politik – Verfassung – Wirtschaft*, Darmstadt 1983, S. 256–262.

Jahre gegen das liberale Bürgertum gerichtete katholische Wahlvereine und gründete in Rotterdam eine Zeitung mit nationaler Ausstrahlung (*de Maasbode*, 1868). Vergleichbar den Entwicklungen in Deutschland zögerte die Kirchenhierarchie jedoch, den Katholizismus auch lebensweltlich zu verankern. Erst die als Bedrohung wahrgenommene Gründung sozialistischer Gewerkschaften – viele Arbeiter waren Katholiken – führte zu einem Umdenken und zur aktiven Unterstützung zivilgesellschaftlicher Assoziationen durch das Episkopat. 1888 wurde die erste von mehreren katholischen Gewerkschaften gegründet, eine Zusammenarbeit mit calvinistischen Gewerkschaften unterbunden. Nach der Jahrhundertwende beendete die Kirchenhierarchie auch die überkonfessionelle Zusammenarbeit von Arbeitgebern und rief 1915 einen katholischen Arbeitgeberverband ins Leben. Schließlich unterstützte sie die nationale Integration katholischer Wählervereinigungen, die 1925 in der Rooms-Katholieke Staatspartij (RKSP) aufgingen.[40]

Anders als im Deutschen Reich, wo die Integration und Binnendifferenzierung des sozialistischen Milieus maßgeblich eine Folge staatlicher Repression war, konstituierte sich das niederländische sozialdemokratische Milieu primär in Opposition zu den nicht versäulten Liberalen und den beiden konfessionellen Milieus. Konfessionelle Partei- und Gewerkschaftsgründungen und deren Bemühungen, Arbeiter gewissermaßen zu vereinnahmen, beschleunigten die Organisation des sozialistischen Milieus. Aus einer kleinen sozialistischen Partei ging 1894 die Sociaal-Democratische Arbeiders Partij (SDAP) nach deutschem Vorbild hervor. Wenig später schlossen sich einige sozialistische Gewerkschaften zur Nederlandse Vak Vereniging (NVV) zusammen (1906), parallel dazu wurden sozialistische Zeitungen, Frauenverbände, Sportvereinigungen, Freizeitvereine und Jugendorganisationen gegründet.

Charakteristisch für die Segmentierung der Zivilgesellschaft im Deutschen Reich und in den Niederlanden waren einige zentrale Faktoren. Erstens vollzog sich die Milieubildung zunächst in den Städten und griff dann auf ländliche Räume über. Zweitens agierten die bei der Etablierung des Milieus aktiven Akteure – anfangs Angehörige des protestantischen Kleinbürgertums, später Katholiken und Sozialisten – aus einer Minderheitenposition heraus. Nachdem die Phase der Milieubildung abgeschlossen war, verdichteten sich drittens die Milieus in ländlichen Regionen noch stärker als in urbanen Räumen. Diesen Gemeinsamkeiten stehen jedoch gravierende Unterschiede gegenüber. Im Deutschen Reich war die Integration des katholischen und des sozialdemokratischen Milieus eine Reaktion auf staatliche Repression. Sie war eine Notwendigkeit, insofern nur das Milieu spezifische konfessionelle und weltanschauliche Lebensweisen gewährleistete. In den Niederlanden dagegen nutzten Akteure die Möglichkeiten, die ihnen die bürgerlich-liberale Ordnung gewährte.[41] Die Abgrenzung der einzelnen Milieus nach außen war zwar

---

40 H. RIGHART, *De katholieke zuil in Europa. Het ontstaan van verzuiling onder katholieken in Oostenrijk, Zwitserland, België en Nederland*, Amsterdam 1986, S. 189–253.

41 H. KNIPPENBERG/H. VAN DER WUSTEN, *De zuilen, hun lokale manifestaties en hun restanten in vergelijkend perspektief*, in: C. VAN EIJL/L. HEERMA VAN VOSS/P. DE ROOY (Hrsg.), *Sociaal Nederland. Contouren van de Twintigste Eeuw*, Amsterdam 2001, S. 129–150, hier S. 142 f.

nicht minder rigide als in Deutschland und im Fall des calvinistischen Milieus sicher sogar noch stärker. Doch während die Milieus in Deutschland wenig miteinander kommunizierten, standen mit Ausnahme des sozialistischen Milieus die Spitzen der niederländischen Säulen in kontinuierlichem Austausch miteinander – auf der Ebene der Vereine ebenso wie auf kommunaler und nationaler Ebene. Trotz konfessioneller und lebensweltlicher Segmentierung brach die Zivilgesellschaft nicht völlig auseinander. Die milieuspezifischen Eliten arbeiteten vielmehr in zentralen Fragen wie der Bildungspolitik und des Wahlrechts zusammen und schmiedeten Kompromisse. Im Unterschied zum deutschen Bürgertum, das sich mit Hilfe eines Bündnisses mit dem Staat von anderen Milieus abgrenzte und dadurch seine Rolle als alleiniger Vertreter bürgerlicher Tugenden und Lebensweisen zu legitimieren suchte, schlug das ebenfalls in die Defensive geratene niederländische Bürgertum den Weg des Kompromisses und der Inklusion ein.[42] Begünstigt wurde dies durch die Tatsache, dass kein einzelnes Milieu für sich allein oder im Verbund mit dem Staat die politische, soziale, ökonomische und kulturelle Vorherrschaft erlangen konnte – und darauf auch keinen Anspruch erhob. Vielmehr entwickelten die in Milieus segmentierten alten und neuen Eliten Mechanismen gesellschaftlicher Konfliktlösung, die durch Anhörungen, Beratungs- und Verhandlungsverfahren gekennzeichnet waren und in denen konsensorientierte Interaktionen die Regel waren. Dabei knüpften sie an eine bereits zu Zeiten der Republik ausgeprägte ‚vergadercultuur‘ an, ein Begriff, der im Deutschen nur unvollständig mit Versammlung und Beratung wiedergegeben werden kann, der jedoch vielmehr auf ein informelles Regelwerk konsensorientierter, friedfertiger Verhandlungskultur verweist.[43]

Schluss

Während des 19. Jahrhunderts hatten zivilgesellschaftliche Vereinigungen erheblich an Bedeutung gewonnen. Die Milieubildung hatte zivilgesellschaftlichen Verständigungsprozessen neue Schichten erschlossen, aber auch zur Fragmentierung der Zivilgesellschaft geführt. In diesem Prozess hatte sie ihren Charakter verändert. Sie war nicht länger nur bürgerlich in einem sozialen Sinn. Ihre dem Bürgertum verpflichteten Normen und Werte waren auf andere Gesellschaftsschichten übergegangen. Ihr Verhältnis zum Staat hatte sich gründlich gewandelt: im politischen Sinn war sie entstanden aus der Opposition zum Staat, in sozialer Hinsicht hatte sie sich Anliegen angenommen – etwa die Armenfürsorge oder die allgemeine Bildung –, für die der Staat nicht in ausreichendem Maße aufkam. Die verdichtete Zivilgesellschaft des ausgehenden 19. und frühen 20. Jahrhunderts delegierte nun aber wieder Aufgaben an den Staat, die sie im Zeichen der industrialisierten Gesellschaft

---

42 J. BANK/M. VAN BUUREN, *1900. Hoogtij van burgerlijke cultuur*, Den Haag 2000, S. 32–40; A. KORT, *Geen cent te veel. Armoede en armenzorg op Zuid-Beveland, 1850–1940*, Hilversum 2001, S. 70–77, 103–106, 374.

43 W. VAN VREE, *Nederland als vergaderland. Opkomst en verbreiding van een vergaderregime*, Groningen 1994, S. 13–15, 181–228.

nicht mehr erfüllen konnte oder wollte. Traditionell hatte der Staat als
Rechtsstaat die innere Friedensordnung gewährleistet und damit der Zivilgesellschaft Möglichkeiten der Entfaltung geboten. In der Sozial- und Wohl-
fahrtspolitik übernahm er nun immer mehr Verantwortung (auch wenn die
staatliche Armenfürsorge gemessen an heutigen Sozialstandards noch sehr
bescheiden, paternalistisch und sozialdisziplinierend war). Durch die auf zivilgesellschaftliche Forderungen zurückgehende Ausweitung an bürgerlichen,
politischen und sozialen Rechten ermöglichte es der Staat breiten Bevölkerungsschichten, aktiv politisch zu partizipieren. Schließlich übernahm er auch
noch die Funktion eines Vermittlers zwischen den Milieus. Das Verhältnis
von Zivilgesellschaft und Staat war also kein Nullsummenspiel; bedingt durch
Prozesse wie Urbanisierung, Industrialisierung und die soziale Inklusion
vormals diskriminierter Gruppen nahm der Einfluss *beider* Akteure beziehungsweise Akteursgruppen bei der Gestaltung gesellschaftlicher Belange zu.
Zugleich verdichtete sich die Interaktion zwischen beiden. Fragt man mit
Dieter Gosewinkel danach, wie viel Staat eine Zivilgesellschaft verträgt, ohne
ihren Anspruch auf Autonomie bedroht zu sehen, wird man zunächst festhalten: mehr Staat behinderte offenbar nicht die Entwicklung und Differenzierung der Zivilgesellschaft.[44] Dabei spielte es für die quantitative Ausweitung
zivilgesellschaftlicher Strukturen keine Rolle, ob es sich um einen liberalen
Staat wie in den Niederlanden oder um einen autoritären Staat wie im Kaiserreich handelte. Qualitativ machte es aber einen großen Unterschied, ob der
Staat liberal oder autoritär war: entscheidend war, dass der Staat sich selbst
rechtsstaatlichen Normen unterwarf, alle (männlichen) Bürger gleich behan-
delte, keine willkürlichen Handlungen vornahm und sein Verhalten entsprechend dem Willen der Wahlbürger veränderte.[45] Unter diesen Voraussetzungen überließ der Staat der Zivilgesellschaft Gestaltungsräume, wahrte ihren
Anspruch auf Autonomie und schützte sie. Dass sich der Staat in den Niederlanden dazu bereit fand, lag am höheren Grad der Demokratisierung, an
der Kommunikationsbereitschaft von staatlichen und zivilgesellschaftlichen
Eliten und an ihrem Interesse zum politischen Kompromiss. Frank Adloff
hat der deutschen Zivilgesellschaft zivile Verhaltensstandards abgesprochen
und sogar behauptet: „Niemand geht davon aus, dass in der Zeit vor Aus-
bruch des Ersten Weltkrieges in Deutschland die Zivilgesellschaft in einem
positiven Sinne besonders lebendig gewesen wäre.“[46] Diese Argumentation
ist normativ und ahistorisch. Jede Zivilgesellschaft kann geschaffen, unterstützt, manipuliert und unterdrückt werden, und zwar von jedem Staat. Zivilgesellschaft steht in einem inhärenten Verhältnis zur politischen Macht, zum
politischen System und zur politischen Kultur. In Deutschland setzte der
Staat der Zivilgesellschaft deutliche Grenzen. Sie durfte sich dort entfalten,
wo staatliche Ziele und zivilgesellschaftliche Belange kongruent waren, etwa
im Bereich der Allgemeinbildung (Bibliotheken, Lesegesellschaften), der

---

44 D. GOSEWINKEL, *Zivilgesellschaft – eine Erschließung des Themas von seinen Grenzen her.*
    WZB Discussion Paper Nr. SP IV 2003–505, Berlin 2003, S. 10 [online unter *www.wz-
    berlin.de*].
45 Siehe auch C. TILLY, *Social Movements, 1768–2000*, Boulder 2004, S. 127–129.
46 ADLOFF (wie Anm. 1), S. 100.

Wohlfahrt und Fürsorge oder der Vertretung nationalistischer Forderungen. Er beschnitt oder verhinderte ihre Aktivitäten jedoch dort, wo die Zivilgesellschaft politische Entscheidungsbefugnis einforderte oder staatlichen Interessen zuwiderlaufende gesellschaftspolitische Forderungen stellte.

Jacques Wallage

Verwirrung im Polder*

Der Polder, der Ort, an dem man nur durch Konsens und Zusammenarbeit trockene Füße behalten kann, ist schon lange keine gängige Metapher für die Niederlande mehr. Dieser Sachverhalt kann anhand verschiedener Punkte belegt werden. In der letzten Zeit ist eine merkwürdige Mischung aus purem Populismus und zunehmender Intoleranz besonders gegenüber unseren islamitischen Landsleuten entstanden. Auffallend ist hierbei, dass unter dem Druck von Extremismus und einzelnen terroristischen Auswüchsen die Bevölkerung ihre Nüchternheit besser zu wahren versteht als die Politik und ein Teil der Meinungsmacher. Die Reform des Versorgungsstaates ist auf eine nahezu unniederländische Weise zum Gegenstand einer ständigen Polarisierung geworden.

Die Parteien, die jahrzehntelang ihren Platz im politischen Spektrum eingenommen hatten, haben inzwischen mit einem Stühlerücken begonnen, dessen Ausgang noch nicht abzusehen ist. Die Christdemokraten und die Liberalen scheinen sich zu einer langfristigen Zusammenarbeit zusammenzuschließen, zumindest dann, wenn ihnen dazu durch die Wähler der Raum geboten wird. Damit geben die Christdemokraten ihre Position in der politischen Mitte auf und scheinen auf eben jene Zweiteilung innerhalb der niederländischen Politik hinzusteuern, die sie jahrzehntelang bekämpft haben. Die Sozialdemokraten besetzen inzwischen einen erheblichen Teil dieser politischen Mitte und sind dabei, sich neu zu orientieren. Es gelingt ihnen hierbei erfolgreich, die gesellschaftliche Unzufriedenheit zu bündeln. Unklar ist jedoch noch, in welchem Maße die Sozialdemokraten die Träger der sozialdemokratischen Tradition bleiben werden, oder ob diese Rolle von den Parteien links von der PvdA übernommen wird.

Das Ziel des vorliegenden Beitrages ist es, eine nüchterne Analyse jener Entwicklungen vorzunehmen, die sich in den vergangenen zehn Jahren in den Niederlanden vollzogen haben. Im Folgenden wird zu diesem Zweck zum einen der Versuch unternommen, ein wenig Struktur in dieses Wirrwarr von Entwicklungen zu bringen. Dabei erfolgt zunächst eine Auseinandersetzung mit der Bedeutung des ersten Kok-Kabinetts. Anschließend wird der in der Folgezeit einsetzende Wandel behandelt, der unter anderem dadurch gekennzeichnet war, dass der Abstand zwischen der Bevölkerung und ‚Den Haag‘ zur Zeit des zweiten Kabinetts von Wim Kok zunahm. Im Anschluss soll das Phänomen Fortuyn und seine Bedeutung untersucht werden. Dabei

* Aus dem Niederländischen übersetzt von Annegret Klinzmann, M.A.

wird auch die Mitverantwortung der Sozialdemokratie am Entstehen der gesellschaftlichen Unzufriedenheit thematisiert. Abschließend soll eine Linie in die mehr oder weniger chaotische Situation, die in den letzten Jahren in der niederländischen Politik entstanden ist, gebracht werden. Hierbei wird auch der ein oder andere Rat gegeben, wie vor dem Hintergrund der vorhandenen Situation Verbesserungen hinsichtlich der politischen Führung realisiert werden können.

Vor dem Wind - ein tückischer Kurs

Vor etwa zehn Jahren bekamen die Niederlande ein neues Kabinett, eine ,violette Koalition' aus Sozialdemokraten und zwei liberalen Parteien mit Wim Kok als Ministerpräsidenten. In der Politik herrschte in Anbetracht der neuen Machtkonstellation eine erwartungsvolle Spannung. Erstmals seit siebzig Jahren saßen keine Christdemokraten in der Regierung. Eine Kernfrage lautete, ob es dem Kabinett Kok trotz dieses Bruches in der Kontinuität der niederländischen Politik wirklich möglich war, das Land zu regieren. Vielleicht noch wichtiger war folgende Fragestellung: sind solch traditionelle Gegner wie Sozialdemokraten und Liberale in der Lage, eine stabile Regierung zu bilden, oder wird diese Kooperation rasch an den internen Spannungen zugrunde gehen?

Das Prickeln, das Politik, Medien und interessierte Bürger fühlten, ist heute kaum noch vorstellbar. Die violette Koalition ist in den Niederlanden inzwischen zu einem Wegwerfartikel geworden. Vielleicht auch, weil in den letzten zehn Jahren das Haltbarkeitsdatum aller Politiker und der meisten politischen Ideen stark begrenzt zu sein scheint. Das einzig Aufmunternde, das man hierüber noch sagen kann, ist, dass in dieser Instabilität die positive Spannung ebenso schnell zurückkehren kann, wie sie verschwunden ist.

Die neue Koalition bekam erstaunlich schnell festen Boden unter den Füßen. Allerdings muss man ehrlicherweise feststellen, dass sie von einer positiven wirtschaftlichen Entwicklung profitierte. Diese versetzte die beteiligten Parteien in die Lage, bei fast allen ihren Wünschen zum Zuge zu kommen, wodurch das schmerzhafte Treffen einer Auswahl zwischen diesen Wünschen zumeist nicht notwendig war. So bekamen die Liberalen ihre Steuererleichterungen und die Sozialdemokraten ihre Investitionen im öffentlichen Sektor. Die Sozialliberalen konnten sich wiederum vor allem mit den immateriellen Reformen identifizieren.

Die politische Debatte wurde in den ersten Jahren der Regierung Kok nicht unter den Teppich gekehrt – es kam zwischen Sozialdemokraten und Liberalen in der Zweiten Kammer oft zu scharfen Debatten. Inhaltlich ging es dabei nicht nur um die Themen Migration oder Asyl, sondern auch um die Euroskepsis der VVD, die der konstruktiven Art und Weise, in der Außenminister Hans van Mierlo versuchte, die Niederlande zu einer bindenden Kraft in Europa zu machen, diametral gegenüberstand.

Als die ersten immateriellen Vorschläge zum Gegenstand der Debatten wurden, herrschte zunächst einmal Ungläubigkeit. Sollte diese Koalition wirklich stark genug sein, das Recht auf eine Eheschließung unter Menschen des

gleichen Geschlechts gesetzlich zu verankern? Während das Regierungspro-
gramm sich zu diesem Thema nicht klar äußerte, thematisierte die Koalition
die Frage in einem ernsthaften Dialog. Ein weiteres wichtiges Thema war das
der Sterbehilfe. Sollen Menschen das Recht haben, selbst über das Ende ihres
Lebens zu bestimmen, wenn dadurch ein sinnloses Leiden beendet werden
kann? Für die Verabschiedung eines Gesetzes zu diesem Thema suchte man
sorgfältig nach einer Basis in der Gesellschaft. Was vielleicht an jenen Jahren
am meisten auffällt, ist die Tatsache, wie ruhig und selbstbewusst die Koalition eine Reihe immaterieller Probleme regeln konnte. In der Rückschau betrachtet, förderte dieses Vorbild an politischer Reife in großen Teilen der
Bevölkerung die Erkenntnis, dass die Dominanz der Christdemokraten nicht
mehr als repräsentativ für die moderne Gesellschaft betrachtet werden konnte.

Jeder Segler weiß, dass das Segeln vor dem Wind weniger einfach ist, als
es das Sprichwort vermuten lässt. Wer mit dem Wind segelt, muss besonders
gut aufpassen, dass er nicht durch kleine Änderungen der Windrichtung
überrascht wird. Aus heutiger Sicht ist zu konstatieren, dass vor allem die
Sozialdemokraten bei mindestens zwei Themen die neuen Fakten nur unzureichend zur Kenntnis nahmen. Es handelte sich bei diesen Themen erstens
um den unterschwelligen Widerstand, der gegen die Isolation entstand, in der
viele Migranten weiterhin lebten. Zweitens wurde die Kritik an der zunehmenden Abhängigkeit, die die Menschen gegenüber einem in ihren Augen
nicht funktionierenden öffentlichen Sektor empfanden, nicht intensiv genug
berücksichtigt. Auf beide Probleme, die gesellschaftliche Integration der
Migranten und das Funktionieren des öffentlichen Sektors, soll im Folgenden
eingegangen werden.

Der Themenbereich Migration und Integration

Migration wurde von den Sozialdemokraten – aus gutem Grund – in erster
Linie als ein soziales Problem gesehen: Partizipation, (Aus-)Bildung, Zugang
zum Arbeitsmarkt und bezahlbare Wohnungen waren für sie einige der zentralen Themen. Der Grundgedanke bestand darin, dass es für die Migranten
keine Chance auf Emanzipation – also auf vollwertige Bürgerrechte – gibt,
wenn die Entwicklung auf diesen Gebieten stark zurückbleibt.

Soweit es um die kulturellen Dimensionen des Themenfeldes ging, beschränkten diese sich auf die Vorstellung, dass eine Integration bei gleichzei-
tiger Beibehaltung der eigenen Identität möglich sein müsse. Hierbei handelt
es sich um einen Standpunkt, der auch heute noch mit Nachdruck zu vertreten ist. Die politischen Konzepte der Sozialdemokraten deckten sich jedoch
immer weniger mit der Realität, wie sie von den Bürgern auf der Straße, im
Stadtviertel und vor der Haustür erfahren wurde. Viele Autochthone, und
gewiss nicht nur diejenigen, die in den ärmsten Vierteln lebten, begannen,
sich im eigenen Land weniger zu Hause zu fühlen. Dieses Gefühl, zu Hause
zu sein und doch ein bisschen heimatlos, hat sicherlich zu dem politischen
Raum beigetragen, in dem Pim Fortuyn seine politische Kraft entwickeln
konnte.

Für die Kluft zwischen den Vorstellungen der Sozialdemokratie und den
Haltungen in der Bevölkerung sind die Sozialdemokraten sicherlich mitver-
antwortlich. Es gibt jedoch sehr wohl auch eine weitere Erklärung. In jenen
Jahren kamen in verschiedenen Ländern nationalistische, mehr oder weniger
extrem rechte Parteien auf. In ganz Europa drohte ein Rechtsruck: Vlaams
Blok in Flandern, Haider in Österreich, le Pen in Frankreich. Indem die Sozialdemokraten in den Niederlanden an gesellschaftliche Probleme weiterhin
systematisch mit Begriffen wie Emanzipation und Gleichberechtigung heran-
gingen, wollte man verhindern, dass die PvdA in eine Migrationspolitik ab-
rutschen könnte, die lediglich den Migranten Anpassung abverlangte, statt die
gesamte Gesellschaft hinsichtlich der dauerhaften Anwesenheit der Migranten und ihrer Kinder in die Verantwortung zu nehmen. Das wäre eine Sozialdemokratie gewesen, die sich an der Trennung zwischen Einheimischen und
Migranten beteiligt hätte.
    Eine unerwünschte Folge der Haltungen der PvdA bestand darin, dass es
zu sehr anderen überlassen wurde auszudrücken, unter welchem Druck das
Thema Migration geraten war. Es handelte sich um einen Druck, der aus den
legitimen Sorgen der autochthonen Niederländer heraus entstand. Ohne dass
dies den Sozialdemokraten wirklich bewusst war, änderte sich die politische
Tagesordnung. Im Mittelpunkt stand nicht mehr der Mangel an einer Zu-
kunftsperspektive für die Migranten und ihre Kinder, sondern die Tatsache,
dass viele Autochthone die große Pluriformität als eine Bedrohung für die
Niederlande – so wie sie sie kannten – erlebten. Das Festhalten der Sozialdemokraten an der eigenen Tagesordnung, nämlich der Verbesserung des
Schicksals von Migranten als neue Phase eines klassischen Emanzipations-
strebens, wurde offensichtlich von vielen Menschen als Versuch wahrgenommen, die ‚echten Probleme‘ nicht anzupacken. Das Paradoxon lautet
also, dass den Linken gerade dadurch, dass sie die gesellschaftliche Realität
ausschließlich durch das Paradigma der Gleichberechtigung betrachteten, ein
entscheidender Teil dieser Realität entgangen ist. Mehr noch, es entstand auf
der rechten Seite Raum, die Unlustgefühle über die unvollständige, oder –
wie manche sagen – ‚misslungene‘ Integration zu politisieren.

Der öffentliche Sektor

Im öffentlichen Sektor hat die kritische Auseinandersetzung mit der Tagesordnung in ähnlich unzureichender Weise stattgefunden. Während es auf
einer Reihe von Gebieten zu großen öffentlichen Investitionen kam – nie
zuvor ist mehr in das Gesundheitswesen, die Bildung und den öffentlichen
Verkehr investiert worden –, erkannte man besonders in der Zeit des zweiten
violetten Kabinetts nicht im ausreichenden Maße, wie dringend der öffentliche Sektor selbst eine Erneuerung benötigte. In der Rückschau betrachtet, lag
der Schwerpunkt zu sehr auf dem Volumen und zu wenig auf der tatsächlichen Dienstleistung. Der Schwerpunkt der Aufmerksamkeit lag – beispielsweise im Bildungsbereich und im Gesundheitswesen – zu sehr auf strukturellen und finanziellen Aspekten und zu wenig auf der tatsächlichen Situation
am Arbeitsplatz.

Auf politischer Ebene wusste man beispielsweise, dass die niederländische Eisenbahngesellschaft in den kommenden Jahren viele neue Züge bekommen würde. Diese waren ja schließlich bestellt. Auf den Bahnsteigen warteten derweil die Bürger machtlos auf die verspäteten Züge. Es wurden große Beträge für den Abbau der Wartelisten im Gesundheitswesen zur Verfügung gestellt, aber das konnte den Zorn über die Tatsache, dass man in einem reichen Land nicht sofort Hilfe bekam, nicht mindern.

Auch im Bildungswesen wurde die Geduld von Lehrenden und Eltern einer harten Probe unterzogen. Seit mehreren Jahren arbeitete man an einem Konzept für eine autonome Schule: im Elementarunterricht sollten den Schulen sowohl die Budgets für Gehälter als auch die für Sachausgaben global zur Verfügung gestellt werden. Für den Sekundarbereich sollte eine Pauschalfinanzierung eingeführt werden. Die gesamte Struktur des Schulsystems wurde dezentralisiert und vom Staat auf die Gemeinden und Städte verlagert. Nie zuvor entschied man sich im Bildungsministerium so grundsätzlich für einen Freiraum für die Schule und für eine eigene bildungswissenschaftliche Entwicklung in einem nationalen Kontext, der bewusst offen gehalten wurde. Diese Veränderungen waren jedoch noch nicht im ausreichenden Maße an den Schulen spürbar oder – schlimmer noch – sie liefen sich durch die Bürokratisierung auf Schul- oder Schulverwaltungsebene fest. Während in Den Haag der Wechsel von einer top-down-Politik zu einer Politik des Freiraumes für die autonome Schule längst vollzogen war, revoltierten die Bürger gegen den Zentralismus aus Zoetermeer, der Schlafstadt von Den Haag, in der sich das Bildungsministerium damals befand.

Mit dem heutigen Wissen kann man feststellen, dass die Richtung, in der die nationale Politik arbeitete, auf dem Papier zu dem zu passen schien, was die Bürger wollten. Dies wurde jedoch auf den Bahnsteigen, in den Krankenhäusern und in den Schulen nicht so wahrgenommen. Sicherlich ebenso bedeutsam ist die Tatsache, dass die Reform des öffentlichen Sektors in unzureichender Weise als notwendige politische Aufgabenstellung erkannt und in Angriff genommen wurde. Dies begünstigte eine Bewegung, die die Illusion nährte, Markt und Individuum könnten alles besser regeln als der Staat. Dass diese immer stärker werdende politische Unterströmung in der öffentlichen Meinung nicht wahrgenommen wurde, ist auch deshalb bemerkenswert, weil der damalige sozialdemokratische Fraktionsvorsitzende Wim Meijer bereits in den achtziger Jahren in einer beeindruckenden Argumentation vor der anonymisierenden Wirkung öffentlicher Einrichtungen warnte, die von den Menschen selbst nicht mehr als die ihren erlebt werden. Als Ad Melkert in Fortsetzung dieser Tradition im Jahr 2002 die Reform Den Haags und des öffentlichen Sektors in den Mittelpunkt seiner Aktivitäten stellte, war es tatsächlich schon zu spät: die PvdA war in den Augen vieler Menschen identisch mit einer Art zu regieren, die zu wenig auf das einging, was die Menschen wirklich von ihren politischen Führern erwarteten.

Die Wahlen im Jahr 1998 ließen an Deutlichkeit nichts zu wünschen übrig: die violette Koalition konnte und durfte nach dem Willen des Wählers weitermachen. Ein Problem der in ihrer Arbeit bestätigten Regierung bestand rasch darin, einen ideologischen Neuanfang zu finden. Die entsprechenden Bemühungen gingen als ‚die Suche nach einem Motto für Violett II‘ in die

Annalen ein. Tatsächlich aber ging es um mehr als nur um ein Motto. Es ging darum, die raison d'être des neuen Kabinetts überzeugend darzustellen. Hatte 1994 der Kern des Abenteuers noch darin bestanden, ohne Christdemokraten regieren zu können, so hätte vier Jahre später eine offene Analyse des Zustandes des Landes die Basis für zusammenhängend formulierte Ambitionen bilden müssen. Dem zweiten Koalitionsabkommen fehlte darüber hinaus die Spannung, es strahlte eine deutliche Aura des business as usual aus.

Der Einfluss der weiterbestehenden Koalition auf die gesellschaftliche Debatte blieb in der Folgezeit beschränkt: die scharfen Auseinandersetzungen zwischen VVD und PvdA, die es zu Zeiten der ersten violetten Koalition gegeben hatte, blieben aus. Das gemeinsame Managen der Koalition rückte stärker in den Mittelpunkt. Viele – und an erster Stelle die Medien – begannen, sich über eine gewisse Seichtheit zu ärgern. Es kam hinsichtlich des Regierungshandelns das Bild einer alles erstickenden Decke auf, auch gerade deshalb, weil die Stärke des Ministerpräsidenten eher darin bestand, Konflikte ordentlich einer Lösung zuzuführen, als diese in der Öffentlichkeit auszufechten. So wurde die violette Koalition auch ein bisschen zum Opfer der Tatsache, dass das gemeinsame Regieren dreier Partner immer besser funktionierte.

Diese letztgenannte Erfahrung – und dies nur nebenbei – enthält auch einen deutlichen Fingerzeig für die in Deutschland angetretene große Koalition. An erster Stelle steht für die Bürger die Lösung der vorhandenen Probleme. Zu diesem Zweck kann in einem Kabinett jeder Kompromiss geschlossen werden, der für den jeweiligen Sachverhalt notwendig ist. Man sollte den Fraktionen jedoch Raum für die Austragung ideologischer Debatten lassen. Kommunikation ist zu einem zentralen Bestandteil der Politik geworden. Man darf die politischen Diskussionen nicht in die Beschlussfassung innerhalb des Kabinetts einsperren. Und um es mit Moses zu halten: *Man kommt nicht durch die Wüste, ohne ein Bild des gelobten Landes zu haben.*

Der Aufstand der Außenstehenden

Der Wahlkampf des Jahres 2002 ist durch den Aufstieg und gewaltsamen Untergang des Pim Fortuyn geprägt. Schon in den Niederlanden zeigen sich bei der Deutung dieses Phänomens und der politischen Entwicklung nach dem Mord große innere Gegensätze. Es ist somit auch nicht verwunderlich, dass man sich im Ausland von dem Geschehen bisher kaum ein zusammenhängendes Bild machen konnte.

Pim Fortuyn war gewiss eine paradoxe Figur. In verschiedenerlei Hinsicht war er progressiv, aber zweifellos verlieh er auch einem Hang nach ‚früher' Ausdruck, nach der Welt der sozialen Kontrolle, des Monokulturalismus und damit nach jener Zeit, in der die Welt noch übersichtlich war und in der Migranten noch Gastarbeiter waren, die wieder in die Heimat zurückkehren würden. Er hatte wie kein anderer ein Gespür dafür, dass in den Niederlanden die Zeit reif für eine neue Balance zwischen der repräsentativen Demokratie und direkteren Formen der Bürgerbeteiligung war. Die Politik war zu sehr zu einer Sache des Staates geworden und zu wenig eine Angelegenheit der Bürger. Offensichtlich war ein Outsider notwendig, um diese unter-schwellige Strömung zu bündeln und sichtbar zu machen.

Ein Outsider war Pim Fortuyn sicherlich. Seine eigene Suche nach einer politischen Heimat hat etwas Tragisches. Intelligent, frech, aber sehr emp-findlich gegenüber Kritik, hat er seit den sechziger Jahren versucht, sich in einer Partei zu Hause zu fühlen – wahrscheinlich auch damals schon in der Absicht, die Politik zu seinem Beruf zu machen. Er war in den siebziger Jah-ren in Groningen als junger wissenschaftlicher Mitarbeiter an der dortigen Universität beschäftigt. Zu dieser Zeit gab er den Versuch auf, von den Kommunisten akzeptiert zu werden, und wurde PvdA-Mitglied. Er schrieb sofort eine flammende Kritik an der Entwicklung der Sozialdemokratie. Die-ses Büchlein wollte er – ganz wie es zu ihm passte – dem PvdA-Chef Joop den Uyl selbst überreichen, womit dieser auch einverstanden war. Den Uyls kurze Analyse nach Entgegennahme des Buches in Groningen war nicht ohne Ironie: „Manche verbringen ihr ganzes Leben in unserer Partei um zu erkennen, welchen Weg die Sozialdemokratie einschlagen soll, Pim Fortuyn hat das nach einigen Monaten der Mitgliedschaft bereits herausgefunden...“ Der Autor stand strahlend daneben.

Fortuyns Suche nach einer politischen Heimat scheiterte immer wieder aufs Neue. Entweder war sein Talent zu groß für die mittelmäßige Gruppe, in der er Zuflucht suchte, oder es mangelte ihm an den grundlegenden Fä-higkeiten zur Zusammenarbeit. In der Konsequenz durchlief er das gesamte Spektrum von der äußersten Linken bis zum Ausspielen von Themen, die bis vor kurzem der extrem Rechten vorbehalten gewesen waren. Fortuyn bündel-te die gesellschaftliche Unzufriedenheit über die Migranten und den Islam. Dies tat er unter anderem dadurch, dass er den Islam als „rückständige Kul-tur" bezeichnete. Die Niederlande vollzogen um den Jahrtausendwechsel unter seiner Führung faktisch den Wandel von einem behutsamen, bedächti-gen Land zu einer groben Gesellschaft, in der Anlässe zur Unzufriedenheit deutlich beim Namen genannt werden. Fortuyn selbst agierte dabei oftmals provokativ, wobei er seine Stellung als Underdog, die er anfangs innehatte, geschickt ausnutzte.

Die Revolte, der Pim Fortuyn eine Stimme gab, richtete sich nicht nur ge-gen die Art und Weise, in der die Kernaufgaben des Staates – die Sorge für Sicherheit, Gesundheit und Bildung – ausgeübt wurden. Sie war auch ein Aufstand der Außenstehenden gegen das politische und behördliche Estab-lishment. In dieser Hinsicht kann man von einem Wiederaufleben des Jahres 1968 sprechen. Der zentrale Unterschied ist darin zu sehen, dass sich die damalige Revolte letztendlich stark auf die Universitäten konzentrierte, wäh-rend nun eine viel breitere und bis zu diesem Augenblick undenkbare Allianz sichtbar wurde. Sie umfasste Bewohner der alten und heruntergekommenen Viertel in den Großstädten, krank geworden von der ständigen Belästigung durch Kriminalität, aber auch Bewohner von Schlafstädten mit weißer Bevöl-kerung, die befürchteten, dass sich auch ihre Umgebung tiefgreifend verän-dern werde. In ihr fanden sich gewiefte Immobilienmakler, die der staatlichen Restriktionen überdrüssig waren, ebenso wieder wie aktive Anwälte und me-dizinische Spezialisten, die sich von der Bürokratie eingeengt fühlten. Sie alle hofften, Den Haag und den etablierten Parteien ihre Botschaft einzubläuen,

indem sie ‚Pimmetje' ihre Stimme gaben. Sie unterstützten ein Medienphä-
nomen, faktisch parteilos, das die Mängel eines wankenden Systems offen
beim Namen nannte. Fortuyn tat dies auf sicherlich infame Weise aber auch
mit Humor. Er äußerte sich ernsthaft aber mit ausreichendem Unterhal-
tungswert, um Abstand vom Rest der Politik zu halten, der damit auf einen
Schlag müde und veraltet wirkte.

Der feige Mord, dem Fortuyn zum Opfer fiel, hat ihn seiner legitimen
Chance beraubt, zu zeigen, dass er das gesammelte Vertrauen in die sogenannte ‚neue Politik' umsetzen konnte. Dort, wo der normale demokratische
Prozess den Sieger dazu zwingt, in der Praxis zu zeigen, was er wert ist, hat
der Mörder Fortuyn diese Chance vorenthalten. Die politischen Nachkömm-
linge Fortuyns erwiesen sich in der Folgezeit als nicht ausreichend dazu fähig,
die neue Politik zu einer maßgeblichen Alternative für die festgefahrenen
Verhältnisse in Den Haag zu machen.

Das Aufkommen und der anschließende Ansehensverlust der LPF haben
den schon seit längerem existierenden Prozess des Abbröckelns der sogenannten ‚eisernen Reserve' der meisten politischen Parteien weiter vorange-
trieben. Es handelt sich um einen Prozess, dessen Ende vorläufig noch nicht
abzusehen ist. Die Entwicklung – und dies ist nochmals nachdrücklich zu
betonen – hat gewiss nicht erst mit Fortuyn eingesetzt. Bereits 1992 schnitten
die Niederlande hinsichtlich des Organisationsgrades der politischen Parteien
im europäischen Vergleich mit einem Anteilswert von 2,8 Prozent am schlech-
testen ab. Bei den Parlamentswahlen 1994 stimmte die Hälfte der Wähler für
eine andere Partei als vier Jahre zuvor. Durch die Emanzipation der Bürger,
den im Durchschnitt höheren Bildungsgrad, die Individualisierung – welches
Etikett man auch darauf kleben möchte – gewann schon seit längerem ein Prozess an Bedeutung, bei dem die Dynamik unter den Wählern immer schlechter
innerhalb der bestehenden Parteienstruktur und der üblichen politischen Arbeitsweise aufgefangen werden konnte. In dieser Situation, in der alles im Fluss
ist, passen sich die meisten politischen Parteien ungeniert der Entideologisierung an. Dass der Populismus per definitionem Lösungen anbietet, die es
nicht gibt, hält die Chefs der etablierten Parteien nicht von einem heftigen
Flirt mit einem Politikstil ab, der letztendlich die Durchführung ihres eigenen
Programms unterwandern kann.

Wenn sich die Öffentlichkeit über die hohen Gehälter der Führungsspitzen
in den privatisierten Energieunternehmen aufregt, dann schlagen auch in Den
Haag die Wogen hoch. Stellt sich heraus, dass die Angehörigen der Geschäfts-
leitung großer Krankenhäuser mehr verdienen als der Ministerpräsident, dann
wagt kaum ein Politiker, dieses Thema unter einem auch nur leicht veränderten
Blickwinkel zu betrachten. Entkommt ein Straftäter aus der Sicherheitsverwah-
rung und begeht anschließend einen scheußlichen Mord, dann wagt so gut wie
niemand, unter diesen Umständen für die notwendige Resozialisierung von
ehemaligen Straftätern zu plädieren. Und auch wenn die Niederlande inzwischen die strengsten Einreiseregelungen für Asylsuchende in ganz Europa haben, versuchen manche Politiker immer noch in erster Linie, sich gegenseitig in
der Demonstration ihrer Strenge zu übertreffen.

Zu effektiven Regelungen führt dies alles in den seltensten Fällen, und es
kommt fast nie vor, dass emotional besetzte Fragen zur Beschlussreife gelan-

gen. Das Bewahren der dafür notwendigen ruhigen inneren Festigkeit passt nicht zu dem Zustand der Aufgeregtheit, in dem die Bevölkerung Medien und Politik angeblich am liebsten sieht. Wut ersetzt Führung, Empörung ersetzt Entscheidungen.

Auch wenn diese Debatten nicht einer gewissen politischen Folklore entbehren, wiegt der Mangel an politischer Führerschaft doch schwerer, wenn es um die schwindende Popularität Europas geht. Während sich die Zweite Kammer des niederländischen Parlaments mit großer Mehrheit positiv zur Inangriffnahme einer europäischen Verfassung geäußert hatte, fällte die Bevölkerung per Referendum ein vernichtendes Urteil. Während die Zukunft unserer Länder unwiderruflich miteinander verbunden ist, zeigt sich ein echtes Legitimationsproblem. Von einer innerlich getragenen Überzeugung der führenden Politiker war wenig zu spüren. Wenn Europa so wenige wirkliche Freunde hat, warum sollte die Bevölkerung dann ‚dafür' stimmen?

Wahlen, Referenden, Meinungsumfragen und – nicht zu vergessen – Fernsehmagazine sind Teil eines bedenklichen Rituals geworden: sie sind das moderne Äquivalent der öffentlichen Hinrichtung im Herzen der mittelalterlichen Stadt. Beides trägt nicht zur Lösung wirklicher Probleme bei, aber es erleichtert zumindest vorübergehend die offensichtlich angestauten Emotionen.

Die Niederlande auf der Suche nach Stabilität und einer Perspektive

Dort, wo es eine der Kernaufgaben der Politik ist, Stabilität und eine Perspektive zu bieten, ist man in den Niederlanden in eine Phase geraten, in der die Politik selbst zu einem wichtigen Instabilitätsfaktor geworden ist. Dabei stünde eine gewisse Fähigkeit zur Selbstreinigung auch den Medien nicht schlecht zu Gesicht. Ein Teil der niederländischen Meinungsmacher lebt sich nach den Anschlägen in New York, Madrid und London sowie dem Mord an dem Filmemacher Theo van Gogh in einer Form der Islamkritik aus, die unzählige friedliebende Islamiten, die mit Terror und Fundamentalismus nicht zu tun haben wollen, systematisch beleidigt. Das verbessert – milde ausgedrückt – die Chancen für Stabilität nicht. Die niederländische Meinungsfreiheit bietet den Raum für dieses ‚Islam-bashing'. Das heißt aber nicht, dass eine dermaßen provokativ geführte Debatte vernünftig ist. Denn inzwischen steht folgendes fest: die unaufhörlichen Angriffe auf den Glauben von Hunderttausenden von Muslimen haben die fundamentalen Freiheiten, auf die sie sich berufen können, wie die Religionsfreiheit und die Schulfreiheit, unter Druck gesetzt.

Regelmäßige Beobachter des deutschen Fernsehens können feststellen, wie viel widerstandsfähiger sich die deutsche Demokratie gegen große Erschütterungen zeigt. In den Niederlanden ist inzwischen ein Stadium erreicht worden, in dem nicht in den Medien sichtbar wird, was in der Politik geschieht, sondern in dem das, was in den Medien passiert, zur Politik geworden ist. Die politische Debatte in Deutschland hat – so wichtig die Medien in der Bundesrepublik auch sind – eine eigene Dynamik bewahrt. Die großen, regelmäßigen Gesprächsrunden mit führenden Politikern zeigen Moderatoren, die tatsächlich das Gespräch ermöglichen. In den Niederlanden sind seit Fortuyn die meisten Journalisten vor allem an der Produktion von Nachrichten interessiert und nicht so sehr an deren Analyse. Das ernsthafte Gespräch, für das dann auch genügend Sendezeit eingeplant werden muss, ist daher leider die Ausnahme. Den einzigen Anlass zur Hoffnung bietet in diesem Zusammenhang die Tatsache, dass sich eine immer breitere Öffentlichkeit über diese Arbeitsauffassung der Medien ärgert. Hier kündigen sich womöglich neue Perspektiven an.

Politik und Medien sind nicht der verlängerte Arm einer schwankenden öffentlichen Meinung, sie haben in einer Demokratie eine eigene, professionelle Verantwortung. Nun drohen Zuschauerzahlen in den Medien das zu verursachen, was Meinungsumfrageergebnisse in der Politik anrichten. Marktverhältnisse drohen Argumente zu ersetzen. Der Versuch des in den Niederlanden zur Zeit amtierenden Kabinetts, den öffentlichen Rundfunk zu begrenzen, ist als ein Ende dieser Entwicklung anzusehen: was sich auf dem Markt nicht beweist, hat kein Existenzrecht. Dies mag jedoch auch eine allzu politische Deutung dessen sein, was sich in der letzten Zeit in den Niederlanden ereignet hat.

In den vergangenen Jahrzehnten ist in ganz Westeuropa das Vertrauen in die Regierenden zurückgegangen. Diese Entwicklung vollzog sich weitgehend unabhängig von der politischen Couleur oder der politischen Arbeit der jeweiligen Regierungen. Dass in den Niederlanden nur noch 21 Prozent der Bevölkerung Vertrauen in die regierende Koalition hat, ist also kein Einzelphänomen. Es drängt sich die Frage auf, ob sich der emanzipierte Bürger nicht in erster Linie selbst regieren will. Eine gewisse Doppelmoral kann ihm in unseren Landen jedenfalls nicht abgesprochen werden. Er reserviert den maximalen Raum für eigene Abwägungen, lädt aber das, was er nicht selbst entscheiden kann, ungeniert im öffentlichen Raum ab. Er will keine Bevormundung, keine Bürokratie, wohl aber Sicherheit und Schutz gegen Kräfte, die er selbst nicht beherrschen kann. Wenn es um Wirtschaftswachstum geht, kassiert er den Zugewinn offener Grenzen – eine einzige Währung, ein gemeinsamer Markt – gerne ein, aber die Regierung soll den niederländischen Arbeiter vor den polnischen Arbeitern, die bezahlbare und fachmännische Arbeit liefern, per Gesetz schützen.

Der niederländische Bürger hat einen niedrigen Siedepunkt und daher kocht er rasch über. Polizisten haben zwar große Mühe, auf der Straße ihre Autorität zu wahren, aber im Allgemeinen spricht sich der Bürger in Umfragen für die Bewahrung von Werten und Normen aus.

Zwischen Individualisierung und offenen Grenzen, zwischen der Wahlfreiheit als Konsument und der Begrenzung, die von bürokratischen Beschränkungen ausgeht, vermisst der Bürger zunehmend ein Gefühl für die Richtung. Diese Richtung, das ist vielleicht das Paradoxe am Verhältnis zwischen Bürgern und Politik, kann sich der Bürger nicht selbst geben. Wo man sich der Grenze der individuellen Verantwortung annähert, erwartet man doch vom Kollektiv eine Richtung und Deutung. Und die Politik, deren Kernaufgabe es nun gerade ist, für diese Richtung zu werben, erklärende Rahmen anzubieten, durch die die Gesellschaft mehr wird als lediglich eine Anzahl unabhängiger Individuen, diese Politik hat sich in den Niederlanden nach Fortuyn immer mehr zu einem Sprachrohr wechselnder Meinungen gemacht.

Diese Sprachrohrfunktion anstelle der Erstellung eines Rahmens, der sich an Prinzipien ausrichtet, beruht zum größten Teil auf einer falschen Interpretation des Erfolges von Fortuyn. Er hat, so wird behauptet, auf eine befreiende Weise das gesagt, was die Bürger dachten. Das mag so sein, aber die befreiende Wirkung seines Auftretens kann auch auf seine Fähigkeit, an seinen eigenen Auffassungen festzuhalten und eben diese Bürger zu verspotten, zurückgeführt werden. War er gegen marokkanische Jungen? Aber nein, war seine Antwort, „ich gehe mit ihnen ins Bett". Wollte er alle Ausländer aus dem Land heraus haben? Aber nein, er plädierte als einer der wenigen für eine Generalamnestie für Asylsuchende, die schon sehr lange in unserem Land auf die Bearbeitung ihres Antrages warten. Und er war sichtlich ein Außenseiter, wenn er – von einer Journalistin unangenehm befragt – diese ungestraft anschnauzen konnte, sie möge doch lieber kochen gehen. Diese Journalistin war nämlich für viele zu einer Verkörperung ‚Den Haags' geworden.

Sein Erfolg lässt sich nicht so sehr durch das ‚Sagen was man denkt' erklären, das in den Niederlanden anscheinend zur dominanten Kultur geworden ist, sondern vielmehr durch das ‚Stehen für das, was man sagt'. Auch die Tatsache ist von Bedeutung, dass er immer wieder in Form und Inhalt Abstand von jenem Kreis an Politikern, Beamten und Journalisten hielt, der von vielen Bürgern als eine große Familie betrachtet wird, die das Land regiert.

Politik heißt Entscheidungen zu treffen. Nicht jede Meinung der Bürger verdient es, in Politik umgesetzt zu werden. Nicht jede Emotion darf unwidersprochen bleiben. Wer Angst vor der Stimme des Volkes hat, darf nicht in die Politik gehen – schließlich wirbt man um Unterstützung für Ideen, um Macht für die Verwirklichung von Idealen. Es ist in einer hoch-technologischen Gesellschaft mit einer enormen internationalen Dynamik nicht leicht, zusammenhängende innenpolitische Konzepte zu entwickeln. Und es stimmt, so spannend die Informationsgesellschaft auch für die an ihr Teilhabenden ist: Menschen leben nicht auf einer Website. Was im Deutschen so schön mit dem Begriff ‚Modernisierungsverlierer' bezeichnet wird, umfasst womöglich einen größeren Teil der Bevölkerung, als es uns die Ideologen des ‚schneller und moderner' glauben machen wollen. Die Menschen, die in einer Welt der gesteigerten Produktivität nicht mitkommen, ihre Stelle verlieren und oft auf Formen von subventionierter Arbeit angewiesen sind, verlangen nach einem Halt, den die Politik immer weniger zu bieten scheint.

Es ist in der Tat nicht einfach, eine neue Balance zwischen dem Freiraum für eigene Abwägungen und einem wirksamen gemeinschaftlichen Schutz zu finden. Diese Komplexität ist allerdings keinesfalls eine Entschuldigung dafür, den Populismus zum Regierungsmodell zu erheben und jeden unpopulären aber durchdachten Ansatz als Regententum abzutun.

Es gibt Gesellschaftskonzepte, die der multikulturellen Realität gerecht werden und doch einen besseren Umgang zwischen den Allochthonen und den Autochthonen ermöglichen. *Es geht nicht um die Wahl zwischen ‚wir' oder ‚sie'!* Wir können hochwertige öffentliche Dienstleistungen organisieren, wenn wir ernsthaften Reformen nicht aus dem Wege gehen. *Es geht nicht um eine Wahl zwischen Markt oder Bürokratie!* Und ohne mit Blick auf das Regieren in zentralistische Schaubild-Modelle zu verfallen, ist es möglich, der Entwicklung einer Gesellschaft in einem sorgfältigen Dialog doch eine Linie zu geben, Führung zu verleihen. *Es gibt noch etwas zwischen einer autoritären Regierung von oben nach unten und dem Wunschkonzert des aktuellen Populismus!*

Es ist so, wie Klaus Harpprecht in seinem glänzenden Abschiedsbrief an den abgetretenen Bundeskanzler Willy Brandt schrieb: „Machtausübung, sei sie noch so brillant, genügt nicht. Politik bleibt ein geistiger Auftrag, wenn sie etwas taugen soll, und ein menschlicher."

Die Politik darf sich nicht in eine Rolle sperren lassen, in der sie nur laut das wiedergibt, was die anderen vermutlich denken. Darum gilt, ob der Wind nun von hinten oder von vorne kommt, noch immer das Bibelwort, mit dem Joop den Uyl damals sein Kabinett in der Zweiten Kammer vorstellte: *Es weht kein Wind für den, der den Hafen nicht kennt, in den er fährt...*

Peter Lösche

Das Parteiensystem und die Herausforderungen direkter Demokratie

Es gehört zu den abgegriffenen, banalen Redensarten von Politikwissenschaftlern und Journalisten, es hat sich tief in die bundesrepublikanische politische Kultur eingeprägt: die Bundesrepublik ist eine repräsentative Demokratie und das Grundgesetz ist gegen die Weimarer Reichsverfassung formuliert worden, gerade was die Elemente direkter, plebiszitärer Demokratie angeht. Mit Ausnahme des Art. 29 des Grundgesetzes, der die Neugliederung des Bundesgebietes betrifft und die Bestätigung von Länderfusionen durch Volksentscheid vorschreibt, sind Volksbegehren und Volksabstimmungen in der Verfassung nicht vorgesehen. Und in deutlicher Abgrenzung zu Weimarer Verhältnissen findet die Wahl des Staatsoberhauptes nicht durch das Volk, sondern durch die Bundesversammlung statt. Zudem sind die Kompetenzen des Bundespräsidenten im Vergleich zum Weimarer Reichspräsidenten auf im Wesentlichen repräsentative und notarielle Funktionen reduziert.

Doch wir sollten es besser wissen: erstens ist die Weimarer Republik nicht an der direkten Demokratie zugrunde gegangen, sondern am Mangel an Demokraten. Gleichwohl hat sich die nationalsozialistische Massenbewegung, aber auch die Volkswahl eines Antidemokraten zum Reichspräsidenten als traumatische Erfahrung den Vätern und Müttern des Grundgesetzes eingeprägt. Zweitens ist die Bundesrepublik heute keine reine repräsentative Demokratie mehr. Wenn wir alle Ebenen des föderalen Systems und die politische Praxis berücksichtigen, haben wir es in der Verfassungswirklichkeit stattdessen mit einer gemischten Verfassung zu tun. So hat sich auf der kommunalen Ebene die süddeutsche Bürgermeisterverfassung bundesweit durchgesetzt, nach der der Bürgermeister bzw. der Landrat – Chef der kommunalen Exekutive und Repräsentant seiner Kommune – direkt vom Volk gewählt wird. In fast allen Kommunen gibt es die Möglichkeit von Volksbegehren, Volksinitiativen und Volksentscheiden.[1] Alle Bundesländer bieten heute in ihren Verfassungen – wenn auch im Detail je unterschiedlich – die Möglichkeit der Gesetzgebung durch das Volk. Dies ist nicht zuletzt ein bundesweites Ergebnis jener Diskussionen, die an ‚runden Tischen‘ in der Transformationsperiode zwischen der ehemaligen DDR und den heutigen neuen Bundesländern stattgefunden haben. Drittens sind auch in die Satzungen von Bun-

---

1 H.K. HEUSSER, *Direct Legislation in United Germany*, in: A.B. GUNLICKS (Hrsg.), *German Public Policy and Federalism*, New York/Oxford 2003, S. 148 ff.

des- und Landesparteien Elemente der direkten Demokratie aufgenommen
worden. So gibt es die Möglichkeit, Kanzlerkandidaten oder Kandidaten für
das Ministerpräsidentenamt durch eine Urabstimmung der Parteimitglieder
zu nominieren – entfernt vergleichbar mit closed primaries in den Vereinigten Staaten. Auch Urabstimmungen über Wahl- und Parteiprogramme sind
statutarisch vorgesehen und in einigen Landesverbänden verschiedener Parteien praktiziert worden.

In der Tat hat es in der Geschichte der Bundesrepublik eine Entwicklung
von der reinen repräsentativen Demokratie hin zu einer gemischten Verfassung von repräsentativer und direkter Demokratie gegeben. Während bis
Mitte der 1960er Jahre sich die repräsentative Demokratie etablierte und Akzeptanz im Volk fand, hat die Partizipationsrevolution der 1968er und der
neuen sozialen Bewegungen in den 1970er und 1980er Jahren die Weichen in
Richtung ‚mehr Demokratie wagen‘, mehr Beteiligung der Bürger bzw. Mitglieder in Kommunen und Parteien gebracht. Schließlich sind durch die Bür-
gerrechtsbewegung der DDR Elemente plebiszitärer Demokratie nicht nur in
den neuen Bundesländern verankert worden, sondern diese strahlten auch
auf die alten Bundesländer aus.

Noch einmal zugespitzt formuliert: die Periode der puren repräsentativen
Demokratie gehört in der Geschichte der Bundesrepublik der Vergangenheit
an, wir leben heute in einer gemischten Verfassung von repräsentativer und
direkter Demokratie.

Parteienstaat – Parteiensystem – Legitimationskrise der Parteien?

Träger der Transformation von der repräsentativen zur gemischten Verfassung waren die Parteien, war der Parteienstaat Bundesrepublik. Dabei wird
hier von einem zunächst umgangssprachlichen Verständnis von Parteienstaat
ausgegangen.[2] Danach spielen Parteien in der Verfassungsrealität, d.h. beim
Zustandekommen politischer Entscheidungen und bei deren Legitimation die
dominierende Rolle. Parteien sind dabei die wichtigsten, wenn auch nicht die
alleinigen Träger politischer Willensbildung, indem sie unterschiedliche parti-
kulare Bedürfnisse und Interessen in der Gesellschaft (abstrakt und unzutref-
fend: ‚den Volkswillen‘) aufnehmen und in die legislativen und exekutiven
Verfassungsorgane vermitteln sowie umgekehrt die dort gefassten Entscheidungen gegenüber dem Volk begründen und damit Legitimation für das politische System insgesamt schaffen. Doch zugleich sei differenzierend ergänzt:
Parteienstaat ist nicht gleich Parteienstaat, Partei nicht gleich Partei. Vielmehr
haben sich unsere Parteien, das Parteiensystem insgesamt und damit auch der
Parteienstaat seit den 1960er Jahren erheblich verändert. Trotz erstaunlicher
Stabilität und Kontinuität der deutschen Parteien und des Parteiensystems im
internationalen Vergleich haben sich unter der Oberfläche erhebliche Veränderungen vollzogen.

---

2   P. LÖSCHE, *Parteienstaat in der Krise? Überlegungen nach 50 Jahren Bundesrepublik Deutsch-
    land*, Bonn 1999, S. 6 ff.

Diese scheinen sich in der Gegenwart fast krisenhaft so zuzuspitzen, dass (wieder einmal) von einer Legitimationskrise des Parteiensystems gesprochen und geschrieben wird. Und an dieser Stelle kommt wiederum die ‚direkte Demokratie' ins Spiel, indem gefragt wird, ob durch Implementierung von weiteren Elementen direkter Demokratie in das politische System und in die Parteien die viel beschworene Legitimationskrise überwunden werden könne.[3]

Um welche ‚Krisen'-Phänomene geht es eigentlich? Politikwissenschaftler haben schier endlose Listen von Problemen und Defiziten formuliert, unter denen Parteien heute tatsächlich oder angeblich zu leiden haben.[4] Dabei findet implizit häufig ein Vergleich mit der Blütezeit deutscher Parteien in den 1970er Jahren statt, als die 1968er ihren Marsch durch die Institutionen begonnen hatten. Im Rahmen dieser Auseinandersetzungen um das Niedergangssyndrom werden vor allem die folgenden Aspekte behandelt:

Parteien zeigen als Mittler zwischen Gesellschaft und politisch-administrativem System deutliche Schwächen. Vor allem haben sie Konkurrenz erhalten, sie können sich nicht mehr wie in der ersten Hälfte der 1960er Jahre als Monopolisten der politischen Willensbildung gerieren. Sie liegen heute nicht nur im Wettbewerb mit den neuen sozialen Bewegungen und den Nicht-Regierungsorganisationen, sondern die Verbändelandschaft hat sich insbesondere im Dienstleistungs- und Freizeitbereich so ausdifferenziert, dass hier ganz neue Wege der politischen Partizipation entstanden sind.

Das Parteiensystem selbst hat sich erweitert, ist unübersichtlicher geworden. Nicht nur sind zwei neue Parteien entstanden, nämlich Bündnis 90/Die Grünen und die Linke/PDS, sondern die Spaltung des Liberalismus hat sich hinter dem Rücken der Akteure wieder eingestellt, die FDP repräsentiert den marktwirtschaftlichen, die Grünen den sozial-freisinnigen Flügel des Liberalismus. Hinzu kommt, dass in Ost und West zwei unterschiedliche Parteiensysteme entstanden sind.[5]

Das Ende der traditionellen Mitglieder- und Funktionärspartei, der Volksparteien, die in der Wählerschaft grasverwurzelt waren und die damit zentrale Mediatisierungs- und Aggregationsfunktionen übernehmen konnten, zeichnet sich ab. Konkreter: das sozialdemokratische und das katholische Milieu erodieren, auch wenn diese im Wahlverhalten immer noch eine Rolle spielen. Die beiden großen Parteien, SPD und CDU, verlieren rapide an Mitgliedern. Die Mitgliedschaft der beiden großen Parteien ist überaltert, die Arbeitsgemeinschaft 60 plus sowie die Seniorenvereinigung sind ironischerweise die einzigen expandierenden und zugleich die vitalsten innerparteilichen Organisationen. Wie in der Weimarer Republik machen die Schlagworte von der ‚Vergreisung' und ‚Verkalkung' – jeweils gemeint im physischen und übertra-

---

3 Vgl. beispielhaft J. DITTBERNER, *Die deutschen Parteien: Defizite und Reformideen*, in: *Aus Politik und Zeitgeschichte* B 40/2004, S. 13 ff.

4 Vgl. beispielhaft für die Diskussion des ‚Niedergangssyndroms' deutscher Parteien K. NICLAUSS, *Das Parteiensystem der Bundesrepublik Deutschland*, Paderborn 2002, S. 296 ff.

5 U. BIRSL/P. LÖSCHE, *Parteien in Ost- und Westdeutschland: Der gar nicht so feine Unterschied*, in: *Zeitschrift für Parlamentsfragen* H. 1 (1998), S. 7 ff.

genen Sinn – die Runde. Beschleunigt wird diese Entwicklung durch das neue
Organisationsverhalten jüngerer Alterskohorten, die – angesichts von Individualisierung und Pluralisierung der Lebensstile – zwar politisch interessiert
sind, sich aber nicht mehr auf Dauer oder längere Zeit an eine Partei (oder
auch an andere Großorganisationen) binden.

Ein neuer Parteitypus scheint den der Massenintegrationspartei bzw.
Volkspartei abzulösen. Dieser neue Typus ist durch folgende drei Charakteristika geprägt:

Medienpartei: Die nationale Parteiführung kommuniziert zunehmend mit
den Parteimitgliedern über die Presse, insbesondere über elektronische Medien. Allerdings ist dies keine Einbahnstraße. Vielmehr stellen Umfragen, die
unter den Parteimitgliedern stattfinden, eine neue Art innerparteilicher politischer Partizipation dar. Diese Entwicklung führt zur allmählichen Auflösung
des traditionellen Delegiertensystems, denn Parteiaktivisten werden durch
diese Art der Kommunikation umgangen, sie verlieren Macht und Einfluss.
Damit stellt sich die Frage nach innerparteilicher Demokratie in ganz neuer
Weise.

Professionalisierung: Parteifunktionäre, also Freizeit- und Amateurpolitiker,
werden zunehmend durch professionelle Politikberater ersetzt, die entweder
von außen als selbständige Unternehmer in der Partei mitwirken oder die –
was in Deutschland die Regel ist – bei der Partei beschäftigt sind.

Fraktionspartei: Das Machtzentrum und auch das organisatorische Rückgrat
der Partei verschiebt sich von der traditionellen Parteiorganisation hin zu
dem, was in der angelsächsischen Literatur als ‚party in public office' bezeichnet wird, nämlich zu den Fraktionen in Parlamenten, zu den Parteimitgliedern in Kabinetten, aber auch zu den Dezernenten in Kommunalverwaltungen. Parlamentarier, Kabinettsmitglieder und Kommunalpolitiker spielen
bei innerparteilichen Entscheidungsprozessen eine zunehmend große Rolle.
Zur gleichen Zeit gehören Mitglieder von Landes- bzw. Bundesvorständen in
der Regel Parlamenten oder Exekutiven an. Macht ist also in den Händen
jener fokussiert, die Ämter sowohl in der Partei wie in den Verfassungsorga-
nen kumulieren.

Parteien nehmen heute in der Bundesrepublik vornehmlich drei Funktionen wahr: sie führen und finanzieren Wahlkämpfe; sie wählen die politische
Elite dadurch aus, dass sie Kandidaten für Wahlämter nominieren; sie wirken
in Parlamenten, Kabinetten und Kommunalverwaltungen politisch mit und
treffen Entscheidungen, sie ‚regieren' im Sinne von ‚to govern'.

Damit werden zugleich die Probleme, Defizite und Herausforderungen
deutlich, mit denen Parteien heute in der Bundesrepublik konfrontiert sind.
Parteien sind in der Gesellschaft nicht mehr grasverwurzelt, ja es wird zu
Recht von der Abschottung der Parteien gegenüber der Gesellschaft gesprochen. Parteien nehmen also die ihnen in der politikwissenschaftlichen Literatur zugewiesene zentrale Funktion, zwischen Gesellschaft und Politik zu
vermitteln, zu mediatisieren, nicht mehr wahr. Innerparteilich herrscht die
‚Ruhe des Friedhofs', inhaltliche Diskussionen um Programme und Konzepte finden so gut wie nicht mehr statt, stattdessen wird um Personalia gekämpft, es geht um Patronage, nicht um Inhalte.

Falls diese Diagnose, das Niedergangssyndrom, zutrifft: Wie könnte eine Therapie aussehen? Die Antwort verwundert nicht: direkte Demokratie, die Implementation plebiszitärer Elemente in Parteien und in das politische System wird von vielen Seiten nachdrücklich, zuweilen auch als Allheilmittel empfohlen. Könnte die direkte Demokratie helfen, die Erstarrung, Verkalkung und Abschottung der Parteien gegenüber der Gesellschaft aufzulösen? Wie stellen die Parteien sich zur direkten Demokratie? Welches sind die Herausforderungen der direkten Demokratie an die Parteien? Was kann man von der Einführung von Elementen direkter Demokratie in das politische System und die Parteien erwarten? Können Parteien und Politik in der Bundesrepublik direktdemokratisch revitalisiert werden? Diesen Fragen wird im Folgenden nachgegangen.

Plebiszitäre Demokratie als Jungbrunnen?

Im folgenden Abschnitt werden zunächst Vorschläge diskutiert, bestimmte Verfahren direkter Demokratie in Parteien einzufügen, nämlich die Nominierung von Kandidaten für Wahlämter durch Parteimitglieder (closed primary bzw. caucus), offene Vorwahlen (open primaries) und innerparteiliche Plebiszite. Sodann geht es um Vorschläge zur Demokratisierung des politischen Systems der Bundesrepublik, nämlich um die Einführung der Direktwahl von Ministerpräsidenten, um Volksabstimmungen auf Bundesebene und schließlich darum, im Wahlrecht der Länder und des Bundes Panaschieren und Kumulieren zu ermöglichen.

Implementation direktdemokratischer Elemente in Parteien

Innerparteiliche Nominierungswahlen (closed primary/caucus): Entsprechend den geltenden Parteistatuten, dem Parteiengesetz und den Wahlgesetzen ist es bereits heute möglich, Kandidaten für den Bundestag oder für Landtage durch Mitgliederversammlungen zu nominieren. Innerparteiliche Nominierungswahlen sind im Prinzip dann denkbar und machbar, wenn Kandidaten als Einzelbewerber in einem Wahlkreis antreten. Für kleinere Parteien wie die FDP oder die Grünen ist es kein Problem, alle Parteimitglieder, die in einem Wahlkreis wohnen, zur gleichen Zeit zu einer Mitgliederversammlung einzuladen, auf der die Kandidaten sich vorstellen und auf der anschließend über den Einzelbewerber der Partei abgestimmt wird. Größere Parteien wie die SPD, die CDU oder in Bayern die CSU sind einfach vor technische Probleme gestellt, wenn sie mehrere Tausend ihrer Parteimitglieder in einem Wahlkreis zu einer Nominierungsversammlung zusammen rufen wollen. In diesen Wahlkreisen ist es üblich, Kandidaten durch Delegiertenversammlungen zu nominieren. Trotz dieser eher technischen bzw. organisatorischen Probleme ist die Zahl der Wahlkreise, in denen die Kandidaten durch Mitgliederversammlungen nominiert worden sind, im letzten Jahrzehnt deutlich gestiegen. Wiederum mit technischen Problemen sind Parteien konfrontiert, wenn sie im bundesrepublikanischen System der teilpersonalisierten Verhältniswahl

Landes- bzw. Bundeslisten aufstellen. Alle Parteimitglieder in einem Bundes-
land oder gar im Bund insgesamt können, dies ist banal, nicht zu einer großen Nominierungsversammlung zusammengerufen werden. Hinzu kommen
rechtliche Probleme, denn nach dem aktuell geltenden Bundeswahlrecht und
Parteienrecht können Nominierungen nicht durch eine Urnenwahl aller Mitglieder stattfinden. Natürlich könnten die Gesetze entsprechend geändert
werden, wenn man innerparteiliche Nominierungswahlen tatsächlich an-
strebt. Trotz der aktuell vorhandenen rechtlichen Restriktionen erlauben es
die einschlägigen Gesetze und Parteistatute, mit Hilfe einer Art Urwahl Kandidaten für das Amt des Kanzlers oder eines Ministerpräsidenten zu nominieren. Zugleich ist jedoch die Wahl des Vorsitzenden einer Landespartei oder
der Bundespartei durch das geltende Parteiengesetz verboten. Diese sind
durch Parteitage zu wählen. Die gerade genannten Regelungen illustrieren
nur, wie kompliziert sich die gegenwärtige rechtliche Situation darstellt, wenn
man Elemente der direkten Demokratie schon jetzt und vor gründlicher No-
vellierung einschlägiger Gesetze wie der Wahlgesetze und des Parteiengeset-
zes praktizieren möchte.

   Abgesehen von rechtlichen Aspekten werden inhaltliche Einwände gegen
die direkte Nominierung von Kandidaten für Wahlämter auf der Landes-
bzw. Bundesebene oder für die Direktwahl von Landes- oder Bundesspartei-
vorsitzenden erhoben. Das von Politikern zu hörende Argument lautet, derartige innerparteiliche Vorwahlen würden die Parteien in personalisierte
Klientelorganisationen fragmentieren, die auch zwischen den Wahlen erhalten blieben und die nicht zuletzt auf die Finanzierung ihrer innerparteilichen
Wahlkampagnen durch Interessengruppen angewiesen wären. Zugleich ist
natürlich auch das – positive – Argument zu hören, dass innerparteiliche
Nominierungswahlen die Parteimitglieder mobilisieren und die Partei für die
Hauptwahlen energisieren würden.

   In der Tat sind innerparteiliche Vorwahlen in verschiedenen Parteien und
auf verschiedenen Ebenen bereits praktiziert worden. Am bekanntesten ist
die Nominierung Rudolf Scharpings zum Parteivorsitzenden der SPD 1993.
Als Björn Engholm damals als Parteivorsitzender resignierte, wagte der Bun-
desvorstand der Sozialdemokratie nicht, von seinem statutarischen Recht
Gebrauch zu machen und dem Parteitag einen Personalvorschlag zu unter-
breiten. Also wandte man sich an ,das Volk', nämlich an das ,Parteivolk', an
die sozialdemokratischen Mitglieder, und befragte sie, wer von drei Kandidaten (Rudolf Scharping, Gerhard Schröder und Heidemarie Wieczorek-Zeul)
ihnen als Vorsitzender am liebsten wäre. Immerhin haben an dieser innerparteilichen Abstimmung 56 Prozent aller Mitglieder teilgenommen, was als
beeindruckender Mobilisierungserfolg angesehen werden muss. Formal stellte
diese Abstimmung zwar nur einen unverbindlichen ,Schönheitswettbewerb'
dar, aber der Bundesparteitag, das eigentliche Wahlorgan, hielt sich an die
Empfehlung der Mitglieder und wählte Scharping zum Vorsitzenden. Formal
bindende Nominierungsverfahren für die jeweiligen Ämter der Ministerpräsidenten haben hingegen in der Berliner SPD sowie der nordrhein-westfälischen und der baden-württembergischen CDU stattgefunden. Gleichwohl ist
dieses Verfahren von keiner der betroffenen Parteien statutarisch bindend
gemacht worden. Bislang sticht in innerparteilichen Diskussionen, insbeson-

dere bei der oberen und mittleren Parteielite, das Argument, dass Vorwahlen die Parteien schwächen, zerklüften und zerreißen würden, dass dadurch ihre Vermittlungs- und Konsensfindungsfunktion noch weiter geschwächt, die Frustration über Parteien in der Öffentlichkeit, ja Parteienverdrossenheit generell gesteigert würde, denn die Parteien stellten sich nach außen als zerrissen dar. Konkret: man stelle sich nur vor, in der SPD hätten 1998 Lafontaine und Schröder um die Nominierung als Kanzlerkandidat in einer Urwahl gekämpft. Beide wären monatelang durch die Republik gezogen, um bei den damals 800.000 Genossen für sich zu werben. Sie hätten nach Verbündeten gesucht, um die Unterstützung der Arbeitsgemeinschaften für Arbeitnehmer, der Arbeitsgemeinschaft der Frauen, der Jungsozialisten gebuhlt und natürlich hätten sie Geld für ihren innerparteilichen Wahlkampf gebraucht. Sie wären also nicht nur ihre Parteigenossen, sondern auch die Gewerkschaften, selbst Unternehmer und Unternehmensverbände um Spenden angegangen. Das Image der Parteien in der Öffentlichkeit, die sich zerrissen darstellten, so das Argument, widerstrebe dem Wunsch der Wähler nach Harmonie und Eintracht.

Offene Vorwahlen (open primary): Im April 2000 unterbreitete der damalige Generalsekretär der SPD, Franz Müntefering, seiner Partei Vorschläge zur Organisationsreform, um die SPD im Inneren zu revitalisieren und gegenüber der Gesellschaft zu öffnen. Darunter befand sich auch die Empfehlung, offene Vorwahlen einzuführen, also im Prinzip alle Wähler einzuladen, an der Nominierung von Kandidaten für Wahlämter teilzunehmen.[6] Als der sozialdemokratische Parteivorstand über die Reformvorschläge abstimmte, gab es nicht eine einzige Stimme zu Gunsten der Idee Münteferings, offene Vorwahlen einzuführen. Eine große Zahl von Gründen wurde für die Ablehnung ins Feld geführt – und sie würde in ähnlicher Weise von anderen deutschen Parteien geltend gemacht werden. Im Einzelnen handelt es sich um folgende Punkte:

Es wurde befürchtet, dass bei offenen Vorwahlen Außenseiter nominiert werden könnten, für die weder die Parteimitglieder noch die Parteifunktionäre verantwortlich wären, obwohl der Nominierte gleichwohl unter dem Etikett der Partei antreten und auch im Namen der Sozialdemokratie sprechen würde, wenn auch ohne entsprechendes Mandat.

Der unterlegene Kandidat könnte seine innerparteiliche Wahlkampfmaschine institutionalisieren, um sich bei der nächsten Vorwahl erneut zu bewerben. Die Partei würde also in verschiedene gegeneinander konkurrierende innerparteiliche Organisationen zerrissen.

---

6   Es wird bis heute gerätselt, warum Müntefering diesen Vorschlag gemacht hat, denn die Ablehnung in allen Gremien der Bundespartei war von vornherein sicher. Ein wesentliches Motiv kann darin bestanden haben, dass sein damaliger Kontrahent bei der CDU, der Generalsekretär Ruprecht Polenz, sich ebenfalls mit dem Gedanken trug, für seine Partei offene Vorwahlen ins Gespräch zu bringen und Müntefering ihm schlicht und einfach zuvorkommen und das Thema für seine Partei besetzen wollte. Zur Frage der Übertragbarkeit von Vorwahlen aus den Vereinigten Staaten in die Bundesrepublik vgl. S.T. SIEFKEN, *Vorwahlen in Deutschland? Folgen der Kandidatenauswahl nach US-Vorbild,* in: *Zeitschrift für Parlamentsfragen* H. 3 (2002), S. 531 ff.

Interessengruppen würden sich in den Vorwahlkampf einmischen, bestimmte Kandidaten finanziell und mit Personal unterstützen und auf diese
Weise die Parteien weiter fragmentieren.

Innerparteiliche Konflikte, die während der Vorwahlkampagne ausgetragen werden, würden Munition und Argumente für die gegnerische Partei und
ihren Kandidaten liefern.

Aspiranten in der Vorwahlkampagne würden – abhängig von ihrer jeweiligen Partei – sich weiter nach rechts bzw. links außen bewegen, um überzeug-
te Parteimitglieder und Sympathisanten für sich zu erreichen. Im eigentlichen
Hauptwahlkampf müssten Kandidaten dann aber zurück in die Mitte gehen,
um dort die Wechselwähler zu gewinnen. Der Eindruck, der entstehen würde, wäre also der des Opportunismus, Parteienverdrossenheit würde weiter
befördert.

Der wesentliche Anreiz einer Partei als Mitglied beizutreten, nämlich an
den innerparteilichen Entscheidungsprozessen teilzunehmen, insbesondere
an der Nominierung von Kandidaten, entfiele.

Schließlich würde bei offenen Vorwahlen die Macht der Parteifunktionäre,
des Delegiertensystems, der mittleren Parteielite, endgültig aufgehoben. Damit ginge der letzte Rest an Vitalität, der heute vor allem von den Parteiaktivisten ausgeht, verloren.

Innerparteiliche Plebiszite: Abstimmungen der Parteimitglieder über Sachfragen bieten ein weiteres Mittel innerparteilicher Mitwirkung. Mehrere Parteien
haben statutarisch diese Möglichkeit des Mitgliederreferendums bereits eingeführt, und es ist im letzten Jahrzehnt wiederholt auf der regionalen, aber auch
auf der nationalen Ebene praktiziert worden. So haben die Sozialdemokraten
in Rheinland-Pfalz wiederholt über ihr Wahlprogramm zu den Landtagswahlen durch die Mitglieder abgestimmt. Einen Mitgliederentscheid auf Vorschlag von 5 Prozent der Mitglieder gibt es bei der FDP, aber auch bei der
SPD und den Grünen. SPD-Mitglieder dürfen allerdings nicht über ‚Fragen
der Beitragsordnung‘ abstimmen. Sachabstimmungen aller Mitglieder können
sich jedoch als ein zweischneidiges Schwert erweisen, sie können nämlich
von Bundesvorständen einer Partei missbraucht werden, indem man durch
Mitgliederreferenda versucht, die Bundesparteitage zu umgehen. So billigten
auf Initiative ihres Bundesvorstandes in einer Urabstimmung die freidemo-
kratischen Parteimitglieder Ende 1995 den ‚Großen Lauschangriff‘, obwohl
der Bundesparteitag sich wiederholt und mit großer Mehrheit gegen diesen
ausgesprochen hatte.[7] Gleichwohl haben innerparteiliche Referenda über
Sach- oder Personalfragen zur Mobilisierung und intensiveren Teilnahme der
Mitglieder an den Angelegenheiten der Partei geführt.

---

[7] NICLAUSS (wie Anm.4), S. 304.

Implementation direktdemokratischer Elemente in das politische System

Direktwahl von Ministerpräsidenten: Im Anschluss an die bundesweite Ausweitung der süddeutschen Bürgermeisterverfassung, nach der der Bürgermeister bzw. Landrat direkt durch die Bürger gewählt wird, ist der Vorschlag gemacht worden, auch die Ministerpräsidenten der Länder direkt vom Volk (und nicht von den Landtagen) wählen zu lassen. Es liegt aber auf der Hand, dass die Verwirklichung dieses Vorschlages nicht nur keinen Sinn macht, sondern sogar zu weiterer Parteienverdrossenheit beitragen würde. Aus welchen Gründen wird dieser Vorschlag einhellig von Politik und Politikwissenschaft abgelehnt? Wir haben es in der Bundesrepublik auf der Bundes- wie der Länderebene mit parlamentarischen Regierungssystemen zu tun, in denen der Chef der Exekutive durch eine Mehrheit der Mitglieder der Legislative gewählt wird, so dass das Kabinett, angeführt durch den Kanzler bzw. den Ministerpräsidenten, über eine Mehrheit im Parlament verfügt. Bekanntlich gibt es im parlamentarischen Regierungssystem keine Gewaltenteilung zwischen der Exekutive und der Legislative. Stattdessen stehen sich die Regierungsmehrheit, die sich aus dem Kabinett und der Mehrheit des Parlaments zusammensetzt, und die Opposition, die Minderheit im Parlament, gegenüber. Die Regierungsmehrheit, also Kabinett und Parlamentsmehrheit, bilden eine politische Aktionseinheit. Wenn aber der Ministerpräsident direkt durch das Volk gewählt wird, würden Elemente des präsidentiellen Regierungssystems in ein ansonsten parlamentarisches Regierungssystem eingeführt. Damit aber wäre eine ‚gespaltene‘ Regierung (divided government), nämlich ein Patt zwischen Legislative und Exekutive möglich. Man stelle sich nur die Situation vor, dass ein direkt gewählter Ministerpräsident, der der Partei A angehört, seinen Haushalt nicht durch den Landtag gebilligt bekommt, weil dort die Partei B die absolute Mehrheit der Stimmen hat. Nicht nur Politikstillstand wäre das Ergebnis, sondern wachsende Frustration unter den Bürgern über die Unfähigkeit der Parteien und Politiker.

Volksabstimmungen: Als wichtigste Möglichkeit unmittelbarer Demokratie werden Volksbegehren und Volksentscheid angesehen. Sie gelten als ‚Königsweg‘ der direkten Mitwirkung der Bürger, ja einige interpretieren sie auch als Alternative zum Parteienstaat.[8] Doch dürften Referenda, die auf der lokalen und der regionalen Ebene der Länder funktionieren, nicht automatisch für die Bundesebene infrage kommen. Dies ist jedenfalls eine der Lehren, die Gegner der direkten Demokratie aus den amerikanischen und schweizer Erfahrungen ziehen. Sie weisen darauf hin, dass Interessengruppen Referenda beeinflussen, finanzieren, entscheiden und häufig manipulieren. So ist in Kalifornien eine regelrechte ‚Referendumsindustrie‘ entstanden.[9] Darüber hinaus wird befürchtet, dass durch Referendakampagnen Emotionen, Vorurteile, ja der „Appell an den inneren Schweinehund“, so die Formulierung des SPD-Vorsitzenden Kurt Schumacher Anfang der 1950er Jahre, mobilisiert werden.

---

8   Hierzu NICLAUSS (wie Anm. 4), S. 308.

9   D.S. BRODY, *Democracy Derailed. Initiative Campaigns and the Power of Money*, New York 2000; P. LÖSCHE, *Von Amerika lernen? Vor direkter Demokratie wird gewarnt*, in: DERS., *Die Vereinigten Staaten. Innenansichten*, Hannover 1997, S. 147 ff.

Beispiele hierfür gibt es aus dem letzten Jahrzehnt zur Genüge, so bei dem Referendum über die Zusammenlegung der Bundesländer Berlin und Brandenburg 1996, aber auch bei der Kampagne gegen die doppelte Staatsbürgerschaft im hessischen Landtagswahlkampf 1999. Die rot-grüne Bundesregierung hatte zwar im Frühjahr 2001 eine Vorlage zur Änderung des Grundgesetzes eingebracht, um Volksbegehren und Volksabstimmungen einzuführen. Doch konnte sie sicher sein, weder im Bundestag noch im Bundesrat die verfassungsändernde Zweidrittel-Mehrheit zu erhalten.

Kumulieren und Panaschieren: Nicht zuletzt aufgrund der Erfahrungen kommunaler Wahlen in Süddeutschland ist der Vorschlag gemacht worden, Kumulieren und Panaschieren in das Bundeswahlgesetz und in Landeswahlgesetze einzuführen und damit eine direkte Mitwirkung der Wähler an der Reihung der Kandidaten auf den Landeslisten zu ermöglichen, gleichsam durch die Hintertür wenigstens ein Element von Vorwahlen einzuführen. Der Einwand gegen diese Überlegung liegt auf der Hand und war bislang durchschlagend: das Wahlrecht würde deutlich komplizierter, ja für den Durchschnittswähler unverständlicher und so würden Bürger davon abgehalten, überhaupt zu wählen. Es hat bislang keinen erneuten Versuch gegeben, das Wahlrecht für einen Landtag oder den Bundestag entsprechend zu ändern.

Generelle Skepsis gegenüber direkter Demokratie

In Parteien, aber auch bei Politikwissenschaftlern findet sich in Deutschland eine generelle Skepsis gegenüber der Einführung direktdemokratischer Elemente sowohl in Parteien wie in das politische System insgesamt. Dabei ist die Diskussion nicht mehr primär von den tatsächlichen oder angeblichen Erfahrungen der Weimarer Republik beherrscht, sondern sie schöpft zunehmend aus der politischen Praxis der Schweiz und der Vereinigten Staaten, insbesondere hier Kaliforniens. Insgesamt unbestritten ist dabei die Relevanz und positive Wirkung direkter Demokratie auf der lokalen und regionalen Ebene. Die angesprochene Skepsis gilt für die nationale Ebene, gefürchtet werden nicht intendierte Folgen. Die bislang in Parteien, von Politikern, aber auch von Sozialwissenschaftlern erfolgreich ins Feld geführten Argumente gegen die direkte Demokratie, können wie folgt systematisiert werden:

Politische Institutionen in repräsentativen Regierungssystemen bieten die Orte, an denen Konflikte durch Verhandlungen, Vermittlung, Geben und Nehmen und Kompromisse gelöst werden können. Hier liegt der eigentliche Sinn politischer Institutionen. Wenn Konflikte an anderer Stelle bewältigt werden, z.B. durch Referenden, werden politische Institutionen geschwächt, sie verlieren vielleicht sogar ihren ursprünglichen Zweck. Ferner würde dann ein Anreiz verloren gehen, überhaupt für öffentliche Ämter zu kandidieren.

Sollen politische Konflikte durch Volksabstimmungen gelöst werden, dann geht die Möglichkeit verloren, Kompromisse zu schließen, aufeinander zuzugehen und Konsens zu erreichen. Bei Volksabstimmungen können die Wähler nur ‚Ja' oder ‚Nein' sagen. Es findet also eine ungerechtfertigte Reduktion von Komplexität statt, ja politische Polarisierung könnte das Ergebnis sein. Da die Bundesrepublik eine Koordinations- und Konsensdemokratie darstellt, die wesentlich vom Kompromiss lebt, würden Referenda gleichsam systemfremd gegen die Tradition unserer politischen Kultur wirken.

In Zeiten sozialer und wirtschaftlicher Verunsicherung können Referendakampagnen leicht dazu missbraucht werden, Vorurteile, Intoleranz und Fremdenhass zu mobilisieren. In der politischen Realität ist direkte Demokratie häufig von der populistischen Rechten, nicht von der Linken genutzt worden. Es ist eines der großen Missverständnisse in der Geschichte der Demokratie, dass Plebiszite Instrumente der Aufklärung seien und in das politische Instrumentarium der Linken gehörten.

Direkte Demokratie funktioniert sozial selektiv. Es sind die besser Gebildeten und die wohlhabenden Schichten, die intensiver und extensiver politisch partizipieren, während die weniger Gebildeten und die Unterschichten sich selbst ausschließen bzw. ausgeschlossen werden. Direkte Demokratie befördert nicht Macht und Einfluss ‚des Volkes‘, sondern wirkt zu Gunsten derjenigen, die mit den Spielregeln bestens vertraut sind, nach denen Konflikte ausgetragen oder direktdemokratische Entscheidungen getroffen werden.

Ferner kann direkte Demokratie als Machtkampf betrachtet werden, dessen Regeln zu Gunsten von Interessengruppen formuliert worden sind. Während politische Institutionen als Filter für ungerechtfertigten und illegitimen Einfluss organisierter Interessen zu wirken vermögen, könnten unbegrenzt organisatorische und finanzielle Ressourcen in Referendakampagnen und Vorwahlkämpfen bis zu dem Punkt investiert werden, dass Parlamentarier und direktdemokratisch zustande gekommene Gesetze regelrecht ‚gekauft‘ werden. Kalifornien wird in diesem Zusammenhang als Treibhaus dieser Art missbrauchter direkter Demokratie zitiert: es sind eben nicht ‚die Wähler‘ oder ‚die Parteimitglieder‘, die Referenda entscheiden oder Kandidaten nominieren, sondern die partikularen Interessen von Verbänden oder Großkorporationen.

Schließlich findet sich das Argument, dass Elemente direkter Demokratie, wie offene Vorwahlen, Nominierung von Kandidaten durch Urnenwahl aller Mitglieder und innerparteiliche Plebiszite, Parteien fragmentieren und schließlich sogar zerstören können. Amerikanische Parteien werden in diesem Zusammenhang als negatives Beispiel angeführt. So wird darauf hingewiesen, dass amerikanische Parteien heute versuchen, die Bedeutung der Vorwahlen zurückzudrängen, um auf diese Art und Weise die Parteiorganisationen selbst und die Parteiaktivisten und Amtsträger politisch zu stärken.

In Diskussionen über Rationalität oder Dysfunktionalität von direkter Demokratie wird immer wieder auf das Beispiel der Grünen verwiesen. So sei es kein Zufall, dass diese ursprünglich direktdemokratische Partei weitgehend jene Regelungen aufgegeben hat, die der Partei ihr ursprünglich spezifisches Profil gegeben haben, nämlich Rotation, Öffentlichkeit der Sitzungen und Unvereinbarkeit von Amt und Mandat. Diese Regelungen hätten zum Gegenteil der ursprünglich intendierten Ziele geführt. So wären Entscheidungen, die formal in öffentlich zugänglichen Sitzungen getroffen worden sind, im Voraus telefonisch und geheim abgesprochen worden. Zwar habe es einen häufigen Wechsel im Parteivorsitz gegeben, dies habe aber nicht verhindern

können, dass in den ersten 25 Jahren ihrer Existenz die Grünen durch einen
‚geheimen Vorsitzenden‘ aus dem Hintergrund gesteuert worden seien.

Direkte Demokratie kann also nicht als Allheilmittel für all die Probleme,
Defizite und Schwächen angesehen werden, mit denen die Parteien und das
Parteiensystem, insgesamt das politische System der Bundesrepublik, heute
konfrontiert sind. Vergreisung, Verkalkung, Abschottung der Parteien von
der Gesellschaft lassen sich nicht mit der ‚Wunderdroge plebiszitäre Demokratie‘ behandeln. So müssen Parteien etwa versuchen, junge Bürger durch
programmatische Inhalte und konzeptionell angelegte Politik für sich zu gewinnen. Zudem sei wiederholt: wir haben es heute nicht mehr mit einer reinen repräsentativen Demokratie zu tun, sondern mit einer gemischten Verfassung. Innerparteiliche Plebiszite, Volksabstimmungen auf der lokalen und
regionalen Ebene, Nominierung von Aspiranten für Wahlämter und von
Kandidaten für Parlamente gehören bereits zur politischen Realität der Gegenwart.

Bart Tromp

Zur Lage der politischen Landschaft der Niederlande*

Die Struktur der politischen Landschaft der Niederlande erhielt bei der Einführung des Verhältniswahlrechts im Jahr 1917 ihre heutige Form. Dieses System passte viel besser als das bis dahin bestehende zu den politisch-gesellschaftlichen Trennlinien, die in den vorhergehenden fünfzig Jahren dominant geworden waren. Ein System der relativen Mehrheitswahl tendiert nun einmal zu einer politischen Zweiteilung, während sich die Trennungslinien in den Niederlanden immer stärker zwischen einer protestantischen, einer katholischen, einer sozialdemokratischen und einer liberalen Gruppierung oder ‚Säule', wie sie später genannt werden sollte, abzeichneten. Zwar führte das System des absoluten Mehrheitswahlrechts, das 1848 eingeführt worden war, weder zu einer wirklichen parteipolitischen Zweiteilung, noch gewährleistete es die Dominanz der Liberalen mit Blick auf die konfessionellen und sozialistischen Emanzipationsbewegungen, aber es behinderte doch eine getreue Wiedergabe der bestehenden politischen Unterschiede.[1]

Die Kombination aus Verhältniswahlrecht und Versäulung in weltanschauliche Gruppierungen verlieh der politischen Landschaft der Niederlande für einen großen Teil des 20. Jahrhunderts ihr charakteristisches Gesicht – Arend Lijphart bietet hierzu in seiner bekannten Untersuchung eine elegante und maßgebliche Übersicht.[2] Bei der Regierungsbildung kam es stets zur Schaffung von Koalitionskabinetten, die durch die konfessionellen Parteien dominiert wurden, welche in der Wählerschaft bis in die sechziger Jahre über eine absolute Mehrheit verfügten.[3] Der Niedergang der Versäulung in den sechziger Jahren veränderte das Muster der niederländischen Politik nicht wesentlich. Zwar verloren die Konfessionellen ihre Mehrheit, da aber die liberale Volkspartij voor Vrijheid en Democratie (VVD) und die sozialdemokratische Partij van de Arbeid (PvdA) sich ab 1959 gegenseitig als Regie-

---

* Aus dem Niederländischen übersetzt von Annegret Klinzmann, M.A.

1 J. LOOTS, *Voor het volk, van het volk. Van districtenstelsel naar evenredige vertegenwoordiging*, Amsterdam 2004, S. 208.

2 A. LIJPHART, *The Politics of Accomodation: Pluralism and Democracy in the Netherlands*, Berkeley 1968; DERS., *Verzuiling, pacificatie en kentering in de Nederlandse politiek*, Amsterdam 1986.

3 Dennoch bildeten die Konfessionellen keine selbstverständliche Einheit – die drei konfessionellen Parteien gehörten nicht immer gemeinsam einer Regierung an.

rungspartner ausschlossen, konnten die Konfessionellen ihre zentrale und dominante Rolle aufrecht erhalten. Den Schwund an Wählerstimmen versuchten sie aufzuhalten, indem sie zum Christen-Democratisch Appel (CDA) fusionierten. Ab 1918 haben der Regierung immer konfessionelle Parteien angehört, so dass zu Beginn der achtziger Jahre der Ausspruch stimmte, dass in den Niederlanden die Konfessionellen ebenso lange an der Macht seien, wie die Bolschewiken in Russland – nach 1991 hatten sie diese sogar überflügelt.

Das änderte sich im Jahr 1994, als das damalige CDA-PvdA-Kabinett die Parlamentswahlen mit einem nie gekannt hohen Stimmenverlust verlor. Der CDA büßte 20 seiner 54 Sitze in der Zweiten Kammer des niederländischen Parlaments ein, die PvdA 12 von 49. Der große Gewinner war die linksliberale Partei D66, die bei der Kabinettsbildung des Jahres 1989 nicht an der Regierung beteiligt wurde, obwohl dies gemäß der *minimal connected winning coalition-Theorie* vernünftig gewesen wäre, denn die D66 lag ideologisch zwischen PvdA und CDA und hätte daher unzufriedene Wähler beider Parteien mobilisieren können.[4] Dies geschah tatsächlich: die D66 konnte bei der Wahl im Jahr 1994 die Zahl ihrer Sitze von 12 auf 24 erhöhen. Noch wichtiger war, dass nach den Wahlen keine Mehrheitsregierung ohne ihre Beteiligung möglich war.[5] Die D66 benutzte diese Machtposition, um die unwilligen Parteien PvdA und VVD zur Beteiligung an einer Koalitionsregierung zu bewegen – mit der D66 als Dritten im Bunde. Die neue Regierung wurde als ‚violett‘ bezeichnet – die Mischfarbe, von der man annahm, sie ergebe sich aus dem sozialdemokratischen Rot und dem liberalen Blau.

Die Bildung des ersten violetten Kabinetts war unter anderem einer Entwicklung zu verdanken, die bereits in den achtziger Jahren begonnen hatte: der Abschwächung ideologischer Gegensätze zwischen den großen politischen Parteien und ihrer Orientierung auf die politische Mitte. Ein sichtbares Symptom hierfür war das Aufkommen und Wachsen von Parteien links von der PvdA. Groenlinks (GL), 1983 aus einer Fusion mehrerer kleiner Parteien entstanden, erreichte 1994 sechs Sitze. Die Socialistische Partij (SP) gelangte ebenfalls bei den Wahlen des Jahres 1994 mit zwei Sitzen zum ersten Mal in die Zweite Kammer.

Auf der rechten Seite des politischen Spektrums vollzog sich keine gleichartige Entwicklung. Der Grund hierfür liegt wahrscheinlich darin, dass die ideologische Unbestimmtheit in der politischen Mitte größtenteils auf ein allgemeines Akzeptieren einer neoliberalen Tagesordnung hinauslief. Die Bildung des ersten violetten Kabinetts war der wirkliche Wendepunkt in der niederländischen Politik, nicht die so genannte ‚Fortuyn-Revolution‘ des Jahres 2002, die eine zum größten Teil unvermeidliche Folge dieser Wende gewesen ist. Zum ersten Mal seit dem außerparlamentarischen Cort van der Linden-Kabinett (1913–1918) landeten die Konfessionellen, nun in Form des

---

4   A. LIJPHART, *Democracies. Patterns of Majoritarian and Consensus Government in Twenty-One Countries*, New Haven/London 1984, S. 50–52.

5   Die Möglichkeit eines Kabinetts aus PvdA, CDA und VVD war rein theoretisch, da sich die erst- und die letztgenannte Partei als Koalitionspartner noch immer gegenseitig ausschlossen.

CDA, in der Opposition, und erstmals in der niederländischen Geschichte kam ein aus Sozialdemokraten und Liberalen bestehendes Kabinett zustande.

Lange vor der Entstehung dieses Kabinetts gab es bereits die nach dem Beratungsort, dem Hotel *Des Indes* in Den Haag, benannten ‚*Des-Indes-Gespräche*', in denen sich Politiker der PvdA und der VVD über die Möglichkeit einer Regierungskooperation berieten. Dabei standen zwei Motive im Mittelpunkt. Das erste betraf die so genannten ‚ethischen Fragen', wie Euthanasie und Abtreibung. Auf diesem Gebiet unterschieden sich PvdA und VVD mehr vom CDA als voneinander. Ohne den CDA in der Regierung musste es möglich sein, diese Fragen befriedigender als bisher zu regeln. Hier knüpfte das zweite Motiv an: dass es nämlich für eine Demokratie ungesund sei, wenn eine Partei immer an der Regierung beteiligt ist. Von einer Regierungskooperation zwischen PvdA und VVD – mit dem CDA in der Opposition – wurde daher erwartet, dass diese zu neuen politischen Umgangsformen zwischen Regierung und Parlament führen werde, in denen es keinen Platz mehr für ‚Hinterzimmerpolitik' oder Ähnliches geben sollte.

Mit der Bildung des ersten Kok-Kabinetts – bestehend aus PvdA, VVD und D66 – wurden diese Erwartungen zum Allgemeingut. Sie stellten die inoffizielle Legitimation für diese ungewöhnliche Regierungskombination dar. In beiden Fällen sollten die Befürworter des violetten Kabinetts enttäuscht werden. Es kamen in den Bereichen Euthanasie und Abtreibung keine grundsätzlich anderen Regelungen zustande. Die Homo-Ehe wurde eingeführt und das Bordellverbot wurde abgeschafft, diesen Neuerungen lagen jedoch keine heftigen Auseinandersetzungen zwischen den violetten Parteien und dem CDA zugrunde. Es handelte sich hier also um keine wirkliche Kursänderung. In der Rückschau betrachtet, lässt sich dies größtenteils aus der Tatsache erklären, dass in Regierungen, an denen der CDA beteiligt war, dieser zwar Euthanasie und Abtreibung in abstracto ablehnte, in der Praxis jedoch zu Kompromissen bereit war, die von den anderen großen Parteien akzeptiert werden konnten. Dies zeigt, dass der CDA zugunsten seiner Machtstellung im Zentrum immer einen Preis bezahlte, indem er seine eigenen Standpunkte verwässerte.[6] Die wichtigste gesetzgeberische Leistung, auf die sich die violette Koalition schließlich in dem Sinne, dass diese mit dem CDA in der Regierung nicht zustande gekommen wäre, berufen konnte, war die Liberalisierung der Ladenöffnungszeiten.

Auch die zweite Erwartung an das violette Kabinett erfüllte sich nicht. Die politischen Umgangsformen, die von den Befürwortern der violetten Lösung immer als ein Ausdruck der Machtstellung der Konfessionellen betrachtet worden waren, machten nicht dem Platz, was zu Beginn der violetten Koalition als ‚neue Politik' bezeichnet worden war. Es zeigte sich im Gegenteil, dass diese Umgangsformen offensichtlich schon bald der gesamten Koalitionspolitik inhärent waren, die ja die Anforderung erfüllen musste, sowohl

---

6 Eine Übersicht zum Thema bietet M. TRAPPENBURG, *Paarse ethiek*, in: F. BECKER/ W. VAN HENNEKELER/M. SIE DHIAN HO/B. TROMP (Hrsg.), *Zeven jaar paars. Het tweeëntwintigste jaarboek voor het democratisch socialisme*, Amsterdam 2001, S. 53–79.

die Einheit der Koalition zu sichern als auch die Regierung parlamentarisch zu unterstützen.[7]

Zu den zentralen Themen auf der politischen Tagesordnung der violetten Kabinette gehörten die Reform des Sozialstaates und die Liberalisierung des öffentlichen Sektors. Hier verfolgte die violette Koalition einen Kurs, der schon viel früher, nämlich ab 1982, von den CDA-dominierten Kabinetten unter der Führung von Ruud Lubbers eingeschlagen worden war.[8] Als die Erfolge des niederländischen ‚Poldermodells‘ in der zweiten Hälfte der neunziger Jahre international ausführlich erörtert wurden – Bill Clinton sagte beispielsweise zu Wim Kok: „Wim, you led the way“ –, wies der ehemalige Ministerpräsident Lubbers in einem nichtredaktionellen Meinungsartikel in der *International Herald Tribune* darauf hin, dass er die Grundlagen für diese Erfolge geschaffen, und dass die violette Koalition faktisch seine Politik fortgesetzt habe. Der unvermeidbaren Konsequenz dieses Vorganges schenkte er verständlicherweise keine Aufmerksamkeit: Dass nämlich der CDA nicht in der Lage war, dem violetten Kabinett eine glaubwürdige Oppositionspolitik entgegenzusetzen – einmal ganz abgesehen von der Tatsache, dass die Partei große Schwierigkeiten im Umgang mit der ungewohnten Oppositionsrolle hatte. Dies bedeutete, dass zwischen den großen Parteien in Regierung und Opposition keine klaren und politisch erkennbaren Gegensätze auftraten.

Daneben führte die Regierungszusammenarbeit von PvdA und VVD notwendigerweise zur Überlagerung programmatischer und ideologischer Differenzen. Dies manifestierte sich in Depolitisierung und einem technokratischen Stil der Politikausübung, das heißt politische Probleme wurden in technische übertragen, auch wenn der allgemeine Tenor der Kabinettspolitik stark neoliberal gefärbt war.[9] In seiner den Uyl-Rede erklärte PvdA-Chef Wim Kok 1995, dass sich die Partei ihrer ideologischen Federn entledigen müsse und „verabschiedete sich definitiv von der sozialistischen Ideologie.“[10] In den Meinungsumfragen schnitt er als Ministerpräsident bei Unternehmern besser als bei PvdA-Wählern ab. Kurz gesagt: Infolge des Antretens der violetten Koalition verlor die politische Landschaft viel von ihren Erkennungsmerkmalen und wurde zu einem großen Teil egalisiert.

Die Einwanderungsproblematik

Ein Thema war bereits schon lange vor der violetten Koalition depolitisiert worden: die Einwanderungsproblematik und somit das Hereinströmen von Hunderttausenden von schlecht ausgebildeten ‚Gastarbeitern‘ – wie sie ur-

---

7   Vgl. B. TROMP, *Paars: een onzinnig politiek begrip*, in: DERS., *Tegen het vergeten. Degenstoten en sabelhouwen*, Nieuwegein 1997, S. 198–205.

8   Die ersten beiden Lubbers-Kabinette bestanden aus dem CDA und der VVD, das dritte aus dem CDA und der PvdA.

9   Vgl. TROMP (wie Anm. 7).

10   Hierzu ausführlicher: B. TROMP, *Het sociaal-democratisch programma. De beginselprogramma's van SDB, SDAP en PvdA 1878-1977*, Amsterdam 2002, S. 472 ff.

sprünglich genannt wurden – vornehmlich aus den am wenigsten entwickelten Gebieten Marokkos und der Türkei. Bereits gegen Ende der siebziger Jahre war deutlich geworden, dass die meisten dieser ‚Gastarbeiter' im Gegensatz zu ihren spanischen und italienischen Vorgängern aus den sechziger Jahren nicht mehr in ihr Geburtsland zurückkehren würden. Familienzusammenführung, das Importieren von Ehepartnern aus den ursprünglichen Herkunftsländern und hohe Geburtenraten führten zu der Frage, wie diese neuen Niederländer in die niederländische Gesellschaft integriert werden können.

Diese Problematik muss allerdings in einem breiteren Kontext gesehen werden, nämlich dem der Europäisierung und der Globalisierung. Ein wesentlicher Effekt dieser Prozesse ist, dass sie die relativen Sicherheiten und Lebenschancen, wie sie durch die Arrangements des Nationalstaats garantiert werden, unterminieren. Diese Prozesse haben jedoch einen im Allgemeinen abstrakten Charakter, auch in dem Sinne, dass sie sich nicht für eine Meinungsbildung und Beschlussfassung auf der Ebene des Nationalstaats eignen. Manchen versprechen sie Chancen, aber für viele suggerieren sie eine vage Bedrohung. Sie rufen eine stille Unruhe und Unzufriedenheit hervor – selbstverständlich vor allem bei denjenigen, die ihr Opfer zu werden drohen oder dies zumindest glauben, die ‚Modernisierungsverlierer', wie sie in Deutschland genannt werden.

Diese abstrakten Prozesse werden am deutlichsten in den Immigranten- und Flüchtlingsströmen sichtbar und greifbar, die in die ökonomisch entwickelten Länder fließen. Es ist daher kein Wunder, dass die Unzufriedenheit über die gegenwärtige Globalisierung sich gerade auf dieses Feld richtet, wobei ‚Globalisierung' in diesem Kontext im Wesentlichen auf die gesellschaftlichen Folgen des Neoliberalismus hinausläuft.[11] In den achtziger und neunziger Jahren bildete diese Unzufriedenheit die zentrale Ursache für den Aufstieg der neuen rechten, neopopulistischen Bewegungen und Parteien, die von der ‚Gegenbewegung' des Ross Perot in den Vereinigten Staaten über Pauline Hansons One Nation-Partei in Australien bis zu den Republikanern in Deutschland, der Front National von Le Pen in Frankreich und der eine zeitlang am meisten ins Auge fallenden Freiheitlichen Partei Österreichs unter Jörg Haider reichen.[12] Der relative Erfolg solcher Parteien bei der Wählerschaft hing größtenteils vom Wahlsystem des betreffenden Landes ab. Dies erklärt beispielsweise die Tatsache, dass eine solche Bewegung – die National Front – in Großbritannien keine politischen Erfolge verbucht. Das niederländische Verhältniswahlrecht mit seiner faktischen Sperrklausel von einem Sitz (0,67 Prozent der Stimmen) ist wahrscheinlich für neue Parteien das am ehesten zugängliche. Dennoch konnte lange Zeit keine neue rechte Partei in den Niederlanden Boden gewinnen. Parteien, die versuchten, das Thema Zuwanderung auszunutzen, die Centrum Demokraten und später die Centrum Partij, verfügten über keine kompetenten Führer und wurden zu

11 Vgl. M.B. STEGER, *Globalism. The New Market Ideology*, Lanham 2002.
12 Für eine Übersicht siehe H.-G. BETZ/S. IMMERFALL (Hrsg.), *The New Politics of the Right. Neopopulist Parties and Movements in Established Democracies*, Houndmills/Basingstoke 1998.

sehr mit der alten Rechten, also mit Nationalsozialismus und Faschismus assoziiert.

Eine zweite – die erste nicht ausschließende – Erklärung für das Nicht-vorhandensein einer solchen Bewegung in den Niederlanden ist der Erfolg der Sozialistischen Partei. Aus ihren Anfängen als maoistische Splitterpartei entwickelte sie sich im Laufe der achtziger und neunziger Jahre zu einer klassischen sozialdemokratischen Partei, die ihre Anhänger vor allem unter den noch verbliebenen Resten des traditionellen Proletariats hatte, wo die Mehrzahl der ‚Modernisierungsverlierer' zu finden ist. Charakteristisch ist, dass die Sozialistische Partij bereits in den achtziger Jahren die Probleme von Immigration und Integration, die diese Gruppe am schwersten belasteten, thematisierte. Die Öffentlichkeit reagierte jedoch damals in einer Weise, dass die Partei erschrocken zu diesem Punkt verstummte, um nicht als Fremdenhasser und Faschisten beschimpft zu werden. Dennoch erscheint es wahrscheinlich, dass die Unzufriedenheit, die in anderen Ländern von der neuen Rechten mobilisiert wurde, in den Niederlanden lange Zeit in diese linke Richtung abgelenkt wurde.

Es war in den achtziger und frühen neunziger Jahren politischer Konsens, dass das Thema Immigration und Integration nicht politisiert werden durfte. Fast alle Parteien akzeptierten eine Ideologie des Multikulturalismus, wobei jedoch viele der dringenden Folgeprobleme der Immigration, die sich vor allem in den Großstädten zeigten, größtenteils ignoriert wurden. Seit 1994 zeichnete sich schließlich auf diesem Gebiet in Wähleruntersuchungen ein großer und deutlicher Unterschied zwischen den Standpunkten der Politiker und denen der Wähler ab. Die meisten Wähler lehnten den Multikulturalismus ab. Dieser Sachverhalt erstreckte sich über das gesamte politische Spektrum. Dabei gab es für links ausgerichtete Wähler, die den Multikulturalismus ablehnten, keine Partei, die ihrer Einstellung entsprach. Darüber hinaus war für einen erheblichen Teil der Wählerschaft dieses Thema von zentraler Bedeutung.[13] Auch andere Wahlforschungsergebnisse lassen darauf schließen, dass sich in den neunziger Jahren eine potentielle Öffentlichkeit für eine Bewegung entwickelte, die sich diesem Thema widmen würde.

Umbrüche und Entwicklungen vor den Wahlen des Jahres 2002

Als das zweite violette Kabinett in das letzte Jahr seiner regulären Legislaturperiode ging – die Wahlen sollten im Mai 2002 stattfinden –, definierten zwei deutliche Merkmale die politische Landschaft. Das erste war das faktische Verschwinden des Gegensatzes zwischen links und rechts in der Gesamtheit der großen Parteien. Damit verlor auch der Rahmen, in dem sich Bürger für ihr Wahlverhalten zu orientieren pflegen, seine zentrale Bedeutung. Das zweite war die latente Unzufriedenheit über Immigration und Integration, die sich in den letzten Jahren noch durch das schnelle Wachstum der Zahl der

13 M. ADRIAANSEN/W. VAN DER BRUG/J. VAN SPANJE, *De kiezers op drift*, in: K. BRANTS/P. VAN PRAAG (Hrsg.), *Politiek en media in verwarring. De verkiezingscampagnes in het lange jaar 2002*, Amsterdam 2005, S. 234–235.

Flüchtlinge, die in die Niederlande gelangten, verstärkt hatte. Daneben gab es das – teilweise mit der genannten Unzufriedenheit verwandte – Aufkommen der ‚leefbaarheids-Parteien‘, die bei Kommunalwahlen große Erfolge erzielten. Diese hatten ein typisch populistisch-programmatisches Profil, das sich gegen die ‚etablierten Parteien‘ richtete. Schon Anfang 2001 stand zur Debatte, ob auf dieser Basis auch auf Landesebene eine ‚Lebensqualitäts-Partei‘ gegründet werden sollte.

Auch wenn diese strukturellen Hintergründe eine notwendige Bedingung für die Erklärung der ‚Fortuyn-Revolution‘ in der ersten Hälfte des Jahres 2002 darstellen, reichen diese dennoch bei weitem nicht aus. Erst die Kombination mit einer Häufung spezifischer und mehr oder weniger zufälliger Faktoren macht diese verständlich.

Der erste in diesem Zusammenhang relevante Punkt war der allmähliche Niedergang der violetten Koalition. Das zweite Kok-Kabinett hatte in viel geringerem Umfang als das erste Erwartungen geweckt oder ein klares Programm präsentiert. Die D66 hatte bei den Wahlen des Jahres 1998 10 ihrer 24 Sitze verloren und war für die Bildung oder Aufrechterhaltung eines violetten Kabinetts nicht mehr notwendig. Im Jahr 2001 machten sowohl die PvdA als auch die VVD deutlich, dass sie keine dritte violette Koalition anstreben würden. Aber keine von beiden Parteien bezog schon Stellung hinsichtlich der Koalition, die sie nach den Wahlen eingehen wollte. Das Wissen, dass die Tage des violetten Kabinetts gezählt waren, konnte die Position der beteiligten Parteien gewiss nicht stärken.

Darüber hinaus fand in dieser Zeit in beiden Parteien ein Führungswechsel statt, der jedoch keine Änderung des politischen Kurses mit sich brachte. In der VVD machte Frits Bolkestein, unter dessen Leitung die Partei kurz zuvor ihre höchste Zahl an Wählerstimmen erlangt hatte (38 Sitze), im Juli Platz für den zweiten Mann in der Fraktion, Hans Dijkstal, der im ersten violetten Kabinett Vize-Premierminister und Innenminister gewesen war. Dieser Wachwechsel wurde damals als vorbildhaft betrachtet, denn er verlief ohne jegliche politische Aufregung. Bei der PvdA trat im Dezember 2001 Fraktionsführer Ad Melkert die Nachfolge von Ministerpräsident Wim Kok als zukünftiger Spitzenkandidat an – auch hier, ohne dass sich ein Konkurrent um den Führungsposten beworben hätte. Einige Monate zuvor, im August, hatte Kok bekannt gegeben, dass er nicht ein drittes Mal für das Amt des Ministerpräsidenten zur Verfügung stehe und nach Ablauf seiner Amtszeit die Politik verlassen werde.

Tatsächlich befanden sich beide Nachfolger in einer außergewöhnlich schwierigen Position. Sie hatten die Politik der violetten Kabinette vollständig mitgetragen, aber jetzt, wo es keine Perspektive für eine Fortsetzung dieser Politik gab, standen sie vor zwei widersprüchlichen Aufgaben. Auf der einen Seite mussten sie an der Bedeutsamkeit und am Erfolg der violetten Koalition festhalten. Auf der anderen Seite mussten sie mit der violetten Politik brechen und einen anderen Kurs einschlagen, ohne jedoch die violette Politik zu verleugnen. In der Rückschau sind die Niederlagen, die die PvdA und die VVD im Jahr 2002 erlitten haben, generell, aber doch sehr vereinfachend, vor allem Melkert und Dijkstal zugeschrieben worden, die nach diesem Wahlausgang dann auch abtraten. Es ist aber schwierig festzustellen, welcher andere

Spitzenkandidat auf welche Weise die Zwickmühle, in die sich die beiden
Parteien manövriert hatten, hätte überwinden können. Im Jahr vor den Wahlen glaubten die Wahlstrategen beider Parteien – und nicht nur sie –, dass
dieses Dilemma nicht existiere und dass man mit dem Einsatz in die Wahlen
gehe, welcher der beiden Spitzenkandidaten nach den Wahlen an der Spitze
der größten Partei stehen und damit höchstwahrscheinlich der neue Ministerpräsident sein werde.

Der nächste ‚zufällige‘ Faktor war der ‚Selbstmord‘, denn so kann man es
wohl nennen, des zweiten Kok-Kabinetts. Am 10. April 2002, einen Monat
vor den Wahlen, erschien nach sieben Jahren der lange erwartete Bericht des
Nederlands Instituut voor Oorlogsdocumentatie (NIOD) über die Vorgänge,
die im Juli 1995 zum Fall der vom Sicherheitsrat zur ‚safe area‘ erklärten bos-
nischen Enklave Srebrenica geführt hatten. Die dort stationierten niederländischen UN-Truppen hatten diesen Vorgang nicht verhindern können. In
einem nie zuvor in der parlamentarischen Geschichte der Niederlande da
gewesenen Akt bot das gesamte Kabinett auf der Grundlage dieses Berichts
eine Woche später seinen Rücktritt an. Der Bericht enthielt jedoch keine
Gründe, die der damaligen niederländische Regierung oder einzelnen ihrer
Minister Versäumnisse zur Last legten. Unter Berücksichtigung der hinsichtlich der ministeriellen Verantwortlichkeit herrschenden Regeln wäre es noch
verständlich gewesen, wenn der Verteidigungsminister seinen Rücktritt angeboten hätte, da die ernsthafte Kritik des Berichts an die Adresse der damaligen Führung des Heeres gerichtet war – auch wenn der Minister zu jener Zeit
noch nicht in dieser Funktion tätig gewesen war und der Regierung 1995
nicht angehört hatte. Dass ein komplettes Kabinett aufgrund eines nicht näher umschriebenen und sieben Jahre zurückliegenden Versagens einer völlig
anderen Regierung zurücktrat, wurde von Staatsrechtlern und Politikwissenschaftlern als sonderbarer Schritt betrachtet. Für die Wähler hätte das Ende
der violetten Koalition nicht desolater sein können, und dieses Ende wurde –
was nicht ganz unverständlich ist – rückwirkend auf das gesamte violette
Projekt projiziert.

Inzwischen war tatsächlich eine Partei Leefbaar Nederland (LN) gegrün-
det worden, die im Oktober 2001 Pim Fortuyn als ihren Spitzenmann rekru-
tierte. Fortuyn erwies sich als politischer Unternehmer, der bereit und in der
Lage war, die Chancen, die diese Konstellation struktureller und zufälliger
Faktoren bot, für eine neue, populistische Partei zu nutzen, die das Thema
Immigration und Integration politisieren wollte.[14]

Zum Wandel des politischen Spektrums und zum Aufstieg Pim Fortuyns

Es ist in den Niederlanden viel über die Kampagne für die Parlamentswahlen
des Jahres 2002 geschrieben worden, die mit dem Mord an Fortuyn – eine

14 Die beste journalistische Untersuchung über den Aufstieg Fortuyns und seine Kam-
    pagne bieten J. CHORUS/M.E. GALAN, *In de ban van Fortuyn. Reconstructie van een politie-*
    ke aardschok, Amsterdam 2002. Siehe auch H. WANSINK, *De erfenis van Fortuyn. De Ne-*
    derlandse democratie na de opstand van de kiezers, Amsterdam 2005.

Woche vor dem Wahltag – ein dramatisches Ende erhielt. Die Aufmerksamkeit richtet sich in diesem Zusammenhang nahezu ausschließlich auf die Person und das Auftreten Fortuyns.[15] Dabei wird jedoch der politische Kontext, in dem er seine Chancen bekam, zum größten Teil vernachlässigt. Für die Charakterisierung dieses Kontexts wird an dieser Stelle von der Theorie des amerikanischen Politikwissenschaftlers Elmer Eric Schattschneider Gebrauch gemacht. Dieser legte dar, es sei die Bedingung demokratischer Politik, dass es einen alle anderen überragenden politischen Unterschied geben müsse, auf den sich die Präferenz der Wähler ausrichte.[16] Politik sei nur auf der Basis eines konstitutiven Gegensatzes möglich, der als Ordnungs- und Auswahlprinzip diene. Auf eben dieser Grundlage habe der Gegensatz zwischen links und rechts in der Französischen Revolution Gestalt angenommen. Wer diesen Gegensatz wegwische, schaffe jedoch ungewollt Raum für ein alternatives Ordnungsprinzip, einen anderen fundamentalen politischen Gegensatz – eine Möglichkeit, die die Ideologen der violetten Politik nie berücksichtigen wollten (oder konnten).[17] Die PvdA hatte in den violetten Koalitionen ihre sozialdemokratische Identität verloren und war nach rechts gerückt. Die so genannte Entideologisierung – das „Abschütteln der ideologischen Federn" – bedeutete einerseits eine Technokratisierung der Politik und lief andererseits auf die Übernahme der neoliberalen Tagesordnung hinaus. Unter dem Gesichtspunkt der Koalition konnte die VVD diesbezüglich keine Triumphgefühle entwickeln.

Das Wahlergebnis vom Mai 2002 bewies, dass durch die violette Koalition der Gegensatz zwischen links und rechts seine konstituierende Bedeutung für die politische Orientierung größtenteils verloren hatte. Die violetten Parteien büßten Stimmen ein, die LPF zog mit 26 Sitzen in die Zweite Kammer ein und der CDA konsolidierte sich im Vergleich zu den vorangegangenen Wahlen. Die violette Politik stand jedoch nicht isoliert da. Sie war in einen größeren Zusammenhang eingebunden, in dem es hieß, die Zeit der ,großen Geschichten', der großen Ideologien, liege nun endgültig hinter uns. Das, was an politischen Fragen noch übrig geblieben sei, befindet sich nach dieser Auffassung „beyond left and right"[18]; der Gegensatz zwischen links und rechts habe seine Bedeutung verloren und sei nicht mehr relevant; die Politik selbst sei eigentlich im Verschwinden begriffen, da der Markt sich selbst reguliere und – wie Saint Simon vor nahezu zweihundert Jahren prophezeite – das Regieren von Menschen im Begriff sei, dem Verwalten von Dingen zu weichen. Ein Terminus wie ,Niederlande GmbH', der unter der violetten Koalition Gemeingut wurde, fasste diese Entideologisierung perfekt zusammen: Das politische System wird als Unternehmen aufgefasst – und dann noch

---

15 Beispielsweise D. PELS, *De geest van Pim. Het gedachtegeoed van een politieke dandy*, Amsterdam 2003.

16 Diese Darstellung basiert auf E.E. SCHATTSCHNEIDER, *The Semisovereign People. A Realist's View of Democracy in America*, Fort Worth o. J. (ursprüngl. 1960).

17 In den Niederlanden war das beispielsweise vor 1917 lange Zeit die ,Antithese', der Gegensatz zwischen konfessionellen und weltlichen Parteien.

18 A. GIDDENS, *Beyond Left and Right. The Future of Radical Politics*, London 1994.

nicht einmal als eine Aktiengesellschaft, sondern als Gesellschaft mit be-schränkter Haftung. Dieser Abbau des Gegensatzes von links und rechts eröffnete jedoch logischerweise die Möglichkeit für eine andere dominante politische Trennlinie.

Dies alles wurde noch durch die Tatsache verstärkt, dass die PvdA und die VVD – ebenso wie die niederländischen UN-Truppen in Srebrenica – nicht über eine ‚exit-Strategie' verfügten. Wenn man die violette Koalition nicht fortsetzte, hätte dies zu einem Wiederaufleben der Gegensätze zwischen links und rechts führen können. Während sich aber schon im Jahr vor den Wahlen manifestierte, dass die beiden großen Koalitionsparteien keine Lust auf ein drittes violettes Kabinett verspürten, schufen PvdA und VVD weder Klarheit über die Gründe, die eine Fortsetzung der Koalition in ihren Augen unmög-lich machten, noch über eine mögliche politische Alternative. Damit minder-ten diese Parteien rückwirkend die Leistungen und Reputation der violetten Kabinette, obwohl diese Parteien in den Augen der Wähler gleichzeitig eng mit ihnen assoziiert wurden. Kurzum, die violetten Parteien waren nicht zu einer überzeugenden Argumentation in der Lage, warum man mit der violet-ten Politik brechen müsse, ohne diese zu verleugnen. Das gab Fortuyn seine Chance.

Verschlimmert wurde diese ziemlich aussichtslose Lage durch den Wech-sel der Parteiführung und die Ankündigung Wim Koks, keine weitere Amts-zeit als Ministerpräsident anzustreben. Dies betonte auf wiederum andere Weise den Abschied von der violetten Politik. Sein Nachfolger – wer immer es auch werden würde – befand sich dadurch in einer nahezu unmöglichen Position: Er musste die violette Politik aufkündigen, ohne Kok, ohne damit die PvdA, zu beschädigen. Gleiches galt in geringerem Ausmaß auch für den Wachwechsel bei der VVD.

Den Raum, den dies alles für eine neue fundamentale politische Trennlinie schuf, füllten in den Monaten vor der Wahl mit rasanter Geschwindigkeit Leefbaar Nederland und Pim Fortuyn und, nachdem es zwischen Partei und Spitzenkandidat zum Bruch gekommen war, Fortuyn als Führer seiner in aller Eile gegründeten Lijst Pim Fortuyn (LPF). Der Gegensatz zwischen links und rechts wurde nun durch den charakteristischen Gegensatz des Populis-mus verdrängt: politische Außenseiter gegen die etablierte Ordnung. Der Außenseiter ist der ‚Vorkämpfer des Volkes' und macht sich auf, in dessen Namen in den ‚Hinterzimmern' aufzuräumen, wo ‚die etablierten Parteien' die Angelegenheiten unter sich regeln und ihre Taschen füllen, anstatt dass ihre Abgeordneten in den Wohnvierteln, wo die Menschen leben, klingeln und nachhorchen, was die Bürger wirklich wollen.[19]

Wenn das Verblassen des Gegensatzes zwischen links und rechts die ne-gative und notwendige Bedingung für das Aufkommen und die Verfestigung einer populistischen Politikdefinition ist, dann wurde dieser Prozess in den Niederlanden durch mindestens drei positive Faktoren begünstigt. Der erste

---

19 Diese Charakterisierung ist inspiriert durch P. WILES, *A syndrome, not a doctrine: some elementary theses on populism*, in: G. IONESCU/E. GELLNER (Hrsg.), *Populism. It meanings and national characteristics*, London 1970, S. 166–180. Siehe auch M. CANOVAN, *Popu-lism*, New York, S. 1081; P. TAGGART, *Populism*, Buckingham 2000.

war die enorme und im Allgemeinen wohlwollende Aufmerksamkeit, die Fortuyn bereits seit September 2001 in den Medien zuteil wurde.[20] Dies nicht so sehr aufgrund des Inhalts seiner politischen Botschaften, sondern durch seine überschwängliche und narzisstische Art aufzutreten. Fortuyn passte übrigens selbst wiederum in das Bild des Populismus: indem er in seinem Verhalten bewusst von den in der Politik üblichen Umgangsformen abwich, betonte er nicht nur seine Distanz zur ,etablierten Politik‘, sondern er erweckte auch den Anschein von Authentizität, den Anschein eines Mannes, der sagt, was er (und das Volk) denkt. Der zweite Faktor war die Tatsache, dass die gemeinsame Aversion der anderen Parteien gegen Fortuyn einerseits keine Möglichkeit erhielt, sich mit politischem Inhalt zu füllen, und andererseits gerade das Bild vom Außenseiter, der es mit ,dem Establishment‘ aufnahm, verstärkte. Der CDA hielt sich übrigens mit seiner Meinung hinsichtlich der LPF bedeckt, und es stellte sich später heraus, dass Fortuyn und der CDA-Spitzenkandidat Jan-Peter Balkenende vor dem Wahlkampf einen Nichtangriffspakt geschlossen hatten. Der dritte Faktor, der eine Rolle spielte, war das Fehlen eines Wahlkampfes mit politischem Inhalt. Eine inhaltlich-politische Debatte gab es nicht. Es blieb bei einigen Fernsehsendungen, in denen Politik von vorneherein zu einem Bestandteil der Unterhaltung reduziert war. Auch dies stärkte den Aufbau des Populismus zum vorherrschenden politischen Gegenpol. Als entscheidend galt allgemein die Fernsehdebatte nach den für die Parteien der violetten Koalition verheerend ausgegangenen Kommunalwahlen vom 6. März 2002, weil Melkert dort einem ihm ständig ins Wort fallenden Fortuyn mit deutlichem Widerwillen gratuliert und Dijkstal einen abwesenden Eindruck gemacht hatte. Bei alledem war das Immigrations- und Integrationsthema der latente Streitpunkt, obwohl Fortuyn explizit eine viel breiter angelegte Agenda politischer Argumente präsentierte. Als Parteiprogramm diente sein kurz zuvor erschienenes Buch über *Die Trümmerhaufen von acht Jahren violetter Koalition*. Diese Trümmerhaufen wurden auf dem Bucheinband benannt als „Die Wartelisten im Gesundheitswesen“, „Die Probleme in Bezug auf die Sicherheit“, „Die Unglaubwürdigkeit der Öffentlichen Verwaltung“ und „Der besorgniserregende Zustand des Bildungswesens“ – das Thema Immigration und Integration taucht nicht auf und wird unter dem Titel „Ausländerpolitik“ erst im vorletzten Kapitel behandelt.[21] Die Wahlforschung zeigte aber, dass diese versteckte Botschaft sehr gut verstanden wurde.[22]

20 Vgl. J. KLEIJNNIJENHUIS u.a., *De puinhopen van het nieuws. De rol van de media bij de Tweede Kamerverkiezingen van 2002*, Alphen aan den Rijn 2003.

21 P. FORTUYN, *De puinhopen van acht jaar paars*, Rotterdam 2002.

22 J.J.M. VAN HOLSTEYN/G.A. IRWIN, *Never a Dull Moment: Pim Fortuyn and the Dutch Parliamentary Election of 2002*, in: *West European Politics*, 26 (2003), 2 (April), S. 41–66.

Charakteristika und Inhalte des neuen politischen Populismus

Die Stoßrichtung dieses Populismus ist im Wesentlichen antidemokratisch und antiparlamentarisch. Es geht darum, die repräsentative Demokratie durch eine plebiszitäre zu ersetzen, in der ‚das Volk‘ einen Kandidaten wählt, der es weniger repräsentiert als vielmehr verkörpert.[23] Dennoch äußerte Fortuyn auch hier nichts Neues, sondern popularisierte Vorschläge zu politischen ‚Erneuerungen‘, die bereits seit der Gründung der D66 in der niederländischen Politik vorgebracht worden waren.[24] Plebiszitäre Demokratie beinhaltet, dass der Wähler zwar entscheidet, wer gewählt wird, aber nichts über das Programm des Gewählten zu sagen hat. Fortuyn sah seine Rolle im Falle seiner Wahl als die des ‚guten Hirten‘ – wobei er implizit ‚das Volk‘ zu einer Herde von Schafen reduzierte, die von ihm geführt werden musste. Sein Angriff auf das ‚geschlossene‘ politische System hatte jedoch etwas Paradoxes. Wären seine Vorstellungen über ein System der relativen Mehrheitswahl Wirklichkeit geworden, hätte der CDA nach den Wahlen des Jahres 2002 mehr als hundert Sitze in der Zweiten Kammer gehabt, und die anderen Sitze wären zwischen PvdA und LPF aufgeteilt worden. Andere Parteien wären auf Landesebene nicht mehr vertreten gewesen. Das Wahlergebnis vom 14. Mai demonstrierte gerade die Offenheit des heutigen politischen Systems für Neulinge. Im Gefolge eines toten Spitzenkandidaten gelangten 26 Volksvertreter aus den Reihen der LPF in die Zweite Kammer – nicht einem von ihnen wäre dies aus eigener Kraft gelungen.

Die allgemeine Erklärung für das Wahlergebnis des Jahres 2002 lautete, dass sich hier eine bereits seit langem unterschwellig existierende Strömung der Unzufriedenheit manifestiert habe. Dies zeigte, wie schnell die populistische Definition der politischen Situation in den Niederlanden in weiten Kreisen übernommen wurde. Keiner dieser bequemen Kommentatoren hatte diese ‚stille Unzufriedenheit‘ bereits festgestellt, als Wim Kok im August 2001 seinen Abschied ankündigte. Bildhaft für diesen raschen Umschwung war, wie sehr Begriffe wie ‚das Volk‘ und ‚die etablierten Parteien‘ – darunter fielen also auch die SP und die Christenunie – in den Kommentaren und Leitartikeln sowie den Beiträgen auf den Meinungsseiten zum Allgemeingut wurden. Sozialwissenschaftlich kann dies als eine überzeugende Demonstration der Schwäche der Theorie der relativen Deprivation betrachtet werden, denn diese bildete das Modell für alle diese Erklärungen: eine bereits unterschwellig vorhandene Unzufriedenheit erhielt 2002 endlich die Möglichkeit, sich zu manifestieren.[25] Die Schwäche dieser Erklärung liegt darin, dass sie immer – und auch nun wieder – erst nachträglich angeführt wird. Man kann offensichtlich immer von einer unterschwelligen Unzufriedenheit sprechen, ohne

23 Die klassische Argumentation bietet C. SCHMITT, *Die geistesgeschichtliche Lage des heutigen Parlamentarismus*, Berlin 1926.

24 Hierzu ausführlich B. TROMP, *De crisis der partijen en enkele voorstellen deze te overwinnen*, in F. BECKER/W. VAN HENNEKELER/M. SIE DHIAN HO/B. TROMP (Hrsg.), *Politieke partijen op drift. Het vierentwintigste jaarboek voor het democratisch socialisme*. Amsterdam 2003, S. 119-144.

25 Vgl. B. TROMP, *De wetenschap der politiek. Verkenningen*, Amsterdam 2002⁴, S. 241 ff.

dass diese zum Ausdruck gelangt.[26] Im Zuge der Wahlforschung hat sich aber später gezeigt, dass hier ein umgekehrter Zusammenhang vorlag: Unzufriedenheitsgefühle konnten erst anlässlich des Wahlkampfes von Fortuyn festgestellt werden; sie waren als Motiv dessen Folge und nicht dessen Ursache.[27]

Zu den Entwicklungen nach den Wahlen 2002

Das nach den Wahlen des Jahres 2002 gebildete erste Balkenende-Kabinett, bestehend aus dem CDA, der VVD und der LPF, stürzte bereits im Oktober des gleichen Jahres aufgrund interner Gegensätze, die sich innerhalb der LPF entwickelt hatten. Bei den neuen Wahlen im Jahr 2003 verlor die LPF 18 ihrer 26 Sitze, und die PvdA erholte sich wieder (42 Sitze). Die CDA behauptete sich knapp als stärkste Partei (44 Sitze) während die VVD nicht mehr als 28 Sitze errang. Ein Kabinett aus den beiden Parteien, die einen Zugewinn zu verzeichnen hatten, kam jedoch nicht zustande, da sich der CDA schließlich für eine Fortsetzung der Zusammenarbeit mit der VVD entschied, und die D66 – mit einer Fraktionsstärke von nur noch 6 Sitzen – bereit war, anstelle der instabilen LPF dieser Koalition zu einer parlamentarischen Mehrheit zu verhelfen. Dies allerdings im Tausch gegen die Zusage, im Laufe der Kabinettsperiode ‚politische Erneuerungen‘ einführen zu können. Diese umfassten ein neues Wahlsystem und die Direktwahl der Bürgermeister.

Dennoch deuteten diese Ergebnisse auf Wählerebene auf eine Rückkehr zur traditionellen Trennungslinie zwischen links und rechts hin. Die Kommunalwahlen vom März 2006 bestätigten diese Entwicklung. Linke Parteien, vor allem die PvdA, gewannen Stimmen hinzu, die ‚Leefbar-Parteien‘ und die Regierungsparteien verloren Stimmen. Die vorrangigen Themen im Wahlkampf waren sozioökonomischer Natur. Der Gegensatz zwischen links und rechts war in der Rückschau betrachtet übrigens in viel geringerem Maße Veränderungen unterworfen, als es die Wahlergebnisse und die unterstellte Launenhaftigkeit der Wähler erwarten ließen. Die politische Debatte wird jedoch immer noch in populistischen Begriffen geführt.

Es sieht nun so aus, als habe die politische Landschaft wieder die vertrauten Umrisse aus der Zeit vor 1994 angenommen. Aber der Schein trügt. Betrachtet man die Wähler, dann sind die Ergebnisse der jüngsten Wahlen stabiler und rationaler als sie auf den ersten Blick aussahen und als sie in der Politik und in den Medien interpretiert wurden. Die Analyse des Wählerverhaltens bei diesen Wahlen zeigt, dass die Stimmvergabe der Wähler vor allem auf der Grundlage der von ihnen perzipierten politischen Programme erfolgt. Darüber hinaus sind ihre Parteivorlieben stabiler als es oft dargestellt wird.

---

26 G. VAN WESTERLOO, *Niet spreken met de bestuurder*, Amsterdam 2003. Dieses Buch des Journalisten van Westerloo wird häufig als Beispiel für die ‚Ausbruchthese‘ angeführt. Der erste Beweis ist jedoch ein Interview mit Amsterdamer Straßenbahnfahrern fast zwanzig Jahre vor der ‚Fortuyn-Revolution‘.

27 W. VAN DER BRUG, *How the LPF Fuelled Discontent: Empirical test of explanations of LPF support*, in: *Acta Politica*, Nr. 1 (2003), S. 89–107.

Ändern sich diese, so geschieht dies meistens zugunsten einer Partei, die programmatisch und ideologisch in der Nähe ihrer ursprünglichen Wahl liegt.[28]

Das Multikulturalismus-Thema war mindestens acht Jahre vor den Wahlen des Jahres 2002 latent vorhanden, aber keine Partei war – wie bereits erwähnt – bereit, dieses Thema auf die politische Tagesordnung zu setzen. Diejenigen, die für die LPF stimmten, taten dies, weil Fortuyn den Multikulturalismus eben sehr wohl zu seinem Thema gemacht hatte. So gesehen gibt es nichts Willkürliches oder Irrationales am Wahlergebnis des Jahres 2002. Mehr noch: im Nachhinein kann man feststellen, dass die Bürger, die 2002 ihre Stimme abgaben, dies insgesamt viel rationaler und stabiler taten, als es die meisten Kommentare und Interpretationen danach dargestellt haben.[29]

Das Bild, das politische Parteien und politische Eliten im Allgemeinen, wozu sicherlich auch die tonangebenden Repräsentanten der Medien zu zählen sind, bieten, ist jedoch von einer ganz anderen Art. Im Vorangegangenen ist bereits dargelegt worden, dass der Verlust der ideologischen Identität und die Zusammenballung der großen politischen Parteien in der Mitte der Links-Rechts-Skala der wichtigste Faktor für die zunehmende Launenhaftigkeit der Wähler gewesen ist. Die politische Verwirrung in den Niederlanden ist durch die Versuche der politischen Parteien und der politischen Eliten verursacht und auch am Leben erhalten worden, die Ereignisse des Jahres 2002 zu verstehen und eine Lehre aus ihnen zu ziehen. Im Mittelpunkt dieser anhaltenden Verwirrung steht das Akzeptieren des politischen Mythos, demzufolge die Wahlen des Jahres 2002 gezeigt hätten, dass unter der Bevölkerung eine große Unzufriedenheit über die Politik im Allgemeinen herrsche. Daher bestehe die wichtigste Aufgabe der Politik und der politischen Parteien darin, mit Blick auf diese Unzufriedenheit irgendwie zu einem Ausgleich zu gelangen.

Ein Schlüsselbegriff bei diesen Einigungsversuchen ist der Terminus ‚neue Politik‘, der 2002 lanciert wurde. Die ‚neue Politik‘ sollte der politischen Kultur der ‚Hinterzimmerpolitik‘, der Abwesenheit politischer ‚Transparenz‘, den Kompromissen als den bestmöglichen Ergebnissen, dem Fachwissen und der Professionalität als Maskerade, um das ‚normale Volk‘ auszuschließen, und vielem mehr ein Ende bereiten. Kurz gesagt die ‚neue Politik‘ war im Kern eine Form von Anti-Politik, und sie wurde in der viel zitierten Phrase Fortuyns zusammengefasst: „Ich sage was ich denke, und ich tue was ich sage.“[30] Aber dies läuft begreiflicherweise nicht auf einen Aufruf zu Ehrlichkeit in der Politik hinaus, sondern es ist vielmehr eine Einladung, zivilisiertes Verhalten aufzugeben und sich in Unverschämtheiten gegenseitig zu übertreffen.

28 ADRIAANSEN/VAN DER BRUG/VAN SPANJE (wie Anm.13), S. 238–239.

29 E. BÉLANGER/K. ARTS, *Explaining the Rise of the LPF: Issues, Discontent, and the 2002 Dutch Election*, in: *Acta Politica* Nr. 1 (2006), S. 4–21.

30 Angesichts der Tatsache, dass Fortuyn und die LPF jeglichen Vergleich mit Haiders FPÖ als ‚Dämonisierung‘ betrachteten, ist es um so verwunderlicher, dass sie (aber auch die Medien) nie die Übereinstimmung mit der Wahlkampfparole für Haider bemerkt haben: „Er sagt, was sie denken“ – ebenso wenig wie die zwischen den ‚Clubfarben‘ von LPF und FPÖ: blau-gelb.

Das kollektive politische Gedächtnis ist in den Niederlanden so kurz geworden, dass sich niemand mehr daran erinnerte, dass vieles von dem, was ab 2002 ‚neue Politik' hieß, acht Jahre zuvor genau so formuliert worden war, um die Trennlinie zwischen einem violetten Kabinett und allen vorhergehenden zu ziehen, während die ‚neue Politik' nun proklamiert wurde, um gerade einen Bruch mit eben dieser violetten Politik zum Ausdruck zu bringen.

Die ‚neue Politik' hat bei vielen traditionellen Parteien und im heutigen Meinungsklima zu unverkennbaren Veränderungen geführt. Genannt werden sollen an dieser Stelle zwei: eine Änderung im angestrebten Stil und eine im Streben nach ‚politischer Erneuerung'. Soweit die Vereinnahmung der ‚neuen Politik' darauf abzielte, die populistische Eruption zu besiegen, indem man sich daran beteiligte, sind die Ergebnisse genau entgegengesetzt ausgefallen. Die politischen Umgangsformen sind rauer und unverschämter geworden. Das Ansehen der Politik wird nicht gefördert durch Politiker, die keine Krawatte mehr tragen wollen oder lauthals das Auftreten von Gegnern als ‚typisch Haags' angreifen, die als Minister oder Parlamentarier mit der Botschaft Publizität suchen, sie hassten die ‚alte', traditionelle Politik und fänden parlamentarische Verfahrensweisen bizarr, seien selbst aber glücklicherweise ganz anders, wirklich völlig anders, als die ‚traditionellen Politiker'. Ein solches Schauspiel trägt nicht dazu bei, das Ansehen von Politikern und den Respekt vor dem Beruf des Politikers bei den Wählern zu festigen, zu wahren oder wiederherzustellen.

Die zweite Lektion, die viele politische Parteien aus der ‚Fortuyn-Revolution' lernten, war, dass das politische System in Richtung auf eine ‚direkte Demokratie' verändert werden muss. ‚Direkte Demokratie' beinhaltet hier jedoch etwas völlig anderes als das, was der Begriff ursprünglich bedeutet, nämlich die tatsächliche Beteiligung an politischen Diskussionen und Entscheidungen. Vielmehr hat ‚direkte Demokratie' nunmehr die Form von Vorschlägen zur Veränderung des Wahlsystems in Richtung auf ein *first past the post-System*, ein System der relativen Mehrheitswahl sowie der Direktwahl politischer Amtsträger und Funktionäre der politischen Parteien angenommen. Die Wahlen von 2002 waren insgesamt jedoch kein Indikator für ein Scheitern des niederländischen politischen Systems. Im Gegenteil, das System demonstrierte gerade seine Überlegenheit gegenüber anderen Formen der Wahl und der Regierungsbildung. Eine neue politische Bewegung wurde nicht durch institutionelle Hürden daran gehindert, Parlamentssitze zu erlangen. Sie erhielt unmittelbar nach ihrem Erfolg die Möglichkeit, sich in der Regierungsverantwortung zu beweisen. Man vergleiche dies einmal mit dem britischen System der Mehrheitsbildung per Wahlbezirk. In einem solchen System hätte die LPF bestenfalls einen einzigen Sitz erreicht, und 18 Prozent der Wähler wären nicht im Parlament repräsentiert worden. Der Grund dafür, dass die Debatte zum Thema ‚politische Erneuerung' dennoch auf ein System der relativen Mehrheitswahl abzielt, oder – allgemeiner ausgedrückt – auf ein System der plebiszitären Demokratie hingelenkt wird, liegt vielleicht doch darin, dass ein neuer Fortuyn dann keine Chance mehr hat.[31]

31 B. TROMP, *De verborgen agenda van politieke vernieuwing: verzwakking van de democratie*, in: *NRC/Handelsblad*, 2. April 2005.

Bemerkenswert ist, dass eine andere, nahe liegende Lehre nicht in aller Deutlichkeit gezogen worden ist: die Re-Ideologisierung der großen politischen Parteien. Zwar hat sich diese doch vollzogen, aber sozusagen hinter dem Rücken der Parteien. Dies hat zu einem Paradoxon geführt: Während der traditionelle Gegensatz zwischen links und rechts sich in den Augen der Wähler wiederhergestellt hat, haben die politischen Eliten die größten Schwierigkeiten, diese Tatsache mit dem populistischen Kurs in Einklang zu bringen, den sie seit 2002 eingeschlagen haben. Die offensichtliche Instabilität der niederländischen Politik, die – wie der vorliegende Beitrag gezeigt hat – etwas anderes ist, als die Instabilität des politischen Systems, wird andauern, so lange die großen politischen Parteien die Lösung für vermeintliche Probleme in diesem System suchen, indem sie einer populistischen Tagesordnung in Richtung auf eine plebiszitäre Demokratie folgen. Solange zu viele niederländische Politiker die Zwangsjacke des Populismus tragen, als ob sie ein vornehmer Mantel sei, besteht daher keine Aussicht auf neue Stabilität. Wenn diese Politiker anfangen sollten, sich ebenso verantwortungsvoll und rational zu verhalten, wie die meisten niederländischen Wähler es in den vergangenen Jahren getan haben, dann ist die Aussicht auf eine stärker zur Ruhe gekommene politische Landschaft jedoch nicht mehr in weiter Ferne.

Politische Kultur

Mareike Blömker

Politische Partizipation in Deutschland und den Niederlanden im Vergleich

Auch das Jahr 2005 hat wieder gezeigt, dass die Bürger Einfluss auf politische Prozesse nehmen können. In den Niederlanden stimmten sie bei der Volksabstimmung über die EU-Verfassung mehrheitlich mit ‚Nein‘ und stürzten so gemeinsam mit den Franzosen die EU in eine ernste Krise. Bei den Landtagswahlen in NRW straften die Bürger abermals die damalige Rot-Grüne-Bundesregierung für ihre als ungerecht und unsozial empfundenen Reformpläne ab, was den ehemaligen Bundeskanzler Gerhard Schröder und den damaligen SPD-Vorsitzenden Franz Müntefering dazu veranlasste, noch am selben Abend Neuwahlen zum Deutschen Bundestag vorzuschlagen.

Politisches Handeln erhält seine Grundlegitimation vor allem durch Wahlen. Die Teilnahme an Wahlen ist daher Aufgabe des Staatsbürgers, mit der er politischen Akteuren jenen legitimierten Handlungsauftrag gibt, auf den diese angewiesen sind. Über die Teilnahme an Wahlen hinausgehend, stehen den Bürgern noch weitere Formen der politischen Beteiligung zur Verfügung. Theoretisch betrachtet lässt sich politische Partizipation in zwei große Bereiche einteilen: die Beteiligung an institutionalisierten Beteiligungsformen wie Wahlen und Abstimmungen und die Teilnahme an nicht-institutionalisierten Beteiligungsformen wie Demonstrationen, Unterschriftenaktionen, Zukunftswerkstätten oder ‚Runden Tischen‘. Auch das persönliche Gespräch oder der Briefwechsel mit einem gewählten Volksvertreter sind Möglichkeiten der politischen Beteiligung. Das Ziel von politischer Partizipation ist die Teilnahme bzw. Integration der Bürgerinnen und Bürger in politische Meinungsbildungs-, Diskussions- oder Entscheidungsprozesse.

Im Fokus des vorliegenden Aufsatzes steht die Frage nach den Gemeinsamkeiten und Unterschieden zwischen Deutschland und den Niederlanden bezogen auf die Möglichkeiten politischer Beteiligung und deren praktischer Wahrnehmung. Sodann wird der grundsätzlicheren Fragestellung nachgegangen, wie es um das Verhältnis zwischen Bürgern und Politik bestellt ist. Um dieses Verhältnis zu analysieren, werden in der Politikwissenschaft vielfältige Kriterien genutzt, von denen folgende drei herausgegriffen werden: das *politische Interesse* als Barometer dafür, wie sehr sich die Bürger von Politik tangiert fühlen, die *Zufriedenheit mit dem Funktionieren der Demokratie* im eigenen Land sowie das *Vertrauen in bestimmte öffentliche Institutionen* als Gradmesser für die Akzeptanz der politischen Akteure und Grundlage der Legitimation von politischem Handeln.

Wahlbeteiligung und Parteimitgliedschaft

Wenngleich Politikern und Wissenschaftlern häufig die niedrige Beteiligung an Wahlen zurecht Sorgen bereitet, ist der Gang zur Wahlurne immer noch die Partizipationsform, die von der Mehrheit der Bürger wahrgenommen wird. Eine traurige Ausnahme stellt das Europäische Parlament dar, zu dessen Wahl inzwischen nicht mal mehr oder vielleicht gerade noch jeder zweite Deutsche oder Niederländer geht.

Der Blick auf das Wahlverhalten der Niederländer zeigt, dass die Beteiligung vor allem bei den Wahlen zu den Provinzialstaaten sowie den Wahlen zum Europäischen Parlament stark gesunken ist.[1] Betrachtet man allein den Zeitraum der letzten 15 Jahre, ist festzuhalten, dass die Beteiligung an der Wahl zur Zweiten Kammer bei etwa 80 Prozent lag, bei den Wahlen zu den Gemeinderäten erreichte sie noch zwischen 60 und 65 Prozent, während sich an den Wahlen zu den Provinzialstaaten nur etwa 50 Prozent der Bürger beteiligt haben. Zur Wahl zum Europäischen Parlament ist 1989 nur noch etwa jeder zweite Niederländer gegangen, 1994 lag die Wahlbeteiligung hier bereits unter 40 Prozent und 1999 hat sich nicht einmal mehr jeder Dritte an dieser Wahl beteiligt.

Grafik 1:   Wahlbeteiligung in den Niederlanden
             (Angaben in Prozent)

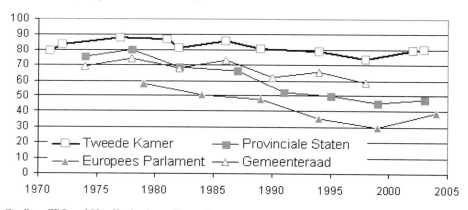

Quellen: CBS und Van Deth; eigene Darstellung

Auch in Deutschland hat die Beteiligung an den Europawahlen in den vergangenen Jahren abgenommen. An den Wahlen zum Europäischen Parlament haben sich 1994 in Deutschland noch rund 60 Prozent der Bürger beteiligt, 1999 ging dieser Wert um fast 15 Prozentpunkte zurück und im Jahr 2004 haben nur noch gut 40 Prozent der Deutschen gewählt. Der Grund hierfür liegt vor allem darin, dass die Entscheidung, ob die Bürger sich an einer Wahl beteiligen oder nicht, auch damit zusammenhängt, wie stark sie

---

1   Hier sind die Werte zum Wahlverhalten der Niederländer seit der Abschaffung der
     gesetzlichen Wahlpflicht im Jahr 1970 dargestellt.

sich von den Entscheidungen des zu wählenden Parlaments subjektiv betroffen fühlen. Wenn also nur etwa die Hälfte der Deutschen der Meinung ist, dass die Entscheidungen, die das Europäische Parlament trifft, für sie persönlich wichtig sind, wundern die niedrigen Werte hier nicht.[2]

Grafik 2: Wahlbeteiligung im deutsch-niederländischen Vergleich
(Angaben in Prozent)

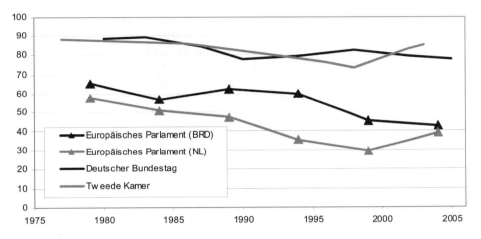

Quellen: Statisches Bundesamt und CBS; eigene Darstellung

Wie in den Niederlanden gilt die schwache Beteiligungsquote auch in Deutschland nicht für die Wahl des nationalen Parlaments. In Deutschland liegt dies sicher zum einen an der starken Medialisierung der Bundestagswahlkämpfe und der daraus hervorgehenden Mobilisierung. Zum anderen vertreten viele die Auffassung, das nationale Parlament würde die wichtigsten Entscheidungen treffen.

Insgesamt muss aber für beide Länder ein Rückgang der Wahlbeteiligung seit dem Ende des Zweiten Weltkriegs festgestellt werden, dessen Erklärungen vielfältig sind: in den fünfziger, sechziger und siebziger Jahren war der Gang zur Wahlurne – abgesehen von der gesetzlichen Vorschrift in den Niederlanden – auch eine gesellschaftliche Verpflichtung. Mit dem gesellschaftlichen Wertewandel nahm das Pflichtbewusstsein in dieser Hinsicht ab. Des Weiteren wird in Untersuchungen zur Wahlbeteiligung oft bemängelt, dass die Unterschiede zwischen den Parteien nicht mehr klar erkennbar seien, was dazu führt, dass die ,Partei' der Nichtwähler und der Protestwähler gewach-

2   Zur Übersicht über die individuelle Bedeutung von Parlamentsentscheidungen siehe: BERTELSMANN STIFTUNG (Hrsg.), *Politische Partizipation in Deutschland. Ergebnisse einer repräsentativen Umfrage*, Bonn 2004, S. 82.

sen ist. Auch politische Unzufriedenheit sowie eine vergleichsweise schwächere Parteibindung tragen zum Rückgang der Wahlbeteiligung bei.[3]

Dem Rückgang der Wahlbeteiligung soll unter anderem dadurch Einhalt geboten werden, dass man dem Bürger die Stimmabgabe vereinfacht. In Deutschland und in den Niederlanden gibt es unter den Stichworten e-Government und e-Democracy Maßnahmen zur Steigerung der Wahlbeteiligung. In den Niederlanden lief seit 2000 eine Pilotphase unter dem Motto „Kiezen op afstand", in der im Ausland lebende Bürger bei der Wahl zum Europäischen Parlament im Jahr 2004 ihre Stimme über Internet oder Telefon abgeben konnten.[4] Eine andere Maßnahme innerhalb dieses Projektes ist das Versenden von Stimmpässen anstelle von Wahlbenachrichtigungskarten. Dieser Stimmpass gibt den Bürgern der Modellstädte die Möglichkeit, sich das Wahllokal in ihrer Gemeinde selbst auszusuchen und somit ortsunabhängiger zu wählen. Nach einer positiven Bilanz sind die Gemeinden dazu aufgerufen, den Bürgern diese vereinfachte Stimmabgabe bei den Gemeinderatswahlen im Jahr 2006 zu ermöglichen. Ob diese technischen Maßnahmen zu dem erhofften Erfolg einer höheren Wahlbeteiligung führen werden, bleibt jedoch kritisch abzuwarten.

Um die Bürger vor allem auf kommunaler Ebene stärker in den politischen Entscheidungsprozess zu integrieren, wurde in vielen deutschen Bundesländern die Gemeindeordnung dahingehend geändert, dass der (Ober-)Bürgermeister direkt von den Bürgern gewählt wird. Damit haben die Bürger das Recht erhalten, unmittelbar über die wichtigste politische Personalfrage ihrer Stadt zu entscheiden. In den Niederlanden scheiterte der Versuch der Regierung, den Bürgermeister künftig von den Bürgern direkt wählen zu lassen, im Frühjahr 2005 an dem Widerstand in der Ersten Kammer.

Politische Beteiligung findet in wesentlichen Teilen in politischen Parteien statt. Parteien dienen der politischen Willensbildung, rekrutieren das politische Personal und leisten wichtige politische Bildungsarbeit. Die Mitgliedschaft in Parteien ist in den letzten 15 Jahren jedoch in beiden Ländern rückläufig. Im Jahr 1990 waren noch 2,9 Prozent der Deutschen und 2,3 Prozent der Niederländer Mitglied einer Partei, 14 Jahre später muss ein Verlust von 35 Prozent für Deutschland und 16 Prozent für die Niederlande festgestellt werden.[5] Häufig wird dies darauf zurückgeführt, dass die Menschen – insbesondere junge Erwachsene – die Arbeit in Projekten, die durch einen festgesetzten Zeitraum und durch ein konkretes Anliegen begrenzt sind, der langjährigen Mitarbeit in Parteien vorziehen.

Neben den klassischen Formen der Bürgerpartizipation wie der Wahlbeteiligung und der Parteimitgliedschaft sind inzwischen eine Reihe neuer Formen der Teilnahme am politischen Leben möglich. Vor allem auf kommunaler Ebene sind die Mitsprache- und Mitentscheidungsrechte der Bürgerinnen

3 Zu den unterschiedlichen Motiven der Nichtteilnahme an Wahlen siehe: O. NIEDER-MAYER, *Bürger und Politik. Politische Orientierungen und Verhaltensweisen in Deutschland – Eine Einführung*, Wiesbaden 2001, S. 163 ff.

4 Zum Thema siehe *http://www.minbzk.nl*.

5 Die Daten basieren auf: SOCIAAL EN CULTUREEL PLANBUREAU, *In het zicht van de toekomst: Sociaal en Cultureel Rapport 2004*, Den Haag 2004; O. NIEDERMAYER, *Parteimitgliedschaften im Jahr 2004*, in: *Zeitschrift für Parlamentsfragen* 36 (2005), S. 382–389.

und Bürger außerhalb von Wahlen in den letzten Jahren stark ausgeweitet worden: Beispielsweise sind in Nordrhein-Westfalen 1994 die direktdemokratischen Instrumente Bürgerbegehren und Bürgerentscheid in die Gemeindeordnung aufgenommen worden.[6] In den Niederlanden wurden in einigen Städten entsprechende Referenden durchgeführt.[7] Darüber hinaus werden inzwischen gemeinsam mit den Bürgern kommunale Haushaltspläne aufgestellt oder in Zukunftsforen, Werkstätten und Planungszellen Probleme und Fragen der örtlichen Zukunftsgestaltung angegangen. Die aufgeführten Beispiele machen deutlich, dass das Spektrum sowohl der institutionalisierten als auch der nicht-institutionalisierten Beteiligungsmöglichkeiten zu Gunsten der Bürger ausgeweitet worden ist. Der Bürger ist längst nicht mehr nur der Empfänger von Verwaltungsleistungen, sondern vielfach Experte, der sich selbst einbringt oder zu Rate gezogen wird und sich an entsprechenden Stellen teilweise sogar rechtlich bindend einmischen kann.

Politisches Interesse

Grundlegende Voraussetzung für eine lebendige Demokratie ist, dass die Bürger ein Selbstverständnis von sich als politischen Akteur haben. Nur wer sich als aktiven Mitspieler im politischen Prozess begreift und davon überzeugt ist, dass sein Einsatz für eine bestimmte Sache Erfolg haben kann, wird die Motivation aufbringen, sich in meist langwierige Diskussionen und Entscheidungsfindungsprozesse einzubringen. Ein derartiges politisches Selbstverständnis erfordert wiederum ein Mindestmaß an politischem Interesse. Ohne diese Voraussetzung gibt es keine politische Partizipation.[8] Beides, politisches Selbstverständnis und politisches Interesse, sind also grundlegende Voraussetzungen für politische Partizipation.

Die Umfragen zum politischen Interesse der Niederländer zeigen, dass etwa die Hälfte von ihnen sehr bzw. ziemlich an politischen Fragen interessiert ist.[9] Der Mord an dem niederländischen Politiker Pim Fortuyn im Frühjahr 2002 brachte das politische Interesse auf ein Rekordniveau. Der Erfolg und die Beliebtheit Pim Fortuyns resultierten aus der Schwäche der etablier-

---

6   Nach Angaben des nordrhein-westfälischen Innenministeriums sind in dem Zeitraum von Oktober 1994 bis Juni 2005 321 Bürgerbegehren initiiert worden. In 104 Fällen ist es zu einem Bürgerentscheid durch die Bürger gekommen, davon waren 42 Bürgerentscheide im Sinne des Begehrens erfolgreich. Siehe: INNENMINISTERIUM DES LANDES NRW, *Statistische Angaben zum Thema Bürgerbegehren und Bürgerentscheid in Nordrhein-Westfalen für den Zeitraum Oktober 1994 bis Juni 2005*, Düsseldorf 2005.

7   Über die Anzahl der durchgeführten Referenden in niederländischen Gemeinden liegen der Autorin keine gesicherten Informationen vor. Anhaltspunkte gibt eine Liste der Initiative Referendum Platform. Diese Liste, mit Stand von November 2004, zählt 113 kommunale Referenden auf, betont jedoch, dass die Angaben keinen Anspruch auf Vollständigkeit erheben. Vgl. *http://www.referendumplatform.nl*

8   Zur Korrelation zwischen politischem Interesse und der Wahlbeteiligung siehe O. NIEDERMAYER (wie Anm. 3), S. 171.

9   Siehe *http://www.cbs.nl*.

ten Volksparteien. „Fortuyn (...) hatte eine empfindliche Seite bei vielen Bürgern berührt, die sich nach sehr unterschiedlichen Dingen sehnten, die die etablierten Parteien anscheinend nicht bewerkstelligen konnten: nach mehr Sicherheit auf der Straße, mehr Anstand, kürzeren Wartezeiten im Gesundheitswesen, kleineren Klassen in den Schulen und nach einfachem politischen Sprachgebrauch."[10] Pim Fortuyn nutzte diese Schwäche zu seinen Gunsten. Er nahm radikale, populistische Positionen ein, setzte sich damit von den anderen Parteien ab und war immerhin für so viele Niederländer zu einer echten Wahl-Alternative geworden, dass seine Partei, die Liste Pim Fortuyn, am Ende an der Regierungsarbeit beteiligt wurde.

Das politische Interesse der Deutschen ist seit Beginn der neunziger Jahre relativ stabil, steigerte sich aber zu Beginn dieses Jahrzehnts. Bei entsprechenden Untersuchungen gaben in den neunziger Jahren zwischen 40 und 50 Prozent der Deutschen an, etwas politisches Interesse zu haben. Der Anteil der Befragten, die angaben, sich stark oder sehr stark für Politik zu interessieren, lag bei etwa 40 Prozent. Dieser Anteilswert stieg zu Beginn dieses Jahrzehnts deutlich an.[11]

Demokratiezufriedenheit

Neben dem politischen Interesse ist zur Bestimmung des Verhältnisses von Politik und Bürger auch von Bedeutung, wie die Bürger die politische Wirklichkeit bewerten. Die Frage nach der Zufriedenheit mit der Demokratie zielt auf die subjektive Wahrnehmung der realpolitischen Ausgestaltung der Demokratie mit ihren handelnden Akteuren, unabhängig davon, wie sie in der Verfassung verankert und theoretisch konzipiert ist.

Umfragen zufolge sind die Niederländer seit den 1990er Jahren auf hohem Niveau zufrieden mit dem Funktionieren der Demokratie in ihrem Land. Während in den 1980er Jahren im Durchschnitt etwa 60 Prozent der Bürger zufrieden waren, stieg der Anteil der Niederländer, die mit dem Funktionieren ihrer Demokratie zufrieden sind, in den 1990er Jahren auf über 70 Prozent an und erreichte seinen bisherigen Höhepunkt mit 81 Prozent im Jahr 2000. Danach sank die Demokratiezufriedenheit der Niederländer bis zum Jahr 2003.

Der Vergleich mit Deutschland zeigt, dass die Deutschen in den vergangenen Jahren mit dem Funktionieren ihrer Demokratie unzufriedener gewesen sind als ihre westlichen Nachbarn. Dass dies mal anders war, zeigt ein Blick auf den Zeitraum vor der Deutschen Wiedervereinigung. Damals waren die (West-)Deutschen weitaus zufriedener mit dem Funktionieren ihrer Demokratie. Mit der deutschen Einheit änderte sich dieser Zustand: die Werte für Gesamtdeutschland sanken zum einen, weil die Ostdeutschen mit dem Funktionieren der neu gewonnen Demokratie in Deutschland unzufrieden

10 F. WIELENGA, *Konsens im Polder? Politik und politische Kultur in den Niederlanden nach 1945*, in: DERS./I. TAUTE (Hrsg.), *Länderbericht Niederlande. Geschichte-Wirtschaft-Gesellschaft*, Bonn 2004, S. 109.
11 Siehe BERTELSMANN STIFTUNG (wie Anm. 2), S. 117.

waren. Hier liegen die Werte seit 1990 zwischen 20 und 30 Prozentpunkte unter dem Niveau Westdeutschlands und damit weit unter dem EU-Durchschnitt. Seit 1990 sank aber auch die Demokratiezufriedenheit der Westdeutschen – bemerkenswerter Weise etwa parallel zu jener der Ostdeutschen.[12] Hatte sie sich nach einem Tief zum Ende der Kohl-Regierung und einem erneuten Abwärtstrend um die Jahrtausendwende wieder erholt, ist die Zufriedenheit der Deutschen mit dem Funktionieren ihrer Demokratie seit 2002 wieder stark rückläufig. Von damals 66 Prozent sank der Wert auf 51 Prozent im Jahr 2004. Demnach ist nur noch etwa jeder zweite Deutsche mit der real-politischen Ausgestaltung der Demokratie zufrieden, während die Niederländer auf 70 Prozent im selben Jahr kommen.

Grafik 3:   Demokratiezufriedenheit im Vergleich

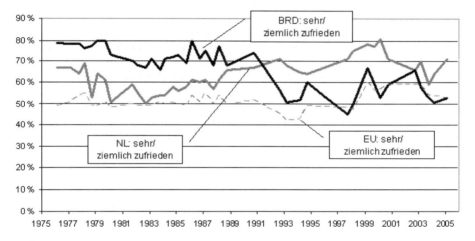

Quellen: Eurobarometer; eigene Darstellung

Worin liegen die Ursachen für die Unzufriedenheit mit der Demokratie in Deutschland in den letzten Jahren? Die Deutschen machen ihre Demokratiezufriedenheit traditionell stark von der volkswirtschaftlichen Lage abhängig. Die vergleichsweise schwierige ökonomische Lage in Deutschland in Kombination mit der erhöhten Arbeitslosigkeit der letzten Jahren schlägt sich somit auch auf die Demokratiezufriedenheit nieder. Ein anderes deutschlandspezifisches Problem stellt noch immer der Einigungsprozess dar: die politische Sozialisation in der BRD und der DDR verlief über einen zu langen Zeitraum zu unterschiedlich, als dass man davon hätte ausgehen können, dass der Prozess des Zusammenwachsens ohne größere Schwierigkeiten auch in dem Verhältnis zwischen Staat und Bürger hätte verlaufen können. Enttäu-

---

12 Siehe hierzu auch A. SCHEUER, *Demokratiezufriedenheit in Deutschland sinkt unter EU-Niveau. Eine europäisch-vergleichende Analyse*, in: *Informationsdienst Soziale Indikatoren* 33 (2005), S. 8–11.

schungshaltungen werden aufgebaut und spiegeln sich in der Unzufriedenheit mit der Demokratie wider.[13]

Institutionenvertrauen

Die Zufriedenheit der Bürger mit dem Funktionieren der Demokratie in ihrem Land steht zudem in engem Verhältnis zu dem Vertrauen, das sie in ihre öffentlichen Institutionen setzen. Das Institutionenvertrauen ist ein wichtiger Erklärungsfaktor für die Ausprägung der Demokratiezufriedenheit und damit ein weiteres Puzzelteil bei der Bestimmung des Verhältnisses zwischen der Bevölkerung und der Politik.

Die statistischen Daten zum Vertrauen in die öffentlichen Institutionen nationale Regierung, nationales Parlament, nationale Behörden und politische Parteien zeigen zum einen, dass das Institutionenvertrauen europaweit generell eher gering ist. Zweitens ist festzustellen, dass sich das Vertrauen der deutschen Bevölkerung in die öffentlichen Institutionen etwa auf dem europäischen Niveau bewegt, während das Institutionenvertrauen der Niederländer deutlich über diesem Durchschnitt liegt. Im Jahr 2001 waren die Niederländer sogar das Volk, das im europäischen Vergleich hinsichtlich ihres Vertrauens in die vier genannten öffentlichen Einrichtungen mit 58 Prozent an zweiter Stelle stand.[14] Die Deutschen lagen mit 40 Prozent hingegen auf dem viertletzten Platz, was auch auf das vergleichsweise geringe Vertrauen der Ostdeutschen in die öffentlichen Einrichtungen zurückzuführen ist.

Grafik 4:   Institutionenvertrauen im Vergleich

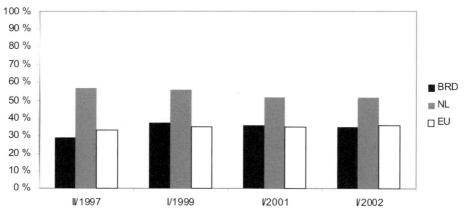

Quellen: Eurobarometer, eigene Darstellung

13 Nähere Informationen finden sich bei SCHEUER (wie Anm. 12).
14 Siehe EUROPÄISCHE KOMMISSION (Hrsg.), *Eurobarometer. Die öffentliche Meinung in der Europäischen Union* 56 (2002), S. 9.

Dass die Niederländer ein im internationalen Vergleich hohes Vertrauen in die öffentlichen Institutionen aufweisen, ist vor allem auf die bis zum Ende der Sechziger Jahre hinein versäulte Gesellschaftsstruktur zurückzuführen.[15] Die Meinungsführerschaft hatten hier die Eliten der jeweiligen Säulen inne, die unter hoher Kompromissbereitschaft auf allen Seiten politische Entscheidungen vorbereiteten und trafen. Die Bevölkerung verhielt sich politisch zurückhaltend und vertraute ihren Eliten.

Im Jahr 1997 lag der Vertrauenswert der Deutschen hinsichtlich ihrer nationalen Regierung auf einem niedrigen Niveau. Dieser Sachverhalt fand seinen Niederschlag bei der Bundestagswahl 1998, bei der der Unmut der Wähler schließlich in einem Regierungswechsel mündete. Nach der Bundestagswahl stieg das Vertrauen der Deutschen in die Bundesregierung und in den Deutschen Bundestag zunächst wieder tendenziell an, bevor es in den Folgejahren rasant abfiel. Nach der Bundestagswahl 2002 und dem Beginn der Debatte um die Arbeitsmarktreform, die unter dem Stichwort ‚Hartz IV‘ geführt wurde, sank der Vertrauenswert auf nur noch knapp über 20 Prozent und lag damit sogar unter dem Wert aus dem Jahr 1997. Eine ähnliche Entwicklung ist hinsichtlich des Vertrauens der Deutschen in den Deutschen Bundestag zu verzeichnen.

Dass das Vertrauen der Deutschen in die damalige Bundesregierung, aber auch in potentielle Nachfolgeregierungen, im Jahr 2005 ebenfalls gering war, zeigen entsprechende Untersuchungen des Instituts für Demoskopie Allensbach. Dieses hat ermittelt, dass die Mehrheit der Deutschen vor der Bundestagswahl 2005 den Eindruck hatte, dass die Rot-Grüne-Bundesregierung aufgegeben habe. Gleichzeitig waren 69 Prozent der Bevölkerung davon überzeugt, dass eine neue Regierung sich ähnlich schwer tun würde, die ökonomischen und sozialen Probleme zu lösen. Zwar genoss die CDU/CSU (38 Prozent) im August mehr Vertrauen als die SPD (14 Prozent). Bemerkenswert ist jedoch der ungewöhnlich hohe Anteil der Bevölkerung, der weder den Volksparteien noch einer anderen Partei zutraute, wesentliche Fortschritte zu erzielen. So identifiziert sich zum damaligen Zeitpunkt 60 Prozent der Bevölkerung mit der Aussage: „Man verliert allmählich jegliches Vertrauen in die Politik. Ich mache mir wirklich Sorgen, wie es mit Deutschland weitergehen soll."[16]

Das Vertrauen der Niederländer in ihre nationale Regierung ist zwar konstant höher als das der Deutschen, hat allerdings in den vergangenen Jahren einen Abwärtstrend verzeichnen müssen. Dieser politische Unmut wurde bereits sichtbar, als die Partei des ermordeten Populisten Pim Fortuyn nach dem großen Erfolg bei den niederländischen Kommunalwahlen 2002 auch den Sprung in die Tweede Kamer und sogar bis in die Regierung schaffte. Daneben zeigt eine Online-Umfrage von McKinsey und anderen aus dem Frühjahr 2005, dass der Unmut über die Regierungskoalition wächst. Demnach unterstützt nur noch etwa ein Viertel derjenigen, die bei der letzten

---

15 Vgl. K. SCHUYT/I. VERHOEVEN, *Institutioneel vertrouwen als bron van legitimiteit*, in: *Openbaar bestuur* 13 (2003), S. 11–14.

16 R. KÖCHER, *Entscheidung voller Unbehagen. Der Wahlkampf verschärft die Vertrauenskrise der Politik*, in: *Frankfurter Allgemeine Zeitung*, 17. August 2005, S. 5.

Wahl eine der heutigen Koalitionsparteien gewählt haben, ‚ihre' Regierung. Innerhalb der gesamten Wählerschaft geben nur 13 Prozent der Niederländer an, die Regierung zu unterstützen.[17] Hans Wansink kommentiert in der niederländische Zeitung *de Volkskrant*: „Die Stimmung im Jahr 2005 ist umgeschlagen."[18] 86 Prozent der Bevölkerung machten sich laut dieser Quelle Sorgen über Kriminalität, Ausgaben für den Lebensunterhalt, über die Integration von Migranten, die soziale Sicherheit und das Gesundheitssystem. Die aktuellen Zahlen sind alarmierend. Es handelt sich allerdings um die Beurteilung der aktuellen Regierungspolitik, die offensichtlich für viele Niederländer enttäuschend ausfällt. Ob damit aber auch das im europäischen Vergleich hohe Vertrauen der Niederländer in ihre politischen Institutionen insgesamt abnimmt, muss abgewartet werden.

Grafik 5:   Vertrauen in die nationale Regierung im Vergleich

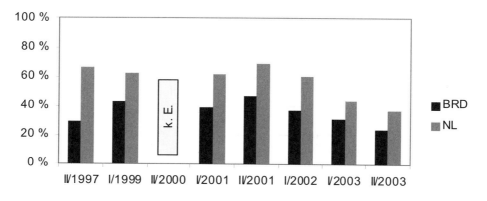

Quellen: Eurobarometer; eigene Darstellung

Anlass zu größerer Sorge könnten die niedrigen Werte zum Vertrauen der Deutschen und der Niederländer in die politischen Parteien bereiten. Während im Jahr 2003 nur 12 Prozent der Deutschen ihren politischen Parteien vertrauten, sind die Werte der Niederländer 2003 zwar etwa doppelt so hoch. Allerdings lagen diese zum Ende der Neunziger Jahre noch bei 40 Prozent und sind seitdem um mehr als zehn Prozentpunkte gesunken. Hinzu kommt, dass die Werte im Vergleich zu den anderen Institutionen generell sehr niedrig sind. Bei den Deutschen ist darüber hinaus auch das ausgeprägte Negativimage von Politikern auffallend. 2003 sagten 73 Prozent der Deutschen, dass die Führungskräfte in der Politik ihrer Aufgabe nicht gerecht würden.[19]

---

[17] Die Online-Umfrage *21minuten.nl* wurde im Zeitraum von Mitte Januar bis Anfang März 2005 auf Initiative von McKinsey & Company, Planet Internet, NRC Handelsblad, Algemeen Dagblad, FHV BBDO und MSN durchgeführt. Mehr Informationen finden sich unter *http://www.21minuten.nl.*

[18] H. WANSINK, *Nederland op de divan*, in: *De Volkskrant*, 26. April 2005, S. 13.

[19] Vgl. BERTELSMANN STIFTUNG (wie Anm. 2), S. 62.

Grafik 6:   Vertrauen in die politischen Parteien

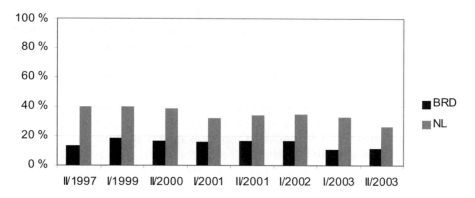

Quellen: Eurobarometer, eigene Darstellung

Fazit

Das Verhältnis zwischen Bürgern und Politik ist sowohl auf deutscher als auch auf niederländischer Seite gegenwärtig von einem niedrigen Vertrauen der Menschen gegenüber der Politik im Allgemeinen und speziell gegenüber den politischen Parteien bzw. den Politikern geprägt. Das Vertrauen sowohl der Deutschen als auch der Niederländer in ihre nationale Regierung bzw. das nationale Parlament erfuhr zu Beginn dieses Jahrzehnts einen deutlichen Abwärtstrend. In Deutschland hatte 2003 gerade noch jeder Dritte Vertrauen in den Deutschen Bundestag. Der damaligen Bundesregierung konnte gerade noch jeder Fünfte sein Vertrauen entgegenbringen. Die Werte zum Vertrauen in die politischen Parteien erreichten im Jahr 2003 gerade noch die Zehnprozentmarke. In Anbetracht dieser Vertrauenskrise sind Maßnahmen gefordert, die zur Stärkung des Vertrauens in die Politik beitragen. Auf lokaler Ebene, dem Ort, an dem die Politik dem Bürger am nächsten ist, sind in den vergangenen Jahren viele gute Schritte in diese Richtung gemacht worden. Mit der Direktwahl der (Ober-)Bürgermeister und lokalen Referenden wird den Bürgern die Möglichkeit gegeben, anstelle des Rates über politische Personal- oder Sachfragen zu entscheiden. Damit steigt das Interesse der Politiker, stärker als bisher auf die Bürgerschaft zuzugehen und um deren Vertrauen zu werben. Das Spektrum der Beteiligungsmöglichkeiten wurde zudem durch Partizipationsformen ergänzt, bei denen die Bürger auf gleicher Augenhöhe mit den Politikern ins Gespräch kommen.[20] Werden Bürger in die Zukunftsgestaltung ihres Ortes aktiv einbezogen und wird ihrem Bedürfnis nach politischer Beteiligung und Mitsprache damit nachgekommen, bietet dies die Chance, das Vertrauen in die Politik wieder aufzubauen. Politische Entschei-

---

20 Siehe hierzu: H.-G. VON LENNEP, *Direkte Demokratie und Bürgermitwirkung in NRW-Kommunen*, in: *Städte- und Gemeinderat* Bd. 4 (2005), S. 6 ff.; L. HOLTKAMP, *Bürgerbeteiligung in Städten und Gemeinden. Ein Praxisleitfaden für die Bürgerkommune*, Berlin 2000.

dungsprozesse sollten sich daher noch stärker für nicht-formalisierte Beteiligungsformen öffnen.

Inwiefern die neuen, elektronischen Wege der Stimmabgabe über Internet und Telefon tatsächlich die Wahlbeteiligung erhöhen, bleibt weiter abzuwarten. Dazu müsste der Grund für die Stimmenthaltung in der klassischen Art der Stimmabgabe im Wahllokal liegen. Sobald die Probleme aber einen Schritt davor, nämlich bei der Frage, ob jemand überhaupt zur Wahl gehen möchte, zu verorten sind, wird man diese Personenkreise auch nicht über elektronische Wege für eine Parlamentswahl begeistern können. Vielmehr bestimmen Faktoren wie politisches Interesse, Zufriedenheit mit der Politik bzw. den politischen Akteuren oder das Bildungsniveau über die Teilnahme an einer Wahl. Ein Schlüsselfaktor für politische Beteiligung ist die allgemeine und politische Bildung. „Die Korrelation zwischen dem Bildungsgrad von Menschen und ihren politischen Meinungen, Einstellungen und Werthaltungen beweist sich in allen Umfragen und Studien: je formal gebildeter jemand ist, desto größer ist sein politisches Interesse, desto besser sein Wissen über politische Vorgänge, desto größer sein Selbstvertrauen und sein Vertrauen zu anderen Menschen, desto größer auch seine Überzeugung, durch eigenes Handeln die Politik seines Landes mitgestalten zu können."[21] Dass die Bürger sich als politische Akteure begreifen und ihre Mitsprachemöglichkeiten kennen und einzusetzen wissen, kann ihnen vor allem durch politische Bildungsarbeit vermittelt werden. So kann gefestigtes Interesse in langfristiges politisches und gesellschaftliches Bürgerengagement umgewandelt werden.

---

21 M. GREIFFENHAGEN/S. GREIFFENHAGEN (HRSG.), *Handwörterbuch zur politischen Kultur der Bundesrepublik Deutschland*, Wiesbaden 2002, S. 395.

Gabriël van den Brink

Der mündige Bürger in der Zivilgesellschaft: Wege in die niederländische Partizipationsdemokratie[1]

In den Niederlanden ist derzeit ein hohes Maß an politischer Unzufriedenheit zu beobachten. Im Rahmen des folgenden Beitrages sollen jene Entwicklungen thematisiert werden, die diesen Zustand herbeigeführt haben. Im zweiten Teil des Textes wird dann der Frage nachgegangen, wie die vorhandene Unzufriedenheit vielleicht beseitigt werden könnte. Hierbei handelt es sich ohne Zweifel um sehr komplexe Themen. Im Rahmen der folgenden Ausführungen werden lediglich einige besonders bedeutsame Aspekte betrachtet. Zunächst stehen die Gründe für die aktuellen Probleme im Vordergrund des Interesses. Im Anschluss geht es dann um die Frage nach etwaigen Verbesserungsmöglichkeiten und ihren Konsequenzen.

Soziokulturelle Hintergründe der aktuellen Probleme

Als eines der wichtigsten Phänomene zur Erklärung der aktuellen Problemlage ist die Entstehung eines bestimmten Lebensstils bei den niederländischen Bürgern zu bewerten. Diese Entwicklung setzte bereits in den sechziger Jahren des vorigen Jahrhunderts ein und dauert bis heute an. Sie führte unter anderem zu einer Erosion autoritärer Machtverhältnisse. Die traditionelle Autorität von Personen wie Pfarrern, Lehrkräften, Hausärzten, Polizeibeamten und Bürgermeistern existiert nicht mehr. Wir haben es heutzutage mit sehr mündigen Bürgern zu tun, mit Menschen, die sich nicht mehr als Untertanen oder Untergebene betrachten. Sie äußern ihre Meinung laut und deutlich, vertreten ohne Scheu ihre Interessen und begegnen im Allgemeinen jedem mit Argwohn, der sich eine bestimmte Autorität anmaßt. Die politische Freiheit nahm im Zuge der genannten Entwicklungen zu. Aber auch in anderer Hinsicht existiert heute mehr Freiheit als jemals zuvor. Man denke nur an die gewachsene geographische Mobilität, die sich unter anderem in der starken Zunahme der Autozulassungen und des Flugverkehrs äußert. Auch

---

[1] Aus dem Niederländischen übersetzt von Annegret Klinzmann, M.A.
Die Grundlage dieses Beitrags bilden zwei Bücher, die im Auftrag des Wetenschappelijke Raad voor het Regeringsbeleid (WRR) von mir verfasst wurden: G. VAN DEN BRINK, *Mondiger of moeilijker? Een studie naar de politieke habitus van hedendaagse burgers*, Den Haag 2002; DERS., *Schets van een beschavingsoffensief. Over normen, normaliteit en normalisatie in Nederland*, Amsterdam 2004.

die soziale Mobilität hat sich erhöht. Moderne Bürger bestimmen selbst, wie
sie ihr Leben einrichten. Sie haben sich aus kollektiven Rahmen wie etwa der
Familie, der Religionsgemeinschaft oder der sozialen Klasse gelöst. Nicht zu
vergessen ist auch die geistige Mobilität, die durch das explosive Wachstum
der Kommunikations- und Informationstechnologie verursacht wird.

Man kann die angesprochenen Entwicklungen in ihrer Gesamtheit sicherlich nicht pauschal beurteilen. Sie bringen jedoch zweifelsohne eine bestimmte Lebenseinstellung mit sich, die mit einem doppeldeutigen Begriff als
‚selbstsicherer' Lebensstil bezeichnet werden kann. Der Begriff ist deshalb
doppeldeutig, weil er beinhaltet, dass dieser Lebensstil einerseits die Gleichwertigkeit aller Bürger stark betont. Andererseits impliziert er jedoch auch ein
hohes Selbstwertgefühl. Der moderne Bürger betrachtet sich selbst als auto-
nom. Er braucht sich weder anderen Bürgern noch politischen oder kulturellen Funktionären zu unterwerfen. Er bestimmt selbst, was er fühlt oder denkt
und geht dabei von seinen eigenen Normen aus. Diese Haltung darf nicht aus
moralischen oder weltanschaulichen Gründen als eine Form von Subjektivis-
mus verworfen werden. Es gibt objektive Gründe, die ein gesteigertes Selbstwertgefühl bei vielen Bürgern rechtfertigen. Dabei muss in erster Linie an das
gestiegene Bildungsniveau gedacht werden. Die meisten Niederländer sind
heutzutage viel besser ausgebildet als dies noch vor einigen Jahrzehnten der
Fall war. Dadurch können sie sich selbst und die Entwicklungen um sie herum
tatsächlich besser beurteilen. Darüber hinaus trat ab den sechziger Jahren ein
allmähliches Wohlstandswachstum auf. Auch die Rechtsstellung der Bürger
verbesserte sich in vielerlei Hinsicht. Dies trug dazu bei, dass die Bürgerrechte
heute viel mehr als eine juristische Formalität sind. Für breite Bevölkerungsschichten gehören sie zur alltäglichen Kultur. Mit anderen Worten: der freie,
selbstbewusste und mündige Bürger ist keineswegs ein Hirngespinst sondern
ein Stück harter Realität, das kluge Führungspersonen und Politiker auf jeden
Fall berücksichtigen müssen. Man kann dies auch weniger freundlich ausdrücken, indem man die These vertritt, dass das Regieren dieser freigekämpften
Bürger zu einer nahezu unmöglichen Aufgabe geworden ist.

Neben diesem selbstsicheren Lebensstil gibt es noch eine zweite Entwicklung, die zu den aktuellen Problemen beiträgt. Es handelt sich dabei um die
Tatsache, dass die Niederländer inzwischen auf unzähligen Gebieten höhere
Ambitionen und Erwartungen hegen. So mancher spricht von der ‚Verlotte-
rung' der Niederlande. Viele Kommentatoren vermuten, dass sich in Bezug
auf normative Fragen derzeit ein schlechteres Bild als in der Vergangenheit
ergibt. Empirische Untersuchungen zeigen jedoch eher das Gegenteil. Es ist
zwar nicht zu leugnen, dass es in dieser Hinsicht zum Teil besorgniserregende Tendenzen gibt. Besonders im öffentlichen Raum ist den Niederländern
zu wenig an ihren Mitbürgern gelegen. Auf das eigene Umfeld bezogen, stieg
die Bedeutung von Normen jedoch gerade an. Dies kann anhand einiger weniger Beispiele belegt werden. Die Anforderungen, die zur Zeit an den Le-
benspartner gestellt werden, bilden ein geeignetes Exempel. Der adäquate
Partner muss in der Vorstellung vieler nicht nur gutaussehend und verfügbar
sein, sondern er muss auch eine interessante Persönlichkeit haben, über ein
eigenes Einkommen verfügen, spannende Hobbys pflegen, das Bergwandern
oder eine bestimmte Art von Musik lieben. Das Anforderungspaket ist grö-

ßer als je zuvor, was dazu beiträgt, dass Paare schneller auseinandergehen. Für Menschen, die eine Arbeit suchen, ergibt sich eine ähnliche Situation. Sie müssen nicht nur das geforderte Diplom vorweisen können, sondern auch rundum gesund sein, bewandert sein im Umgang mit modernen Kommunikationstechnologien, Bereitschaft zu Überstunden zeigen, gut kommunizieren können und viel Enthusiasmus ausstrahlen. Die Vorgaben liegen somit deutlich höher als vor einigen Jahrzehnten, und dies trägt dazu bei, dass viele Arbeitnehmer arbeitsunfähig geworden sind.

Eine ähnliche Entwicklung zeigt sich im Bereich der Sicherheit. Niederländer sind von alters her nicht besonders risikobereit. Es ist daher kein Zufall, dass das Versicherungswesen einen blühenden Unternehmenszweig darstellt. Die Niederländer sind zudem Meister im Aufstellen von Maßregeln und Richtlinien. Das Sicherheitsbedürfnis der Bevölkerung hat in den vergangenen Jahrzehnten eher zugenommen. Sowohl große Traumata, wie die Feuerwerkskatastrophe in Enschede oder der Brand des Cafes in Volendam, als auch kleinere Probleme, wie die falsche Spesenrechnung eines Beigeordneten oder eine misslungene Operation im Krankenhaus, führen immer wieder zu der gleichen Reaktion: zur Verfeinerung der relevanten Regelsetzungen, zu mehr Kontrollvorgaben und zu klareren Verantwortungsbereichen. Auch in dieser Hinsicht sind die Normen und Erwartungen der Bürger also angestiegen.

In Bezug auf jene Menschen, die eine öffentliche Funktion anstreben, sind die Anforderungen ebenfalls deutlich höher als früher. Die entsprechenden Personen müssen nicht nur fachkundig, sondern nahezu frei von Sünden sein. Darüber hinaus sollen sie Bereitschaft zeigen, Journalisten und Medien Rede und Antwort zu stehen, im hohen Maße teamfähig sein und persönliches Charisma an den Tag legen. In Anbetracht dieser hohen Erwartungen ist es nicht verwunderlich, dass die öffentlichen Funktionäre die Anforderungen nicht immer erfüllen können. Dies alles trägt jedoch dazu bei, dass die Beziehung zwischen viel fordernden oder mündigen Bürger einerseits und der administrativen bzw. politischen Elite andererseits immer problematischer geworden ist.

Es stellt sich die Frage, wer für diese Entwicklung verantwortlich zu machen ist. Was diesen Punkt angeht, ähnelt die heutige Unzufriedenheit einer schwierigen Ehe, in der der Mann seiner Partnerin vorwirft, dass sie viel zu hohe Forderungen stelle. Die Frau findet hingegen, dass ihr Partner eine arrogante Haltung einnimmt. Das Problem liegt letztlich im Wechselspiel dieser beiden Haltungen. In der Ehe ist in einer solchen Situation eine Scheidung womöglich die beste Lösung. Diese Möglichkeit besteht jedoch im Umgang zwischen der administrativen Elite und der Bürgerschaft nicht. Beide Seiten sind alternativlos aufeinander angewiesen und haben daher keine andere Wahl, als das beste aus der Situation zu machen. Die vermutlich sinnvollste Strategie zur Verbesserung des Verhältnisses besteht in einem offenen Diskurs. In Vorwegnahme eines solchen Diskurses wird an dieser Stelle zunächst auf zwei Folgen des selbstsicheren Lebensstils eingegangen, die in politischer und administrativer Hinsicht wichtig erscheinen.

Auswirkungen des selbstsicheren Lebensstils

Die erste Folge des selbstsicheren Lebensstils besteht darin, dass der Umgang der Bürger miteinander im öffentlichen Raum immer aggressiver wird. Dabei spielen verschiedene Aspekte eine Rolle. Beispielsweise ist der psychologische Aspekt von Bedeutung, dass Menschen, die ein ausgeprägtes Selbstwertgefühl haben, schneller zu Gewalt neigen. Selbstsicherheit und Aggressivität liegen somit sehr dicht beieinander. Selbstsichere Bürger nehmen im wörtlichen und im übertragenen Sinn viel Raum in Anspruch. Sie wollen einerseits, dass dies Berücksichtigung findet – andererseits finden sie es aber sehr schwierig, auch andere zu berücksichtigen. Sie leiden an dem, was Psychologen als Kränkung des Narzissmus bezeichnen. Dabei kann der nichtigste Anlass eine übersteigerte Reaktion auslösen. Fälle sinnloser Gewalt illustrieren dies in schlimmer Weise. Daneben spielen auch wirtschaftliche Aspekte wie beispielsweise die Tendenz zu einer ständig zunehmenden Beschleunigung des gesellschaftlichen Verkehrs eine Rolle. Die Niederländer beeilen sich täglich, stehen ständig unter Arbeitsdruck und können sich nur in unzureichender Weise entspannen. Leistungen müssen erbracht und Deadlines eingehalten werden. Die Koordination von Familie und Beruf stellt keine leichte Aufgabe dar. Der große Druck, der mit den genannten Punkten einher geht, kommt jedoch nicht nur von außen, sondern auch von innen. Innere Gemütsruhe und hohe Ambitionen vertragen sich nun einmal schlecht miteinander.

Ein weiterer Faktor, der für Irritation sorgt, liegt in der Tatsache begründet, dass die Gesellschaft in den vergangenen Jahrzehnten sehr heterogen geworden ist. Das zeigt sich nicht nur in den sichtbarsten Formen der Unterschiedlichkeit, der Anwesenheit großer Migrantengruppen, die eigene Sprachen, Gebräuche oder Vorstellungen pflegen. Es zeigt sich auch im kleinen Maßstab: auf der Arbeitstelle, in der Nachbarschaft, in der Schule und bei der Ausbildung existiert eine Vielfalt an Arbeitsweisen und Vorstellungen. Dies ist immer häufiger eine Quelle des Ärgernisses, gerade weil die meisten Bürger sich gegenseitig auf der Grundlage ihrer individuellen Normen beurteilen. Schließlich ist noch die soziologische Tatsache von Belang, dass der öffentliche Raum im Laufe der Jahre immer anonymer und weitläufiger geworden ist. Die Ökonomen betrachten dies als eine unvermeidliche Entwicklung. Es darf aber nicht vergessen werden, dass hierfür ein Preis bezahlt werden muss. Im gesellschaftlichen Umgang haben wir es oft mit Personen zu tun, die uns verärgern und mit denen wir uns kaum verbunden fühlen. Das fördert Aggressionen, besonders wenn aufgrund von Einsparungen oder aus anderen Gründen kein Aufsichtspersonal anwesend ist. Mit anderen Worten: die Möglichkeit, dass es zwischen Bürgern im öffentlichen Raum zu Zusammenstößen kommt, nimmt zu, und dies äußert sich nicht nur in Stress oder Ärger, sondern auch in aggressiven und asozialen Verhaltensweisen. Dies ist gewiss eine Aufgabe für den Staat, der für sich ja seit jeher das Monopol auf Gewaltausübung beansprucht. Immer mehr Bürger fragen sich, wie real dieser Anspruch zur Zeit noch ist. Sie machen sich in jedem Fall große Sorgen über Sicherheit und Lebensqualität, rufen nach höheren Strafen und einem härteren Auftreten.

Die zweite Schwierigkeit betrifft nicht den Umgang der Bürger untereinander, sondern die Interaktion zwischen Bürgern und Machthabern. Das Grundproblem scheint dabei zu sein, dass viele administrative Institutionen und Verfahrensweisen Probleme mit dem Habitus niederländischer Bürger haben. Man verwarf den autoritären Verwaltungsstil, der in den sechziger Jahren des vergangenen Jahrhunderts in die Diskussion geriet. Es fehlt aber immer noch eine neue Ausgestaltung, die die entstandene Lücke schließen kann. Hierfür werden im Folgenden wiederum einige Beispiele genannt. Zum einen ist da die Hegemonie des politischen Denkens. Die Vorstellung ist, dass sich gesellschaftliche Probleme am besten lösen lassen, wenn Behörden eine landesweite oder lokale ‚Politik‘ entwickeln. Hierzu formuliert man eine Reihe von Maßnahmen, die auf das Erreichen eines bestimmten Ziels durch den Einsatz bestimmter Mittel abzielen. Das ist jedoch eine rationalistische Arbeitsweise, die oft wenig mit den Prozessen zu tun hat, die sich in der Gesellschaft abspielen. So produziert jedes Ministerium oder Rathaus seine eigene politische Realität, die häufig wenig mit den Problemen der normalen Bürger zu tun hat. Sollte sich eventuell herausstellen, dass die Politik nicht funktioniert, dann unternimmt man... eine andere Politik! Es werden neue Berichte geschrieben, neue Ziele formuliert und neue Mittel eingesetzt. Dies geschieht in der Hoffnung, dass fortan mehr Erfolge erzielt werden können. Es kommt selten zu einem kritischen Rückblick auf den Schaden, den die vorherige politische Linie angerichtet hat oder − noch schwieriger − zur Untersuchung der Frage, inwieweit der Macher dieser Politik selbst Teil des Problems ist. Ein analoges Problem besteht in der Art und Weise, in der das Management im öffentlichen Sektor funktioniert. Fachleute in Ausbildungseinrichtungen, Krankenhäusern, dem öffentlichen Verkehr, in Arbeitsvermittlung, Sicherheitswesen, Sozialwesen, Rechtspflege, Jugendfürsorge oder Forschungseinrichtungen können sich immer weniger auf ihre eigentliche Tätigkeit konzentrieren. Sie müssen sich Plänen, Zielsetzungen und Arbeitsweisen fügen, die ihnen von oben durch das Management auferlegt werden. Die umgekehrte Bewegung, bei der Erfahrungen und Einsichten von Fachleuten maßgeblich sind und diese den Manager lenken, findet sich nur selten. In der Praxis dominiert die Herangehensweise von oben nach unten, während man doch eigentlich die Fachkundigkeit und Verantwortung des Fachmannes nutzen müsste.

Etwas Ähnliches spielt im Verhältnis der Bürger zur politischen Oberschicht eine Rolle. Das Denken, Sprechen und Entscheiden über das Gemeinwohl liegt in den Händen politischer Profis, die − vor allem wenn es um die nationale und die regionale Ebene geht − eine in sich abgeschlossene Welt schaffen. Die vornehmliche Funktion politischer Parteien besteht darin, diese Art von Profis zu liefern. Normale Bürger finden zur abgeschlossenen politischen Welt kaum einen Zugang. Das heißt natürlich nicht, dass Bürger kein Interesse am Gemeinwohl haben, aber wenn sie sich auf diesem Feld engagieren, dann tun sie dies außerhalb der gängigen politischen Organe. Diese Organe selbst rufen immer mehr mitleidige oder zynische Reaktionen hervor. Wiederum handelt es sich somit um ein Beispiel für zu viel Führung und zu viele politische Macher, die von oben nach unten agieren. In diesem Fall stellt sich die Problematik um so schlimmer dar, weil es in einer Demokratie um die Bürger gehen sollte. So grundsätzlich wichtig eine administrative Elite an sich auch ist, sie muss sich vor der Bürgerschaft verantworten. Zur Zeit ist die Beweislast umgekehrt – Den Haag ist der Meinung, die Bürger müssten sich verantworten. Auch in diesem Sinne ist in den Niederlanden das Verhältnis zwischen der vorhandenen politischen Kultur und der Haltung, die moderne Bürger einnehmen, gespannt. Die Bürger haben im Ergebnis nicht nur immer häufiger Probleme miteinander, sondern auch mit denjenigen, die sie (vorübergehend) gewählt haben, um sich in ihrem Namen auf landesweiter und lokaler Ebene um die Regierungsarbeit zu kümmern. So zeigt sich also, dass die Doppeldeutigkeiten des selbstsicheren Lebensstils auf dem Gebiet des Gemeinwohls eine besonders scharfe Form annehmen.

Zur Aufwertung der Bürgerrechte

Auf welche Weise könnte man die soeben angesprochenen Probleme nun lösen? Eine Aufwertung und Weiterentwicklung der Bürgerrechte erscheint in mehrfacher Hinsicht sinnvoll. Der Begriff der Bürgerrechte hat in der niederländischen Tradition eine doppelte Bedeutung. Er verweist zum einen auf eine Form von Gegenseitigkeit (die zivile Dimension der Bürgerrechte) und andererseits auf die Gestaltung des Gemeinwohls durch den Staat (die politische Dimension der Bürgerrechte).

Was den Umgang der Bürger untereinander angeht, wird hier von der Dynamik ausgegangen, die die niederländische Gesellschaft in den vergangenen Jahrzehnten geprägt hat. Vor allem kam es zu einer Erhöhung der Freiheiten der Bürger. Es ist ebenso unmöglich wie unerwünscht, eine Einschränkung dieser Freiheiten anzustreben und sei es auch nur aus dem Grund, dass sie zum Kern der westlichen Kultur gehören. Die bewegliche und fließende niederländische Gesellschaft ist metaphorisch noch am ehesten mit einer Autobahn zu vergleichen. Auf einer Autobahn kann jeder bestimmen, welches sein bzw. ihr Ziel ist. Man entscheidet selbst über die Route, der man folgt, über die Geschwindigkeit, die man einhalten will oder darüber, welches Auto man fährt. Trotz dieser Freiheiten gelten jedoch eine Reihe von Verkehrsregeln, die für alle gleich sind und die alle Verkehrsteilnehmer einhalten müssen. In ähnlicher Weise setzt das moderne Zusammenleben einige Prinzipien voraus, die für eine rasche Abwicklung des gesellschaftlichen Verkehrs entscheidend sind.

Vier Punkten kommt in diesem Zusammenhang eine besondere Bedeutung zu. Zum ersten ist das Prinzip der Gleichwertigkeit zu nennen, das beinhaltet, dass sich ein Bürger nicht seinen Mitbürgern gegenüber überlegen fühlt. Auch wenn große Unterschiede beispielsweise bezüglich des Reichtums, der Macht und des Wissen auftreten, müssen die Niederländer einander mit dem notwendigen Respekt behandeln. Das zweite Prinzip ist das der Eigenständigkeit. Es beinhaltet, dass Bürger ihren eigenen Weg gehen und für ihr eigenes Einkommen sorgen. Zwar kann es vorkommen, dass man durch besondere Umstände vom Staat abhängig wird, man sollte dies jedoch niemals als normal betrachten. Das dritte Prinzip ist das der Betroffenheit. Es beinhaltet, dass man Rücksicht auf die Interessen oder Bedürfnisse anderer

Beteiligter nimmt. Es ist nicht notwendig, dass sich alle Bürger liebevoll begegnen oder eine enge Gemeinschaft bilden. Die Bürgerrechte dürfen aber nicht zu Legalismus oder kalter Gleichgültigkeit entarten. Es geht um das elementare Interesse an denjenigen, die man auf seinem Lebensweg trifft und um die Erkenntnis, dass Reisegefährten oft auf unerwartete Weise miteinander verbunden sind. Das vierte Prinzip ist das der Verantwortung, zu dem gehört, dass man eigene Fehler nicht nur erkennt, sondern sich auch bemüht, den Schaden zu begrenzen. Es fällt auf, dass viele Bürger in den Niederlanden diese Werte miteinander teilen. Umfragen haben ergeben, dass es einen breiten Konsens hinsichtlich derartiger Prinzipien gibt. Für viele Menschen sind sie eigentlich völlig normal. Die große Schwierigkeit besteht natürlich darin, wie man diese Erkenntnis in Verhalten und Handlungen umsetzen kann. Nicht zuletzt deshalb ist für eine Bildungsoffensive in Form einer bewussten Gestaltung eben der Normalität zu plädieren, die sich in den vergangen Jahrzehnten unterschwellig gebildet hat.

Anschließend müsste man auch die Bürgerrechte im politischen Sinne fördern. Erhebliche Teile der Bevölkerung erwarten wenig Gutes von der politischen Oberschicht, interessieren sich aber trotzdem für das Gemeinwesen. Es lassen sich empirisch drei Stile oder Einstellungen unterscheiden: zum einen gibt es die Gruppe der ‚bedrohten Bürger‘, Menschen mit einem bescheidenen Einkommen oder einem niedrigen Bildungsniveau, die vor allem mit den Nachteilen der Modernisierung konfrontiert werden. Diese Personen haben ein wenig interessantes oder überhaupt kein Arbeitsumfeld, leben oft in großstädtischen Problemvierteln und haben schnell eine negative Meinung über ‚die Politik‘. Politikern gegenüber hegen sie Misstrauen und sie hoffen, dass ein starker Führer kommt, der ihre Probleme lösen wird. Es gibt zweitens eine Gruppe, die man als die ‚vorsichtigen Bürger‘ charakterisieren kann, Menschen, die sich wenig für die öffentliche Diskussion oder Politik interessieren, die sich aber in kleinem Maßstab für ein gesellschaftliches Interesse engagieren. Sie sind als Freiwillige für das Nachbarschaftshaus oder den Sportverein aktiv und liefern auf diese Weise einen Beitrag zum öffentlichen Leben in ihrer Stadt oder Nachbarschaft. Drittens gibt es die Gruppe der ‚aktiven Bürger‘, die häufig aus Menschen besteht, die über ein erhebliches Einkommen verfügen und eine höhere Berufsausbildung oder eine universitäre Ausbildung absolviert haben. Sie denken kritisch über die gängige Politik, möchten sich aber gerne für moralische Ideale oder öffentliche Ziele einsetzen. Sie sind in Menschenrechts- oder Naturschutzorganisationen aktiv und können bei Problemen vor Ort mit großem Engagement auftreten. Darüber hinaus erfüllen sie oft eine Funktion, die unmittelbar mit dem Gemeinwesen verbunden ist, beispielsweise dadurch, dass sie an der Leitung einer weiterführenden Schule partizipieren, in der politischen Abteilung eines Ministeriums arbeiten, Asylsuchenden Hilfe anbieten oder über die Medien Einfluss auf die öffentliche Debatte haben.

Die hier vertretene These lautet, dass die Unzufriedenheit in den Niederlanden nur dann abnehmen wird, wenn diese Bürger einen größeren und realeren Anteil an der Beschlussfassung erhalten. Der Inhalt der Meinungsäußerung ist dabei nur von einem nachrangigen Interesse. Sowohl die zynischen Töne der bedrohten Bürger als auch das soziale Engagement des vorsichtigen sowie der Idealismus des aktiven Bürgers müssen viel mehr Gewicht in der politischen und administrativen Beschlussfassung erhalten. Das bedeutet nicht, dass Führungspersonen ihre eigene Verantwortung preisgeben sollen, indem sie schlichtweg auf die Bürger hören oder – was noch schlimmer wäre – sich ihnen unterwerfen. Es geht dabei in erster Linie um eine andere Art zu denken, zu debattieren und zu entscheiden. Das Bestimmen über das Gemeinwesen sollte nicht länger das Vorrecht einer kleinen Oberschicht sein, die aus professionellen Führungspersonen oder Politikern besteht, sondern ein gemeinsames Unterfangen, in dem die Stimme der Bürger mehr politische Relevanz erhält.

Die Notwendigkeit einer Bildungsoffensive

In Bezug auf die zivilen Bürgerrechte ist für eine Bildungsoffensive zu plädieren, die darauf ausgerichtet sein sollte, Aggression und Zynismus im öffentlichen Leben zu vermindern. Hinsichtlich der politischen Bürgerrechte erscheint eine Demokratisierung erforderlich: es sollte mehr Raum für Bürger geben, die sich für das Gemeinwesen einsetzen wollen. An dieser Stelle ergibt sich die Frage: Wie kann man diese Neuerungen am besten durchführen?

Der Begriff Bildungsoffensive verweist auf ein Verfahren, mit dem man vor einem Jahrhundert die soziale Frage angegangen ist. Das war nicht nur eine wirtschaftliche und politische Angelegenheit (Entstehung der Gewerkschaften, allgemeines Wahlrecht, Kampf um soziale Gerechtigkeit usw.), es gab auch eine kulturelle und sogar eine moralische Komponente. Es ging um eine große und auf einen langen Zeitraum angelegte Anstrengung, die zum Ziel hatte, einige bürgerliche Tugenden unter der armen Bevölkerung zu verbreiten. Die Art dieser Tugenden stand in Zusammenhang mit der industriellen Revolution. Es ging um Fähigkeiten wie Pünktlichkeit, lesen und schreiben zu lernen, das Aufbringen von Arbeitsdisziplin, den Kampf gegen Alkoholmissbrauch und vieles mehr. Das Vorgehen war recht autoritär – tatsächlich wurden der Bevölkerung die Normen für ein zivilisiertes Benehmen von einer bürgerlichen Elite auferlegt. Dabei schreckte man auch nicht vor moralischer Erpressung oder der Anwendung von Zwang zurück. Natürlich muss sich eine neue Bildungsoffensive in diesen beiden Punkten von der vorhergehenden unterscheiden. Das Auferlegen bestimmter Normen ist zur Zeit nicht nur unerwünscht, sondern auch unmöglich, weil sich eine moderne Existenz in jeder Hinsicht gegen Zwang in dieser Form wehrt. Inhaltlich sind zur Zeit andere Tugenden von Bedeutung, schließlich entwickeln wir uns nicht mehr von einer agrarischen zu einer industriellen Gesellschaft, sondern von der industriellen zur Wissensgesellschaft. Wie müsste also heute eine Bildungsoffensive aussehen?

Zunächst einmal muss die Umsetzung der oben angesprochenen Prinzipien eine Angelegenheit der Bürger selbst sein. Das scheint offenkundig, aber in der Praxis treten doch bemerkenswerte Unterschiede auf. Nehmen wir beispielsweise die Norm der Gleichwertigkeit. Diese wird inzwischen von einem großen Teil der autochthonen Bevölkerung akzeptiert, viel weniger aber von Migranten, die aus ländlichen Gebieten in der Türkei oder in Marokko stammen. Viele von ihnen verneinen die Gleichwertigkeit von Mann und Frau und neigen einer autoritären Erziehung zu. Es ist naiv zu glauben, dies werde sich von selbst ändern. Zu befürworten sind daher auch zusätzliche Investitionen zur Förderung der Modernisierung des Familienlebens bei Migranten. Darüber hinaus muss die Norm der Eigeninitiative stärker betont werden. Dies gilt vor allem für die Gruppe, die ich als ‚bedrohte Bürger‘ umschrieben habe. Sie beziehen häufig staatliche Unterstützung und können kaum ihre eigene Existenz bestreiten. Man kann sich jedoch fragen, wie bei ihnen die Bilanz aus Rechten und Pflichten aussieht, und ob sie sich, wenn bezahlte Arbeit tatsächlich nicht zu bekommen ist, vielleicht auf andere Weise für die Gesellschaft nützlich machen können.

Des Weiteren kann auch die ökonomische Elite mehr gesellschaftliches Engagement entwickeln. Es gab eine Zeit, in der sich Menschen, die geschäftlich oder finanziell erfolgreich waren, für das Gemeinwesen verantwortlich fühlten. Sie erwarben Verdienste als Philanthropen, stimulierten die Ausbildung des einfachen Volkes oder gründeten ein Museum. Die heutige Elite lebt vorzugsweise in einem Steuerparadies oder erhöht ihre Prämien und glaubt, dass ihre Verantwortung über die Einhaltung der Gesetze nicht hinausreicht. Schließlich müsste man das vierte Prinzip, das der Verantwortlichkeit, in allen Bevölkerungsschichten verstärken. Das gilt auch für die — zuweilen mit einem Dünkel behaftete — höhere Mittelschicht. Nur allzu oft geschieht es, dass Personen, die einen Fehler machen, diesen nicht öffentlich eingestehen, geschweige denn, dass sie einen Versuch unternehmen würden, den Fehler wieder zu korrigieren. In den Niederlanden wird die Schuld mit Vorliebe einem Anderen zugeschoben, Mankos werden nur selten zugegeben. Das Erkennen und Wiedergutmachen eigener Fehler müsste aber ein fester Bestandteil der zivilisierten Gesellschaft sein.

Einige mögen die soeben geäußerten Gedanken höchst naiv finden. Sie vertreten vielleicht ein zynisches Menschenbild. Sie wissen, dass Bürger sich zwar für bestimmte Normen aussprechen, in der Praxis aber ganz anders handeln. Man kann auch Anhänger einer vulgär-materialistischen Gesellschaft sein und sagen, dass es in Wirklichkeit immer um Geld, Macht und Status geht. Dies zu ignorieren wäre unvernünftig. Es ist aber ebenso unvernünftig zu glauben, dass Werte, Ideen oder Ideale in der modernen Gesellschaft nichts zu suchen haben. Hier wird sogar noch ein Schritt weiter gegangen und behauptet, dass die moderne Gesellschaft sich von allen vorherigen Gesellschaften durch die Tatsache unterscheidet, dass gerade Werte, Vorstellungen und Ideale eine ganz besonders große Rolle spielen. Vielleicht hat die heutige Unzufriedenheit auch damit zu tun, dass die niederländischen Bürger diesen elementaren Punkt in den vergangenen Jahrzehnten nur unzureichend erkannt und honoriert haben. Kann man sich eigentlich eine moderne Familie vorstellen, eine moderne Schule, ein modernes Krankenhaus, ja sogar ein modernes Unternehmen oder eine staatliche Einrichtung, in der es lediglich um vulgäre Größen ginge? Genau aus diesem Grund kann man den Menschen heutzutage Bildung und Zivilisiertheit nicht von oben herab auferlegen. Bildung und Zivilisiertheit können nur dann Form annehmen, wenn die Menschen aus innerer Überzeugung handeln.

Das bedeutet gleichzeitig, dass Behörden, Manager und Institutionen diese
innere Überzeugung nicht ständig einschränken dürfen. Behörden täten gut
daran, jenen Bürgern mehr Raum zu bieten, die aktiv werden und sich entweder im privaten oder im öffentlichen Bereich für ihre Mitbürger einsetzen.
Die Erfahrung lehrt, dass es eine ganze Reihe von gesetzlichen, verwaltungs-
technischen und bürokratischen Hindernissen gibt, die die Bürger bremsen
und entmutigen. Die Forderung lautet somit, diese Hemmnisse abzubauen
und die Bürger zur Beteiligung an Initiativen zu ermutigen. Es geht um einen
Paradigmenwechsel, bei dem die vertikale und rationalistische Interpretation
der gesellschaftlichen Realität durch eine eher horizontale und organische
Ausrichtung ersetzt wird. Bei diesem Wandel spielen die ‚Profis' eine aus-
schlaggebende Rolle, nicht nur, weil sie den Bürgern auf normativem Gebiet
zur Seite stehen können, sondern auch, weil sie gerade als Bürger selbst sehr
gut wissen, was sich im wirklichen Leben abspielt.

Die Forderung nach einer breiter angelegten Demokratie

Neben der Bildungsoffensive ist eine weitere Neuerung zu befürworten. Sie
bezieht sich, wie bereits angesprochen, auf die politische Dimension der Bürgerrechte und läuft auf ein Plädoyer für eine Demokratisierung hinaus. Das
kann leicht falsch verstanden werden. Viele denken beim Begriff Demokratisierung an eine Änderung des politischen Systems, an eine neue administrative Struktur oder die Einführung anderer Arbeitsweisen. Obwohl eine solche
Herangehensweise, bei der die Bürger mit ihren Idealen eine prominentere
Rolle spielen, sicherlich zu befürworten ist, wird hier davon ausgegangen,
dass ein Eingreifen in die bestehende Organisation nicht viel helfen wird.
Man ist in den Niederlanden offensichtlich zu der Überzeugung gelangt, dass
die Ursache eines Problems immer in ‚überholten Strukturen' zu finden ist
und das Einführen neuer Strukturen die Dinge verbessern wird. Daher werden in der Wirtschaft so gerne Reorganisationen durchgeführt – eine Strategie, für die sich auch Behörden entscheiden. Auch im Gesundheitswesen, im
Sozialwesen, bei der Polizei sowie im Rundfunk- und Fernsehwesen bildet
der so genannte ‚Systemwandel' das Patentrezept der Führungskräfte.
    Die Überarbeitung bestehender Strukturen stellt im Bereich des politi-
schen Geschehens die am häufigsten vorgeschlagene Methode dazu dar, um
den Bürgern mehr Mitsprache an der Beschlussfassung zu geben. Seit dem
Augenblick, in dem die Spannungen zwischen politischer Elite und Bürgerschaft in den sechziger Jahren offensichtlich wurden, hat man administrative
Veränderungen angestrebt. Unzählige Vorschläge sind gemacht worden – für
ein anderes Wahlsystem, für Stadtprovinzen, für Dualismus, den gewählten
Bürgermeister, das System der relativen Mehrheitswahl, Referenden usw. –
ohne dass sich jedoch etwas veränderte. Tatsächlich ist das Bauwerk Thor-
beckes noch völlig intakt. Es leistet mit bewundernswerter Zähigkeit Widerstand gegenüber Versuchen, es mit einer modernen Fassade zu versehen.
Vielleicht ist das auch überhaupt nicht notwendig. Man sollte das Gebäude so
lassen, wie es ist. Das Problem liegt nicht auf institutioneller Ebene, sondern
in der Art und Weise, wie Menschen ihre Arbeit machen. Es geht nicht um

eine Struktur, die unzureichend funktioniert, sondern um eine Kultur, die in unzureichender Weise angestrebt wird.

Obwohl dies erkannt wird, neigt man zur Zeit zu einer Lösung, die das Problem nur verschlimmert. Viele denken: wenn es denn keine Frage der Struktur ist, dann stellen wir doch die Prozedur in den Mittelpunkt und setzen auf die Optimierung des Prozesses. Dies führt zu den verschiedensten Formen von Prozess-Management, wobei die Führungsleute ihren Fachkräften formale Anweisungen geben, ohne dass sie über den primären Prozess Bescheid wüssten. An dieser modischen Haltung wurde berechtigte Kritik geübt, die durch die bekannte Reportage in der Monatszeitschrift *M*, in der der turnusmäßige Wechsel von Spitzenbeamten über diverse Ministerien hin skizziert wurde, Bestätigung fand. Dieses Verfahren läuft auf eine neue Form von Kontrolle hinaus, es bedeutet aber nicht, dass die Profis ihre Arbeit besser erledigen. Und es bedeutet auch nicht, dass der Beitrag der Bürger zunimmt. Natürlich können Manager auf diese Weise ihre Macht ausüben, finanzielle Anreize geben, Prozesse steuern, Ergebnisse messen oder Evaluationsformulare austeilen. Diese Form der Machtausübung verliert jedoch früher oder später ihre Glaubwürdigkeit. Mehr noch, sie wird von modernen Bürgern und Fachkräften immer häufiger als eine Form von Zwang erlebt, eine Art zu führen, die nichts mit der Sache zu tun hat, um die es eigentlich geht.

Aus den genannten Gründen erscheint eine andere Lösung erforderlich: eine weitreichende Form der Demokratisierung, bei der sowohl die Bürger als auch die Fachleute mehr Verfügungsgewalt über die Angelegenheiten erhalten, die sie betreffen. Der Grund für eine solche Forderung ist klar. Wenn die moderne Gesellschaft tatsächlich immer stärker auf Wissen, Ideen und Idealen beruht, dann kann man nicht mit Hilfe eines Instrumentariums regieren, das keinen Bezug zu diesen Dingen hat. Man kann es auch anders ausdrücken und betonen, dass intellektuelles, kulturelles und moralisches Kapital in der modernen Zeit immer wichtiger wird. Jemand kann perfekt organisiert arbeiten und die richtigen Verfahren anwenden − wenn die betreffende Person aber nicht in der Lage ist, ihre Funktion mit einem persönlichen Auftreten zu verbinden, wird ihr kein Erfolg beschieden sein. Das wichtigste Kapital besteht heutzutage in dem, was individuelle Personen wissen, können, empfinden und verwirklichen. Gerade in diese Dinge ist von Generation zu Generation viel investiert worden. Dies gilt auch für Wähler und Gewählte. Es geht nicht in erster Linie um das, was Menschen in ihrer Geldbörse haben, sondern um das, was sie im Kopf haben. Unter diesen Umständen ist es absurd, zunächst Bürger oder Fachleute nach ihrer Meinung zu fragen, um anschließend so zu tun, als sei diese Meinung überflüssig. Das ist eine Handlungsweise, die nicht mehr zum Umgang der Bürger miteinander passt, und schon gar nicht in eine Demokratie, in der Bürger im Prinzip das letzte Wort haben.

Zum Abschluss soll noch einmal Bezug auf die Metapher der unglücklichen Ehe genommen werden. Es wäre eine negative Entwicklung, wenn die administrative Elite ihre eigene Rolle aufgeben würde. In manchen Fällen orientiert sie sich zu sehr an Meinungsumfragen und Zuschauerzahlen. Was das angeht, darf sie gerne etwas beherzter sein und sich tatsächlich als Elite zeigen. Auf der anderen Seite muss diese Elite in Zukunft weniger arrogant und in sich abgeschlossen sein. Eine neugierigere und offenere Haltung, die unter anderem dadurch zum Ausdruck kommt, dass man sich die Stimmen der Bürger und Fachleute zu Herzen nimmt, ist zu begrüßen. Es geht um die schwierige Dialektik von Distanz und Bindung. In den Niederlanden schaukelt die heutige Elite zwischen zwei Übeln hin und her: dem politischen Populismus einerseits und dem administrativen Rigorismus andererseits. Dadurch wird die Ehekrise nur noch schlimmer. Wenn das so weitergeht, kommt früher oder später der Moment, in dem die Kluft zwischen Bürgerschaft und Politik nicht mehr zu überbrücken ist. Es hat wenig Sinn zurückzuverfolgen, wie diese düstere Situation entstanden ist. Man löst ein Eheproblem nicht dadurch, dass man über Schuld spricht. Ohne Zweifel ist die administrative Elite in einem hohen Maße verantwortlich. Nicht nur, weil die Bürger in einer Demokratie immer das letzte Wort haben, sondern auch, weil die Oberschicht über die intellektuellen, kulturellen und moralischen Mittel verfügt, die für das Durchbrechen der derzeitigen Pattstellung nötig sind.

Paul Schnabel

Die Zukunft im Blick[1]

Ein ganzes Jahrhundert vorauszuschauen ist unmöglich. Vor hundert Jahren hätte niemand geglaubt, dass die Niederlande Anfang des 21. Jahrhunderts gut dreimal so viele Einwohner haben (16 Millionen), seit einem halben Jahrhundert seine wichtigste Kolonie verloren haben („Indië verloren, Unglück geboren" hieß es früher), wohlhabender als je zuvor sein und nicht nur über ein paar hundert, sondern über sieben Millionen PKW verfügen würden. Was man zu jener Zeit vom 20. Jahrhundert erwartete, wissen wir nicht, denn die niederländische Bevölkerung ist damals nicht stichprobenartig danach befragt worden.

Für das 21. Jahrhundert ist dies hingegen geschehen. Im Jahr 2004 ist die niederländische Bevölkerung im Rahmen des für die niederländische Regierung bestimmten, alle zwei Jahre erscheinenden *Sociaal en Cultureel Rapport* vom Sociaal en Cultureel Planbureau gefragt worden, welche ‚typisch niederländischen' Dinge im 21. Jahrhundert verschwinden würden. Die Antworten ergaben, dass man hauptsächlich an Dinge dachte, die durch die europäische Vereinigung ihre Funktion oder ihren Charakter verlieren würden: die niederländische Armee (50 Prozent), das niederländische Königshaus (29 Prozent), das Gefühl, Niederländer zu sein (28 Prozent) und die Niederlande als selbständiger Staat (23 Prozent). Bis auf die niederländische Armee handelt es sich auch in Bezug auf diese Dinge jeweils um eine Minderheit. Ein Viertel der Niederländer glaubt auch, dass die Dialekte verschwinden werden. Da aber kaum jemand meint, dass dies auch für die niederländische Sprache gelten werde, darf man annehmen, dass hier in erster Linie von einem zunehmenden Einfluss des *Algemeen Beschaafd Nederlands* oder besser gesagt, des *Algemeen Hollands*, also der niederländischen Hochsprache, ausgegangen wird. Obwohl recht viele Menschen auch das Verschwinden typisch niederländischer Feste wie Sinterklaas voraussehen (23 Prozent) wie auch das des niederländischen Liedes, des äußerst populären Äquivalents zum deutschen Schlager, glaubt doch fast jeder (mehr als 90 Prozent), dass es typisch nieder-

---

[1] Aus dem Niederländischen übersetzt von Annegret Klinzmann, M.A.
Der Beitrag basiert auf folgenden Publikationen: SOCIAAL EN CULTUREEL PLANBU-REAU, *In het zicht van de toekomst: Sociaal en Cultureel Rapport 2004*, Den Haag 2004; SO-CIAAL EN CULTUREEL PLANBUREAU, *De Sociale Staat van Nederland 2005*, Den Haag 2005. Alle Berichte des SCP sind vollständig in niederländischer und teilweise auch in englischer Sprache unter *http://www.scp.nl* einzusehen.

ländische Leckerbissen wie hagelslag, drop oder kroketten auch am Ende des
21. Jahrhunderts noch geben wird.

Ein guter Start für das 21. Jahrhundert

Das 21. Jahrhundert fing gut an. Das Jahr 2000 ist für die Niederlande als ein
in vielerlei Hinsicht glücklich verlaufenes Jahr zu betrachten. Die wirtschaftliche Hochkonjunktur, die sich vor allem in der zweiten Hälfte der 90er Jahre
beschleunigte, schien einen robusten Charakter zu haben. Das zweite ‚violette' Kabinett, bestehend aus Sozialdemokraten (PvdA), Progressiv-Liberalen
(D66) und Konservativ-Liberalen (VVD), des Ministerpräsidenten Wim Kok
hegte die Erwartung, dass ein durchschnittliches Wachstum von ungefähr
2,25 bis 2,5 Prozent pro Jahr zukünftigen Kabinetten bis zum Jahr 2020 Luft
verschaffen werde, die Staatsverschuldung (rund 54 Prozent des Bruttosozi-
alprodukts) gänzlich zu tilgen und ausreichend Kapital zu bilden, um die vom
Staat bereits seit fünfzig Jahren garantierte und ausbezahlte staatliche Rente
(AOW) für jeden Bürger über 65 Jahren weiterhin finanzieren zu können.[2]
    Zwischen 1990 und 2000 waren die Niederlande im Hinblick auf das Pro-
Kopf-Einkommen innerhalb der 15 EU-Staaten vom zwölften auf den dritten oder vierten Platz vorgerückt. Die Arbeitslosigkeit lag 2000 mit 3,8 Prozent auf einem sehr niedrigen Niveau und aus der ganzen Welt kam man in
die Niederlande, um das Geheimnis des ‚Poldermodells' zu ergründen. Ein
echtes Geheimnis war dieses nicht, aber als Modell auf andere Länder über-
tragbar war es auch nicht. Die Grundlage war 1982 mit dem so genannten
‚Abkommen von Wassenaar' gelegt worden, in dem sich Arbeitgeberorgani-
sationen und Gewerkschaften gegenseitig dazu verpflichteten, alles zu tun,
um in den Niederlanden Beschäftigung und Arbeitsplätze zu erhalten und
wenn möglich sogar zu vermehren. Es dauerte lange, bevor alle Maßnahmen
(Verzicht auf Lohnerhöhung, Flexibilisierung des Arbeitsmarktes, Einschränkung der sozialen Sicherheit) Wirkung zeigten. Als in den Jahren nach 1990
die Wirtschaft international jedoch wieder anzog, waren die Niederlande eines der ersten Länder, die von dem neuen Wachstum profitieren konnten.
Die Zahl der Arbeitsplätze nahm in kurzer Zeit um mehr als 20 Prozent zu.
1990 arbeiteten die Niederländer insgesamt noch nicht einmal 9 Milliarden
Stunden im Jahr, dagegen war diese Zahl im Jahr 2000 auf mehr als 11 Milliarden Stunden gestiegen. Die Netto-Partizipation (mindestens 12 Arbeits-

---

2   Jeder, der in den Niederlanden lebt, hat – abhängig von der Dauer seines Aufenthal-
    tes in den Niederlanden – im Alter von 65 Jahren Anspruch auf eine monatliche Ren-
    te von ca. 1.000 Euro (Alleinstehende) bis 1.500 Euro (Ehepaare). Daneben haben
    inzwischen mehr als 80 Prozent der Pensionsberechtigten auch eine private, ergän-
    zende Rente, die von der Zahl der Beschäftigungsjahre und der Höhe des letzten o-
    der des durchschnittlichen Einkommens abhängig ist. Darüber hinaus beziehen viele
    Menschen noch eine Leibrente oder Einkünfte aus Vermögen. Insgesamt geht es da-
    bei um rund 50 Milliarden Euro pro Jahr. 14 Prozent der niederländischen Bevölke-
    rung ist 65 Jahre alt oder älter (2,3 Millionen Menschen).

stunden pro Woche) der berufstätigen Bevölkerung (15-64 Jahre) nahm um mehr als 15 Prozent auf fast 65 Prozent zu.

Der Haushaltsüberschuss, auf den die Regierung im Jahr 2000 so stolz war, hatte nicht lange Bestand – er währte insgesamt nur zwei Jahre. Bereits 2001 hatten Fachleute erkannt, dass die Konjunktur im Begriff war umzuschlagen, was in der zweiten Hälfte des Jahres 2002 auch der Regierung und nach und nach auch der Bevölkerung klar wurde. Das ökonomische Wachstum stagnierte und die Wirtschaft schuf keine neuen Arbeitsplätze mehr. Der Staat hingegen sehr wohl, vor allem in den Bereichen Pflege und Bildung, in denen es einen großen Personalmangel gab. Zusammen mit den kräftigen Lohnsteigerungen, die in den letzten beiden Jahren der Hochkonjunktur dem Poldermodell faktisch bereits ein Ende gemacht hatten, führte dies dazu, dass der Haushaltsüberschuss sich rasch wieder in ein großes Haushaltsdefizit verwandelte.

In den darauf folgenden Jahren sollten die Arbeitskosten noch kräftig steigen, weil die Prämien für die Zusatzrenten aufgrund der bei den Pensionsfonds durch die rasch gefallenen Börsenkurse entstandenen Deckungsprobleme stark erhöht wurden. Das anhaltend hohe Lohnkostenniveau verlangsamte wiederum die wirtschaftliche Gesundung, wobei darüber hinaus der durchschnittliche Arbeitnehmer bei einem gleich bleibenden Nettoeinkommen angesichts steigender Lebenshaltungskosten und eines inflationären Euros das Gefühl hatte, erheblich an Wohlstand einzubüßen. Ein großer Teil der heutigen politischen Unzufriedenheit in den Niederlanden ist sicherlich diesem Gefühl von Stagnation oder sogar Niedergang zuzuschreiben.

Der Optimismus, mit dem die Niederlande in das 21. Jahrhundert gegangen waren, schwand also rasch. Im August 2001 kündigte Wim Kok nach acht Jahren im Amt des Premierministers seinen Rückzug aus der Politik an. Es wurde klar, dass es nach den Wahlen im Mai 2002 kein drittes ‚violettes‘ Kabinett geben würde. Am 11. September fand in New York der Anschlag auf das World Trade Center statt und nun konnten sich auch die Niederlande nicht mehr der Erkenntnis entziehen, dass die Integration von großen Gruppen muslimischer Bürger in die Gesellschaft nicht nur eine Frage der Zeit sein, sondern auch eine Konfrontation mit dem Fundamentalismus mit sich bringen würde. Im Oktober begann Pim Fortuyn als Neuling in der Politik in kurzer Zeit Anhänger zu gewinnen, indem er auf das pochte, was er die ‚Schutthaufen der violetten Regierung‘ nannte: den Personalmangel im Pflegesektor und im Bildungswesen sowie die scheiternde Integration von Migranten in den Großstädten. Seine stark populistisch gefärbte Rhetorik sprach viele Menschen an, und es gelang ihm, sowohl den ‚einfachen‘ Mann an sich zu binden, der sich von der Politik abgewendet hatte, als auch die ‚nouveaux riches‘, die ihren wirtschaftlichen Erfolg nicht mit gesellschaftlicher Anerkennung belohnt sahen.[3] Insgesamt handelte es sich um 15 bis

---

3 Dr. W.P.S. Fortuyn (1948-2002), Soziologe, arbeitete als wissenschaftlicher Mitarbeiter unter anderem an der Rijksuniversiteit Groningen und war eine zeitlang außerordentlicher Professor an der Erasmus Universität Rotterdam. Politisch begann er auf der äußersten linken Seite, um dann modern-rechts zu enden. In den neunziger Jahren wurde er Kolumnist der rechtsliberalen Zeitschrift Elsevier und ein vielgefragter

20 Prozent der Bevölkerung, die bis dahin politisch heimatlos gewesen waren und nie einen überzeugenden Wortführer gehabt hatten.

Die Entwicklungen folgten rasch aufeinander. Im August 2001 war die Welt noch in Ordnung und die Niederlande waren noch, wie der neue englische Botschafter damals feststellte, ein wohlhabendes aber langweiliges Land, in dem nie etwas geschah. Es wurde auch allgemein befürchtet, dass die Beteiligung an den Wahlen zur Zweiten Kammer des niederländischen Parlaments niedriger ausfallen werde als jemals zuvor, weil die Niederländer nicht mehr viel zu wünschen hatten und sich auch die politischen Parteien programmatisch kaum noch voneinander zu unterscheiden schienen. Später haben Untersuchungen gezeigt, dass die Wähler aus dem linken Lager, der Mitte und vom rechten Rand des Spektrums gerade in der Zeit, als Kok Premier war, mit seinem Kabinett alle ungefähr gleich zufrieden waren (75 bis 80 Prozent Zustimmung!).

Die Zufriedenheit schlug bald um und auch von Langeweile war nichts mehr zu spüren. Die politische Debatte verlief zunehmend emotional und in der Gesellschaft wurden alte und neue Gegensätze zwischen Etablierten und Außenseitern wieder stark spürbar. Innerhalb weniger Monate wuchs die Anhängerschaft Pim Fortuyns sehr stark.[4] Knapp eine Woche vor der Wahl wurde er von einem einsamen Tieraktivisten ermordet, der sich über Fortuyns beiläufige Geringschätzung hinsichtlich der Rechte der Tiere geärgert hatte. Es war in den Niederlanden der erste politische Mord seit 1672 und für kurze Zeit schien es, als drohe eine Revolution auszubrechen. So weit kam es nicht aber die von Fortuyn gegründete und seinen Namen tragende Partei – Lijst Pim Fortuyn (LPF) – wurde qua Stimmenzahl die zweitstärkste im Lande und musste ohne jegliche Regierungserfahrung zusammen mit den Christdemokraten (CDA) und den Konservativ-Liberalen (VVD) die Regierungsgeschäfte übernehmen. Auch der neue Ministerpräsident Jan Peter Balkenende (CDA) verfügte kaum über politische Erfahrung und sein Kabinett stand schon nach drei Monaten, in denen es beinahe täglich zu Streitigkeiten der LPF-Minister untereinander gekommen war, vor dem Aus. Peinlicherweise geschah dies nur wenige Stunden nach der Beerdigung von Prinz Claus, so dass der Ministerpräsident nach seinem Kondolenz-Besuch bei der Königin nahezu postwendend zum Palast zurückkehren musste – dieses Mal, um die Entlassung seines Kabinetts vorzuschlagen.

Ein Neuanfang

Im Januar 2003 fanden neue Parlamentswahlen statt. Die Lijst Pim Fortuyn (LPF) verlor beinahe drei Viertel ihrer Wähler, die Christdemokraten und die sozialdemokratische PvdA, die 2002 noch schwere Verluste hatte hinnehmen müssen, kehrten mit ungefähr gleicher Stärke (beide circa 27 Prozent der

---

Redner – scharf, geistreich und kritisch. 2001 setzte er seine Kritik in ein politisches Programm um.

4   Fortuyn sagte angesichts seiner stark steigenden Popularität: „Denkt an meine Worte, ich werde Ministerpräsident."

Stimmen) in das Parlament zurück. Zu einer Koalition zwischen den beiden großen Parteien kam es nach langen Verhandlungen jedoch nicht. CDA, VVD und D66 bildeten das Kabinett Balkenende II, das mit kräftigen Einsparungen begann (um das Haushaltsdefizit unter der Drei-Prozent-Norm der EU zu halten), gleichzeitig aber mit einer grundsätzlichen Umstrukturierung des Sozialstaates einsetzte. ‚Eigenverantwortung‘ des Bürgers lautete nun die Parole, mehr ‚Marktwirkung‘ in Sektoren wie dem der sozialen Sicherheit, der Pflege und der Bildung, schließlich auch eine viel strengere Immigrations- und Integrationspolitik, vor allem die Einführung des bereits unter der zweiten ‚violetten‘ Regierung angenommenen strengen Ausländergesetzes.

Der Koalitionsvertrag des zweiten Balkenende-Kabinetts trägt das Motto *Mitmachen, mehr Menschen an die Arbeit, weniger Vorschriften*. In den ersten Abschnitten tut das Kabinett bereits seine Haltung kund: „Jeder muss mitmachen ... mit Arbeit, mit freiwilligen Aktivitäten, im Vereinsleben, in der Schule und im Stadtviertel. Der Staat hat zu lange geglaubt, dass es den Niederlanden besser geht, wenn man mehr Regeln aufstellt. Es hat sich aber herausgestellt, dass das nicht funktioniert."

Inzwischen konnte das Kabinett bereits viele seiner Pläne zumindest gesetzlich festlegen. Das heißt, man konnte das Parlament für seine Vorschläge gewinnen. Ob aber die Umsetzung in die Praxis auch die Resultate erbringen wird, die sich das Kabinett vorstellt, ist noch ungewiss. Anfang 2006 – die Regierungszeit des Kabinetts läuft noch bis zum Mai 2007 – stellt sich die Situation wie folgt dar:

Die Staatsschuld ist in den vergangenen Jahren zwar wieder etwas angestiegen, bleibt aber weit unter der EU-Norm von 60 Prozent. Auch das Haushaltsdefizit liegt weit unter der EU-Grenze von drei Prozent. Die Zuwendungen für Arbeitslosigkeit (WW), Arbeitsunfähigkeit (WAO) und Sozialhilfe haben sich einander angenähert. Sie sind im Allgemeinen gesunken, werden über einen kürzeren Zeitraum ausgezahlt, der Zugang zu ihnen ist schwieriger geworden und fast immer mit der Verpflichtung verbunden, sich aktiv an einer Reintegration in den Arbeitsmarkt zu beteiligen. Zum 1. Januar 2006 gibt es eine allgemeine und verpflichtende Pflegeversicherung für jeden. Diese wird von kommerziellen und miteinander konkurrierenden Pflegeversicherern angeboten und durchgeführt, die wiederum selbst freie Verträge mit Pflegeanbietern (Ärzte, Krankenhäuser usw.) abschließen, die wiederum zueinander in Konkurrenz treten sollen.[5] Das formale Rentenalter von 65 Jah-

---

5 Für durchschnittlich 1.100 Euro im Jahr pro Erwachsenen bietet jeder Pflegeversicherer ein recht umfangreiches Basispaket für die Pflege im Krankheitsfall an. Kinder bis zu 18 Jahren sind kostenfrei mitversichert. Arbeitgeber sind pro versichertem Arbeitnehmer zu einem Beitrag von maximal ca. 2.000 Euro pro Jahr verpflichtet. Für das Basispaket können die Pflegeversicherer niemanden ablehnen, für die so genannte Zusatzversicherung jedoch wohl. Personen mit einem geringen Einkommen erhalten über das Finanzamt eine Unterstützung, damit sie die Kosten der Pflegeversicherung (leichter) tragen können. Regelungen über Anspruchsverzicht und Eigenanteile sollen die Versicherten dazu anregen, von der Pflege nur sparsam Gebrauch zu machen.

ren muss auch wieder zum tatsächlichen Renteneintrittsalter werden, das jetzt
bei durchschnittlich 61 Jahren liegt. Wer eher in Rente gehen möchte, muss
dafür selbst genügend Geld auf die Seite gelegt haben, oder muss sich mit
einer niedrigeren Rente zufrieden geben. Die Einwanderungspolitik hat sowohl für Asylsuchende als auch für Folgemigranten (Ehepartner) und andere,
die aus Nicht-EU-Ländern kommen, durch strengere Zulassungs- und Ein-
bürgerungsanforderungen zusätzliche Hürden errichtet.[6]

Es ist dem zweiten Balkenende-Kabinett nicht gelungen, die unzufriede-
nen Bürger im Jahr 2002 zufrieden zu stellen. Es genießt in der Bevölkerung
auch nicht viel Vertrauen. Zufriedenheit und Vertrauen sind in den vergangenen Jahren sogar noch weiter zurückgegangen.

Obwohl die Niederlande traditionell schon immer in politischem Sinn im
Vergleich zu anderen Ländern ein ,high trust country' waren, stieg das Vertrauen in die Regierung in der zweiten Hälfte der neunziger Jahre nochmals
auf einen Wert von rund 80 Prozent an, um dann sehr plötzlich auf weniger
als 40 Prozent im Jahr 2005 zu fallen. Das Urteil über das Funktionieren des
Staates hat sich seit 2001/2002 ebenfalls vom Positiven ins Negative gewandelt. Es ist nicht sehr wahrscheinlich, dass sich Beamte und staatliche Organe
plötzlich völlig anders verhalten haben. Was sich geändert hat, ist die Bild-
formung, und es erweist sich als schwierig, diese Entwicklung kurzfristig
wieder umzudrehen. Untersuchungen haben allerdings ergeben, dass viele der
Veränderungen, die das Kabinett beispielsweise auf dem Gebiet des Sozialstaates durchführen will, von Anfang an bei der Bevölkerung nicht mit viel
Unterstützung rechnen konnten. Anfang 2004 gaben die Niederländer in
großer Zahl an, vom Kabinett immer den ,sparsamsten' Blickwinkel zu erwarten und in ebenso großer Zahl taten sie kund, damit nicht einverstanden
zu sein. Die Menschen haben sich in den vergangenen Jahrzehnten sehr an
den Sozialstaat gewöhnt. Sie finden die Aussicht auf mehr ,Eigenverantwor-
tung' nicht attraktiv. Dies gilt um so mehr, als auf der Ebene des einzelnen
Bürgers hiervon kein Vorteil zu erwarten ist, auch nicht in finanzieller Hinsicht.

Das gegenwärtige Kabinett rückt gerne von der ,violetten' Periode (1994-
2002) ab, aber in der Erinnerung der Menschen ist dies doch eine Zeit gewesen, die bei ihnen hohe Wertschätzung genießt. Das war bereits in den ,vio-
letten' Jahren selbst so, trifft aber auch rückblickend zu. Im Jahr 2004 beno-

---

6   Die wirtschaftliche Rezession und die politischen Veränderungen in der Welt haben
    in den Niederlanden, genauso wie andernorts in Europa, zu einer starken Verringe-
    rung des Migrantenstroms geführt. Im vergangenen Jahr sind in den Niederlanden
    sogar mehr Personen weggezogen als hinzugekommen sind. Von annähernd 50.000
    Asylsuchenden vor zehn Jahren ist die Zahl pro Jahr auf unter 10.000 gesunken. Mig-
    ration im Rahmen des Nachzugs von Familienmitgliedern, vor allem aus der Türkei
    und aus Marokko, ist durch höhere Anforderungen unter anderem hinsichtlich der
    Sprachkenntnisse und der finanziellen Unabhängigkeit viel schwieriger geworden.
    Auch die Ausweisungspolitik im Falle eines abgewiesenen Asylantrags ist beträchtlich
    strenger geworden. Bereits unter dem zweiten ,violetten' Kabinett ist ein neues und
    strengeres Ausländergesetz verabschiedet worden, das jetzt von der zuständigen Mi-
    nisterin, Rita Verdonk, konsequent ausgeführt wird.

teten 76 Prozent der Niederländer das Jahr 1999 mit der Note 7 (entspricht im deutschen Notensystem einer 3) oder höher und nur 7 Prozent vergaben ein ‚ungenügend'. Das Jahr 2004 hingegen erhält von der Hälfte der Bevölkerung ein ‚ungenügend'. Noch nicht einmal von 20 Prozent der Befragten wird eine 7 oder höher (dieses ‚höher' kommt im übrigen kaum vor, während es für das Jahr 1999 eher überwog) vergeben. Auch mit Blick auf die Zukunft ist man nicht besonders optimistisch gestimmt. Zwar erwarten mehr Menschen, dass es der niederländischen Gesellschaft in fünf oder fünfzehn Jahren wieder besser gehen wird. Dennoch glaubt beinahe die Hälfte der Befragten, dass die Beurteilung nur durch ein ‚ungenügend' auszudrücken ist.[7]

Unzufrieden mit den Niederlanden, zufrieden mit der eigenen Existenz

Ganz anders sieht es aus, wenn es um die persönliche Situation geht. Im Jahr 2004 waren 31 Prozent der Niederländer außerordentlich oder sehr zufrieden mit dem eigenen Leben und 50 Prozent einfach zufrieden. Diese Werte sind zwar etwas niedriger als 2003 (42 Prozent bzw. 46 Prozent) aber doch auf einem sehr hohen Niveau. Glücksmessungen weisen in die gleiche Richtung. 2003 gaben 21 Prozent der Niederländer an, ‚sehr glücklich' zu sein und 67 Prozent fühlten sich ‚glücklich'. Die auffällige Diskrepanz zwischen der Zufriedenheit mit dem eigenen Leben und der Zufriedenheit mit der Gesellschaft macht verständlich, dass die politische Energie in den vergangenen Jahren einen solch negativen Charakter bekommen hat. Die Menschen haben nicht mehr viel zu gewinnen – aber viel zu verlieren. Sie befürchten auch, dass ihnen genau dies widerfahren wird.

Das Einkommen steigt nicht, die festen Belastungen aber sehr wohl; die soziale Sicherheit wird eingeschränkt, aber die Zahl der Arbeitsplätze geht zurück; der Gulden ist verschwunden, aber der Euro hat alles teurer gemacht; die EU erweitert sich, kostet die Niederländer jedoch immer mehr Geld (pro Kopf sind die Niederlande der größte Nettozahler) und vielleicht auch ihren Arbeitsplatz bzw. ihren Wohlstand. Obwohl die niederländische Bevölkerung die Entwicklung der Europäischen Union im Allgemeinen immer unterstützt hat, zeigt die Ablehnung der Europäischen Verfassung, dass der europäische Gedanke weniger stark verwurzelt ist, als angenommen. Die Vorstellung, in extremem Maße Nettozahler zu sein und das Gefühl, dass Europa unserem Wohlstand eher abträglich ist, als dass es zu ihm beitrüge, hat sicherlich zu dem negativen Gefühl beigetragen, das in dem Referendum vom 1. Juni 2005 so deutlich sichtbar wurde.

Auch die Unzufriedenheit mit der Regierung und dem Zustand des Landes ist in dem Referendum zum Ausdruck gekommen. Das Gefühl, dass es den Niederlanden nicht gut geht und dass die Regierung nicht in der Lage ist, daran viel zu ändern, führt zu Meinungen, die objektiv betrachtet nicht aufrecht zu erhalten sind. So haben offensichtlich im Jahr 1991 mehr Menschen die Niederlande als wohlhabend empfunden als im Jahr 2004. Selbst in der

---

7 In den Niederlanden reichen die Zeugnisnoten von 0 bis 10, wobei eine 5 oder darunter als ungenügend und eine 7 als eine gute Beurteilung gilt.

eigenen Familie wurde 1991 mehr Wohlstand wahrgenommen als 2004. Objektiv und makroökonomisch betrachtet war das jedoch nicht der Fall. Jedoch gerade die Tatsache, dass man 2004 doch etwas zufriedener mit dem eigenen Einkommen ist und gleichzeitig die Einkommensunterschiede in der Gesellschaft deutlich zu hoch findet, weist darauf hin, dass sich die Koordinaten zur Beurteilung der Situation geändert haben. Man nimmt mehr soziale Ungleichheit wahr und stellt gleichzeitig missbilligend fest, dass die Regierung in dieser Hinsicht weniger tut oder tun will.

Ein düsteres Zukunftsbild

Die Niederländer machen sich Sorgen um die Zukunft. Viele der 2004 in der Untersuchung des SCP genannten Themen sind bereits aus früheren und anderen Untersuchungen bekannt, aber die Besorgnis über den Verfall von Normen und Werten in der Gesellschaft fällt doch auf. Dies ist ein Thema, für das sich vor allem Ministerpräsident Balkenende stark gemacht hat, das in der Presse und im Parlament aber nicht besonders gut angekommen ist. Immer wurde ein Zusammenhang zu der kleinbürgerlichen Ausstrahlung des unglücklichen Schlagwortes *Anstand muss man leben* hergestellt, das der Ministerpräsident zuweilen selbst hierfür verwendete. Bei der niederländischen Bevölkerung findet dieses Thema mehr Anklang, auch wenn sich die Besorgnis selbstverständlich vor allem auf die Normen und Werte der anderen beschränkt. Große Sorgen macht sich die niederländische Bevölkerung natürlich auch über Kriminalität und Sicherheit, über Ausländer und Terrorismus, über den Sozialstaat und die eigene materielle Sicherheit.

Überraschend war die Perspektive, die sich in Reaktion auf die Frage „Was erhoffen Sie sich für die Zukunft?" auftat. Mehr Solidarität in der Gesellschaft und unter den Menschen war die am häufigsten gehörte Antwort, danach folgten ‚mehr Sicherheit' und ‚Wiederherstellung von Werten und Normen'. Viele Menschen äußerten auch die Sehnsucht nach einem Land, wie es die Niederlande in dieser idealen Form niemals wirklich gewesen sind. Es geht dabei vor allem um eine Idealisierung der ‚fünfziger Jahre', die beispielsweise auch von Fortuyn stark verbreitet wurde. Die Niederlande als friedliches und häusliches Land, in dem die Menschen sich kennen und unterstützen, in dem Kinder noch sicher auf der Straße spielen können und es kaum Kriminalität gibt. Selbstverständlich auch als ein Land ohne Ausländer und ohne Drogen. *Damals war Glück noch ganz normal* ist der Titel eines berühmt gewordenen Liedes über die Wonnen der fünfziger Jahre, in dem das Heimweh nach der besseren Vergangenheit treffend in Worte gefasst wird.

Dass die Niederlande noch vor einem halben Jahrhundert auch ein armes Land waren, mit wenig von dem Komfort, der heute auch für die ‚Armen' selbstverständlich ist, wird in diesem Zusammenhang gerne vergessen. Auch die Erinnerung an die lähmende soziale Kontrolle der versäulten Gesellschaft ist verschwunden. Nur wenige sind sich noch der Tatsache bewusst, dass verheiratete Frauen damals nicht arbeiten sollten – was auch auf die überwiegende Zahl der Frauen zutraf. Erst im vergangenen Jahrzehnt ist für verheiratete Frauen in den Niederlanden die Arbeit außer Haus die Regel geworden.

Die Erwerbstätigkeit erfolgt allerdings zumeist in Teilzeit: 70 Prozent der berufstätigen niederländischen Frauen arbeiten in Teilzeit. Für verheiratete Frauen spielt dabei der Umstand eine große Rolle, dass sie die Kinderbetreuung so wenig wie möglich anderen überlassen wollen, die unverheirateten oder kinderlosen Frauen legen Wert auf Zeit für sich selbst.

Die Sehnsucht nach einer idealisierten Vergangenheit klingt auch in der Entscheidung für ein bestimmtes Zukunftsbild durch. Die Vorliebe der Niederländer geht stark in Richtung eines Gesellschaftstyps, der als eine Gesellschaft mit ‚Gefühl für Gemeinschaftssinn‘ umschrieben werden kann. Am wenigsten beliebt ist die eher individualistisch ausgerichtete und leistungsbezogene Gesellschaft (das ‚amerikanische‘ Modell), auch wenn genau dieses das Modell ist, das man auf sich zukommen sieht und das man als das von der Regierung angestrebte Modell betrachtet, um die Niederlande in der Europäischen Union und auch weltweit wettbewerbsfähig zu halten.

Der Abstand zwischen dem, was die Niederländer selbst als wünschenswert empfinden und dem, was sie von der Regierung an neuen Regelungen erwarten (und befürchten), ist sehr groß. So erwarten fast 80 Prozent der Bevölkerung, dass es den Menschen im Jahr 2020 schwerer fallen wird, von einer Sozialleistung zu leben, und dass der Unterschied zwischen Lohn und Sozialleistung auch größer als heute sein wird. Nicht mehr als 30 Prozent finden das auch wünschenswert und diese Zahl reduziert sich sogar auf weniger als zehn Prozent, wenn es um eine Erhöhung des Rentenalters auf über 65 Jahre geht. Dennoch erwarten 66 Prozent, dass es sich in diese Richtung entwickeln wird. Fast 90 Prozent der Niederländer sind der Meinung, dass eine gute Rente in Zukunft von einer individuellen Zusatzversicherung abhängen wird. 30 Prozent finden das auch wünschenswert. Das Bild von einer härteren, individualistischeren und konfliktreicheren Zukunft herrscht auf nahezu allen Gebieten der Gesellschaft und der staatlichen Politik vor. Gleichzeitig überwiegt bei der Bevölkerung eine konservative oder sogar regressive Sehnsucht nach einer Gesellschaft, die ‚außen hart und innen weich‘ ist: keine Ausländer und keine Einmischung von außen (die Europäische Union!), sondern ein gemütliches, behagliches und wohlhabendes Dasein für die Niederländer selbst. Der große Historiker Johan Huizinga beschrieb die niederländische Gesellschaft bereits vor mehr als siebzig Jahren als „satisfait“ – zufrieden, selbstzufrieden und ruhig. Das ist es, was die Niederländer auch heute noch sein wollen.

Ein anderer Sozialstaat

Die Sorge über den Erhalt des Sozialstaates ist nicht unbegründet. Der niederländische Sozialstaat, der vor allem in den Jahren von 1960 bis 1970 entstanden ist, hat immer einen besonderen Charakter gehabt. Er war eine Hybridform aus dem kontinentalen oder rheinischen Modell (Deutschland, Frankreich, Belgien) und dem skandinavischen Modell: hohe und allgemeine Unterstützungen bei Krankheit, Arbeitslosigkeit, Arbeitsunfähigkeit und Rente (besonders für Familienhaushalte), gute allgemeine Einrichtungen im Bildungs- und Pflegebereich und eine verhältnismäßig niedrige Arbeitspartizipation. Im Gegensatz zu Skandinavien lag die Betonung weniger auf einer hohen, langfristigen und im Grunde jeden Erwachsenen betreffenden Arbeitspartizipation als vielmehr auf dem Erhalt des Lebensstandards für Familien mit Kindern.

Der Akzent verschiebt sich nun in Richtung auf das angelsächsische Modell mit seinen verhältnismäßig niedrigen und oft zeitlich begrenzten Unterstützungen. Aus dem skandinavischen Modell bevorzugt man nun vor allem die Erhöhung der Arbeitspartizipation, während das kontinentale Modell zum einen in gemäßigter Form für das Niveau der Unterstützungen und zum anderen in Kombination mit höheren Eigenleistungen für ein gutes Pflege- und Bildungssystem gültig bleibt, das den Bedarf an ausschließlich privaten Vorkehrungen begrenzt und in diesem Sinne auch eine Zweiteilung der Gesellschaft verhindert.

Die Modernisierung der Niederlande

Diese Verschiebung findet vor dem Hintergrund eines sich schnell verändernden und immer mehr zum Teil der Welt werdenden Landes statt. Wie in den meisten anderen Ländern der Europäischen Union heiraten junge Menschen in den Niederlanden spät (im Schnitt mit über 30 Jahren), bekommen Frauen relativ spät ihr erstes Kind (mit 30 Jahren) und bleiben die meisten Familien auf zwei Kinder begrenzt. Eine von drei Ehen endet mit Scheidung und im Gegensatz zu der im Ausland wohl vorherrschenden Meinung ist die Homo-Ehe eine Seltenheit geblieben (ein Prozent der Eheschließungen im Jahr, weniger als 1.000 Ehen jährlich). Nach vielen Jahren des raschen Wachstums beginnt sich die Bevölkerung nun langsam zu stabilisieren, besonders auch deshalb, weil die Immigration stark zurückgegangen ist. Zwischen 1970 und 2005 ist die Zahl der nicht-westlichen Allochthonen in der Bevölkerung von 1,5 Prozent auf mehr als zehn Prozent gestiegen.[8] In Städten wie Rotterdam und Amsterdam liegt der Bevölkerungsanteil der nicht-westlichen Allochthonen sogar bei 35 Prozent, was natürlich zu Spannungen führt.

Die Haushalte sind mit durchschnittlich 2,2 Personen schnell viel kleiner geworden. Allerdings ist die Zahl der Haushalte rasch gewachsen, gut ein Drittel der Haushalte besteht nur noch aus einer Person. In den Großstädten liegt der Anteil bei über 50 Prozent. Es gibt nun gut sieben Millionen Haushalte und leider etwas weniger Wohnungen, so dass der Wohnungsmarkt weiterhin sehr angespannt ist, mit hohen Preisen für Eigenheime und Eigentumswohnungen (54 Prozent der Niederländer haben ein eigenes Haus) und langen Wartezeiten für Mieter. In den meisten Haushalten (77 Prozent) verfügt man über mindestens ein Auto und auch über fast alle Arten von modernen, elektronischen Geräten (im Jahr 2004 hatten 81 Prozent der Haushal-

---

8 Derzeit leben etwa 350.000 Türken, 325.000 Marokkaner, 300.000 Surinamer, 150.000 Antillianer und Zehntausende von Irakern, Iranern, Jugoslawen, Chinesen und Somaliern in den Niederlanden.

te einen Personal Computer und 74 Prozent waren an das Internet ange-
schlossen; die Mobiltelefon-Dichte lag bei gut 100 Prozent).

Die wichtigste soziale Veränderung ist die Erhöhung der Arbeitspartizipation in den neunziger Jahren. Ungefähr 65 Prozent der Erwerbsfähigen zwischen 15 und 65 Jahren arbeiten nun, von den Männern sind das fast drei
Viertel und von den Frauen über die Hälfte, auch wenn es sich bei letzteren
mehrheitlich um Teilzeitarbeit handelt. Zwischen 1990 und 2000 sind
1,5 Millionen Arbeitsplätze hinzugekommen. Inzwischen ist das Gesamtvo-
lumen an Arbeit seit einigen Jahren jedoch wieder um rund 0,5 Prozent pro
Jahr gesunken. Für die Zukunft ist dies eine der größten Sorgen, weil die Zahl
der Erwerbsfähigen noch weiter ansteigt und der Druck der Überalterung es
mit sich bringt, dass so viele Menschen wie möglich so lange wie möglich
arbeiten sollten – und dies vorzugsweise auch in einer Vollzeitstelle. *Arbeit,
Arbeit, Arbeit* war im Jahr 1994 das Thema des ersten ‚violetten‘ Kabinetts.
Zehn Jahre danach ist dies wieder ein Thema, und das wird es in zehn Jahren
wahrscheinlich auch noch oder wieder sein.

Wie geht es weiter?

Der Ritualmord an dem Regisseur und Kolumnisten Theo van Gogh im November 2004 und die Todesdrohung gegenüber der Parlamentarierin Ayaan
Hirsi Ali durch einen Marokkaner der zweiten Generation gaben vielen Niederländern erneut das ängstliche Gefühl, in der eigenen Gesellschaft – ganz
normal auf der Straße oder auf dem Fahrrad – nicht mehr sicher zu sein. Die
Terroranschläge in Madrid und London wurden wie selbstverständlich auch
mit dem Mord an van Gogh in Zusammenhang gebracht, und auch die mili-
tärische Anwesenheit der Niederländer im Irak und in Afghanistan wurde
immer mehr als eine Operation betrachtet, die Risiken für die Sicherheit in
den Niederlanden selbst mit sich brachte.

Die Einstellung vor allem jungen Marokkanern gegenüber – die sehr oft
arbeitslos sind und in den Städten eine große Belastung darstellen – ist im
Allgemeinen sehr negativ. Die Verschlechterung der Stimmung hat jedoch
nicht zu einer Welle von Ausschreitungen oder Racheaktionen geführt, vor
allem nicht in den Großstädten. Allerdings ist die traditionelle Offenheit der
wichtigen öffentlichen und demokratischen Einrichtungen inzwischen einem
Übermaß an Kontrolle gewichen und hat wiederholt zu falschem Alarm in
Zügen, auf Bahnhöfen und auf Flughäfen geführt, was lange Aufenthalte und
große Verspätungen zur Folge hatte.

Ökonomisch scheint sich inzwischen eine Gezeitenwende abzuzeichnen.
Die Erwartungen für 2006 und 2007 sind hoch gespannt. Die Arbeitslosigkeit
steigt nicht mehr und die Regierung hofft, dass ihre Einsparungen und Reformen nun Früchte tragen werden. Vom Wählerverhalten her kann man
noch nicht von einer Belohnung sprechen. Anfang 2006 stehen die Zeichen
für die Parteien in der Mitte (vor allem die Christdemokraten) und rechts (vor
allem die selbsternannten Erben von Pim Fortuyn) deutlich auf Verlust. Die
drei Parteien auf der linken Seite (PvdA, GroenLinks und Sozialistische Partij) genießen bereits seit längerem die Gunst der Wähler und würden nach

aktuellen Umfragen gemeinsam über eine Mehrheit im Parlament verfügen. Der Chef der PvdA, Wouter Bos, hat seine Kandidatur für das Amt des Ministerpräsidenten inzwischen angekündigt und mit der Veröffentlichung von *Dit land kan zoveel beter* sein politisches Glaubensbekenntnis abgelegt.

Der Mai 2007 ist noch weit entfernt, politisch und wirtschaftlich. Wenn die Wirtschaft wirklich anzieht, dann wird dies sicherlich zu einer energischeren und vitaleren Haltung der niederländischen Bevölkerung führen. Im Augenblick lässt sich aber noch nicht vorhersagen, ob das geschäftsführende Kabinett oder die heutige Opposition davon einen Vorteil haben werden. Angst oder Unsicherheit bleiben für das politische und gesellschaftliche Klima charakteristisch. Neue Anschläge – im Ausland und besonders in den Niederlanden – können die Emotionen in Wut und Aggression umschlagen lassen. Das würde wiederum die politischen Verhältnisse stark verändern.

Joyce Outshoorn

Ein mühseliger Kampf:
Gender Mainstreaming in den Niederlanden*

Vor zwei Jahren stellte der niederländische Arbeits- und Sozialminister Aart Jan de Geus (CDA), der auch Beauftragter für Gleichstellungspolitik ist, bei einem öffentlichen Auftritt zum Thema Gender Mainstreaming fest: „Es ist mein Bestreben, im kommenden Jahr diesen integralen Ansatz so zu entwickeln, dass bei der nächsten Kabinettsbildung ein spezieller Minister für Gleichstellungspolitik überflüssig sein wird."[1] Diese Erklärung hatte einen Aufschrei von Frauengruppen und Experten zur Folge. Sie löste bei vielen die Befürchtung aus, dass der angesprochene integrale Ansatz die Gleichstellung von der politischen Tagesordnung streichen und zur Abschaffung der Agentur für Frauenpolitik, der Directie Coördinatie Emancipatiebeleid (DCE), führen werde. Für de Geus gab es, wenn denn das Gender Mainstreaming – eine Strategie, die auf die Integration der Geschlechterperspektive in alle politischen Felder abzielt – erst einmal eingeführt sein würde, keine Notwendigkeit mehr für eine spezielle Politikagentur für Frauenfragen. Für Frauenaktivistinnen läuft die anvisierte Integration jedoch auf eine Auflösung hinaus, wie sie bereits in der Vergangenheit mehrfach bei einigen politischen Programmen und Institutionen erfolgte.[2] Ist der Optimismus des Ministers begründet? Sind die Befürchtungen der Feministinnen und Wissenschaftler übertrieben pessimistisch?

In diesem Artikel wird dargelegt, dass das Gender Mainstreaming in den Niederlanden keine ausreichenden Fortschritte macht, weil die notwendigen Bedingungen hierfür nicht vorhanden sind. Dies mag ein internationales Publikum verwundern, haben doch die Niederlande international eine bemerkenswerte Reputation für ihre Gleichstellungspolitik. Aufgrund der frühen

---

* Aus dem Niederländischen übersetzt von Annegret Klinzmann, M.A.

1 Zitiert nach: *NOS Journaal*, 15. November 2003. Der niederländische Begriff für Gleichstellungspolitik lautet emancipatiebeleid. Man beachte, dass dieser Begriff geschlechtsneutral ist und keinen Hinweis auf die Gleichheit als ein zu erreichendes Ziel beinhaltet.

2 Eine solche Entwicklung ist vielen Initiativen der Frauenbewegung im Bereich der Erwachsenenbildung, der Gesundheit und des Wiedereinstiegs von Frauen in den Arbeitsmarkt widerfahren, wenn diese nach vielen Jahren der staatlichen Unterstützung gezwungen wurden, sich in die Mainstream-Institutionen zu integrieren. Es kam oftmals im Ergebnis zu ihrer Auflösung und gleichzeitig zu einem Verlust von Sachkenntnis.

und stark mobilisierten Frauenbewegung der 70er und 80er Jahre des vergangenen Jahrhunderts waren bereits Mitte der 70er Jahre politische Ansatzpunkte zur Stärkung der Stellung der Frau geschaffen worden. Das entsprechende Politiknetzwerk konnte bis Mitte der 90er Jahre stark institutionalisiert werden. Die vergleichende Forschung zeigte zudem, dass die
Niederlande bei der Erfüllung der von den Frauen in verschiedenen Politik-
feldern gestellten Forderungen – beispielsweise hinsichtlich des Themas Abtreibung, der Gewalt gegen Frauen und der staatlichen Unterstützung von
Naueninitiativen – verhältnismäßig erfolgreich waren.[3] Ein typisches Gender
Mainstreaming-Instrument wie das Gender Impact Assessment, das niederländische ‚femocrats‘ und Wissenschaftler 1994 entwickelten, wurde erfolgreich in andere Länder ‚exportiert‘.[4] Bekannte niederländische Politikerinnen
wie Hedy d'Ancona und Hanja May-Weggen übernahmen im Europäischen
Parlament zu Themen wie der Gewalt gegen Frauen eine Führungsrolle. Beide informierten das Parlament zudem über die großen Berichte zur Stellung
der Frauen. Niederländische Delegationen nahmen bei den UN-Frauen- und
Weltbevölkerungskonferenzen eine wichtige Rolle ein, indem sie Themen wie
das Recht auf sexuelle Selbstbestimmung auf die internationale Tagesordnung
setzten. Vor diesem Hintergrund stellt sich die Frage: Was behindert den
Fortschritt des Gender Mainstreamings in den Niederlanden?

An dieser Stelle soll nicht im Detail auf die Stellung der Frauen in den
Niederlanden und die Notwendigkeit zur Förderung der Gleichstellung eingegangen werden. Es genügt die Feststellung, dass es die drei folgenden hart-
näckigen Probleme gibt: obwohl sich mittlerweile 67 Prozent der Frauen
aktiv am Erwerbsleben beteiligen, verdient nur ein Drittel dieser Frauen genug, um wirtschaftlich unabhängig zu sein. Der Grund hierfür liegt vor allem
darin, dass die meisten Frauen in den Niederlanden nur kleine Teilzeitstellen
besitzen. Zum Zweiten sind Frauen weiterhin in hohem Maße in der Politik
und bei Entscheidungsprozessen unterrepräsentiert. Der Frauenanteil in der
Zweiten Kammer des niederländischen Parlaments liegt bei 38,6 Prozent, in
der Ersten Kammer beträgt er nur 29,2 Prozent und auf lokaler Ebene ver-
harrt er bei rund 24 Prozent. Behörden, Aufsichtsräte und Vorstände sind
immer noch stark von Männern dominiert. Dies gilt auch für die Spitze der

---

3 Vgl. J. OUTSHOORN, *Administrative Accommodation in the Netherlands. The Department for
   Coordination of Equality Policy*, in: D. MCBRIDE STETSON/A. MAZUR (Hrsg.), *Compara-
   tive State Feminism*, London 1995, S. 168–186; J. OUTSHOORN, *Policy-Making on Abor-
   tion: Arena's, Actors and Arguments in the Netherlands*, in: D. MCBRIDE STETSON (Hrsg.),
   Abortion Politics, Women's Movements and the State, New York/Oxford 2001, S. 205–228;
   J. OUTSHOORN, *Voluntary and Forced Prostitution: the ‚realistic approach‘ of the Netherlands*,
   in: J. OUTSHOORN (Hrsg.), *The Politics of Prostitution. Women's Movements, Democratic
   States and the Globalisation of Sex Commerce*, Cambridge 2004, S. 85–205; J. OLDERSMA,
   High Tides in a Low Country: gendering political representation in the Netherlands, in: J. LOV-
   ENDUSKI/P. MEIER/D. SAINSBURY/M. GUADAGNINI/C. BAUDINO (Hrsg.), *State
   Feminism and Political Representation*, Cambridge 2005, S. 153–173.
4 M. VERLOO/C. ROGGEBAND, *Emancipatie-effectrapportage: theoretisch kader, methodiek en
   voorbeeldrapportages*, Den Haag 1994. ‚Femocrats‘ ist ein australischer Begriff, der zur
   Bezeichnung feministischer Bürokraten geprägt wurde.

nationalen Bürokratie und das gesamte Firmenleben. Schließlich ist drittens (sexuelle) Gewalt gegen Frauen weit verbreitet. Man hat Anstrengungen unternommen, die aktuellen Debatten zur Sicherheit, die eher auf die Gewalt im öffentlichen Raum ausgerichtet sind, aus der Geschlechterperspektive heraus zu führen. Die am häufigsten vorkommende Gewalt gegen niederländische Bürger ist jedoch die Gewalt gegen Frauen im häuslichen Umfeld. Im Zuge der wiederauflebenden Kontroverse zum Thema Gewalt gegen Frauen wird diese allzu oft als ein Problem dargestellt, das nur muslimische Migrantinnen betrifft. Die Gewalt gegenüber anderen Gruppen von Frauen findet hingegen oftmals nicht genug Beachtung.

Im Folgenden soll zunächst kurz erklärt werden, was Gender Mainstreaming ist und was es beabsichtigt. Die Ausführungen dienen auch dem Zweck, es gegenüber vorherigen Richtungen der Gleichstellungspolitik abzugrenzen. Anschließend soll die späte Einführung des Gender Mainstreamings in den Niederlanden erklärt werden: die Niederländer dachten nämlich, dass sie bereits Gender Mainstreaming betrieben, als es auf den Tagesordnungen der UN und der EU auftauchte. Dieser Sachverhalt, auf den im Verlauf der Betrachtung ausführlicher eingegangen wird, kann als das ,Erbe der Vergangenheit' bezeichnet werden. Im Anschluss sollen wichtige Bedingungen für ein erfolgreiches Gender Mainstreaming in den Niederlanden analysiert werden. Die Ausführungen finden dabei auf der Grundlage einiger besonders bedeutsamer Kriterien statt. Konkret handelt es sich bei diesen Kriterien um Engagement von Seiten der politischen Eliten, um klar formulierte politische Ziele, um die Festlegung von Verantwortlichkeiten und Aufgaben, um Sachkompetenz hinsichtlich der Geschlechterfrage sowie abschließend um die notwendigen Ressourcen und Instrumente.[5]

Gender Mainstreaming

Gender Mainstreaming gelangte auf die politische Tagesordnung Europas und der UN-Mitgliedsstaaten, nachdem es die UN-Weltfrauenkonferenz 1995 in Peking als eine Strategie für die Zukunft empfohlen und in ihre Aktionsplattform aufgenommen hatte. Die Grundidee, dass eine geschlechterbezogene Perspektive in alle Politikbereiche aufgenommen werden muss, war nach vielen Jahren des Kampfes und des Widerstandes im Bereich Frauen und Entwicklung erarbeitet worden. Es war die Erfahrung von Expertinnen und Aktivistinnen gewesen, dass auf Frauen ausgerichtete Politik ständig auf spezielle Projekte in einem ,frauenpolitischen Ghetto' zurückfiel. In der Praxis war dies gleichbedeutend mit einer zumeist geringen finanziellen Ausstattung und einem Mangel an Kontinuität. Insgesamt wirkte sich die Kritik nicht auf die Entwicklungspolitik aus, die weiterhin ohne Berücksichtigung einer geschlechterspezifischen Perspektive betrieben wurde und die Bedürfnisse und Rechte von Frauen ignorierte. Feministische Expertinnen und Aktivis-

---

5 MINISTERIE VAN SOCIALE ZAKEN EN WERKGELEGENHEID, *Nota Gender Mainstreaming. Een strategie voor kwaliteitsverbetering*, Den Haag 2001; M. MEESTERS/A. OUDEJANS, *Handleiding Gender Mainstreaming*, Den Haag 2002.

tinnen fanden schließlich eine Lösung, indem sie sich so früh wie möglich in den politischen Prozess einschalteten und ihn in jedem weiteren Stadium bis zur Umsetzung von Entscheidungen verfolgten und beeinflussten. Dies ermöglichte eine Intervention bei der Vereinbarung politischer Ziele, bei der Formulierung der Arbeitskonzepte, bei der Überwachung des Implementierungsprozesses und der Evaluierung der Politik. Zur Bezeichnung dieses Prozesses wurde der Begriff Gender Mainstreaming geprägt. Das Vorgehen sollte auf innovative und revolutionäre Art und Weise sicherstellen, dass Politik in Zukunft auch die weibliche Hälfte der Weltbevölkerung berücksichtigt. Von der Ebene der Vereinten Nationen aus wurde der Begriff von europäischen Institutionen wie dem Europarat und dem Europäischen Parlament aufgegriffen. Viele Einzelstaaten sind seitdem gefolgt.

Gender Mainstreaming kann am besten definiert werden als „(Re)organisation, Verbesserung, Entwicklung und Evaluation des politischen Prozesses, sodass auf allen politischen Ebenen und in jedem Entwicklungsstadium von den normalerweise in den politischen Prozess involvierten Akteuren eine Gleichstellungsperspektive integriert wird."[6] Wie die niederländische Wissenschaftlerin Mieke Verloo darlegt, zielt diese Strategie auf die Veränderung politischer Prozesse sowie die Reorganisation von Verfahrensweisen und Routinen ab. Sie weist zudem Verantwortungen und Kapazitäten zu, um die Gleichstellungsperspektive zu integrieren.[7] Es gehört zum normalen und regulären Auftrag aller derjenigen in der Regierung, die für die Entwicklung von politischen Programmen und deren Umsetzung verantwortlich sind, die geschlechterspezifische Perspektive zu berücksichtigen. Es gibt unterschiedliche Taktiken zur Implementierung des Gender Mainstreams. Eine Möglichkeit besteht beispielsweise darin, durch die Konsultation oder Beteiligung relevanter Gruppen gender-spezifisches Fachwissen in den politischen Prozess einzubringen. Man kann auch das Gender Impact Assessment bei der Politikplanung nutzen. Alle diese Maßnahmen zielen darauf ab, Vorurteilen entgegenzutreten – nicht nur hinsichtlich des politischen Inhalts der Geschlechterproblematik, sondern auch hinsichtlich des politischen Prozesses selbst, da die vorhandenen Verfahrensweisen und Routinen in Bezug auf die Geschlechterfrage oft blind oder voreingenommen sind.[8] Die zugrunde liegende Theorie, die für diesen Bereich gut dokumentiert ist, lautet, dass nahezu jede Art von Politik unter dem geschlechterspezifischen Gesichtspunkt betrachtet werden kann und dass politische Programme die hauptsächlichen, grundlegenden Elemente zur Reproduktion von geschlechterspezifischer Ungleichbehandlung sind.

Beim Gender Mainstreaming geht es nicht ausschließlich um Frauen. Es berücksichtigt, dass Gesellschaften eine geschlechterbezogene Ordnung besitzen – Normen, Prinzipien und politische Programme, die über die Zuwei-

6   EUROPARAT, *Gender Mainstreaming. Conceptual framework, methodology and presentation of good practices. Final Report of the Group of Specialists on Mainstreaming*, Straßburg 1998, S. 15.

7   M. VERLOO, *Another velvet revolution? Gender mainstreaming and the politics of implementation*, Wien 2001.

8   VERLOO (wie Anm. 7).

sung von Aufgaben, Rechten und Lebenschancen von Frauen und Männern Auskunft geben.[9] Die geschlechterspezifische Ordnung untermauert die großen gesellschaftlichen Institutionen wie die geschlechterspezifische Aufteilung der Arbeit zu Hause und am Arbeitsplatz, die Organisation der menschlichen Fortpflanzung und Sexualität sowie die Bürgerrechte. Sie ist in den verschiedenen Typen der westeuropäischen Sozialstaaten enkodiert und zeichnet sich im Allgemeinen durch die Schaffung eines Alleinverdiener-/ Hausfrauensystems aus. Die Befürworter der Geschlechtergleichstellung haben sich gegen dieses Erbe wehren und dagegen antreten müssen, dass die Familiengesetzgebung noch Überbleibsel der Vorherrschaft des Vaters und der umstrittenen Bereiche der weiblichen körperlichen Integrität und Sexualität aufweist.

Gender Mainstreaming verfügt über das Potential, die geschlechterbezogenen Ungleichbehandlungen, die aus der geschlechterspezifischen Ordnung entstehen, ausfindig zu machen und sie in Frage zu stellen. Es handelt sich dabei um eine strukturelle Herangehensweise, die über andere im Allgemeinen angewandte Strategien hinausgeht. Die Verwirklichung formaler Gleichheit durch die Abschaffung der Ungleichheit im Gesetz und in den Richtlinien war in den meisten europäischen Ländern seit dem Aufkommen der zweiten Emanzipationswelle in den späten 60er und 70er Jahren ein bedeutender Vorgang. Die Erkenntnis, dass formale Gleichheit nicht den Genuss und die Nutzung gleicher Rechte garantiert, hat dazu geführt, dass in allen Ländern politische Maßnahmen zur Förderung und zur positiven Diskriminierung entwickelt wurden, die – vor allem auf dem Arbeitsmarkt, in der öffentlichen Verwaltung und, in manchen Ländern, in der Politik – spezifische politische Programme für Frauen ermöglichten.

Zusammenfassend kann gesagt werden, dass Gender Mainstreaming eine Strategie ist, die über derartige politische Programme, die lediglich auf Frauen als eine Gruppe mit einem ‚Problem‘ abzielen, hinausgehen möchte. Sie will die gängige Politik, die gender-neutral entwickelt worden ist oder die sogar von der Annahme ausgeht, Männer könnten für die Menschheit im Allgemeinen stehen, herausfordern. Die Programme einer solchen Politik sind blind gegenüber dem unterschiedlichen Einfluss staatlichen Handelns auf Frauen und Männer, der auf unterschiedlichen Lebenschancen innerhalb der vorherrschenden Geschlechterordnung beruht. Politische Fehlentscheidungen wie im Falle der Entwicklung neuer Wohnviertel in den Vorstädten (die so genannten VINEX-Viertel) könnten dann vermieden werden. Die Planer entwickelten die Wohnviertel mit Häusern, die sich nur Haushalte mit zwei Gehaltsempfängern leisten können. Ein Platz für Kindertagesbetreuung fehlt gänzlich.

---

9   I. OSTNER/J. LEWIS, *Gender and the Evolution of European Social Policies*, in: S. LEIB-FRIED/P. PIERSON (Hrsg.), *European Social Policy: Between Fragmentation and Integration*, Washington 1995, S. 169, Anm. 7.

Das ,Erbe der Vergangenheit': Gleichstellungspolitik vor 2001

Die Reaktion der niederländischen Teilnehmer an der Weltkonferenz auf das Konzept des Gender Mainstreamings lautete: „Das ist nichts Neues, das haben wir schon die ganze Zeit so gemacht!" Sie hatten nicht unrecht – seit die Frauenbewegung Mitte der 70er Jahre die Gleichstellung von Mann und Frau auf die politische Tagesordnung gesetzt hatte, war die niederländische Gleichstellungspolitik immer als so genannte ,Facettenpolitik' konzipiert worden, also als eine Politik, die einen bestimmten Aspekt in verschiedene Bereiche einbrachte.[10] Dies ergab sich aus der Definition des Politikproblems: der Status von Frauen wird durch (nahezu) alle politischen Bereiche bestimmt, und daher muss auch Gleichstellungspolitik in allen politischen Bereichen entwickelt werden.

Das in den Niederlanden für die Gleichstellungspolitik entwickelte politische Netzwerk stand im Einklang mit dieser Vorstellung. Eine zentrale Koordinationsagentur, die Directie Coördinatie Emancipatiebeleid (DCE), die seit 1981 im Arbeits- und Sozialministerium angesiedelt war, koordinierte die Frauenpolitik zwischen den verschiedenen Ministerien und entwickelte darüber hinaus eigene Programme, die auf bestimmte Gruppen von Frauen abzielten.[11] Es bietet sich in diesem Kontext die Metapher der ,Spinne im Netz' an: die DCE im Zentrum des Gleichstellungs-Netzwerks. Die DCE entwickelte die großen politischen Pläne für das Kabinett, die immer den angesprochenen ,Facettencharakter' hatten. Je nachdem, welches Kabinett amtiert, ist der politische Kopf der Institution entweder der Sozialminister, wenn zu dessen Geschäftsbereich die Gleichstellung gehört, oder ein Staatssekretär des Ministeriums, der mit dieser Aufgabe betraut wird. Die koordinierende Rolle der DCE ermöglichte es ihr, in anderen Politikbereichen zu intervenieren, Lobbyarbeit für die Interessen der Frauen zu leisten und beratend tätig zu sein. Die beratende Tätigkeit wurde als ,Missionsarbeit' betrachtet. Viele der ,femocrats', die in der Agentur arbeiteten, sahen sich selbst als Verfechterinnen der Frauenbewegung oder als ,Missionarinnen', die Beamte anderer Ministerien ,bekehrten'. Verschiedene andere Ressorts übernahmen in ihren jeweils eigenen Politikbereichen die Verantwortung für Gleichstellungsthemen und gründeten Abteilungen, die sich mit der Geschlechterfrage beschäftigten. Positive Beispiele hierfür waren das Ministerium für Bildung, Kultur und Wissenschaft und das Ministerium für Gesundheit, Gemeinwohl und Sport. Das Direktorat für Entwicklung und Zusammenarbeit im Außen- und Entwicklungshilfeministerium griff das Thema Frauen und Entwicklung bereits in den 70er Jahren auf und bewahrte bis heute ein starkes geschlechterspezifisches Profil.

Ab Mitte der 90er Jahre war jedoch eine weit verbreitete Unzufriedenheit mit der Gleichstellungspolitik vorhanden, da viele Themen bis dahin nicht

10 Im Niederländischen lautet der entsprechende Terminus facetbeleid. Er wird normalerweise dem Begriff specifiek beleid gegenübergestellt.

11 Vgl. J. OUTSHOORN, *Administrative Accommodation in the Netherlands. The Department for Coordination of Equality Policy*, in: D. MCBRIDE STETSON/A. MAZUR (Hrsg.), *Comparative State Feminism*, London 1995, S. 173–175.

zufriedenstellend behandelt worden waren. Die Arbeit in Form der ‚Facetten-politik‘ bildete eine ständige Quelle des Ärgers und in einigen Hauptfeldern – am deutlichsten im sozioökonomischen Bereich – hatte die Gleichstellungspolitik kaum Einfluss.[12] Manche Analytiker sahen die Schuld für die politische Stagnation beim ‚Facettencharakter‘ der Politik selbst und betrachteten das Vorgehen als zu ambitioniert und zu umständlich. Andere wiesen auf das fehlende politische Engagement der politischen und bürokratischen Spitze für die Gleichstellung hin. Wieder andere gaben der Frauenbewegung die Schuld: sie setze Insider-Taktiken, wie beispielsweise die Lobbyarbeit, ineffektiv ein und sie mobilisiere außerhalb der ‚Korridore der Macht‘ sowie zu einem falschen Zeitpunkt innerhalb des politischen Prozesses.

Es war den für die DCE arbeitenden ‚femocrats‘ bewusst, dass ein großer Teil der Gleichstellungspolitik rein spartenbezogen war und keine Auswirkungen auf politische Schlüsselbereiche hatte. So ergriffen sie im Jahr 1994 die Initiative zur Schaffung der *Emancipatie Effect Rapportage* (EER), eines Mainstreaming-Instruments avant la lettre. Dieses Instrument bietet zu Beginn der Entwicklung eines politischen Programms, wenn Staatsbeamte eine neue politische Strategie erkunden, ein detailliertes Gerüst für die Einschätzung der politischen Auswirkungen.[13] Da dies ein umfassendes Wissen im Bereich der Geschlechterproblematik erforderte, war die Implementierung kostspielig. Daher wurde den politischen Planern auch eine kurze Check-Liste zur Verfügung gestellt. Dieses Instrument wurde in den Niederlanden mehrmals angewandt. Eines der Ergebnisse der in der Folgezeit vorgenommenen Evaluationsaktivitäten bestand in der Erkenntnis, dass es innerhalb des politischen Prozesses oft zu spät eingesetzt wird, um eine Auswirkung zu haben.[14] Eine andere Lehre lag darin, dass politische Programme gut entworfen sein und über eine präzise Problemdefinition und politische Lösungen verfügen müssen, damit die EER angewandt werden kann.[15]

Als Gender Mainstreaming 1997 eingeführt wurde, empfand man keinen Unterschied zur bis dahin ausgeübten ‚Facettenpolitik‘, und weder die DCE noch das Kabinett sahen einen Grund, eine Anleitung für die Durchführung von Gender Mainstreaming zu entwickeln.[16] Der neue Ansatz diente in erster Linie als Grundlage dafür, alle Ministerien dazu aufzufordern, ihre eigenen Handlungsschwerpunkte zu formulieren. Dabei war es bemerkenswert, dass die Ministerien hauptsächlich spartenbezogene politische Programme auflegten, die auf spezifische Frauengruppen abzielten. Die politischen Entschei-

---

12 Dies resultierte zum Teil aus der korporativen Struktur des politischen Netzwerks aber auch aus der Tatsache, dass eine Gleichbehandlung sowohl von Arbeitgebern als auch von der Regierung als zu teuer erachtet wurde. Erst als die niederländische Regierung EU-Richtlinien erfüllen musste, wurde Gleichbehandlung wirklich in der nationalen Gesetzgebung umgesetzt. Diese hat sich im Umgang mit Lohnunterschieden als nicht effektiv erwiesen und greift nicht die getrennten Arbeitsmärkte auf.

13 VERLOO/ROGGEBRAND (wie Anm. 4).

14 H. DE GRAAF/M. MOSSNIK/J. GRÖFLIN, *Van de eer geleerd: een evaluatie van emancipatie effectrapportage*, Den Haag 1999.

15 VERLOO (wie Anm. 7), S. 19.

16 DE GRAAF/MOSSINK/GRÖFLIN (wie Anm. 14).

dungsträger brauchten einige Jahre, bevor ihnen klar wurde, dass Gender Mainstreaming etwas anderes war als die ‚Facettenpolitik', die sie bisher betrieben hatten. ‚Facettenpolitik' fiel immer wieder auf eine dezentralisierte, spartenbezogene Politik zurück, wie sie – mit Ausnahme der DCE – von anderen Ministerien und Abteilungen durchgeführt wurde.[17] So war es also die Struktur der vor der Einführung des Gender Mainstreamings existierenden Gleichstellungspolitik, die einer frühen Einführung und Implementierung des neuen Konzepts im Wege stand.

Erst 2001 wurde in der *Nota Gender Mainstreaming* ein ernsthafter Versuch unternommen, die zentralen Vorstellungen des Gender Mainstreamings zu entwickeln. Neben einer verkürzenden Definition des Konzepts – „die relevanten Unterschiede zwischen Männern und Frauen zu berücksichtigen, damit die Qualität der Politik verbessert wird"[18] –, listete das politische Grundsatzpapier die Aufgaben und Verantwortlichkeiten der verschiedenen Ministerien und der DCE auf. Es stellte zudem ein Organisationsmodell für die weitere Vorgehensweise zur Verfügung. Die Bedingungen für ein erfolgreiches Mainstreaming wurden spezifiziert, und es wurden einige Instrumente für seine Implementierung entwickelt. Seitdem ist das Gender Mainstreaming zur Hauptstütze der Gleichstellungspolitik geworden. Zur Überwachung des Prozesses gründete das Kabinett 2004 die Visitatiecommissie Emancipatiebeleid (VCE), eine Gruppe unabhängiger Gleichstellungsexperten unter der Leitung eines ehemaligen Vorsitzenden der christdemokratischen Partei.[19] Die im Folgenden vertretenen Einschätzungen hinsichtlich der Kriterien für ein erfolgreiches Mainstreaming beruhen zum Teil auf den ersten Ergebnissen der VCE sowie auf anderen Forschungsarbeiten.[20]

Einbindung der politischen und bürokratischen Spitze

Experten und Beamte, die sich mit dem Thema befassen, haben seit langem die Notwendigkeit erkannt, die politische und bürokratische Spitze in die Entwicklung und Implementierung einer starken und wirkungsvollen Politik einzubinden. Obwohl es immer wieder wohlwollende Minister im Vorstand der DCE und ebensolche Führungskräfte in anderen Ministerien gegeben hat, besaß die Gleichstellungspolitik seit ihren Anfängen keine hohe Priorität. Es existierten stets übergeordnete politische Ziele, die die Zielsetzungen der Gleichstellungspolitik unterminiert oder den politischen Gestaltungsspiel-

---

17 VERLOO (wie Anm. 7), S. 19.

18 MINISTERIE VAN SOCIALE ZAKEN EN WERKGELEGENHEID (wie Anm. 5), S. 6.

19 Man beachte, dass das Komitee den alten Begriff ‚emancipatiebeleid' verwendet. Dieser ist aus strategischen Erwägungen gewählt worden, da der Begriff Gender Mainstreaming im Allgemeinen von Politikern und vielen Beamten nicht richtig verstanden wird.

20 Vgl. VISITATIECOMMISSIE EMANCIPATIEBELEID, *Dat moet echt beter. Emancipatiebeleid en gender mainstreaming bij de rijksoverheid in 2005*, Den Haag 2006. Die Autorin ist Mitglied der Kommission. Der vorliegende Beitrag ist jedoch ausschließlich in eigenem Namen verfasst.

raum reduziert haben. In den 70er Jahren stand die Gleichstellung der Geschlechter im Einklang mit der Zielsetzung des Mitte-Links-Kabinetts von Joop den Uyl, eine gerechte Verteilung von Wissen, Macht und Einkommen zu erreichen. Das größte Problem des damaligen Kabinetts lag jedoch darin, im Kontext der polarisierten politischen Atmosphäre jener Zeit zu überleben. Für die Mitte-Rechts-Kabinette hatte die Reduzierung des Sozialstaates Mitte der 80er Jahre die vordringlichste Priorität. Dies führte zu den großen Misserfolgen der Gleichstellungspolitik im Bereich der sozialen Sicherheit. Gleichzeitig ermöglichte die Gleichstellungspolitik in Bezug auf das Thema Gewalt gegen Frauen jedoch auch wichtige Fortschritte. Gewaltthemen sind Valenzthemen: es besteht Konsens über die Notwendigkeit zu handeln aber oftmals Dissens über die richtige Strategie. Eine kompetente feministische Lobby setzte die relevanten Fragestellungen gemeinsam mit der DCE in den frühen 80er Jahren auf die politische Tagesordnung.[21]

Ab 1986 wurde der Zugang von Frauen zum Arbeitsmarkt – mit der Zielsetzung, die Ausgaben für Sozialhilfe und Arbeitslosenhilfe zu reduzieren – ein zentrales politisches Thema. Der Staat versäumte es allerdings, die notwendigen Bedingungen zu schaffen. Da es vor allem an Möglichkeiten zur Kinderbetreuung mangelte, konnten Frauen Betreuungsarbeit und Erwerbsarbeit in vielen Fällen kaum miteinander in Einklang bringen. Unter den ‚violetten' Kabinetten aus Sozialdemokraten, Liberalen und Links-Liberalen, wurden Mitte der 90er Jahre – als die Christdemokraten mit ihrer konservativen Familienideologie zum ersten Mal seit 1917 in der Opposition waren – verschiedene Maßnahmen zur Verbesserung der Rahmenbedingungen geschaffen. Unter anderem wurden Gesetze zur Gleichstellung der Teilzeitarbeit, für längere Ladenöffnungszeiten sowie für erweiterte Möglichkeiten der Kinderbetreuung verabschiedet. Nach den Wahlen des Jahres 2002 gestanden die nachfolgenden Kabinette dem Geschlechterthema – abgesehen von der Ausweitung der Beschäftigungsmöglichkeiten für Frauen und der Stärkung der Stellung von Zuwanderinnen – nur eine geringe Priorität zu. Genauer gesagt, muslimische Frauen wurden als die Gruppe herausgestellt, die emanzipiert werden musste. Dies hieß implizit, dass die anderen Frauen bereits emanzipiert sind und keine besondere Politik benötigen. Nur sehr wenige Mitglieder des ersten und des zweiten Kabinetts Balkenende betrachten die Gleichstellung der Geschlechter oder Gender Mainstreaming als eine wichtige Angelegenheit. Ausnahmen bilden in dieser Hinsicht das Verteidigungsministerium, das nach der Aussetzung der Wehrpflicht weibliche Soldaten rekrutieren muss, um die Personalstärke der Armee aufrecht zu erhalten, und das zum Außenministerium gehörende Direktorat für Entwicklung und Zusammenarbeit mit seiner langen Tradition, die Geschlechterperspektive in seine Arbeit einzubeziehen.

---

21 C. ROGGEBRAND, *Over de grenzen van de politiek. Een vergelijkende studie naar de opkomst en de ontwikkeling van de vrouwenbeweging tegen seksueel geweld in Nederland en Spanje*, Assen 2003; J. OUTSHOORN, *Voluntary and Forced Prostitution: the ‚realistic approach' of the Netherlands*, in: J. OUTSHOORN (Hrsg.), *The Politics of Prostitution. Women's Movements, Democratic States and the Globalisation of Sex Commerce*, Cambridge 2004, S. 191.

Die Notwendigkeit klar formulierter politischer Ziele

Gleichstellungspolitik hat in den Niederlanden immer umstrittene Ziele verfolgt, wobei diese entweder vage blieben oder, wenn sie eindeutig waren,
nicht wirklich in konkrete Politik umgesetzt wurden. Das letztgenannte Problem findet sich beispielsweise in dem 1985 formulierten Hauptziel der
Gleichstellungspolitik, das bis in die frühen Jahre des 21. Jahrhunderts Eingang in die politischen Programme fand. Es lautete: „Die Weiterentwicklung
der gegenwärtigen Gesellschaft, in der der Unterschied zwischen den Geschlechtern immer noch in so starkem Maße institutionalisiert ist, in Richtung
auf eine pluralistische Gesellschaft zu fördern, in der jedes Individuum –
unabhängig von Geschlecht oder Familienstand – die Möglichkeit hat, wirtschaftlich unabhängig zu werden, und in der Frauen und Männer gleiche
Rechte, Chancen, Freiheiten und Verantwortung erlangen können."[22] Für
viele der in diesem Zusammenhang relevanten untergeordneten Zielsetzungen war jedoch weder eine Finanzierung eingeplant noch wurden die erfor-
derlichen Instrumente eingerichtet.

Ein Grund für verschwommene, nicht eindeutige Ziele liegt darin, dass
politische Programme oft einen Kompromiss darstellen, der die Konflikte
hinsichtlich der Stellung und Rolle der Frauen in der niederländischen Gesellschaft widerspiegelt. Die politischen Parteien vertraten mit Blick auf diese
Themen immer sehr unterschiedliche Meinungen. Die Christdemokraten
waren anfangs gegen die Gleichstellung der Geschlechter, die sie als eine
Bedrohung der Familie betrachteten. Als der Feminismus Mitte der 80er Jahre auch die eher traditionell orientierten Teile der niederländischen Bevölkerung erreicht hatte, wandten sie sich der ‚Wahlmöglichkeit‘ zu. Hierbei handelte es sich im Grunde um eine liberale Konzeption, die besagte, dass die
Frauen sich entscheiden konnten, Hausfrau zu bleiben, anstatt ‚auf den Arbeitsmarkt gezwungen zu werden‘, wie der christdemokratische Lieblingssatz
lautet. Liberale und Sozialisten waren mit Blick auf die Gleichstellung der
Geschlechter einer Meinung, entzweiten sich aber unter anderem über das
Thema der Chancengleichheit.

Der zweite Zankapfel, der zur Vernebelung der politischen Ziele führte,
war die Debatte über die Rolle des Staates und sein Recht, in die Privatsphäre
einzugreifen. Diese Problematik machte jegliche Politik, die die Arbeitsteilung
im Haushalt sowie das Eingreifen bei innerfamiliärer Gewalt gegen Frauen
berührte, zum Tabu. Die säkulare Seite des politischen Spektrums hatte das
Eingreifen des Staates in die Bereiche Abtreibung, Empfängnisverhütung und
sexuelle Orientierung bekämpft, während die religiösen Parteien bei diesen
Themen an die repressive öffentliche Moral geglaubt hatten. Die Forderung
der Frauenbewegung hinsichtlich der Themen Gewalt gegen Frauen und
Vergewaltigung in der Ehe kehrten die Debatte um: Nun wollten die Weltlichen den staatlichen Eingriff in die Privatsphäre und die Religiösen priesen
die Unantastbarkeit der Familie. Diese beiden ideologischen Hindernisse
führten das Thema Gleichstellung der Geschlechter in eine Pattsituation.

---

22 TWEEDE KAMER, *Beleidsplan 1985*, *Handelingen Tweede Kamer 1984-1985*, Den Haag
   1985, S. 12.

Wenn Ziele formuliert wurden, dann wurden sie nur zum Teil in konkrete Regelungen und Maßnahmen umgesetzt.

So hatte die Gleichstellungspolitik in vielen Bereichen eine ‚weiche' Politik zur Folge: es wurde intensive Forschung betrieben, es gab eine großzügige finanzielle Unterstützung durch den Staat und man führte viele experimentelle Projekte durch. Allgemeine, wirksame und verbindliche Regelungen blieben jedoch häufig aus. Dennoch lagen Anfang der 80er Jahre die Gleichstellungsgesetze auf dem Tisch, und jegliche formale Diskriminierung von Frauen war bis Ende der 80er Jahre aus den Gesetzen entfernt worden, wodurch man sich auf eine formale Gleichstellung zu bewegte. Mit dem ‚violetten' Kabinett wurden politische Pläne konkreter. Die Regierung setzte Prioritäten und nannte auch Handlungsziele, deren Realisierung nachvollziehbar gestaltet wurde. Der Staat sprach mehr Direktiven mit Blick auf den Arbeitsmarkteintritt aus, besonders im Falle der Sozialhilfe- und Arbeitslosenhilfeempfänger, wobei er zum ersten Mal auf Frauen mit Kleinkindern abzielte.

Trotz der Veränderungen hat sich mit Blick auf die Gleichstellung der Geschlechter die Spannung zwischen den Christdemokraten einerseits und den Liberalen und den Sozialliberalen andererseits nicht gelöst. Dies zeigte sich zu Beginn des neuen Jahrhunderts, als die rechts ausgerichteten Kabinette gebildet wurden. Das zweite Kabinett Balkenende – bestehend aus CDA, VVD und D66 – sieht sich vor dem Dilemma, einen geschrumpften Sozialstaat erreichen und die Zahl der Beschäftigten erhöhen zu müssen, um mit dem demographischen Wandel zurecht zu kommen. Es hat sich dafür entschieden, die Frühpensionierung für ältere Männer abzuschaffen und über ein späteres Renteneintrittsalter zu diskutieren, anstatt sich mit der verhältnismäßig niedrigen Erwerbsbeteiligung der Frauen zu beschäftigen. Dieses Thema wäre für die Stärkung des Sozialstaates, die Sicherung der Renten und anderer Sozialleistungen viel effektiver. Es würde jedoch umfassende Verbesserungen in den Bereichen Kinder- und Ganztagsbetreuung erfordern, die der starken Familien- und Mutterschaftsideologie, wie sie traditionell von den Christdemokraten unterstützt wird, zuwiderlaufen würde. Das Kabinett müsste sich dann auch dem eklatanten Widerspruch stellen, dass es, während es einerseits auf den Eintritt der Frauen in den Arbeitsmarkt abzielt, andererseits im Bereich der Pflege von Alten und Behinderten zu mehr als 80 Prozent von der unbezahlten Arbeit von Frauen abhängt.[23] Es muss konstatiert werden, dass die Ideologie, die Frauen in erster Linie in der Rolle der Fürsorgepersonen sieht, in der Gesellschaft breite Zustimmung findet. Rund ein Drittel der Frauen möchte für die Kindererziehung zu Hause bleiben. Das bedeutet aber, dass das Kabinett weiterhin die Wünsche und Bedürfnisse der Hälfte aller Paare in den Niederlanden ignoriert, die sich die Pflege und Fürsorge sowie die Erwerbsarbeit teilen möchten.

---

[23] J. OLDERSMA/J. OUTSHOORN, The ‚home care gap': neoliberalism, feminism and the state in the Netherlands, in: M. HAUSSMAN/B. SAUER (Hrsg.), Gendering the State in the Age of Globalisation. Women's Movements and State Feminism in Post Industrial Democracies, im Druck.

Festlegung der Verantwortlichkeiten und Aufgaben

Damit das Gender Mainstreaming Erfolg haben kann, muss es zur Begleitung des politischen Prozesses einen institutionellen Rahmen und bestimmte Verfahrensweisen geben. Es muss vor allem deutlich sein, wer für was verantwortlich ist. Hierzu ist ein klarer Aktionsplan erforderlich, der Verantwortung zuweist und der formuliert, welche Aktivitäten entwickelt und welche Instrumente benutzt werden. Es muss ein Zeitpunkt für die Überwachung der Fortschritte festgelegt werden und es müssen Entscheidungen darüber getroffen werden, wie das relevante Wissen über die Geschlechterfrage gesammelt und wie die Ausbildung der Beamten für die Implementierung des Gender Mainstreamings erfolgen soll.

Die Arbeit des im Vorangegangenen angesprochenen Beurteilungskomitees hat ergeben, dass die Gleichstellungs-Strukturen in den Ministerien allgemein seit 2002 zusammengebrochen sind, was zu unklaren Verantwortlichkeiten und Mandaten sowie einem allgemeinen Verlust an Sachkenntnis geführt hat. Dies war bereits sichtbar, als die Ministerien nicht mehr dazu aufgefordert wurden, ihre eigenen politischen Ziele zu formulieren, was vor 2002 regelmäßig der Fall gewesen war. Es erwies sich häufig als schwierig, herauszufinden, welche Beamten im jeweiligen Ministerium mit der Gleichstellungpolitik betraut waren, und trotz des offiziellen Status des Komitees stieß dieses nicht in allen Ministerien auf Kooperationsbereitschaft.

Dieser Zustand spiegelt die niedrige politische Priorität und das mangelnde systematische Engagement von der Spitze her wider. In vielen Teilen der nationalen Bürokratie hat man kaum eine Vorstellung davon, wie Gender Mainstreaming implementiert werden oder wie man den grundsätzlichen Unterschied zwischen Spartenpolitik und einer am Gender Mainstreaming orientierten Herangehensweise erkennen könnte.[24]

Sachkenntnis in der Geschlechterfrage

Die ‚Facettenpolitik‘ geriet in Schwierigkeiten, als sich zeigte, dass Beamte in anderen Ministerien nicht über die Sachkenntnis verfügten, die Gleichstellungspolitik auf ihr jeweils eigenes Politikfeld zu übertragen. Sie konnten sich in punkto Hilfestellung jedoch immer auf die DCE stützen. Allerdings gab es beim Personal der DCE nach einer Periode der Reorganisation ab Mitte der 90er Jahre eine drastische Fluktuation. Der damit einhergehende Kompetenzverlust konnte in den darauf folgenden Jahren niemals wirklich kompensiert werden. Der Bericht der Beurteilungskommission hat gezeigt, dass andere Ministerien sich nun darüber beschweren, dass die DCE nicht mehr in der Lage ist, sie zu unterstützen.[25] In der Vergangenheit hatte die DCE immer gute Beziehungen zur Frauenforschung unterhalten – die Erkenntnisse der Forscher fanden regelmäßig ihren Weg in die politischen Programme. Sie ist auch immer noch in der Lage, an den Universitäten und im Sociaal en Cultu-

---

24 Vgl. VISITATIECOMMISSIE EMANCIPATIEBELEID (wie Anm. 20).
25 Vgl. VISITATIECOMMISSIE EMANCIPATIEBELEID (wie Anm. 20).

reel Planbureau (SCP) Sachkenntnis zur Gender-Frage zu mobilisieren, auch wenn dies im Vergleich zu früher viel aufwändiger geworden ist. Es gibt ein staatlich subventioniertes Wissenszentrum, E-quality, das sich mit der Gender-Frage und der Problematik der ethnischen Minderheiten befasst. Dieses Zentrum hat jedoch weder die personelle Kapazität, die notwendigen Informationen zu liefern, noch hat es als ,Außenseiter', den Status, die ,Insider' vom Wert einer solchen Sachkenntnis zu überzeugen. Auch in den anderen Ministerien ist Sachkenntnis im Bereich des Gender Mainstreamings nicht vorhanden. Eine allgemeine Schulung der Beamten im Bereich der Geschlechterproblematik ist ebenso dringend notwendig wie ausreichende Ressourcen, um in allen Ministerien zeitlich befristet sachkundige Berater von außen einstellen zu können.

Ressourcen und Instrumente

Potentiell stehen alle Ressourcen und Instrumente zur Verfügung: Es gibt Gender-Experten, die das Personal in den Behörden unterrichten können, und es gibt Gender Mainstreaming-Instrumente wie Checklisten, Gender Impact Assessments und Schnelltests. In Bezug auf diesen Bereich ist somit festzuhalten, dass es eher darum geht, die vorhandenen Möglichkeiten zu aktivieren als darum, sie neu zu schaffen.

Schlussfolgerungen

Die Bedingungen für das Gender Mainstreaming sind in den politischen Programmen der niederländischen Regierungen angemessen dargestellt worden. Papier ist in diesem Fall jedoch geduldig. In den Ministerien ist die Gender-Politik kaum institutionalisiert worden, und die DCE hat ihren Status, ihre Sachkenntnis und im Jahr 2005 auch noch ihre koordinierende Rolle verloren. Die Spitzen in Politik und Verwaltung geben der Gleichstellungspolitik und dem Mainstreaming wenig Priorität. Insgesamt herrscht nicht das Gefühl, dass dringend etwas getan werden müsse.

Gender Mainstreaming hängt daher vom guten Willen einiger Minister und einiger engagierter Mitarbeiter in der staatlichen Bürokratie ab. Dies läuft nicht auf eine effektive Strategie hinaus. Viele Ministerien können einige akzeptable, spartenbezogene politische Programme für einige Frauengruppen durchführen. Dabei bleiben aber die großen Umstrukturierungsaufgaben im niederländischen Sozialstaat und im Thorbecke-System (politisch-konstitutionelle Reform) unberührt, die beide weiterhin gegenüber der Gender-Frage blind bleiben. Ein Beispiel jüngeren Datums ist die Reform des nationalen Gesundheitssystems, die im Jahr 2006 in Kraft treten soll. Es wurde vom Ministerium für Gesundheit, Gemeinwohl und Sport in der Entwicklungsphase keine Einschätzung der Auswirkungen auf die Gender-Frage vorgenommen. Ein weiteres Beispiel ist der Versuch, das niederländische Wahlsystem vom Verhältniswahlrecht auf ein wahlkreisbasiertes Wahlrecht umzustellen. Es gehört zu den eindeutigen Erkenntnissen der Politikwissenschaft, dass das letztgenannte System für die Repräsentation von Frauen katastrophal ist, während das Verhältniswahlrecht zu einer hohen Zahl gewählter Frauen führt. Das Innenministerium stritt die Gültigkeit dieser Forschung ab und widersetzt sich bis heute erfolgreich der Einschätzung der Auswirkungen auf die Geschlechterfrage.

Insgesamt kann festgestellt werden, dass Minister de Geus mit seiner Ansicht, ein Portfolio für Gleichstellungspolitik oder eine Agentur für Frauenpolitik seien nicht mehr notwendig, recht voreilig war, da sich das Gender Mainstreaming offenkundig noch nicht zu einem Prozess entwickelt hat, der sich selbst aufrecht erhält. Gegenwärtig wird de Geus vermutlich keines von beiden abschaffen, da er den symbolischen Wert dieser Institutionen für die Legitimität des Kabinetts erkannt hat, das angesichts der sehr geringen öffentlichen Unterstützung Hilfe gebrauchen kann.

Claudia Neusüß

Gender Mainstreaming in Deutschland – Eine Gleichstellungsstrategie zwischen Vorbehalten und Hoffnungen

Seit dem Amsterdamer Vertrag von 1997 und mit dessen Inkrafttreten 1999 ist Gender Mainstreaming für alle EU-Mitgliedstaaten und die EU-Organe verpflichtend und Bestandteil des gemeinschaftlichen Besitzstandes, des acquis communautaire, der Rechte und Pflichten aller Mitgliedsländer regelt. Hier findet sich juristisch gefasst, was politisch als Gender Mainstreaming diskutiert wird. Für die europäischen Organe ist damit verbindlich festgelegt, Gleichstellung stets mit einzubeziehen und aktiv zu fördern. Was genau aber ist unter dem Begriff Gender Mainstreaming zu verstehen? Hierzu schreibt Stiegler: „Gender Mainstreaming bedeutet die Entwicklung, Organisation und Evaluierung von Entscheidungsprozessen mit dem Ziel, die Geschlechterperspektive in alle politisch-administrativen Maßnahmen auf allen Ebenen durch alle am politischen Beteiligungsprozess beteiligten Akteure und Akteurinnen einzubringen."[1]

Ein gewichtiges Instrument im ‚Handwerkskoffer‘ des Gender Mainstreamings ist das so genannte Gender Budgeting. Dabei geht es um die Umverteilung von Ressourcen, um Veränderungen im Geschlechterverhältnis in Richtung Gleichstellung zu erreichen.[2] Zentral beim Gender Budgeting ist die Annahme, dass „ein Haushalt nicht geschlechtsneutral ist, sondern dass sich haushaltspolitische Entscheidungen auf unterschiedliche Gruppen von Frauen und Männern ungleich auswirken."[3]

Auch wenn wir gelegentlich die EU als Ausgangspunkt für den Ansatz des Gender Mainstreamings in der Literatur finden, geht sein Ursprung doch auf entwicklungspolitische Erfahrungen zurück. Erstmals wurde Gender Mainstreaming auf der Dritten Weltfrauenkonferenz der Vereinten Nationen 1985 in Nairobi diskutiert und auf der Vierten Weltfrauenkonferenz 1995 in Peking als neue Gleichstellungsstrategie propagiert. Im Amsterdamer Vertrag wurde es 1997 als verbindliche Aufgabe für die Mitgliedsstaaten der Europäi-

---

[1] B. STIEGLER, *Gender Macht Politik. 10 Fragen und Antworten zum Konzept Gender Mainstreaming*, Bonn 2003, S. 5.

[2] Vgl. B. ERBE, *Verteilungsfragen neu gestellt in der Haushaltspolitik. Grundlagen, Instrumente, Herausforderungen*, in: M. MEUSER/C. NEUSÜß (Hrsg.), *Gender Mainstreaming. Konzept, Handlungsfelder, Instrumente*, Bonn 2004, S. 291 ff.

[3] ERBE (wie Anm. 2), S. 291.

schen Union festgeschrieben.[4] Gewertet werden darf die Aufnahme von Gender Mainstreaming in den Amsterdamer Vertrag als Erfolg der internationalen Frauenbewegungen. Ihnen war es mit der Aktionsplattform im Rahmen der Vierten Internationalen Frauenkonferenz in Peking 1995 gelungen, Frauen- und Geschlechterpolitik als substanzielle Querschnittsaufgabe durch alle Politikfelder hinweg normativ festzulegen und zu popularisieren.[5]

Gender Mainstreaming in Deutschland

In Deutschland wurde Gender Mainstreaming erstmals in der Koalitionsvereinbarung von 1998 als Querschnittsaufgabe gefasst. Erste Schritte erfolgten auch in einigen Bundesländern. Auf regionaler Ebene zeigt sich die Situation insgesamt recht heterogen – während einige Länder schon seit längerem mit der Umsetzung beschäftigt sind, haben andere gerade erst mit entsprechenden Aktivitäten angefangen. 1998 erfolgte ein Kabinettsbeschluss der rot-grünen Regierung, die Gleichstellung der Geschlechter als durchgängiges Leitbild zu betrachten. Erste konkretere Umsetzungsschritte erfolgten im Rahmen des Regierungsprogramms *Moderner Staat – moderne Verwaltung*. Es wurde eine interministerielle Arbeitsgruppe auf Leitungsebene gegründet, an der alle Ressorts der Bundesregierung beteiligt waren. Jedes Ressort war aufgefordert, mindestens ein Projekt zu definieren. Es ging dabei konkret unter anderem um die Entwicklung von Arbeitshilfen, um ein Projekt zur Rechtsfolgenabschätzung oder auch um Checklisten zur Presse- und Öffentlichkeitsarbeit. Es erfolgten zudem Fortbildungen auf den oberen Leitungsebenen. Seit 2001 begleitet ein wissenschaftliches Expertinnenteam unterstützend die Umsetzung. Ebenfalls seit 2001 gibt es einen eigenen Internetauftritt der Bundesregierung zum Thema.[6] Ein Gender Kompetenz Zentrum an der Humboldt-Universität unter der Leitung von Prof. Dr. Susanne Baer unterstützt die Veränderungsprozesse auf Verwaltungsebene und hält auf seiner Homepage unter anderem Informationen zu Grundlagen und Umsetzungsstrategien von Gender Mainstreaming bereit.[7]

In der Bundesrepublik Deutschland wie auch in der Europäischen Union insgesamt steht die Umsetzung der relevanten Maßnahmen noch eher am Anfang. Durch die interministerielle Arbeitsgruppe Gender Mainstreaming wurde im Jahr 2002 eine Unterarbeitsgruppe zum Thema Gender Budgeting eingesetzt. In diesem Rahmen sollen bis 2006 konzeptionelle Vorschläge

---

4   Vgl. C. WICHTERICH, *Aus Erfahrungen lernen: Gender Mainstreaming*, in: *NRO-Frauenforum Infobrief* Bd. 2 (2000), S. 7–9.

5   Siehe hierzu C. VON BRAUNMÜHL, *Gender Mainstreaming: neue Konzepte – neue Chancen?*, in: B. NOHR/S. VETH (Hrsg.), *Gender Mainstreaming. Kritische Reflexionen einer neuen Strategie*, Berlin 2002, S. 17–25; R. FREY, *Gender Mainstreaming. Geschlechtertheorie und -praxis im internationalen Diskurs*, Königstein 2003.

6   Vgl. P. DÖGE/B. STIEGLER, *Gender Mainstreaming in Deutschland*, in: MEUSER/NEUSÜSS (wie Anm. 2), S. 135–157. Der Internetauftritt der Bundesregierung ist zu finden unter *http://www.bmfsfj.de/Politikbereiche/Gleichstellung/gender-mainstreaming.html*.

7   Siehe hierzu *http://www.genderkompetenz.info*.

erarbeitet werden.[8] Es ist sicherlich bedauerlich, dass der Koalitionsvertrag der neuen schwarz-roten Regierung keinen expliziten Hinweis auf die Bedeutung von Gender Mainstreaming mehr enthält.

Im Bereich der zivilgesellschaftlichen Organisationen sind diverse Verbände, Stiftungen, Gewerkschaften, Hochschulen, Kirchen oder auch die Krankenkassen mit der Umsetzung beschäftigt, zum Teil über Gesetze verpflichtet. Bislang fehlen systematische Evaluationen, sodass es nur schwer möglich ist, tatsächlich einen umfassenden Überblick zu erhalten. An vielen Stellen sind Pilotprojekte gestartet worden, werden (Fach-)Konferenzen veranstaltet oder haben konzeptionelle Vorarbeiten stattgefunden. Zusammenfassend lässt sich sicherlich sagen: „So viel Gender wie heute, war noch nie!" Doch ist Gender Mainstreaming tatsächlich ein taugliches Instrument, um Geschlechterstereotypen aufzubrechen, Geschlechterhierarchien abzubauen und die Gleichstellung der Geschlechter zu befördern?

Vorbehalte und Hoffnungen

Seit der vertraglichen Verankerung von Gender Mainstreaming beschäftigen sich Frauen und Geschlechterforscherinnen, Feministinnen und frauenpolitisch Aktive in öffentlichen Institutionen und in der Zivilgesellschaft zunehmend mit der Frage, ob und unter welchen Umständen sich mit diesem Politikansatz Gleichstellungspolitik erfolgreich nach vorne treiben lässt. Zu den in diesem Kontext artikulierten Sorgen gehört, dass es im Konkurrenzkampf um knappe Mittel zu einem Abbau (ohnehin unzureichender) frauenpolitischer Förderstrukturen kommen könnte.[9] Zudem befürchten Skeptikerinnen seit der vertraglichen Fassung und deren Inkraftsetzung 1999, dass die Tatsache, dass es sich lediglich um ‚soft law' und nicht um einklagbare Leitlinien handelt, mithin zu wenig Umsetzung führen werde. Verstöße seien nicht durch (spürbare) Sanktionen zu ahnden.[10] Andere kritische, feministische Stimmen fürchten, dass die harmonisierende Ummantelung realer Interes-

---

8   Weitere Informationen finden sich unter *http://www.bmfsfj.de/gm/gender-budgeting.html*. Längere Erfahrungen zum Thema finden sich etwa in Südafrika, Australien oder in Brasilien unter anderem im Rahmen der Diskussion über die Potentiale und die Umsetzung partizipativer Haushalte. Vgl. D. ELSON, *Geschlechtergerechtigkeit durch Gender-Budgeting? Einige Aspekte und Beispiele aus der Praxis von Gender-Response-Budget-Initiative*, in: HEINRICH BÖLL-STIFTUNG (Hrsg.), *Geschlechtergerechtigkeit durch Gender Budgeting? Überlegungen und Beispiele von Diane Elson und Brigitte Young*, Berlin 2002, S. 10–31; M. SCHRATZENSTALLER, *Gender Budgets – ein Überblick aus deutscher Perspektive*, in: S. BOTHFELD/S. GRONBACH/B. RIEDMÜLLER (Hrsg.), *Gender Mainstreaming – eine Innovation in der Gleichstellungspolitik. Zwischenberichte aus der politischen Praxis*, Frankfurt 2002, S. 133–155.

9   Vgl. A. WOODWARD, *European Gender Mainstreaming. Innovative Policy or Disapping Act*, in: *Review of Policy Research* 20 (2003), S. 65–88.

10 V. SCHMIDT, *Zum Wechselverhältnis zwischen europäischer Frauenpolitik und europäischen Frauenorganisationen*, in I. LENZ/M. MAE/K. KLOSE (Hrsg.), *Frauenbewegungen weltweit*, Opladen 2000, S. 199–231.

senskonflikte den Blick auf existierende Ungleichheitslagen zwischen den Geschlechtern eher verstellen und die ehemals – im Anspruch – bewegenden und visionären Ansätze feministischer Analyse und Politik auf verwaltungsförmiges Handeln reduzierten.[11]

Optimistischere Einschätzungen sehen hingegen eine Chance zu einer umfassenden und nachhaltigen Veränderung in den Strukturen der Geschlechterverhältnisse. Die wenig präzise Fassung auf europäischer Ebene habe möglicherweise einen Vorteil, lasse dies doch Spielräume für die Verfolgung nationaler Pfade und Politiken.[12] Zudem versprechen die Vertreter dieser Haltung sich einen Paradigmenwechsel, der tief und grundsätzlich in alle Strukturen einwirke, alle Geschlechter in den Blick zu nehmen verstehe und damit die Fokussierung auf die vermeintlich defizitären Lagen der Frauen überwinden helfe. Dies erfolgt gerade auch vor dem Hintergrund der Vorstellung, (neue) Bündnisse mit Männern zu schmieden und damit Kraft und Einsatz für das Streben nach Gleichstellung zu vergrößern. In der Tat findet sich eine, allerdings langsam, anwachsende Gruppe männlicher Akteure, die sich mit dem Thema befassen.

Ob sich mit Hilfe des Gender Mainstreamings tatsächlich größere Schritte zu mehr (und nicht nur formaler) Gleichstellung erreichen lassen, wird die Zukunft erst noch zeigen müssen. Bislang sehen wir noch all zu oft, dass politisch weniger wichtige Dinge unter der Perspektive des Gender Mainstreamings bearbeitet werden, die großen gesellschaftlichen Reformprojekte jedoch nicht angegangen werden.

Gefordert ist ein ernsthafter politischer Wille zur Veränderung und eine klare Zielformulierung, die Bereitstellung ausreichender Ressourcen und die Anregung zu reflexiven Lernprozessen sowie ein langer Atem. Gerade wenn es gelänge, in und außerhalb von Institutionen befindliche (feministische) Gender Expertise zusammen zu binden, könnte vielleicht tatsächlich eine ‚Bewegung' entstehen, die institutionelle Beharrungskräfte überwinden hilft.

11 Siehe hierzu unter anderem M. BERESWILL, *‚Gender' als neue Humanressource? Gender Mainstreaming und Geschlechterdemokratie zwischen Ökonomisierung und Gesellschaftskritik*, in: MEUSER/NEUSÜß (wie Anm.2), S. 52–70.

12 Vgl. U. BEHNING, *Implementation von Gender Mainstreaming auf europäischer Ebene: Geschlechtergleichstellung ohne Zielvorstellung?*, in: MEUSER/NEUSÜß (wie Anm. 2), S. 122–134.

Hans Blom

Die Besatzungszeit 1940–1945 in der niederländischen Historiografie

In den Niederlanden hat die Geschichtsschreibung über die Periode der nationalsozialistischen deutschen Besatzung in den Jahren von 1940 bis 1945 schon früh begonnen. In dem Bewusstsein, dass die Niederlande nicht nur eine erschütternde, sondern auch eine nachhaltig bedeutsame Phase ihrer Existenz durchlebt hatten, wurde bereits am 8. Mai 1945 ein Rijksbureau voor Oorlogsdocumentatie gegründet, das später in Rijksinstituut voor Oorlogsdocumentatie und 1998 schließlich in Nederlands Instituut voor Oorlogsdocumentatie (NIOD) umbenannt wurde. Diese Institution, die sich seit nunmehr rund sechzig Jahren mit der Geschichte der Niederlande und ihrer Kolonien zur Zeit des Zweiten Weltkriegs beschäftigt, erhielt bei ihrer Gründung zwei Hauptaufgaben. Sie ist erstens verantwortlich für das Sammeln, Ordnen, Verwalten und Erschließen der relevanten Quellen. Zweitens unterstützen die Mitarbeiter des NIOD die historische Forschungsarbeit und veröffentlichen zum Teil auch selbst Untersuchungen. Bis zum heutigen Tag steht das NIOD im Zentrum der niederländischen Geschichtsschreibung über den Zweiten Weltkrieg. Es kann konstatiert werden, dass jeder Forscher, der sich mit den Geschehnissen der Jahre 1940 bis 1945 beschäftigt, auf die umfangreichen Sammlungen des Instituts angewiesen ist.

Das zweifellos überragende, vielbändige Geschichtswerk über die niederländische Geschichte im Zweiten Weltkrieg wurde vom ersten Institutsdirektor, dem 1914 geborenen Loe de Jong, geschrieben und mit dem Titel *Het Koninkrijk der Nederlanden in de Tweede Wereldoorlog* versehen.[1] Im Herbst 1945 ernannt, publizierte de Jong 1969 den ersten Band der Reihe und führte sein Opus Magnum auch nach seiner Pensionierung im Jahre 1979 weiter. Er vollendete sein Werk 1988 mit dem zweiteiligen zwölften Band über das sogenannte *Nachspiel* und einem dreizehnten Band mit Ergänzungen und Korrekturen. Drei Jahre später erschien der vierzehnte Band der Reihe, der zwar nicht direkt in die Verantwortlichkeit de Jongs fiel, jedoch ebenfalls einen Bestandteil des Projekts darstellt. In diesem vierzehnten Band, der sich erneut aus zwei Teilen zusammensetzt, sind Reaktionen und Kritiken enthalten. Unter anderem finden sich in ihm Informationen zu den internen Diskussionen, die vor dem Erscheinen der einzelnen

---

[1] L. DE JONG, *Het Koninkrijk der Nederlanden in de Tweede Wereldoorlog*, 14 delen, Den Haag 1969–1991. Zu diesem Werk siehe auch: M. DE KEIZER (Hrsg.), *„Een dure verplichting en een kostelijk voorrecht". Dr. L. de Jong en zijn geschiedwerk*, Den Haag 1995.

Bände geführt wurden. Loe de Jong ist am 15. März 2005 im Alter von fast einundneunzig Jahren verstorben.

Het Koninkrijk der Nederlanden in de Tweede Wereldoorlog ist eine Leistung sondergleichen. Mit seinen vielen tausend Seiten bietet das Werk eine unglaubliche Menge an Fakten. Dies ist ein Ergebnis der primären Quellenforschung von de Jong selbst, seinem Mitarbeiterstab sowie anderen Wissenschaftlern, die im Auftrag des NIOD Untersuchungen verfassten. Trotz der riesigen Flut an Informationen ist *Het Koninkrijk* ein leicht zugängliches Werk. Der Grund hierfür liegt darin, dass sowohl die Sprache als auch der Erzählstil de Jongs einen leichten Einstieg in die Untersuchung ermöglichen. *Het Koninkrijk* ist eine klare und zusammenhängende Darstellung, die von einer Perspektive getragen wird, die sowohl fragend als auch sinngebend ist. Die Geschichte der Niederlande und ihrer Kolonien wird aus der Perspektive der Unterdrückung, der Kollaboration und des Widerstands dargestellt. Dieser Blickwinkel lag bei einem ersten großen Übersichtswerk auf der Hand und war auch in analytischer Hinsicht von Belang. Er bot die Möglichkeit, sehr viele Ereignisse in das Kontinuum zwischen der weitgehenden, aus Überzeugung vollzogenen Kollaboration mit den Nationalsozialisten auf der einen und dem allen Gefahren trotzenden, prinzipiellen Widerstand gegen den Besatzer auf der anderen Seite einzuordnen. Im Werk de Jongs finden jedoch gewiss nicht nur diese Extreme Beachtung. Die weitaus meisten Instanzen und Individuen wurden eher an einer Stelle zwischen den beiden Extremen angesiedelt. Der Autor beschreibt all das häufig sehr nuanciert.

De Jongs Geschichtsschreibung ist von einer politischen und moralischen Perspektive gekennzeichnet. Im Kontext der aktuellen Erfahrungen mit der Besatzung war es erklärlich, ja fast selbstverständlich, dass de Jong nicht zögerte, das, was er beschrieb, auch politisch und moralisch zu beurteilen. Er wich damit aber in auffälliger Weise von der in der wissenschaftlichen Geschichtsschreibung üblichen Zurückhaltung ab. Bei seiner Beurteilung knüpfte er an die Begriffe ‚goed' und ‚fout' an, die während der Besatzungszeit gängig geworden waren. Auch hierdurch war es de Jong, der überdies viel Talent für den Umgang mit den Massenmedien hatte, möglich, ein sehr breites Publikum mit seiner Untersuchung zu erreichen. Am Schluss seines zwölften Bandes formulierte er noch einmal ganz konkret, worum es in den Jahren der Besatzung gegangen sei: „Unsere allgemeine Ansicht war (und ist), dass es schändlich ist, wenn ein Volk von einem anderen Volk überfallen und beherrscht wird, dass die parlamentarische Demokratie trotz ihrer Mängel allen anderen Staatsformen vorzuziehen ist, dass Diskriminierung oder Verfolgung der Menschen von Übel ist."[2] Aus dem Zitat wird ersichtlich, dass es de Jong in seiner Bewertung der Vorgänge der Kriegsjahre um drei Themen ging: das nationale, das politisch-ideologische und das der Menschenrechte.

Die Anschauungen de Jongs wurden von J. Presser, B.A. Sijes, A.J. van der Leeuw und vielen anderen Forschern geteilt. Sie bestimmen auch heute noch weitgehend die öffentliche Debatte über die Kriegsvergangenheit in den Nieder-

---

[2] L. DE JONG, *Het Koninkrijk der Nederlanden in de Tweede Wereldoorlog.* Deel 12: *Epiloog,* Leiden 1988, S. 1109.

landen. Insbesondere das enge Band zwischen der im Prinzip analytischen Perspektive der Unterdrückung, der Kollaboration und des Widerstands auf der einen und der politischen bzw. moralischen Einschätzung auf der anderen Seite lässt sich offenbar nur schwer lösen. Dennoch wurde von manchen Wissenschaftlern im Lauf der Zeit ein alternativer Standpunkt eingenommen. Er klang beispielsweise seit den sechziger Jahren im Werk prominenter Historiker, unter ihnen H.W. von der Dunk, E.H. Kossmann und I. Schöffer an den niederländischen Universitäten durch.[3] Der deutlichste und sehr frühe Vertreter einer alternativen Sichtweise war der ursprüngliche Mediävist A.E. Cohen, der von 1945 bis 1960 am NIOD tätig war und dort ab 1949 die Position des Vizedirektors inne hatte. Seine Beiträge standen aber stark im Schatten de Jongs und gerieten sogar mehr oder weniger in Vergessenheit.[4] Die Schlüsselveröffentlichung Cohens war ein im Jahr 1952 in der *Tijdschrift voor Geschiedenis* publizierter Artikel mit dem Titel *Problemen der geschiedschrijving van de Tweede Wereldoorlog*.[5] Hinter diesem neutralen Titel verbargen sich Betrachtungen über die konkreten Probleme der Forschungspraxis, aber auch über die Art und Weise, wie die Geschichtswissenschaft mit diesem Zeitraum umzugehen habe.

Cohens Sorge galt der Qualität der Geschichtsschreibung, insbesondere bezüglich der allerjüngsten Geschichte, die als solche unter Fachhistorikern durchaus umstritten war. Er unterstrich die Bedeutung der naturgemäß höchst zeitraubenden Quellenkritik und die Möglichkeiten und Probleme der Befragung von Zeitgenossen. Besonders bemerkenswert ist Cohens Plädoyers für die histoire comparée und für die Zurückdrängung von Voreingenommenheit und Subjektivität, die in jeder Geschichtsschreibung in gewissem Maße unvermeidlich sind. Mit seinen Forderungen wich er in auffallender Weise von der dominanten Auffassung ab, die auch in de Jongs *Het Koninkrijk* so überwältigend fixiert wurde. Wo de Jong unbekümmert und in volkspädagogischer Absicht die politische und moralische Perspektive in sein Werk integrierte, mahnte Cohen dagegen zu großer Vorsicht. Mit einem Toynbee-Zitat rief er dazu auf, auch die zeitgenössische Geschichte „with something of the detachment of an outsider"[6] zu betrachten. Es sei die erste Tugend des Historikers, sich von innen heraus in die Gedanken und die Lage des Anderen zu versetzten, sagte er unter Berufung auf W.K. Hancock, den Verfasser der damals aktuellen *Webb Memorial Lecture* unter dem Titel *The history of our times*.[7]

---

3   Es sei darauf hingewiesen, dass sich die angesprochenen Wissenschaftler nicht hauptsächlich oder gar ausschließlich mit der Besatzungszeit befassten.

4   Siehe hierzu die aktuelle Publikation: D.E.H. DE BOER/J.C.H. BLOM/H.F. COHEN/ J.F. COHEN, *A.E. Cohen als geschiedschrijver van zijn tijd*, Amsterdam 2005.

5   A.E. COHEN, *Problemen der geschiedschrijving van de Tweede Wereldoorlog*, in: *Tijdschrift voor geschiedenis* 65 (1952), S. 52–85.

6   COHEN (wie Anm. 5), S. 79.

7   W.K. HANCOCK, *The history of our times. The Webb Memorial Lecture 1950*, London 1951.

Die Suche nach neuen Erkenntnissen

Das NIOD ließ sich jedoch lange Zeit nicht von den soeben angesprochenen Prinzipien Cohens leiten, sondern geriet ganz in den Bann von de Jongs großem Projekt. Als im Laufe der siebziger und achtziger Jahre – bei aller Bewunderung und Anerkennung für *Het Koninkrijk* – dann doch der Ruf nach einem alternativen Konzept immer lauter wurde, war Cohens Artikel längst vergessen. Im Grunde suchte man aber in dieselbe Richtung. Zu Beginn der achtziger Jahre stellte sich die Frage, ob die Geschichtsschreibung über die Niederlande im Zweiten Weltkrieg mit der Fertigstellung von de Jongs Werk beendet werden sollte.[8] Die Antwort hierauf lautete eindeutig nein, weil noch viele wichtige Erkenntnisse fehlten. Allerdings galt es, die Barriere, die das enge Band zwischen der analytischen Perspektive und dem moralischen Anspruch in der Praxis darstellte, möglichst zu überwinden. Schließlich lag es ja an diesem engen Band, dass man bei dem Versuch, diese Periode aus einem anderen Blickwinkel zu betrachten, rasch in den Verdacht geraten konnte, Bedenken gegen den (inter-)nationalen Konsens über die politische und moralische Bedeutung des Zweiten Weltkriegs anmelden zu wollen. Bei der Suche nach einer alternativen Perspektive ging es aber nicht um ein solches Vorhaben, sondern um die Möglichkeit, neue Erkenntnisse zu gewinnen. Das Ziel bestand folglich auch nicht darin, de Jong zu widersprechen, sondern seinen Erkenntnissen neue hinzuzufügen. Zu Beginn der achtziger Jahre mangelte es vor allem in drei Bereichen an aussagekräftigen Erkenntnissen:

Erstens bestand Bedarf an einer soliden Untersuchung der Stimmung in der Bevölkerung sowie des eventuellen Wandels dieser Stimmung in der Besatzungszeit. Derartige Untersuchungen könnten beispielsweise Schlüsse darüber erlauben, wie die Bevölkerung und die verschiedenen Instanzen die damalige Wirklichkeit wahrnahmen und was man zu jener Zeit für die wichtigsten Fragen und Probleme hielt.

Zweitens war ein stärker international vergleichendes Vorgehen notwendig. Wie bereits dargestellt, hatte Cohen eine derartige Forderung schon dreißig Jahre zuvor formuliert. Der im Vergleich zu den anderen westeuropäischen Ländern auffallend hohe Prozentsatz umgekommener Juden aus den Niederlanden war der wichtigste Aspekt zur Verdeutlichung des Bedarfs an komparativen Analysen.

Drittens sollte ein größerer Untersuchungszeitraum als die Spanne von 1940 bis 1945 intensiv betrachtet werden. De Jong hatte zwar dem sogenannten ‚Vorspiel‘ viel Beachtung geschenkt und wollte so auch mit dem ‚Nachspiel‘ verfahren. Er bezog dabei jedoch im Grunde alles auf die entscheidenden Jahre von 1940 bis 1945. Bei einem alternativen Herangehen sollten jene Prozesse

---

8   Die nachfolgenden Ausführungen basieren im Wesentlichen auf der Argumentation meiner Antrittsrede, die ich im Jahr 1983 an der Universität Amsterdam hielt. In dieser Rede griff ich zum Teil Gedanken auf, die bereits seit einiger Zeit in Fachkreisen kursierten, aber noch nicht gesammelt und veröffentlicht worden waren. J.C.H. BLOM, *In de ban van goed en fout? Wetenschappelijke geschiedschrijving over de bezettingstijd in Nederland*, Bergen 1983. Die Rede findet sich auch in: J.C.H. BLOM, *Crisis. Bezetting en herstel. Tien studies over Nederland 1930–1950*, Rotterdam 1989.

berücksichtigt werden, die sich in den Niederlanden während einer viel längeren Zeitspanne im internationalen Rahmen vollzogen hatten. Man könnte auf dieser Basis dann die Frage stellen, in welchem Maße der Zweite Weltkrieg eigentlich die langfristigeren Prozesse in den Niederlanden beeinflusst hat: Hatte er sie möglicherweise abgebrochen, verzögert, beschleunigt, umgelenkt, zeitweilig unterbrochen, qualitativ oder quantitativ abgeändert? Umgekehrt könnte man sich auch mit jenen Vorgängen während der Besatzungszeit auseinander setzen, die vor allem oder gänzlich von langfristigeren Entwicklungen bestimmt wurden und insofern, wenn überhaupt, nur einen indirekten Bezug zur Besatzung aufwiesen.

Die Forschungsarbeit der letzten Jahre

Im vergangenen Vierteljahrhundert gab es einen breiten Strom an geschichtswissenschaftlichen Veröffentlichungen über die Niederlande im Zweiten Weltkrieg. Er enthält zu einem beträchtlichen Teil Erkenntnisse, die sich im Sinne der soeben dargestellten Forderungen tatsächlich von denen de Jongs unterscheiden oder diese ergänzen. Es ist im Rahmen des vorliegenden Beitrags unmöglich, all diese Veröffentlichungen anzuführen. Im Folgenden wird aus der Vielzahl an Publikationen eine Auswahl vorgestellt, indem fünf zentrale Themenfelder angesprochen werden. Auch innerhalb der thematisierten Themenfelder können sicherlich nicht alle relevanten Forschungstexte berücksichtigt werden.

Die Judenverfolgung

Das erste Thema ist die Judenverfolgung, die sich in der internationalen Historiografie allmählich zum wichtigsten Forschungsbereich bei der Auseinandersetzung mit der Periode der nationalsozialistischen Vorherrschaft entwickelt.[9] Die an sich schon länger bekannte Tatsache, dass nur ungefähr 25 Prozent der Juden aus den Niederlanden überlebten, während es in Belgien und Norwegen 60 Prozent, in Frankreich fast 80 Prozent und in Dänemark beinahe 100 Prozent waren, ist in den Niederlanden zu einem Aspekt intensiver Forschungsaktivitäten geworden. Wie erklären sich diese Unterschiede? Mehrere Artikel und Buchabschnitte bieten Material und Analysen, die, weil so viele Faktoren von Belang sind, auf komplizierte Weise miteinander verflochten sind. Der britische Historiker Bob Moore stellte die Ergebnisse der Untersuchungen 1997 in seinem erhellenden Buch mit dem Titel *Victims and Survivors* zusammen.[10] Wie die

9   Die wichtigsten älteren Publikationen über die Judenverfolgung sind: A.J. HERZBERG, *Kroniek der jodenvervolging*, Arnhem 1956 und J. PRESSER, *Ondergang. De vervolging en verdelging van het Nederlandse Jodendom*, 1940–1945, Den Haag 1965.

10 B. MOORE, *Victims and survivors. The Nazi persecution of the Jews in the Netherlands 1940–1945*, London 1997. Ein früherer und weniger umfangreicher Versuch diese international vergleichenden Fragen zu beantworten, findet sich bei: J.C.H. BLOM, *De*

meisten anderen Autoren analysiert er die Faktoren auf drei Ebenen. Auf der
Ebene der Verfolger ist in den Niederlanden ein besonders aktives Besatzungs-
regime festzustellen. Auf der Ebene der Bevölkerung bzw. der Umgebung war
in den Niederlanden die Obrigkeitstreue stark ausgeprägt, was zu einer relativ
lang anhaltenden Bereitschaft zur bürokratischen Zusammenarbeit mit dem
Besatzer führte. Auf der Ebene der Opfer bzw. der Verfolgten verstärkte
schließlich paradoxerweise der hohe Grad der Integration und Assimilation der
Juden in den Niederlanden die relativ starke Neigung, sich mit dem Besatzer zu
verständigen. Hierbei handelte es sich um eine Haltung, die für die Niederlande
im Ganzen galt, und sich rückblickend als verhängnisvoll erwies.

Moore konzentrierte sich in seiner Untersuchung besonders auf die Niederlande. Auch viele andere Beiträge stellten jenes Phänomen, das auch als das
‚niederländische Paradox‘ bezeichnet wird, in den Mittelpunkt, sodass im Ergebnis von einer ‚neerlandozentristischen‘ Perspektive gesprochen werden kann.
Der einzige niederländische Beitrag mit komparativer Ausrichtung, in dem ein
gleichwertiger, systematischer und detaillierter Vergleich zwischen den Niederlanden, Belgien und Frankreich angestellt wird, besteht in einigen Artikeln von
Pim Griffioen und Ron Zeller.[11] Einen wichtigen neuen Blickwinkel eröffnen
Marnix Croes und Peter Tammes in ihrer kürzlich erschienenen Dissertation
mit dem Titel „*Gif laten wij niet voortbestaan.*" *Een onderzoek naar de overlevingskansen
van joden in de Nederlandse gemeenten 1940–1945*.[12] Die Autoren stellen nicht die
nationale Ebene in den Vordergrund, sondern die lokalen und zum Teil die
regionalen Geschehnisse. Dass der Prozentsatz der Überlebenden in den einzelnen Kommunen recht unterschiedlich war, bildet den Ausgangspunkt ihrer
Untersuchung, die mit quantitativ-analytischen und theoriebildenden Methoden
der Soziologie durchgeführt wurde. Die Dissertation erbrachte wichtige neue
Ergebnisse und Erkenntnisse. Sie weist außerdem auf die Grenzen der starken
Orientierung auf die international vergleichende Methode hin.

Auch Guus Meershoek hat sich in dem gelungenen Artikel *Driedeling als
dwangbuis* aus dem Band *Met alle geweld* mit den Grenzen komparativer Forschung auseinander gesetzt.[13] Er erwartet, dass vor allem die erneute sorgfältige
und detaillierte Rekonstruktion des Ablaufs der Verfolgung zu neuen Erkenntnissen führen wird. Dabei müssen in erster Linie die beteiligten Akteure ins
Licht gerückt und ihre Bemühungen und Resultate, ihre Erfolge oder Misserfol-
ge dargestellt werden. Auf diesem Wege ist vielleicht auch ein direkterer An-

vervolging van de joden in internationaal vergelijkend perspectief, in: *De Gids* 150 (1987),
S. 494–507. Der Artikel ist auch nachzulesen bei: J.C.H. BLOM, *Crisis, bezetting en
herstel. Tien studies over Nederland 1930–1950*, Rotterdam 1989. Die englische Übersetzung erschien im Jahr 1989: J.C.H. BLOM, *The persecution of the jews in the Netherlands in a
comparative international perspective*, in: *European History Quarterly* 19 (1989), S. 333–351.

[11]   Die beiden Autoren werden in naher Zukunft ihre Forschungsergebnisse vorlegen.

[12]   M.P. CROES/P.J.R. TAMMES, „*Gif laten wij niet voortbestaan.*" *Een onderzoek naar de overlevingskansen van joden in de Nederlandse gemeenten 1940–1945*, Amsterdam 2004.

[13]   G. MEERSHOEK, *Driedeling als dwangbuis. Over het onderzoek naar de vervolging van de joden
in Nederland*, in: C. KRISTEL (Hrsg.), *Met alle geweld. Botsingen en tegenstellingen in burgerlijk
Nederland*, Amsterdam 2003, S. 144–161.

schluss an die aktuellen Entwicklungen in der internationalen Historiografie zur Judenverfolgung herzustellen.

Das Verwaltungshandeln

Das zweite Thema, zu dem es spannende neue Erkenntnisse gibt, ist das der Verwaltung, insbesondere hinsichtlich der Wechselwirkung zwischen der Besatzungs- und der einheimischen Verwaltung. In diesem Forschungsbereich wird vor allem untersucht, was die Besatzungsverwaltung, von der fast immer die Initiative ausging, konkret beabsichtigte und wie die einheimischen Institutionen und deren leitende Vertreter auf die Planungen reagierten. Welche Perspektiven hatte und welche Prioritäten setzte man, woran orientierte man sich, was hielt man für die wichtigsten Probleme und Gefahren? Wartete man einfach ab oder handelte man in aktiver Antizipation des Verhaltens, das man von anderen Instanzen und Personen erwartete? Anfänglich handelte es sich offenbar nur selten um eine bewusste Entscheidung für Kollaboration oder Widerstand. Dass man zusammenarbeiten musste, war mehr oder weniger selbstverständlich. Die Frage war eher, mit wem, zu welchem Zweck und in welchem Verwaltungssystem. Der Soziologe C.J. Lammers hat dazu sehr interessante und analytische Beiträge geliefert. Einer seiner Artikel trägt den Titel *Collaboreren op niveau*.[14] Das Verb ‚kollaborieren‘ wird dabei als neutraler, beschreibender Begriff verwendet und die Begriffe ‚goed‘ und ‚fout‘ tauchen in der Bedeutung des mehr oder weniger fähigen Verhandelns um Regelungen auf, die den eigenen Zielen entgegenkamen.

In seinem im Jahr 1984 veröffentlichten Werk *Fremdherrschaft und Kollaboration. Die Niederlande unter deutscher Besatzung 1940–1945*[15] hatte Gerhard Hirschfeld den Weg für eine derartige Perspektive bereitet. Mehrere Studien verschiedener Institutionen und Sektoren zeigen auf, wie sehr die Reaktionen auf niederländischer Seite von der Dynamik des gesellschaftlichen Lebens in der Periode vor der Besatzungszeit geprägt waren. Als eine der besten Arbeiten zu diesem Thema ist Guus Meershoeks Dissertation über die Amsterdamer Polizei zu betrachten. Diese Untersuchung, die im Jahr 1999 erschien, trägt den Titel *Dienaren van het Gezag*.[16] In ihrem Verlauf wird die Entwicklung des Vorgehens der Amsterdamer Polizei während der Besatzungszeit überzeugend dargestellt. Es wird deutlich, dass es bei der Amsterdamer Polizei Phasen unterschiedlicher Orientierung gab und dass sie auf unterschiedliche Art und Weise sowie in unterschiedlichem Maße in den Prozess der Judenverfolgung einbezogen wurde.

---

14 C.J. LAMMERS, *Collaboreren op niveau. Een vergelijkende studie van Duitse bezettingsregimes gedurende de Tweede Wereldoorlog*, in: *Mens en maatschappij* 69 (1994), S. 366–399. Eine Zusammenstellung verschiedener Artikel des Autors ist zu finden in: C.J. LAMMERS, *Vreemde Overheersing. Bezetten en Bezetting in sociologisch perspectief*, Amsterdam, 2005.

15 G. HIRSCHFELD, *Fremdherrschaft und Kollaboration. Die Niederlande unter deutscher Besatzung 1940–1945*, Stuttgart 1984.

16 G.MEERSHOEK, *Dienaren van het gezag. De Amsterdamse politie tijdens de bezetting*, Amsterdam 1999.

Neben den genannten gibt es eine ganze Reihe von hochwertigen und erhellenden Arbeiten zu diesem Themenbereich, von denen an dieser Stelle nur einige Erwähnung finden. Geraldien von Frijtag Drabbe Künzel veröffentlichte 1999 eine Untersuchung zur deutschen Strafrechtsprechung in den Niederlanden.[17] Bereits einige Jahre zuvor hatte Pauline Micheels über die Symphonieorchester in der Zeit von 1933 bis 1945 geschrieben.[18] Kees Wouters verfasste eine interessante Studie über die Bekämpfung des Jazz und der modernen Unterhaltungsmusik in den Niederlanden und in Deutschland im Zeitraum von 1920 bis 1945.[19] In den Untersuchungen von Martijn Eickhoff über die archäologische Arbeit und André Swijtink über den Sport und die Körpererziehung sind weitere wichtige Erkenntnisse zu finden.[20] Eine völlig neue Sicht auf den inländischen, besonders den örtlichen Verwaltungsapparat ist von der fast abgeschlossenen Monografie von Peter Romijn zu erwarten, der bereits mehrere spannende Artikel über das Sachgebiet vorgelegt hat.[21]

Die Stimmung in der niederländischen Bevölkerung

Das dritte Thema betrifft die Stimmung in der niederländischen Bevölkerung. Hierzu liegt bisher nur eine exklusive Studie vor, nämlich die Bart van der Booms mit dem Titel „We leven nog." De stemming in bezet Nederland.[22] Verschiedene andere Publikationen, hierbei ist insbesondere die im Jahr 2001 von Chris van der Heijden veröffentliche Untersuchung mit dem Titel Grijs verleden[23] zu nennen, beschäftigen sich ebenfalls mit der Stimmung in den Niederlanden während der Besatzungszeit. Meist steht diese Thematik jedoch nicht im Mittelpunkt der Analysen. Außerdem wird die Stimmung meist eher als educated guess denn auf der Grundlage von Quellenstudien skizziert. Van der Boom hat als Erster den Versuch unternommen, von primären Quellen auszugehen, die jeweils ihre eigenen Probleme und Unzulänglichkeiten haben. Seine wichtigste

[17] G. VON FRIJTAG DRABBE KÜNZEL, Het recht van de sterkste. Duitse strafrechtspleging in bezet Nederland, Amsterdam 1999.

[18] P. MICHEELS, Muziek in de schaduw van het Derde Rijk. De Nederlandse symfonie-orkesten 1933–1945, Zutphen 1993.

[19] C.A.T.M. Wouters, Ongewenschte muziek. De bestrijding van jazz en moderne amusementsmuziek in Duitsland en Nederland, 1920–1945, Den Haag 1999.

[20] M. EICKHOFF, De oorsprong van het „eigene". Nederlands vroegste verleden, archeologie en nationaal-socialisme, Amsterdam 2003 und A. SWIJTINK, In de pas. Sport en lichamelijke opvoeding in Nederland tijdens de Tweede Wereldoorlog, Haarlem 1992.

[21] P. ROMIJN, Burgemeesters in bezettingstijd. Bestuur tijdens de Duitse bezetting, Amsterdam 2006.

[22] B. VAN DER BOOM, „We leven nog". De stemming in bezet Nederland, Amsterdam 2003. Eine weitaus ältere und weniger umfassende Bearbeitung der Thematik ist zu finden bei J.S. BARTSTRA, Vergelijkende stemmingsgeschiedenis in de bezette gebieden van West-Europa, 1940–1945, in: Mededelingen der Koninklijke Nederlandse Akademie van Wetenschappen 18 (1955), S. 141–180

[23] C. VAN DER HEIJDEN, Grijs verleden. Nederland en de Tweede Wereldoorlog, Amsterdam 2001.

Schlussfolgerung lautet, dass die übergroße Mehrheit der Bevölkerung dem Besatzer, der durch einen feindlichen Überfall in den Niederlanden an die Macht gekommen war, und mehr noch der einheimischen nationalsozialistischen Bewegung, die die Besatzung begrüßte, von Anfang an sehr negativ gegenüber stand. Dieses Ergebnis überrascht insofern, als angesichts der relativ kooperativen Haltung der einheimischen Behörden und der Obrigkeitstreue der Bevölkerung häufig angenommen wurde, dass die Stimmung zumindest ambivalent und abwartend gewesen sei. Van der Booms Studie zeigt auf, dass man stärker als bisher zwischen der Stimmung und dem Verhalten differenzieren muss. Vor Beginn der Besatzungszeit war die Begeisterung für die Nederlandse Unie, über die eine grundlegende Studie von Wichert ten Have erschienen ist,[24] in der Tat viel repräsentativer für die Stimmung im Lande als das Sich-Fügen in die neuen Machtsverhältnisse und das Festhalten an der Alltagsroutine, die das Verhalten bis weit in den Krieg hinein wie selbstverständlich bestimmten.

Die Wirtschaft und Lebensmittelversorgung

Das vierte Thema, welches im Rahmen dieses Beitrags Berücksichtigung findet, ist das der Wirtschaft und der Lebensmittelversorgung. Hierzu herrschten in den Niederlanden lange Zeit ziemlich klischeehafte Vorstellungen, in denen sich die Erinnerung an den Hungerwinter 1944/45 mit rückwirkender Kraft über die gesamte Besatzungszeit erstreckte: Armut, Mangel, Hunger, Raub und Kälte zeichneten das Bild. De Jongs Abschnitte über diese Aspekte enthielten bereits viele Korrekturen hinsichtlich dieser Sichtweise. Allerdings zählte dieses Themenfeld nicht zu seinen Stärken. 1985 veröffentlichte Gerard Trienekens unter dem Titel *Tussen ons volk en de honger* eine grundlegende Studie über die Lebensmittelversorgung.[25] Seine aufsehenerregende These lautete, dass dank der sehr fähigen einheimischen Verwaltung in diesem Sektor, der Distribution und der forcierten Umstellung von der Viehzucht auf Feldwirtschaft bis zum Winter 1944/1945 kaum Hunger geherrscht habe. Es sei nicht nur genügend Nahrung vorhanden gewesen, sondern man habe sie im Grunde ehrlicher als vor dem Krieg verteilt. Der Autor gab auch Zahlen an, aus denen hervorging, dass sich der Gesundheitszustand der Bevölkerung in den ersten Kriegsjahren verbessert habe. Der katastrophale Hungerwinter in den Städten, insbesondere im Westen des Landes, sei keine Folge des Mangels an Lebensmitteln gewesen, sondern erkläre sich aus dem Zusammenbruch des Transportsystems, der unter anderem durch den Eisenbahnerstreik und das Zufrieren der Wasserwege verursacht wurde.

Diese Version entwickelte sich bald zu einer neuen Orthodoxie, die Hein Klemann für die Wirtschaft insgesamt in seinem ebenfalls auf eingehenden neuen Quellenstudien beruhenden Buch *Nederland 1938–1948. Economie en*

---

24 W. TEN HAVE, *De Nederlandse Unie. Aanpassing, vernieuwing en confrontatie in bezettingstijd 1940–1941*, Amsterdam 1999.

25 G.M.T. TRIENEKENS, *Tussen ons volk en de honger. De voedselvoorziening 1940–1945*, Utrecht 1985.

samenleving in jaren van oorlog en bezetting ausarbeitete.[26] Klemann entwarf ein völlig anderes Bild der Konjunktur und der wirtschaftlichen Lage als de Jong. Er hebt vor allem die große Blüte der niederländischen Wirtschaft zu Beginn der Besatzungszeit hervor. Danach, spätestens ab 1942, habe sich die Situation angesichts der immer unbarmherzigeren Ausbeutungspolitik der Besatzungsmacht geändert. Der Krieg führte hierdurch im Ganzen zu einer schweren Verarmung des Landes, die aber nicht so schlimm gewesen sei, wie es gleich nach dem Ende der Besatzung schien. Insofern stelle der wirtschaftliche Wiederaufbau nach dem Krieg nach Auffassung des Verfassers kein so großes ‚Wunder' dar, wie häufig angenommen wird. Bemerkenswert ist übrigens, dass Klemann einen Zusammenhang zwischen der wirtschaftlichen Blüte zu Kriegsbeginn und dem relativ großen Erfolg der Besatzer bei der Judenverfolgung herstellt: die günstigen Bedingungen hätten die Widerstandsbereitschaft der Bevölkerung verringert. In diesem Punkt erhält Klemann allerdings Widerspruch. Übrigens hat er Trienekens' Aussagen über die Lebensmittelversorgung selbst schon etwas nuanciert. Eine noch abweichendere Meinung dürfte Ralf Futselaar in seiner bevorstehenden Dissertation vertreten. Dies gilt in besonderer Weise in Bezug auf den Gesundheitszustand der Bevölkerung. Futselaar wird im Rahmen eines Vergleichs mit Dänemark die These aufstellen, dass sich während der Besatzungszeit die Kindersterblichkeit infolge von Ernährungsdefiziten deutlich erhöht hat.[27]

Der ‚Krieg nach dem Krieg'

Ein fünftes Thema ergibt sich aus der hohen Zahl an Studien, die ‚den Krieg nach dem Krieg' zum Gegenstand haben. Weil dieses Thema nicht mehr unter die Historiografie der Besatzungszeit im eigentlichen Sinne fällt, wird auf dieses Themenfeld hier nur sehr kurz eingegangen. In der öffentlichen Debatte ist die Erfahrung der nationalsozialistischen deutschen Besatzung und des Zweiten Weltkriegs in den Vordergrund getreten, wobei die Intensität und die Thematik wechselte. Es handelte sich ja auch ohne Zweifel um die erschütterndste Erfahrung aus der jüngsten niederländischen Vergangenheit, in der im Unterschied zu vielen anderen europäischen Ländern das Erleben des Ersten Weltkriegs keine Rolle spielte.[28] Im Folgenden werden einige der wichtigsten Werke aus diesem

---

26 H.A.M. KLEMANN, *Nederland 1938–1948. Economie en samenleving in jaren van oorlog en bezetting*, Amsterdam 2002.

27 Der vorläufige Titel der Arbeit, die voraussichtlich im Laufe des Jahres 2006 veröffentlicht wird, lautet: *Lard, Lice and Longevity. A comparative study into the standards of living in occupied Denmark and the Netherlands. 1940–1945.*

28 Die Bedeutung des Zweiten Weltkrieges für die niederländische Geschichte betrachten: J.C.H. BLOM, *The Second World War and Dutch society. Continuity and change*, in: A.C. DUKE and C.A. TAMSE (Hrsg.), *War and society. Papers delivered to the Sixth Anglo-Dutch Historical Conference Britain and the Netherlands 6* (1977). Eine niederländische Version des Textes ist nachzulesen bei: J.C.H. BLOM, *De Tweede Wereldoorlog en de Nederlandse samenleving. Continuïteit en verandering*, in: J.C.H. BLOM, *Crisis, bezetting en herstel. Tien studies over Nederland 1930–1950*, Rotterdam 1989.

Themenfeld genannt. A.D. Belinfante, Peter Romijn, Joggli Meihuizen, Harald Führer und Hinke Piersma setzen sich mit der Sondergerichtsbarkeit und den Säuberungen auseinander.[29] Der Schadens- und Wiedergutmachungsproblematik widmeten sich in den letzten Jahren vor allem Gerard Aalders, Wouter Veraart sowie Eelke Muller und Helen Schretlen.[30] Zu diesem Thema liegen mittlerweile zudem die Berichte verschiedener Untersuchungsausschüsse vor. Die Erfahrungen der Heimkehrer aus den Lagern bei und nach der Ankunft im Vaterland werden in verschiedenen recht aktuellen Untersuchungen analysiert. Die entsprechenden Forschungsbemühungen wurden unter anderem von Martin Bossenbroek, Conny Kristel und Hinke Piersma durchgeführt.[31] Frank van Vree, Ido de Haan und Conny Kristel befassen sich mit der Art und Weise, wie in den Niederlanden nach dem Krieg von der Judenverfolgung gesprochen wurde.[32] Jolande Withuis steuerte eine Studie über das Kriegstrauma bei, das ebenfalls Gegenstand der öffentlichen Debatte war.[33] Abschließend sei auf Madelon de Keizer verwiesen, die in ihrem Buch aus dem Jahr 1998 die Analyse eines erschütternden Ereignisses aus dem Krieg mit der Darstellung des Kampfes um die Erinnerung daran kombiniert.[34]

---

[29] A.D. BELINFANTE, *In plaats van bijltjesdag. De geschiedenis van de bijzondere rechtspleging na de Tweede Wereldoorlog*, Assen 1978; P. ROMIJN, *Snel, streng en rechtvaardig. Politiek beleid inzake de bestraffing en reclassering van „foute" Nederlanders 1945–1955*, Houten 1989; J. MEIHUIZEN, *Noodzakelijk kwaad. De bestraffing van economische collaboratie in Nederland na de Tweede Wereldoorlog*, Amsterdam 2003; H. FÜHNER, *Nachspiel. Die niederländische Politik und die Verfolgung von Kollaborateuren und NS-Verbrechern 1945–1989*, Münster 2005; H. PIERSMA, *De drie van Breda. Duitse oorlogsmisdadigers in Nederlandse gevangenschap 1945– 1989*, Amsterdam 2005.

[30] G. AALDERS, *Roof. De ontvreemding van joods bezit tijdens de Tweede Wereldoorlog*, Den Haag 1999 (in deutscher Sprache unter dem Titel *Geraubt! Die Enteignung jüdischen Besitzes im Zweiten Weltkrieg* erschienen); DERS., *Berooid. De beroofde joden en het Nederlandse restitutiebeleid sinds 1945*, Amsterdam 2001; DERS., *Eksters. De nazi-roof van 146 duizend kilo goud bij De Nederlandsche Bank*, Amsterdam 2002; W.J. VERAART, *Ontrechting en rechtsherstel in Nederland en Frankrijk in de jaren van bezetting en wederopbouw*, Deventer 2005; E. MULLER/H. SCHRETLEN, *Betwist bezit. De Stichting Nederlands Kunstbezit en de teruggave van roofkunst na 1945*, Zwolle 2002.

[31] M. BOSSENBROEK, *De meelstreep*, Amsterdam 2001; C. KRISTEL (Hrsg.), *Binnenskamers*, Amsterdam 2002; C. KRISTEL (Hrsg.), *Polderschouw*, Amsterdam 2002; H. PIERSMA (Hrsg.), *Mensenheugenis*, Amsterdam 2001.

[32] F. VAN VREE, *In de schaduw van Auschwitz. Herinneringen, beelden, geschiedenis*, Groningen 1995; I. DE HAAN, *Na de ondergang. De herinnering aan de jodenvervolging in Nederland 1945–1995*, Den Haag 1997; C. KRISTEL, *Geschiedschrijving als opdracht. Abel Herzberg, Jacques Presser en Loe de Jong over de jodenvervolging*, Amsterdam 1998.

[33] J. WITHUIS, *Erkenning. Van oorlogstrauma naar klaagcultuur*, Amsterdam 2002. Verwiesen sei auch auf das neue Buch der Autorin: J. WITHUIS, *Na het kamp. Vriendschap en politieke strijd*, Amsterdam 2005.

[34] M. DE KEIZER, *Putten. De razzia en de herinnering*, Amsterdam 1998. In deutscher Sprache erschien das Buch unter dem Titel *Razzia in Putten. Verbrechen der Wehrmacht in einem niederländischen Dorf*.

Gesamtdarstellungen

Hinsichtlich der Aufarbeitung der Besatzungszeit ist festzustellen, dass es nur wenige neue Gesamtdarstellungen gibt, die ein anderes Bild als de Jong zeichnen. Lange Zeit war neben verschiedenen populären Darstellungen, die mit de Jong übereinstimmten, in wissenschaftlicher Hinsicht Werner Warmbrunns Buch mit dem Titel *The Dutch under German Occupation 1940–1945* das akzeptabelste einbändige Übersichtswerk. Warmbrunn veröffentlichte seine Darstellung bereits 1963 und somit bevor de Jong den ersten Band seines Geschichtswerkes vorstellte.[35] Das zweifellos wichtigste allgemeine Buch neueren Datums trägt den Titel *Grijs Verleden. Nederland en de Tweede Wereldoorlog*. Es wurde von Chris van der Heijden geschrieben.[36] Der Autor richtet sich gegen die vereinfachende Darstellung der Thesen de Jongs, in der die Besatzung schwarzweiß dargestellt wird und vor allem die Extreme hervorgehoben werden. Die Kritik wird de Jongs *Het Koninkrijk* nicht ganz gerecht, korrespondiert aber mit dem Bild, das sich das breite Publikum davon gemacht hat. Van der Heijden stellt diesem Bild, wie schon sein programmatischer Titel verrät, ein graues Bild gegenüber. Er empfiehlt zu der realistischen Einsicht zu gelangen, dass Menschen nun einmal keine Helden, sondern ‚Stümper‘ seien. Damit bewegt er sich allerdings innerhalb desselben Kontinuums zwischen Kollaboration und Widerstand, das bei de Jong Anwendung findet. Da er ganz andere Akzente setzt, entsteht jedoch ein abweichendes Bild der Periode. So bietet sein Buch zahlreiche interessante und erhellende Beobachtungen und Analysen. Van der Heijden schreckt ebenso wenig wie de Jong davor zurück, moralische und politische Urteile zu fällen. Die moralische Dimension der Probleme, die er behandelt, drängt sich derart in den Vordergrund, dass die moralischen Aspekte wie von selbst Eingang in seine Ausführungen finden. So kommt es zu einer neuen Synthese im Rahmen der alten Perspektive, jedoch nicht zu einer wesentlich anderen Sichtweise, die möglicherweise kein graues, sondern ein farbenfrohes Bild von der Vergangenheit ergeben hätte.

Schluss

Abschließend sei noch auf einige Punkte hingewiesen. Die meisten Studien, die im Vorangegangenen angesprochen wurden, unterscheiden sich in folgenden Punkten von de Jongs Meisterwerk, das nach wie vor als Inspirationsquelle und Fundgrube dient: die Zeitperspektive ist breiter, die Methode analytischer, der internationale Vergleich stärker und das Interesse für die Perzeptionen von damals ist größer. Dennoch tragen die Veröffentlichungen noch einen sehr niederländischen Charakter. Die niederländischen Historiker kennen zwar die internationale Historiografie, bringen jedoch wenig mehr als den ‚niederländischen Fall‘ ein. In den internationalen Diskussionen spielen sie kaum eine Rolle.

35 W. WARMBRUNN, *The Dutch under German Occupation 1940–1945*, Stanford 1963.
36 C. VAN DER HEIJDEN, *Grijs verleden. Nederland en de Tweede Wereldoorlog*, Amsterdam 2001.

Eine gewisse Ausnahme bildet das ESF-Programm mit dem Titel *The impact of occupation*, in dem niederländische Historiker prominent vertreten sind. Hier eröffnen sich Möglichkeiten für das kürzlich gegründete und bisher noch kleine Centrum voor Holocaust en Genocide Studies. Auch das NIOD nimmt, nicht zuletzt über die Kontakte, die Peter Romijn unterhält, an den derzeitigen europaweiten Beratungen über eine künftige, intensivere Zusammenarbeit und den Erwerb von Forschungsmitteln teil. Vielleicht wird damit auch Guus Meershoeks Aufforderung, mit den internationalen Entwicklungen in der Forschung Schritt zu halten, befolgt.

Interessant ist auch die Frage, welche Themen in den letzten Jahrzehnten kaum berücksichtigt wurden. In erster Linie ist das der Widerstand, der einst das mit Abstand wichtigste Thema war. Etwas mehr Beachtung erfährt die Militärgeschichte.[37] Die Aufarbeitung der Geschehnisse in Niederländisch-Indien gewinnt seit einiger Zeit an Bedeutung. In diesem Zusammenhang wird auch der Entkolonialisierung, die zu den spektakulären Folgen des Zweiten Weltkriegs gehört, viel Beachtung geschenkt. Für die Periode der japanischen Besatzung galt das zunächst weniger, aber im Moment scheint sich dieses Blatt zu wenden. Im *Van Indië tot Indonesië*-Programm des NIOD steht gerade diese Thematik im Mittelpunkt. Es wäre sehr zu begrüßen, wenn sich aus all diesen heterogenen Vorhaben eine gewisse Kohärenz ergeben würde. Zudem sollte der Bezug auf eine breit gefächerte Problemstellung, die lieber transnational als international orientiert sein und um den Konflikt und die Massengewalt des 20. Jahrhunderts kreisen sollte, hergestellt werden.

Abschließend sei auf die Vertiefung der Kluft zwischen Wissenschaft und breitem Publikum hingewiesen, die auch auf historischem Terrain existiert. De Jong konnte sein wissenschaftliches Vorgehen noch ganz mühelos mit dem Schreiben für das breite Publikum, das er auch über die Massenmedien erreichte, vereinen. Die Wissenschaft ist dem großen Publikum heute viel schwerer und seltener zugänglich. Das Interesse am Krieg ist vorhanden, aber die Forschungsergebnisse sind, noch abgesehen von der Lesbarkeit der Bücher, dem großen Publikum oft zu nuanciert, detailliert und distanziert. Für die breite Masse der Bevölkerung bleibt die Geschichte im allgemeinen und die des Krieges im besonderen doch eher eine Frage ‚guten‘ und ‚bösen‘ Verhaltens mit direkten gesellschaftlichen Folgen. Die Wissenschaft kann darauf meist nicht unmittelbar und eindeutig genug reagieren, da es ihr um Erkenntnis und Analyse geht. Das führt aber nicht zur gesellschaftlichen Irrelevanz der Wissenschaft, die viele wichtige indirekte Auswirkungen haben kann. Für das große Publikum ist das allerdings kaum spannend genug.

---

[37] Zum Thema siehe vor allem die neue Ausgabe des folgenden Buches: H. AMERSFOORT/ P. KAMPHUIS (Hrsg.), *Mei '40. De strijd op Nederlands grondgebied*, Den Haag 2005².

Geschichtsschreibung

Gerhard Hirschfeld

Niederländische Zeitgeschichte:
Fragen und Perspektiven der Forschung

Anders als in Deutschland scheint es in den Niederlanden zu keinem Zeitpunkt – weder unter Historikern noch in der interessierten Öffentlichkeit – eine Debatte darüber gegeben zu haben, was Zeitgeschichte eigentlich sei oder aber womit sich dieses Teilgebiet der Historischen Wissenschaften überhaupt beschäftigt. Gravierender noch, es gibt nicht einmal einen verbindlichen Begriff oder eine Bezeichnung für diese historische Zeit oder Epoche, die unserer Gegenwart bekanntlich am nächsten ist. Stattdessen existieren, darauf hat unlängst der Historiker Christoph Strupp verwiesen, mehrere unterschiedliche Begriffe gleichsam nebeneinander.[1] Einige von ihnen werden im Folgenden kurz angesprochen.

‚Nieuwste Geschiedenis‘ (Neueste Geschichte): So hatte Robert Fruin, der Inhaber des ersten eigenen Lehrstuhls für Niederländische Geschichte an der Universität Leiden 1860, die Geschichte der Gegenwart genannt und damit zugleich ein flammendes Plädoyer für ihre Erforschung verknüpft: „Nein, die Geschichte unseres Landes ist zu schön, zu lehrreich, um unserem Volk nicht im Ganzen berichtet zu werden. Sie nimmt für unsere Zeitgenossen an Bedeutung zu, je mehr sie sich unserer Zeit nähert. Die Geschichte des vorigen Jahrhunderts und des Jahrhunderts, das wir miterleben, verdient unsere Aufmerksamkeit gewiss nicht weniger als die Zeit der gräflichen Herrschaft."[2]

‚Contemporaine Geschiedenis‘ (Zeitgeschichte): Dieser Begriff lehnt sich an den englischen, französischen oder italienischen Sprachgebrauch (‚contemporary history‘, ‚histoire contemporaine‘ oder ‚storia contemporanea‘) an, wobei die Begriffe allerdings zunächst sehr unterschiedliche Epochen der jeweiligen Nationalgeschichte bezeichneten.[3]

---

1 C. STRUPP, „Nieuwste geschiedenis", „Contemporaine geschiedenis" oder „Historia hodierna"? Zeitgeschichte in der niederländischen Geschichtswissenschaft, in: A. NÜTZENADEL/W. SCHIEDER, Zeitgeschichte als Problem. Nationale Traditionen und Perspektiven der Forschung in Europa, Sonderheft 20 von Geschichte und Gesellschaft (2004), S. 201–225.

2 R. FRUIN, De onpartijdigheid van den geschiedschrijver, in: DERS., Verspreide Geschriften, Bd. IX, ’s Gravenhage 1904, S. 274–299, hier S. 295.

3 A. SELDON (Hrsg.), Contemporary History. Practice and Method, Oxford/New York 1988. Zur Frage der Periodisierung vgl. auch G. METZLER, Einführung in das Studium der Zeitgeschichte, Paderborn 2004, S. 27–32.

‚Historia Hodierna' (lat. die heutige Zeit): Hierbei handelt es sich um einen leider etwas verunglückten Vorschlag des großen ‚Zeithistorikers' und Chronisten des jüdischen ‚Untergangs' Jacques Presser aus seiner Antrittsvorlesung an der Universität Leiden im Jahr 1950. Der Vorschlag fand nicht einmal Aufnahme in die niederländischen Wörterbücher. Dessen ungeachtet verdienen Pressers kluge Beobachtungen über Möglichkeiten und Grenzen einer Zeitgeschichte unsere Aufmerksamkeit.[4]

Einen weiteren Anlauf unternahmen vor einigen Jahren die Historiker an der Rijksuniversiteit Groningen, die eine eigene Abteilung für ‚Eigentijdse Geschiedenis' (Zeitgenössische Geschichte) errichteten, die sich der Zeit nach dem Zweiten Weltkrieg widmet. Das Bachelorprogramm dieser Abteilung bietet derzeit im Grundstudium einen Schwerpunkt ‚De Eigen Tijd' an, der explizit die Zeitgeschichte nach 1989 behandelt.[5]

Keiner der vorgenannten Begriffe hat sich bis heute an den Schulen und Hochschulen oder in der Öffentlichkeit landesweit verbindlich durchsetzen können. Im Gegenteil, manche werden durchaus analog gebraucht: so nennt sich beispielsweise die historische Zeitschrift *Nieuwste Tijd* (Neueste Zeit) im Untertitel eine Vierteljahresschrift *voor eigentijdse Geschiedenis*.[6]

Das Problem der Epochengrenzen

Ebenso wenig wie es ein verbindliches niederländisches Wort für den deutschen Begriff ‚Zeitgeschichte' gibt, so misslangen auch alle Versuche, sich auf ein Stichjahr für ihren Beginn zu verständigen. Die von einigen Historikern des 19. sowie der ersten Hälfte des 20. Jahrhunderts getroffenen Festlegungen lassen die neueste niederländische Geschichte je nach Interpretation zwischen 1795 (dem Beginn der so genannten Batavischen Republik respektive der Französischen Zeit) und 1918 (dem Ende des Ersten Weltkriegs) beginnen. Im Grunde sind die genannten Stichjahre für die Geschichtsschreibung jedoch ohne Bedeutung geblieben: es lassen sich jeweils mindestens eben soviele Argumente für wie gegen diese und andere Periodengrenzen anführen. Für die Mehrheit der niederländischen Historiker, die sich mit der Geschichte ihrer Zeit beschäftigten, ging es ohnehin weniger darum, mögliche Zäsuren oder Brüche in ihrer Nationalgeschichte herauszustellen, als „die Kontinuität des bürgerlich-konstitutionellen politischen Systems" zu unterstreichen.[7]

Mit ihrem augenscheinlichen Unwillen oder Unvermögen, sich auf eine allgemein verbindliche Epochengrenze für die Zeitgeschichte festzulegen,

---

4   J. PRESSER, *Historia Hodierna. Inaugurele rede*, Leiden 1950. Vgl. auch hierzu C. KRISTEL, *Geschiedschrijving als opdracht. Abel Herzberg, Jacques Presser en Loe de Jong over de Jodenvervolging*, Amsterdam 1998, S. 57 f.

5   Vgl. *http://www.rug.nl/let/onderwijs/historischewetenschappen/geschiedenis/baProgrammaGesch*

6   Der Titel der seit dem Jahr 2001 erscheinenden Zeitschrift lautet *Nieuwste tijd: kwartaalschrift voor eigentijdse geschiedenis*. Sie wird von der Stichting Nieuwste Tijd und der Uitgeverij Wereldbibliotheek herausgegeben.

7   STRUPP (wie Anm. 1), S. 225.

befinden sich die Niederländer im Übrigen in guter europäischer Gesellschaft. Weder die Franzosen (die lange Zeit ihre ‚histoire contemporaine‘ mit der Revolution von 1789 beginnen ließen) noch die Spanier oder die Italiener (die das jeweilige Ende der Napoleonischen Herrschaft in ihren Ländern als Ausgang nahmen) und auch nicht die Engländer (bei denen lange Zeit die Parlamentsreform von 1832 den Beginn ihrer ‚contemporary history‘ bildete) lassen sich heute noch auf diese historischen Daten festlegen. In allen diesen Ländern ist Zeitgeschichte keine klar umrissene Epoche, ihre zeitlichen Übergänge sind daher fließend.[8]

Damit scheinen die Deutschen auf Grund ihrer Katastrophengeschichte im letzten Jahrhundert wieder einmal eine Sonderrolle einzunehmen. Obgleich die zuerst 1953 von dem damaligen Tübinger Historiker Hans Rothfels getroffene Festlegung auf das Weltkriegsjahr 1917 (als Entstehung des Dreiecks Demokratie, Kommunismus und Faschismus, das Rothfels als konstitutiv für die ‚Epoche der Mitlebenden‘ ansah) inzwischen weithin als obsolet gilt, so hat sich dieser Ansatz, nämlich den chronologisch fließenden Begriff der Zeitgeschichte mit einer Epochenzäsur zu verbinden, in Deutschland — so scheint es — weithin durchgesetzt.[9] Dies zeigt nicht zuletzt die fortgesetzte Suche einiger deutscher Historiker nach den so genannten Schwellenjahren im kurzen 20. Jahrhundert (1914, 1933, 1945, 1989).[10] Allerdings haben andere Historiker sich schon vor mehr als dreißig Jahren dagegen ausgesprochen, Zeitgeschichte chronologisch festzulegen und sie stattdessen „zur Geschichte der Zeit dessen, auf den das Wort bezogen ist“, mithin zu einer „offenen Geschichte“, erklärt — allerdings taten sie dies offenbar mit nur geringem Erfolg.[11]

Die Schwächen einer Fixierung auf epochale Zusammenhänge liegen auf der Hand. Da ist zum einen das alte *Rothfelssche Problem*, demzufolge eine generationsbezogene Geschichte (‚Epoche der Mitlebenden‘) und der Untersuchungszeitraum der Zeitgeschichte in der Regel nicht deckungsgleich sind. Der Bonner Zeitgeschichtler Karl-Dietrich Bracher hatte zu Beginn der 1980er Jahre noch versucht, diesem Dilemma mit seinem Vorschlag einer ‚doppelten Zeitgeschichte‘ zu entgehen: 1914-1945 (gekennzeichnet durch internationale Konflikte und die beiden Weltkriege) und die Zeit nach 1945

---

8 Siehe SELDON (wie Anm. 3) und METZLER (wie Anm. 3). Lediglich in Frankreich hat der Begriff ‚histoire du temps présent‘ inzwischen zunehmend die ‚histoire contemporaine‘ zur Kennzeichnung der Zeit von 1939/40 bis zur Gegenwart abgelöst.

9 Vgl. H.G. HOCKERTS, *Zeitgeschichte in Deutschland. Begriff, Methoden, Themenfelder*, in: *Aus Politik und Zeitgeschichte* Bd. 29/30 (1993), S. 3–19. Grundsätzlich hierzu Metzler (wie Anm. 3), S. 27–32.

10 Vgl. K. TENFELDE, *1914–1990 – Einheit der Epoche*, in: *Aus Politik und Zeitgeschichte* Bd 40 (1991), S. 3–11. Hierzu auch C. KLESSMANN, *Zeitgeschichte in Deutschland nach dem Ende des Ost-West-Konflikts*, Essen 1998.

11 E. JÄCKEL, *Begriff und Funktion der Zeitgeschichte*, in: E. JÄCKEL/E. WEYMAR (Hrsg.), *Die Funktion der Geschichte in unserer Zeit*, Stuttgart 1975, S. 162–176, wiederabgedruckt in DERS.: *Umgang mit der Vergangenheit. Beiträge zur Geschichte*, Stuttgart 1989, S. 133–150, hier S. 143 f.

(geprägt durch die Herausbildung neuer globaler Machtstrukturen).[12] Sein Münchner Kollege Hans Günter Hockerts plädierte gar für eine ‚dritte Zeitgeschichte‘ nach 1989, die die Phase der Wiedervereinigung der beiden deutschen Staaten umschließt.[13] Man ist schon gespannt auf die vierte oder fünfte Zeitgeschichte.

Da ist zum anderen die eingangs bereits erwähnte Schwierigkeit, die aus der jeweiligen Nationalgeschichte destillierten Epochengrenzen auf die Geschichte anderer Länder zu übertragen. Und da ist zum dritten das Dilemma, die Grenzen einer Epoche stets mit einschneidenden Ereignissen, mit einer unerhörten historischen Begebenheit oder aber mit dem Anfang einer für die Gegenwart konstitutiven Entwicklung zu verbinden. Insbesondere bei nationalen oder globalen Katastrophen − seien diese Welt- oder Bürgerkriege, Revolutionen, Aufkommen von Diktaturen − sind wir rasch mit moralischen Kategorien bei der Hand: Zeitgeschichte wird somit häufig zur Aufarbeitung oder gar ‚Bewältigung‘ der Vergangenheit, jedenfalls der unmittelbaren. Je weiter wir uns allerdings von dieser Vergangenheit entfernen, desto schwieriger ist es, die jeweilige Gegenwart noch als Ergebnis eines einschneidenden Ereignisses oder einer unerhörten Begebenheit zu sehen.

Womit wir wieder bei der niederländischen Befassung (respektive Nicht-Befassung) mit diesem Problem sind. Der von einigen Historikern unternommene Versuch, den Ersten Weltkrieg und vor allem seinen Ausgang als globale Epochengrenze und damit als Beginn einer modernen Zeitgeschichtsschreibung zu deklarieren, ist in der niederländischen Geschichtsschreibung weithin ohne Wirkung geblieben.[14] Zeitgeschichte hatte sich unter dem Eindruck der weltumspannenden kriegerischen Ereignisse gleichsam lediglich „von der ‚vaterländischen‘ auf die Ebene der allgemeinen Geschichte verschoben“.[15] Angesichts der Tatsache, dass den Niederlanden und seinen Bürgern die katastrophalen Begleitumstände und Folgen eines industrialisierten, total geführten und oftmals ebenso erlebten Massenkrieges erspart blieben, kam dem Jahr 1918 keine besondere Bedeutung zu. Trotz sozialer Unruhen und einiger Verwerfungen gegen Ende des Krieges erfreuten sich das politische System des Landes und seine herrschende Klasse einer bemerkenswerten Stabilität. Dies trug nicht zuletzt dazu bei, das niederländische Modell der politischen und gesellschaftlichen ‚Versäulung‘ zu bestätigen und bis weit in die zweite Hälfte des Jahrhunderts zu perpetuieren. Auch die Historiker waren und blieben stets ein integraler Bestandteil dieses ‚versäulten‘ Systems.[16]

Anders verhält es sich bekanntlich mit dem Zweiten Weltkrieg. Die persönlichen wie kollektiven Erfahrungen der Niederländer mit diesem Krieg

---

12 K.D. BRACHER, *Doppelte Zeitgeschichte im Spannungsfeld politischer Generationen. Einheit trotz Vielfalt politischhistorischer Erfahrungen?*, in: B. HEY / P. STEINBACH (Hrsg.), *Zeitgeschichte und politisches Bewusstsein*, Köln 1981, S. 53–71.

13 HOCKERTS (wie Anm. 9), S. 19.

14 Einen solchen Versuch unternahm unter anderem der Amsterdamer Historiker de Boer. Vgl. M.G. DE BOER, *De wereldoorlog en de Historie*, in: *Tijdschrift voor Geschiedenis* 34 (1919), S. 1–11.

15 STRUPP (wie Anm. 1), S. 207.

16 Vgl. STRUPP (wie Anm. 1), S. 207.

(der militärischen Niederlage im Mai 1940, einer beinahe fünf Jahre währenden deutschen Besatzung und schließlich der Befreiung des Landes samt deren Folgen) haben sich tief und dauerhaft in das politische und historische Bewusstsein der niederländischen Gesellschaft eingegraben – nicht nur in das der so genannten Miterlebenden und ,Zeitzeugen'.[17] ,De Oorlog' – lange Zeit bestand nicht einmal das Bedürfnis oder die Notwendigkeit zwischen einem ersten und zweiten (Welt-)Krieg zu unterscheiden – wurde zu einem festen Bestandteil der niederländischen Nachkriegskultur. Mit seiner ironischen Bemerkung, der Zweite Weltkrieg werde als Orientierungspunkt für die Niederlande seine Gültigkeit behalten, so lange er nicht durch einen Dritten Weltkrieg abgelöst werde, hat der Schriftsteller Harry Mulisch diesen Sachverhalt 1972 noch einmal auf den Punkt gebracht.[18] Erst nach dem 10. Mai 1940 hätte für die Niederlande endgültig das 20. Jahrhundert begonnen, als ein Zeitalter der internationalen Gewaltausübung und -erfahrung, – so lautet das ernüchternde Fazit eines lesenswerten Aufsatzes von Hermann von der Dunk.[19] Der Beginn des Zweiten Weltkriegs respektive der deutsche Einmarsch in die neutralen Niederlande wurden damit aber auch zu einer von den Historikern weithin akzeptierten historischen Zäsur und zugleich zum Ausgang der gegenwärtigen niederländischen Zeitgeschichtsschreibung.

Zur Bedeutung des Kriegsendes im Jahr 1945

Ob es 1945 in Deutschland eine wirkliche ,Stunde Null' gab oder doch eher, zumindest was Wirtschaft und Gesellschaft in den westlichen Besatzungszonen betrifft, eine längere Phase einer Transformation „von Stalingrad zur Währungsreform" – darüber haben westdeutsche Zeithistoriker noch vor einigen Jahren trefflich gestritten.[20] Das Ergebnis war, wie so häufig bei derart fundamentalen und provozierenden Thesen, ein entschiedenes ,Einerseits

---

17 H. BLOM, *De Tweede Wereldoorlog en de Nederlandse Samenleving: Continuiteit en Verandering*, in DERS., *Crisis, Bezetting en Herstel. Tien studies over Nederland 1930–1950*, Den Haag 1989, S. 164–183; DERS., *Leiden als Warnung. Konstanten und Variablen im niederländischen Umgang mit der Besatzungszeit*, in: N. FASSE/J. HOUWINK TEN CATE/ H. LADEMACHER (Hrsg.): *Nationalsozialistische Herrschaft und Besatzungszeit. Historische Erfahrung und Verarbeitung aus niederländischer und deutscher Sicht*, Münster u.a. 2000, S. 321–330.

18 H. MULISCH, *De toekomst van gisteren. Protocol van een schrijverij*, Amsterdam 1972, Neuauflage 1983, S. 9.

19 H. VON DER DUNK, ,*Toen werd het levensgevaarlijk.' Nederland, oorlog en geweld*, in: C. KRISTEL u.a. (Hrsg.), *Met alle Geweld. Botsingen en tegenstellingen in burgerlijk Nederland*, Amsterdam 2003, S. 13–33, hier S. 28. Vgl. auch DERS., *Holland. The Shock of 1940*, in: W. LAQUEUR/G.L. MOSSE (Hrsg.), *The new History. Trends in Historical Research and Writing since World War II*, New York 1967, S. 162–175.

20 M. BROSZAT/K.-D. HENKE/H. WOLLER, *Von Stalingrad zur Währungsreform. Zur Sozialgeschichte des Umbruchs in Deutschland*, München 1988; H.G. HOCKERTS, *Gab es eine Stunde Null? Die politische, wirtschaftliche und gesellschaftliche Situation in Deutschland nach der bedingungslosen Kapitulation*, in: S. GRIMM/W. ZIRBS, *Nachkriegszeiten. Die Stunde Null als Realität und Mythos in der deutschen Geschichte*, München 1996, S. 119–156.

– Andererseits'. Für die Niederlande wird man hingegen sagen können, dass
trotz der zweifellos zu konstatierenden Brüche in vielen Biographien und
Lebensentwürfen die Kontinuitäten bei weitem überwiegen – und zwar politisch wie gesellschaftlich. Die parlamentarische Demokratie und die konstitu-
tionelle Monarchie konnten sich ebenso wie die politischen Parteien und
gesellschaftlichen Verbände – letztere trotz mancher Umbenennungen oftmals mit demselben Personal und unter der gleichen Führung – nicht nur
bestätigt, sondern gleichsam rehabilitiert fühlen. Das nach dem deutschen
Überfall im Mai 1940 zunächst tief erschütterte politisch-gesellschaftliche
System der Niederlande wurde durch die Befreiung des Landes (und den
somit errungenen Sieg über Nazi-Deutschland) geradezu neu legitimiert. Die
nicht nur für die Geschichte der Niederlande beispiellosen Säuberungen nach
1945 waren – ungeachtet mancher juristischer und organisatorischer Mängel
– zugleich eine Bestätigung der verantwortlichen staatlichen und gesellschaftlichen Institutionen. Den unmittelbaren Nutzen hieraus – dies zeigt nicht
zuletzt noch einmal eindrucksvoll die 2003 publizierte Studie von Joggli Meihuizen – zogen wiederum die politischen und ökonomischen Eliten des Landes.[21]

Im Lichte dieser - notwendig sehr kursorischen – Bemerkungen zur Kontinuität der niederländischen Politik und Gesellschaft gewinnt die provozie-
rende These des Leidener Politikwissenschaftlers Hans Daalder von 1985
zumindest vordergründig an Plausibilität: der Zweite Weltkrieg – so Daalder
– sei für die Niederlande lediglich „ein Intermezzo" gewesen.[22] Es habe in
den Niederlanden zwischen 1940 und 1945 weniger politische und gesellschaftliche Veränderungen gegeben als in der so genannten Franzosenzeit,
also zwischen 1795 und 1813. Natürlich verschiebt sich dieses Bild sogleich,
wenn wir uns etwa die durch den Krieg angeschobenen oder beschleunigten
außenpolitischen Prozesse und Veränderungen (Dekolonisierung, Aufgabe
der Neutralität) vor Augen führen. Hier wiederum sind die Brüche unver-
kennbar. Daalders These von einem „Intermezzo" wird schließlich vollends
unhaltbar angesichts der durch die Katastrophen des Krieges und der deutschen Besatzung ausgelösten privaten wie öffentlichen Diskurse und Debatten in der niederländischen Nachkriegsgesellschaft. Bei diesen wiederum
waren auch die Zeithistoriker gefordert.

---

21 J. MEIHUIZEN, *Noodzakelijk kwaad. De bestraffing van economische collaboratie in Nederland
na de Tweede Wereldoorlog*, Amsterdam 2003. Grundsätzlich zu dieser Thematik siehe
P. ROMIJN, *Snel, streng en rechtvaardig. Politiek beleid inzake de bestraffing en reclassering van
,foute' Nederlanders, 1945–1955*, Houten 1989.

22 H. DAALDER, *De Tweede Wereldoorlog en de binnenlandse politiek*, in: N.D.J. BARNOUW/
M. DE KEIZER/G. VAN DER STROOM, *Onverwerkt verleden? Lezingen van het symposium ge-
organiseerd door het Rijksinstituut voor Oorlogsdocumentatie, 7 en 8 mei 1985*, Utrecht 1985,
S. 27–44.

Die Erforschung der Vergangenheit – Strukturen und Inhalte

Anders als in Westdeutschland, wo sich die Zeitgeschichte in den 1950er Jahren gleichsam „quer zu den skeptischen Strömungen in der Historikerzunft, die die Wissenschaftswürdigkeit dieses jüngsten Sprosses nach wie vor anzweifelten"[23], etablierte, wurde in den Niederlanden die Notwendigkeit von Zeitgeschichtsschreibung nach 1945 kaum noch ernsthaft in Frage gestellt. Dies betraf sowohl ihren unmittelbaren Gegenstand – die Zeit des Krieges und der Besatzung – als auch die praktische Herangehensweise und Umsetzung. Die von den Historikern bis dahin gegen die Erforschung der unmittelbaren Vergangenheit stets erneut vorgetragenen Einwände, etwa hinsichtlich der Unzugänglichkeit der Archive sowie der zur Verschwiegenheit gegenüber den Forschern verpflichteten Akteure, hatte sich durch die rasche Verfügbarkeit der deutschen Akten und die alsbald mögliche Befragung von Zeitzeugen (darunter auch die deutschen Täter) gleichsam von selbst erledigt.[24] Ähnliches galt natürlich auch für die Erforschung des Nationalsozialismus durch die westdeutsche zeitgeschichtliche Forschung. „Die Lage bot alle Vorteile der Vergangenheitsgeschichte und zugleich keinen der Nachteile der Zeitgeschichte" – so der Stuttgarter Zeithistoriker Eberhard Jäckel über die Anfänge der deutschen Zeitgeschichtsschreibung, die für ihn jedoch, methodisch gesehen, noch „eigentlich keine Zeitgeschichte" gewesen sei.[25] Denn die einzigartige Quellenlage nach 1945, etwa der ungehinderte Zugang durch die Aufhebung jeglicher Sperrfrist für die einschlägigen Archivbestände, war zweifellos das Ergebnis einer singulären historischen Ausnahmesituation. Auffällig war jedoch, dass in beiden Ländern die Erforschung der unmittelbaren Vergangenheit zunächst keineswegs von der universitären Geschichtswissenschaft betrieben wurde, sondern dass man diese zeithistorischen Forschungsinstituten übertrug, die seitens der politischen Entscheidungsträger eigens eingerichtet wurden: in der Bundesrepublik dem 1950 in München errichteten Deutschen Institut für die Erforschung der nationalsozialistischen Zeit (seit 1952: Institut für Zeitgeschichte, IfZ) und in den Niederlanden dem bereits am 8. Mai 1945 in Amsterdam gegründeten Rijksbureau (später Rijksinstituut) voor Oorlogsdocumentatie (RIOD), das seit dem 1. Januar 1999 den Namen Nederlands Instituut voor Oorlogsdocumentatie (NIOD) trägt.

Das nur drei Tage nach der endgültigen Befreiung des Landes auf ministeriale Anweisung (des damaligen Ministeriums für Erziehung, Kultur und Wissenschaft) ins Leben gerufene RIOD war und blieb stets ein Kind des Zwei-

---

23 HOCKERTS (wie Anm. 9), S. 4.

24 Einer der schärfsten, und zugleich nachhaltigsten Kritiker der Zeitgeschichte vor dem Zweiten Weltkrieg war der Kulturhistoriker Johan Huizinga mit seinem bereits 1914 geäußerten Einwand, die letzten 40 Jahre einer Geschichte seien „zu rezent, um wirklich historisch behandelt zu werden." Noch 1941 wiederholte Huizinga seine nunmehr „geschichtsphilosophisch motivierte Absage" an die Zeitgeschichte, aus der sich kein historisches ‚Bild‘ der Geschichte gewinnen lasse. Hierzu STRUPP (wie Anm.), S. 209.

25 JÄCKEL (wie Anm. 11), S. 148.

ten Weltkrieges. Seine ihm übertragene Aufgabe war die Dokumentation und Erforschung der Kriegsjahre: dies geschah zunächst durch die Veröffentlichung von Quellenpublikationen und – über die Jahre hinweg betrachtet – vergleichsweise wenigen, aber gewichtigen Monographien und Bestandskatalogen. Darüber hinaus übte das Institut gutachterliche Tätigkeiten, vor allem in Kriegsverbrecherprozessen und in Verfahren zur Opferentschädigung aus. Als ausgedehnte Sammel- und Dokumentationsstelle samt einer ausgewählten, dennoch eher bescheiden zu nennenden Präsenzbibliothek wurde das RIOD in den Niederlanden zur ersten Adresse für die Jahre 1940–1945 und zur konkurrenzlosen Anlaufstelle für Forschung, Medien sowie die weitere Öffentlichkeit.[26] Die institutionelle Bedeutung und der nationale Bekanntheitsgrad des Instituts stiegen analog zur medialen Präsenz seines langjährigen Direktors Louis (Loe) de Jong seit Beginn der 1960er Jahre und erreichten mit der sukzessiven Publikation des mit Hilfe zahlloser Zu- und Mitarbeiter von ihm verfassten (auch international konkurrenzlosen) Monumentalwerkes *Het Koninkrijk der Nederlanden in de Tweede Wereldoorlog* (erschienen in 29 Teilbänden mit ca. 16.000 Druckseiten) geradezu schwindelnde Höhen.[27] Davon konnten bzw. können die Direktoren des Münchner Instituts für Zeitgeschichte (jetzt mit Nebenstelle in Berlin) nur träumen.

Das RIOD erfüllte dabei stets eine nationale und eine gesellschaftspolitische Aufgabe: es war zugleich moralische Autorität wie der Hüter der Erinnerung an die – nach einhelliger Meinung vieler Niederländer – schlimmste Zeit ihrer jüngeren Geschichte.[28] Mehrfach geriet das Institut in schwere finanzielle und institutionelle Krisen, vor einer Schließung bewahrte es immer wieder seine gesellschaftliche, nicht jedoch seine wissenschaftliche Bedeutung. Hierzu ist kritisch angemerkt worden, dass die Arbeiten von Loe de Jong und die der anderen Historiker und Autoren des RIOD für eine „ausschließlich nationale niederländische Perspektive der Forschung nach 1945"

---

26 Zur Geschichte des RIOD vgl. M. PAM, *De onderzoekers van de oorlog. Het Rijksinstituut voor Oorlogsdocumentatie en het werk van Dr. L. de Jong*, Den Haag 1989; A.H. PAAPE, *Veertig Jaar Rijksinstituut voor Oorlogsdocumentatie*, in: BARNOUW/KEIZER/STROOM (wie Anm. 22), S. 9–22; PAUL STOOP: *Das „Rijksinstituut voor Oorlogsdocumentatie" in Amsterdam*, in: *Jahresbibliographie der Bibliothek für Zeitgeschichte* 58 (1986), S. 455–465.

27 Die einzelnen Bände erschienen jeweils in Den Haag: Bd. 1 (*Voorspel*) 1969, Bd. 2 (*Neutraal*) 1969, Bd. 3 (*Mei '40*) 1970, Bd. 4 (2 Bde: *Mei '40–Maart '41*) 1972, Bd.5 (2 Bde: *Maart '41–Juli '42*) 1974, Bd.6 (2 Bde: *Juli '42–Mei '43*) 1975, Bd. 7 (*Mei '43–Juni '44*) 1976, Bd. 8 (2 Bde: *Gevangenen en gedeporteerden*) 1978, Bd. 9 (2 Bde: *Londen*) 1979, Bd. 10 (4 Bde: *Het laatste jaar*) 1980–1982, Bd. 11 (5 Bde: *Nederlands-Indie*) 1984–1986, Bd. 12 (2 Bde: *Epiloog*) 1988, Bd. 13 (*Bijlagen/Register*) 1988, Bd. 14 (2 Bde: *Reacties*, hrsg. v. J.T. BANK u.a.) 1991. Zeitgleich mit der wissenschaftlichen Ausgabe erschien eine populäre Ausgabe unter Verzicht der Quellenangaben. Allein bis 1995 wurden über 2,7 Million Einzelexemplare der beiden Ausgaben verkauft, schätzungsweise 74.000 Niederländer erwarben bis dahin die gesamte Ausgabe. Eine Taschenbuchausgabe folgte 1995. Zum Thema siehe auch M. DE KEIZER (Hrsg.), *Een dure verplichting en een kostelijk voorrecht. Dr. L. de Jong en zijn Geschiedwerk*, Den Haag 1995.

28 J.C.H. BLOM, *L. de Jong: geschiedschrijver en volksopvoeder*, in: KEIZER (wie Anm. 27), S. 59–84.

stehen, und dass die methodischen Neuerungen auf dem Gebiet der Zeitgeschichte während der 1960er und 1970er Jahre „weitgehend spurlos" am Amsterdamer Institut vorübergegangen seien.[29] Diese Kritik trifft sicherlich insgesamt zu, wenngleich die überwiegend nationale Sichtweise des Zweiten Weltkriegs keineswegs eine niederländische Besonderheit zu sein scheint. In der französischen und italienischen Geschichtsschreibung zu Krieg, Besatzung und vor allem zum nationalen und antifaschistischen Widerstand lassen sich in dieser Zeit durchaus analoge Perspektiven ebenso wie inhaltliche und methodische Defizite und Versäumnisse konstatieren. Und ob die (west-)deutsche zeitgeschichtliche Forschung bereits in jenen Jahren ihre nationalen Scheuklappen abgelegt und auch zu neuen methodischen Ufern aufgebrochen ist, darüber lässt sich sicher noch trefflich streiten.[30] Festzuhalten bleibt jedoch, dass die Besatzungshistoriographie des RIOD einschließlich jener Teile des de Jongschen Opus Magnum, die sich etwa mit der der kolonialen Kriegsgeschichte befassen, überwiegend eine Erfahrungs- und Opfergeschichte ist – die gesamtgesellschaftlichen und kulturellen Bereiche werden weitgehend ebenso ausgeblendet wie die internationalen Abläufe und Verflechtungen. Es kann daher nicht überraschen, dass die gewählte Form einer institutionellen respektive personenbezogenen Geschichtsschreibung von der an den niederländischen Universitäten zwischenzeitlich betriebenen Zeitgeschichte zunehmend als statisch und stellenweise sogar erratisch empfunden wurde.[31] Eine Begegnung mit der internationalen Zeitgeschichtsschreibung fand allenfalls punktuell statt und führte nur ansatzweise zu dem von manchen Historikern erhofften wissenschaftlichen Austausch.

Zur inhaltlichen Umorientierung des NIOD

Grundlegende Änderungen hinsichtlich der soeben angesprochenen Punkte vollzogen sich erst mit dem Amtsantritt des gegenwärtigen Direktors, eines Amsterdamer Universitätshistorikers, und der Reorganisation des RIOD Mitte der 1990er Jahre. Zugleich wurde auf der Basis zahlreicher interner wie externer Gutachten und Empfehlungen, von Eigen- und Fremdevaluationen, deren substantiellste 1996/97 von einer Kommission unter der Leitung des

---

29 STRUPP (wie Anm. 1), S. 214. Eine Ausnahme bildete A.E. (Dolf) Cohen, bis 1960 Mitarbeiter des RIOD, der bereits 1952 auf einige zentrale Fragen der Geschichtsschreibung zum Zweiten Weltkrieg aufmerksam machte. Siehe A.E. COHEN, *Problemen der geschiedschrijving van de Tweede Wereldoorlog*, in: *Tijdschrift voor geschiedenis* 65 (1952), S. 52–85; D.E.H. DE BOER/J.C.H. BLOM/H.F. COHEN/J.F. COHEN, *A.E. Cohen als geschiedschrijver van zijn tijd*, Amsterdam 2005.

30 Zum Stand der deutschen und europäischen Zeitgeschichte siehe SELDON (wie Anm. 3); NÜTZENADEL/SCHIEDER (wie Anm. 1); METZLER (wie Anm. 3); A. DOERING-ANTEUFFEL, *Deutsche Zeitgeschichte nach 1945*, in: *Vierteljahrshefte für Zeitgeschichte* 41 (1993), S. 1–29.

31 Vgl. hierzu einige der im 14. Band von *Het Koninkrijk* versammelten Rezensionen und Stellungnahmen. Von Interesse sind in diesem Zusammenhang ferner die Beiträge von Blom, Kristel, Fasseur und Bank in KEIZER (wie Anm. 27).

Groninger Historikers Ernst Kossmann durchgeführt wurde, eine inhaltliche Neubestimmung der Arbeit des RIOD vorgenommen.[32] Obwohl die Geschichte und der Verlauf des Zweiten Weltkriegs in den Niederlanden und den Kolonien (Niederländisch-Indien), nicht zuletzt aufgrund der umfassend erschlossenen und in Datenbanken aufbereiteten archivarischen Sammlungen und Dokumentationen, weiterhin im Mittelpunkt stehen sollte, wurde doch der wissenschaftliche Fokus des Instituts zwischenzeitlich erheblich verbreitert und zugleich intensiviert. Ein 1999 verabschiedetes Forschungsprogramm mit dem Titel *Oorlogsverleden in een breder verband* hat neue Schwerpunkte und Akzente gesetzt. Zu diesen gehören unter anderem der langfristige Einfluss von Krieg und kriegerischer Gewalt auf Staat und Gesellschaft im 20. Jahrhundert. Auch die Prozesse von Kolonisierung und Dekolonisierung in Niederländisch-Indien/Indonesien und ihre Auswirkungen auf die seinerzeit dort lebenden Menschen werden untersucht.[33]

Es würde den Rahmen dieser Ausführungen sprengen, hier eine Auflistung der am NIOD inzwischen tätigen Arbeitsbereiche vorzunehmen. Auf einigen Forschungsfeldern reicht der Blick bis in die Jahre des Ersten Weltkrieg zurück, bei anderen geht er deutlich über die Zielmarke von 1945 hinweg, wie etwa in dem 1998 auf eine Anregung des damaligen Premierministers Wim Kok begonnenen so genannten *SOTO-Projekt* (*Stichting Onderzoek, Terugkeer en Opvang*) des NIOD über die Rückkehr von Überlebenden der Shoah und anderer Opfergruppen nach Kriegsende.[34] Einen Sonderfall stellte die ebenfalls mit staatlichen Drittmitteln finanzierte Auftragsarbeit der Regierung an das NIOD dar, eine umfassende Dokumentation über den UNO-Blauhelm-Einsatz niederländischer Soldaten im Jahre 1995 in der nur vermeintlich sicheren UN-Schutzzone Srebrenica in Bosnien-Herzegowina zu erstellen. Die Veröffentlichung im April 2002 sorgte für internationales Aufsehen und führte im Zusammenhang mit weiteren innenpolitischen Faktoren zum Rücktritt der Mitte-Links-Regierung von Wim Kok.[35] Die Durchfüh-

---

32 Vgl. RIJKSINSTITUUT VOOR OORLOGSDOCUMENTATIE, *Research in a Wider Perspective: Research Plan for 1998–2003*, Amsterdam 1998.

33 Vgl. NETHERLANDS INSTITUTE FOR WAR DOCUMENTATION: *Progress Report Research*, Amsterdam 2000, S. 9–31.Sehr erfolgreich gestaltete sich auch ein von der Regierung Japans von 1996 bis 2001 teilfinanziertes Forschungs- und Dokumentationsprojekt zur japanischen Besetzung von Niederländisch-Indien (Indonesien) während des Zweiten Weltkriegs. Vgl. NETHERLANDS INSTITUTE FOR WAR DOCUMENTATION: *Historical Research Program on the relations between Japan and Netherlands in retrospect*, Amsterdam 2002. Informationen finden sich auch unter unter *http://www.japan.niod.nl.*

34 In dem von Conny Kristel geleiteten, inzwischen erfolgreich abgeschlossenen Dokumentationsprojekt sind vier Publikationen erschienen: M. BOSSENBROEK, *De Meelstreep. Terugkeer en opvang na de Tweede Wereldoorlog*, Amsterdam 2001; H. PIERSMA (Hrsg.): *Mensenheugenis. Terugkeer en Opvang na de Tweede Wereldoorlog. Getuigenissen*, Amsterdam 2001; C. KRISTEL (Hrsg.): *Binnenskamers. Terugkeer en opvang. Besluitvorming*, Amsterdam 2002; DIES. (Hrsg.), *Polderschouw. Terugkeer en opvang. Regionale verschillen*, Amsterdam 2002.

35 Siehe hierzu, J.C.H.BLOM/P. BOTSMA (Hrsg.), *Srebrenica, een 'veilig' gebied. Reconstructie, achtergronden, gevolgen en analyses van de val van een 'Safe Area'*, Amsterdam 2002. Der Be-

rung und das Ergebnis dieses umfassenden Projekts waren in der Öffentlichkeit wie unter niederländischen Historikern nicht unumstritten, zum einen wegen der nur relativ kurzen zeitlichen Distanz der Forscher zu ihrem historischen Gegenstand, zum anderen aber auch wegen der zweifellos vorhandenen regierungsamtlichen Nähe.[36]

Entscheidend für das gegenwärtige Profil und zugleich erfolgreiche Wirken des seit dem 1. Januar 1999 unter dem breiten Dach der Koninklijke Nederlandse Akademie van Wetenschapen (KNAW) angesiedelten Instituts war nicht zuletzt die zwischenzeitlich erfolgte Einbettung des NIOD in den universitären wie außeruniversitären historischen Forschungs- und Wissenschaftsbetrieb. Einige der über ein Dutzend fest oder langfristig angestellten wissenschaftlichen Mitarbeiter des NIOD nehmen inzwischen Lehraufträge oder sogar (externe) Professuren an niederländischen Hochschulen wahr, andere arbeiten erfolgreich in nationalen und internationalen Organisationen und Kommissionen. Das Institut selbst ist gemeinsam mit dem Zentrum für Antisemitismusforschung an der Technischen Universität Berlin federführend an einem mit ESF-Fördermitteln ausgestatteten europäischen Netzwerk zur vergleichenden Besatzungsforschung im Zweiten Weltkrieg beteiligt.[37]

Es mag überraschen, dass das NIOD bislang erfolgreich dem von unterschiedlicher Seite an das Institut herangetragenen Ansinnen widerstanden hat, sich als ein oder besser *das* niederländische Zentralinstitut für Zeitgeschichte zu präsentieren. Die inzwischen erreichte Bandbreite der Forschungsthemen und -felder würde dies zumindest nahe legen. Der Grund ist nicht nur der Tradition des Hauses und seinem öffentlichen Auftrag seit 1945 geschuldet. Es ist eine Kombination sehr unterschiedlicher Motive, die hier zu Buche schlagen. Unter ihnen kommt der nach wie vor auf die Zeit des Zweiten Weltkriegs ausgerichteten Servicefunktion (mit Schwerpunkt auf den archivarischen und bibliothekarischen Sammlungen) und dem über viele Jahrzehnte erworbenen öffentlichen Profil der Institution zweifellos besonderes Gewicht zu.

Neben dem NIOD gibt es in den Niederlanden mittlerweile eine ganze Reihe von Forschungs- und Dokumentationseinrichtungen, die auf dem Gebiet der Zeitgeschichte (also insbesondere der Geschichte nach 1940/1945) tätig sind. Die meisten dieser Institute decken mit ihrem Programm allerdings

richt erstreckt sich auf sieben Teilbände und hat einen Umfang von über 6.000 Seiten. Für eine Kurzfassung siehe P. BOOTSMA, *Srebrenica. Het officiele NIOD-rapport samengevat*, Amsterdam 2002. Die umfangreiche Web-Dokumentation des Projekts findet sich unter *http://www.srebrenica.nl/index.htm*.

36 F. ANKERSMIT (Hrsg.), *Het drama Srebrenica. Geschiedtheoretische beschouwingen over het NIOD-rapport*, Assen 2003; H.W. VON DER DUNK: *Hoe het was. Over historici en politici. Naar aanleiding van Srebrenica*, in: *De Uil van Minerva. Tijdschrift voor Geschiedenis en Wijsbegeerte van de Cultuur* 19 (2003), S. 171–182.

37 Vgl. die bisher erschienenen Veröffentlichungen über die nationalsozialistische Besatzungspolitik in Europa 1939–1945. Die Reihe präsentiert in 9 Bänden, die allesamt zwischen 1995 und 1997 in Berlin herausgegeben wurden, die Ergebnisse des von der European Science Foundation finanzierten internationalen Forschungsprojekts. Für weitere Informationen siehe *http://zfa.kgw.tu-berlin.de/publikation/besatzung.htm*.

nur einen geringen Teil jener Themen und Fragestellungen ab, die wir ge-
meinhin der Zeitgeschichte zuordnen. Zu nennen wäre beispielsweise hier
das Instituut voor Nederlandse Geschiedenis (ING) in Den Haag, zu dessen
Hauptaufgabe nach wie vor die Erstellung von Quellensammlungen und
Nachschlagewerken zur niederländischen Geschichte gehört.[38] Auch das
Internationaal Instituut voor Sociale Geschiedenis in Amsterdam ist in diesem Zusammenhang von Interesse. Es wurde 1935 offiziell eröffnet, seine
Anfänge – etwa das Niederländische Archiv für Wirtschaftsgeschichte – reichen aber bis 1914 zurück. Die wissenschaftliche Spannweite dieses renommierten Instituts ist weit gespannt und seine umfangreichen Sammlungen
und Forschungen zur Geschichte der Sozialen Ideen – insbesondere hinsichtlich des Sozialismus und des Anarchismus –, zur internationalen Arbeiterbewegung und jetzt auch zu den neuen sozialen Bewegungen, beinhalten
selbstverständlich auch die Geschichte des 20. Jahrhunderts.[39] Das 1970 unter dem Dach der Juristischen Fakultät der Universität Nimwegen eingerich-
tete Centrum voor Parlementaire Geschiedenis widmet sich hingegen ausschließlich den Debatten und der Politik des niederländischen Parlamentes
seit 1945.[40] Damit ist das Untersuchungsfeld sehr viel enger gesteckt als bei
der – allerdings vorwiegend als wissenschaftliches Publikationsgremium wir-
kenden – deutschen Kommission für die Geschichte des Parlamentarismus
und der Politischen Parteien. Keine dieser hier erwähnten außeruniversitären
Institute oder Einrichtungen zur Dokumentation zeitgeschichtlicher Quellen
und Materialien versteht sich explizit als ein zeitgeschichtliches Institut im
engeren Sinne. Das Nederlands Centrum voor Contemporaine Geschiedenis
(NCCG) wiederum ist ein 1998 gegründetes Netzwerk oder besser noch eine
Dachorganisation zur Geschichte des 19. und 20. Jahrhunderts, wobei mehrere der dort angesiedelten Forschungsprojekte selbstverständlich auch die
Zeit nach dem Zweiten Weltkrieg betreffen. Allerdings hat diese Institution
ihre Aktivitäten seit dem Jahr 2003 eingestellt.[41] Darüber hinaus ist zu beachten, dass an keiner anderen Universität außer an der Rijksuniversiteit Groningen ein historischer Lehrstuhl oder eine Abteilung existiert, die sich programmatisch und institutionell für die Zeitgeschichte bzw. die Geschichte
nach 1945 zuständig erklärt.

---

38 Über die derzeitigen thematischen Schwerpunkte der Arbeit des ING informiert die
    Website des Instituts, die unter *http://www.inghist.nl/onderzoek* aufgerufen werden
    kann.

39 Siehe hierzu die Web-Dokumentationen des Instituts unter *http://www.iisg.nl/index-
    nl.php*.

40 Vgl. STRUPP (wie Anm. 1), S. 216.

41 Siehe auch die unregelmäßig erscheinende Veröffentlichung *De laatste tijd. Nieuwsbrief
    van het Nederlands Centrum voor Contemporaine Geschiedenis*. Die Homepage des NCCG an
    der Rijksuniversiteit Groningen, die unter *http://www.ub.rug.nl/nccg* aufgerufen werden
    kann, informiert inzwischen über die Terminierung des Projekts.

Kontroversen zur Zeitgeschichte

Es scheint in Anbetracht der im Vorangegangen angesprochenen Punkte also für die niederländische Zeitgeschichte unserer Tage das zu gelten, was bereits einleitend angedeutet wurde: in unserem Nachbarland betreibt man dieses Fach weitgehend ohne einen institutionellen Unterbau, also ohne die Existenz einer oder mehrerer geschichtswissenschaftlicher Einrichtungen, die die zeitliche historische Zuordnung schon im Namen tragen – als Institut, Bibliothek, Zentrum oder Arbeitsstelle für Zeitgeschichte respektive zeitgeschichtliche Forschung, wie es sie hierzulande gibt. Die Frage, was Zeitgeschichte eigentlich ist und welche Inhalte und Methoden zu ihr gehören, wird des Weiteren kaum erörtert. Diesen Punkten steht allerdings entgegen, dass die niederländischen Historiker, die sich für diese Epoche zuständig fühlen, in der Wissenschaft ebenso wie in der Öffentlichkeit mindestens ebenso präsent sind wie ihre deutschen Kollegen – nicht nur was die berühmten zeitgeschichtlichen Debatten und Kontroversen angeht.[42] Letzteres gilt exemplarisch für einige der in den letzten Jahren äußerst engagiert und häufig auch sehr emotional geführten Auseinandersetzungen, die zumeist nach der Publikation eines als provozierend oder skandalös empfundenen Buches stattfanden. So kann in diesem Zusammenhang etwa auf die Reaktionen auf Nanda van der Zees Veröffentlichung über die Verantwortung der niederländischen Eliten für die Verfolgung und Deportation der Juden und die Rolle von Königin Wilhelmina im Londoner Exil, auf Gerard Aalders Studie zur Enteignung jüdischen Vermögens vor und dessen oftmals beschämend verlaufener Restitution nach 1945 oder auf die ebenfalls durch ein Buch von Aalders ausgelöste Kontroverse über die Person und das Verhalten von Prinz Bernhard vor und während des Zweiten Weltkriegs verwiesen werden.[43] Es fanden auf diese Weise auch einige geschichtswissenschaftlich bedeutsamere Diskurse statt. Hierzu zählt beispielsweise das Echo auf Chris van der Heijdens Publikation mit dem Titel *Grijs Verleden*, in der sich der Autor – in deutlicher Absetzung von Loe de Jong – um eine stär-

---

42 Zu den deutschen Debatten vgl. M. SABROW/R. JESSEN/K. GROSSE KRACHT, *Zeitgeschichte als Streitgeschichte. Große Kontroversen seit 1945*, München 2003.

43 Siehe N. VAN DER ZEE, *Om erger te voorkomen. De voorbereiding en uitvoering van de vernietiging van het Nederlandse Jodendom tidens de Tweede Wereldoorlog*, Amsterdam 1997. Das Buch erschien auch in einer deutschen Ausgabe: N. VAN DER ZEE, *„Um Schlimmeres zu verhüten…".Die Ermordung der niederländischen Juden: Kollaboration und Widerstand*, München 1999. Zum Thema siehe auch: G. HIRSCHFELD, *Hollands Flucht oder die Gleichgültigen*, in: *Frankfurter Allgemeine Zeitung*, 26.06.1997, S. 37. Zum Raub jüdischen Vermögens siehe G. AALDERS: *Roof. De ontvreemding van joods bezit tijdens de Tweede Wereldoorlog*, Den Haag 1999. In deutscher Sprache: G. AALDERS, *Geraubt! Die Enteignung jüdischen Besitzes im Zweiten Weltkrieg*, Köln 2000. Weiterhin bedeutsam sind in diesem Zusammenhang folgende Werke: G. AALDERS, *De beroofde joden en het Nederlandse restitutiebeleid sinds 1945*, Amsterdam 2001; DERS., *Leonie. Het intrigerende leven van een Nederlandse dubbelspionne*, Amsterdam 2003; E.J.H. SCHRAGE, *Zur Lippe-Biesterfeld. Prinses Armgard, Prins Bernhard en hun houding tegenover Nazi-Duitsland*, Amsterdam 2004.

kere Differenzierung der deutschen Besatzungsherrschaft und der niederländischen Reaktionen hierauf bemüht.[44]

Ohne Zweifel hat sich die Zeitgeschichte in den Niederlanden als eine wissenschaftliche Subdisziplin mit einem eigenem Profil „nur sehr zögerlich entwickelt", wie Christoph Strupp dies in dem eingangs genannten Artikel beklagt. Der „historiographische Sonderfall" des Zweiten Weltkriegs mit seinen ebenso kontrovers wie moralisch aufgeladenen Themen – deutsche Besatzung, Widerstand und Kollaboration – hat bis weit in die 1970er Jahre andere zeitgeschichtliche Fragestellungen in den Schatten gestellt. Er hat diese allerdings nur verdunkelt, jedoch keineswegs redundant werden lassen. Davon kündet nicht zuletzt die nach wie vor überaus intensiv betriebene Kolonialgeschichte, die sich bereits seit Beginn des letzten Jahrhunderts – bei einer (ehemaligen) Kolonialmacht sicherlich nicht weiter verwunderlich – einen festen Platz im Kanon der historischen Wissenschaften verschaffen konnte.[45] Nicht zuletzt aufgrund des gewaltsam verlaufenden politischen Dekolonisierungsprozesses nach 1945, wie er auch von Loe de Jong in *Het Koninkrijk* überaus detailliert beschrieben wurde, kam es allmählich zu einer Veränderung des bislang stark national geprägten Blickwinkels hin zu einer eher gesamteuropäischen Betrachtung des Kolonialgeschehens.[46] Dies geschah nicht zuletzt unter dem Einfluss soziologischer und anthropologischer Interpretationen, die später auch die asiatische Seite einbezogen.[47] Dadurch geriet vor allem die ebenso gewalttätig wie nicht selten traumatisch verlaufende Entkolonisierungsphase in das Blickfeld dieser häufig interdisziplinär arbeitenden Kolonialhistoriker.[48] Entsprechendes gilt auch für die zunächst stark politisch und emanzipatorisch reflektierende und argumentierende nie-

44 C. VAN DER HEIDEN, *Grijs Verleden. Nederland en de Tweede Wereldoorlog*, Amsterdam 2001. Zu dieser Veröffentlichung siehe J.C.H. BLOM, *Grijs Verleden? Een besprekingsartikel*, in: *Bijdragen en Mededelingen betreffende de Geschiedenis der Nederlanden* Bd. 116 (2001), S. 483–489; B. MOORE, *,Goed en fout' or ,Grijs verleden'? Competing perspectives on the history of the Netherlands under German occupation 1940–1945*, in: *Dutch Crossing. A Journal of Low Countries Studies* 27 (2003), S. 155–168.

45 Für die ältere Literatur siehe W.P. COOLHAAS/G.J. SCHUTTE, *A critical survey of studies on Dutch colonial history*, Den Haag 1980; G.J. SCHUTTE, *De koloniale geschiedschrijving*, in: W.W. MIJNHARDT (Hrsg.), *Kantelend geschiedbeeld. Nederlandse historiografie sinds 1945*, Utrecht 1983, S. 289–310. Inspirierend ist in diesem Zusammenhang auch C. FASSEUR, *Indischgasten*, Amsterdam 1996.

46 Kritisch zu de Jongs Darstellung der Geschichte Niederländisch-Indiens (Indonesiens) im und nach dem Zweiten Weltkrieg: J.T.M. BANK, *L. de Jong over de oorlog in en de dekolonisatie van Indonesië*, in: KEIZER (wie Anm. 27), S. 123–144; P. ROMIJN, *Myth and understanding. Recent controversy about Dutch historiography on the Netherlands-Indonesian conflict*, in: R.S. KIRSNER, *The Low Countries and beyond*, Lanham/London 1993, S. 219–229. Allgemein hierzu J. Osterhammel, *Kolonialismus. Geschichte – Formen – Folgen*, München 1997².

47 Hierzu H. VON DER DUNK, *Neuzeit-Geschichtsforschung in den Niederlanden seit 1945*, in: *Archiv für Sozialgeschichte* XXVII (1987), S. 463–482, hier S. 476 ff.

48 Vgl. G. HIRSCHFELD, *Kriegsverbrechen in der niederländischen Kolonialzeit*, in: W. WETTE/G.R. UEBERSCHÄR (Hrsg.), *Kriegsverbrechen im 20. Jahrhundert*, Darmstadt 2001, S. 447–460.

derländische Sozialgeschichte der nach-1970er Jahre, die sich – nach dem Vorbild der angelsächsischen ‚modern social history‘ – zunächst mit der Gesellschaft des 19. Jahrhundert befasste, bevor sie sich inzwischen nun auch der Geschichte der zweiten Hälfte des 20. Jahrhunderts widmete. Die Eigenständigkeit dieser historiographischen Richtung drückt sich nicht zuletzt in der Tatsache aus, dass die niederländischen Sozialhistoriker über eine eigen Fachzeitschrift (*International Review of Social History*, später auch *Tijdschrift voor Sociale Geschiedenis*) verfügen, die selbstverständlich auch zeitgeschichtliche und gegenwartsbezogene Artikel veröffentlicht.[49]

Perspektiven der niederländischen Zeitgeschichtsforschung

Welches sind nun, so sei abschließend gefragt, die Perspektiven einer modernen niederländischen Zeitgeschichtsforschung? Es verlangt keine hellseherischen Fähigkeiten, um vorherzusagen, dass dem Zweiten Weltkrieg in den Niederlanden auch weiterhin – als zeitliche Zäsur wie als historischpolitischer Gedächtnisspeicher der Nation – eine besondere Bedeutung zukommen wird. Zeitgeschichte, zumal in ihrer öffentlichen Funktion, bleibt damit nach Christoph Strupp auf absehbare Zeit mit den Ereignissen des Krieges und den Erfahrungen der deutschen Besatzung „im nationalmoralischen Spannungsfeld von Kollaboration und Widerstand“ verknüpft.[50] Zugleich aber wird mit dem Abtreten der Erlebens- und Zeitzeugengeneration auch dieser Krieg allmählich ‚historisiert‘, das heißt: der Zweite Weltkrieg wird – analog zur heutigen europäischen Sicht des Ersten Weltkriegs – zunehmend stärker in die Gesamtgeschichte des 20. Jahrhunderts eingebunden. Befürchtungen, wie sie sich noch in den 1980er Jahren, nicht nur in der Bundesrepublik Deutschland, mit Martin Broszats Plädoyer für eine „Historisierung des Nationalsozialismus“ verbanden, haben sich als weithin unbegründet erwiesen.[51] Die auf diese Weise mögliche Wiedergewinnung langfristiger Deutungsperspektiven hat bislang weder zu einem relativierenden „Historismus“ in der Geschichtsbetrachtung (so vor allem die Kritik Saul Friedländers an Broszats Konzept) noch zu einer „Normalisierung“ in der politischmoralischen Bewertung des NS-Staates und seiner Verbrechen geführt.[52]

49 Vgl. VON DER DUNK (wie Anm. 47), S. 473 f.

50 Zugleich aber gilt es bei vielen Niederländern ein teilweise erhebliches Defizit der historischen Fakten zu konstatieren. Vgl. S. PETERS/ M. SCHUYT, *Weinig kennis, veel moralisme. Enquête onder Nederlandse bevolking over Tweede Wereldoorlog*, in: *Historisch Nieuwsblad* Bd. 3 (1998), S. 24–27.

51 M. BROSZAT, *Plädoyer für eine Historisierung des Nationalsozialismus (1985)*, in: DERS., *Nach Hitler. Der schwierige Umgang mit unserer Geschichte*, München 1988, S. 266–281. Hierzu auch I. KERSHAW, *„Normalität“ und Genozid. Das Problem der „Historisierung“*, in: DERS., *Der NS-Staat. Geschichtsinterpretationen und Kontroversen im Überblick*, Reinbek bei Hamburg 1994, S. 316–342.

52 KERSHAW (wie Anm. 51), S. 322 ff.; Zum Thema siehe auch T. SANDKÜHLER, *Zeitgeschichte in Deutschland am Ende des 20. Jahrhunderts*, in: C. CORNELISSEN (Hrsg.), *Geschichtswissenschaften. Eine Einführung*, Frankfurt 2000, S. 114–129, hier S. 121 f.

Ähnliches steht für die Niederländer und ihren häufig moralisch akzentuierten Umgang mit der Zeit von 1940 bis 1945 zu erwarten. Dass dabei ebenfalls, wie in Deutschland, über das „rechte Maß von Erörterung und Erregung" (Hans Günter Hockerts) gestritten werden wird, ist in einer pluralistischen Gesellschaft wie den Niederlanden unvermeidlich.

Empirisch, also für die niederländischen Historiker, ist die Historisierung des Zweiten Weltkriegs ohnehin längst im Gange. Mit der Öffnung der Forschungspalette am NIOD hin zur Gesellschafts- und Mentalitätsgeschichte des Ersten Weltkriegs (Conny Kristel), zu einer Kulturgeschichte der Zwischenkriegszeit (Madelon de Keizer), oder zur Erinnerungs- und Gedächtniskultur nach 1945 (Jolande Withuis) – um nur einige der gegenwärtig laufenden Forschungsprojekte zu erwähnen – hat sich der Fokus auf den Weltkrieg innerhalb des Instituts bereits entscheidend verändert.[53] Er wird dies künftig, stärker noch als das bisher schon der Fall war, auch nach außen hin tun. Im Gegenzug gewinnt der Zweite Weltkrieg durch seine Einbettung in die allgemeine Erforschung der Geschichte des 20. Jahrhunderts neue Zugangswege. Dies galt beispielsweise für das so genannte *IJkpunten*-Projekt, das sicherlich historiographisch umfassendste Forschungsunternehmen der 1990er Jahre. Im Rahmen des Projektes sollte die niederländische Kultur ‚im europäischen Kontext' vom siebzehnten bis ins zwanzigste Jahrhundert erforscht werden, wobei die Zeit des Zweiten Weltkriegs in der Längsschnittanalyse selbstverständlich einbezogen war. Neben zahlreichen Einzelstudien erschienen in diesem Projekt für das zwanzigste Jahrhundert zwei Synthesebände (1900 und 1950), die vor dem Hintergrund der zeitgenössischen kulturellen und gesellschaftlichen Debatten das jeweilige niederländische Selbstbild thematisieren.[54] Hingegen steht die Fortsetzung der bereits Anfang der 1980er Jahre im Fachbereich Nieuwe en Theoretische Geschiedenis an der Universität Amsterdam unter der Leitung von Hans Blom begonnenen, erfolgreichen regionalen Erkundung der Versäulungs- respektive Entsäulungsprozesse in der niederländischen Gesellschaft von der Mitte des 19. Jahrhunderts bis etwa 1925 für das gesamte zwanzigste Jahrhundert noch aus.[55] Es wäre sicherlich aufschlussreich, dabei festzustellen, in welcher Weise sich das Zusammenleben der unterschiedlichen ‚Säulen' auf lokaler und regionaler Ebene unter den Bedingungen der nationalen und inter-

---

[53] Vgl. NETHERLANDS INSTITUTE FOR WAR DOCUMENTATION (wie Anm. 33).

[54] J. BANK/M. VAN BUUREN, *1900. Hoogtij van burgerlijke cultuur*, Den Haag 2000; K. SCHUYT/E. TAVERNE, *1950: Welvaart in zwart-wit*, Den Haag 2000; Für eine zusammenfassende Würdigung des Projekts siehe E. JONKER, *IJkpunten in hun hermeneutische context*, in: *Tijdschrift voor Geschiedenis* 115 (2002), S. 423–433. Es sei in diesem Zusammenhang auch verwiesen auf STRUPP (wie Anm. 1), S. 223.

[55] J.C.H. BLOM/C.J. MISSET (Hrsg.): *„Broeders sluit U aan". Aspecten van verzuiling in zeven Hollandse gemeenten*, Amsterdam 1985; J.C.H. BLOM/J. TALSMA (Hrsg.), *De verzuiling voorbij. Godsdienst, stand en natie in de lange negentiende eeuw*, Amsterdam 2000. In diesem Zusammenhang sei auch verwiesen auf: M. WINTLE, *Pillarisation, consociation and vertical pluralism in the Netherlands revisited: A European view*, in: *West European Politics* 23 (2000), S. 139–152 und J.C.H BLOM, *Pillarisation in perspective*, in: *West European Politics* 23 (2000), S. 153–164.

nationalen Krisen seit den 1930er Jahren bis zu ihrer Auflösung („ontzuiling") in der Nachkriegszeit gestaltete.

Angesichts einer fortschreitenden Europäisierung der Zeitgeschichte (infolge der bereits existierenden internationalen Netzwerke zu Forschungs-, Tagungs- und Publikationsvorhaben) werden sich die in diesem Bereich tätigen Historiker künftig, stärker als dies bislang der Fall war, auf den historischen Vergleich einlassen müssen. An geeigneten Themen für komparative Arbeiten zur Zeitgeschichte besteht sicherlich kein Mangel. In ihrer 2004 veröffentlichten *Einführung in das Studium der Zeitgeschichte* listet die Tübinger Historikerin Gabriele Metzler in einem Überblick über die „großen Entwicklungslinien der Zeit nach 1945" neun „Schlüsselthemen der zeithistorischen Forschung und Lehre" auf, von denen die meisten sich länderübergreifend, also im europäischen Kontext, und zudem interdisziplinär erarbeiten lassen. Diese reichen von der demographischen („vom Babyboom zur alternden Gesellschaft") und ökonomischen Entwicklung über die Alltagskultur und die moderne Wissensgesellschaft bis hin zum Prozess der europäischen Integration und einer ebenso fortschreitenden wie bei den Bürgern umstrittenen „Entgrenzung" der nationalen Politik.[56]

Aber auch andere Forschungsfragen, etwa nach den historischen ‚Altlasten' im kollektiven Gedächtnis der Bevölkerungen in einigen Ländern – unter anderem der Umgang mit der NS-Vergangenheit in Deutschland, das Vichy-Syndrom in Frankreich, Anpassung und Kollaboration 1940-1945 in den Niederlanden, die Entmythologisierung der Resistenza in Italien oder die Verbrechen und ‚Exzesstaten' der ehemaligen Kolonialmächte ‚vor Ort' – lassen sich durchaus als ein komparativ angelegtes europäisches Projekt im Kontext der jeweiligen nationalen politischen Kultur respektive der offiziellen Geschichtspolitik realisieren.

Zugleich aber sind wir von einer europäischen Zeitgeschichte noch weit entfernt. „Damit aus vielerlei nationaler Zeitgeschichte eine europäische Zeitgeschichte wird, bedarf es noch intensiver wissenschaftlicher Debatten", resümieren die deutschen Herausgeber eines kürzlich erschienen Sammelbandes mit dem Titel *Zeitgeschichte als Problem*, der die unterschiedlichen nationalen Traditionen dieses Fachs und die hieraus resultierenden Forschungsperspektiven in einigen europäischen Ländern behandelt.[57] Die Zeithistoriker in Europa, unter ihnen auch die ‚europäisch' denkenden und ebenso agierenden Niederländer, werden sich wohl noch eine Zeitlang in der Kunst des Spagats zwischen nationaler Geschichtsschreibung und globaler Zeitgeschichtsforschung üben.[58]

---

56 Vgl. METZLER (wie Anm. 3), S. 95–250.
57 NÜTZENNADEL/SCHIEDER (wie Anm. 1), S. 23 f.
58 Hierzu siehe auch M. GERNER, *Zeitgeschichte im dynamischen Mehrebenensystem. Zwischen Regionalisierung, Nationalstaat, Europäisierung, internationaler Arena und Globalisierung,* Bochum 2001.

Geschichtsschreibung

Chris Lorenz

Der Nationalsozialismus, der Zweite Weltkrieg und die deutsche Geschichtsschreibung nach 1945

Zu Beginn des Beitrags über den Nationalsozialismus, den Zweiten Weltkrieg und die deutsche Geschichtsschreibung nach 1945 ist eine Vorbemerkung erforderlich. Die zu diesem Thema vorhandene Literatur ist buchstäblich uferlos. Es ergeben sich folglich rein quantitative Barrieren, die jede Bewältigung des Forschungsstandes in diesem Bereich schon von im Vorhinein zu einem hoffnungslosem Unterfangen machen. Zudem ist die Diskussion zu diesem Thema keine rein deutsche, sondern eine internationale Angelegenheit. Für den vorliegenden Beitrag bleibt in Anbetracht dieser Punkte keine Alternative dazu, die Komplexität des Themenfeldes radikal zu reduzieren und vorwiegend skizzenhaft vorzugehen. Die deutsche Historiographie wird somit im Folgenden als eine Art ‚abstrakte Kunst‘ behandelt, das heißt als eine Kunst des Weglassens.[1]

Im Rahmen dieses Beitrages werden drei Thesen über die Art und Weise präsentiert, wie die Historiker in Deutschland seit 1945 mit dem Erbe der Nazivergangenheit umgegangen sind. Besonderes Augenmerk gilt es dabei auf die Zusammenhänge zwischen den Darstellungsarten jüdischer und deutscher Opferschaft zu richten. Ein Grund hierfür liegt darin, dass die Perspektive der ‚Opferkonkurrenz‘ anno 2005 eine gewisse Aktualität beanspruchen kann. Dass aus dieser Perspektive auch die Frage nach der deutschen Täterrolle Beachtung findet, ist selbstverständlich, da es keine Opfer ohne Täter gibt.

Für einen Einstieg in das Themenfeld werden nun zunächst zwei Zitate angeführt. Das Erste stammt aus Edward Hallett Carrs Buch *What is history?*. Der Autor schreibt in diesem Werk: „Study the historian before you study the facts."[2] Carrs Empfehlung verweist zu Recht auf die enge Beziehung zwischen den Inhalten der Geschichtsschreibung und der historischen Lage ihrer Produzenten, den Historikern. Das Zitat stammt aus dem Jahr 1961, es hat aber in Bezug auf die deutschen Zeithistoriker erst in der letzten Zeit systematisch Anerkennung gefunden. In diesem Zusammenhang kann auf die letzten Arbeiten von Nicolas Berg und Norbert Frei verwiesen werden.[3]

---

1 Das lateinische Verb abstrahere bedeutet im Deutschen weglassen.
2 E.H. CARR, *What is history?*, London 1961, S. 23.
3 Vgl. N. BERG, *Der Holocaust und die westdeutschen Historiker. Erforschung und Erinnerung*, Goettingen 2003; N. FREI, *1945 und wir. Das Dritte Reich im Bewusstsein der Deutschen*, München 2005.

Das zweite Zitat stammt vom Soziologen Wolf Lepenies, der auf den paradoxen Charakter der neueren Debatten über die Rolle der deutschen Historiker im Nationalsozialismus hingewiesen hat. Lepenies äußerte im Jahr 1998 die Auffassung, dass die deutschen Historiker ihre Verstrickung in den Nationalsozialismus im Vergleich zu den Protagonisten anderer Disziplinen erst sehr spät entdeckten. Er stellte folglich die Frage: „Könnte es sein, daß die Disziplin, die sich doch professionell mit Erinnerung und mit dem Gedächtnis beschäftigt, auch besonders gut dafür geeignet ist, zu vergessen und zu verdrängen?"[4]

Das von Lepenies thematisierte ‚selektive Vergessen' der Historiker ist ohne Zweifel ein zentrales Problem für unser Verständnis der Zeitgeschichte, da professionelle Historiker die Existenz ihres Fachs ja gerade mit dem Hinweis rechtfertigen, dass die Geschichte der wichtigste institutionalisierte Schutz vor selektivem Vergessen und kollektiver Amnesie ist. Das selektive Vergessen – und die Verdrängung ist eine Form des Vergessens – rührt daher an der offiziellen Existenzberechtigung professioneller Geschichtswissenschaft. Für deutsche Historiker hat dieses Problem seit 1990 noch an Dringlichkeit gewonnen, seit nämlich westdeutsche Historiker zu ‚Richtern' ihrer früheren ostdeutschen Kollegen geworden sind.

In Anknüpfung an die beiden vorgestellten Zitate wird im Folgenden die deutsche Historiographie über den Nationalsozialismus und den Zweiten Weltkrieg aus zwei Leitperspektiven betrachtet. Meine erste Leitperspektive ist die ‚Opferperspektive' oder die ‚katastrophale Perspektive' – frei nach Friedrich Meineckes Schrift *Die deutsche Katastrophe* aus dem Jahr 1946.[5] Mit der deutschen Katastrophe wurde nach dem 8. Mai 1945 der Verlust der staatlichen Unabhängigkeit, der nationalen Einheit Deutschlands und der Ostgebiete als Folge der Kriegsniederlage bezeichnet. Es erscheint sinnvoll, den Zusammenhang zwischen der deutschen Katastrophe und der jüdischen Katastrophe in der deutschen Geschichtsschreibung zu untersuchen, wobei die jüdische Katastrophe im Rahmen dieses Beitrags meistens mit ihrem späteren Namen – Holocaust – bezeichnet wird. Besonders der Zusammenhang zwischen dem Erinnern und dem Vergessen der beiden Katastrophen verdient dabei unser Interesse.

Die zweite Leitperspektive ist die Perspektive der Generationenabfolge. Die Inhalte der Nachkriegshistoriographie, die Beziehung zwischen dem, an das sich erinnert, und jenem, das vergessen wird, waren in den vergangenen Jahrzehnten hauptsächlich mit der Abfolge der Historikergenerationen ver-

---

4   Lepenies, zitiert nach M. ZUCKERMANN, *Gedenken und Kulturindustrie: ein Essay zur neuen deutschen Normalität*, Bodenheim 1999, S. 34. Auch Mitchell Ash hat auf den Umstand hingewiesen, dass die Historikerzunft ihre eigene Rolle im Naziregime erst vergleichsweise spät thematisierte. Eine Erklärung für diese paradoxe ‚Verspätung' steht noch immer aus. Vgl. M. ASH, *Nachgeholte Antworten? Nachtrag zur Diskussion des Bandes ‚Versäumte Fragen. Deutsche Historiker im Schatten des Nationalsozialismus'*, hrsg. von *Rüdiger Hohls und Konrad H. Jarausch*, Wien 2000.

5   F. MEINECKE, *Die deutsche Katastrophe. Betrachtungen und Erinnerungen*, Zürich 1946. Zum Gebrauch und Missbrauch des Traumabegriffs siehe W. KANSTEINER, *Genealogy of a category mistake: a critical intellectual history of the cultural trauma metaphor*, in: *Rethinking History* 8 (2004), S. 193–221.

bunden. Ich werde die Nachkriegszeit in drei Perioden unterteilen: die Periode von 1945 bis 1965, in der die ‚Tätergeneration' noch dominant war, die Periode von 1965 bis 1990, in der die so genannte ‚Flakhelfergeneration' dominant war, und die Periode ab 1990, in der die ‚Enkel der Tätergeneration' eine gewisse Dominanz erlangt haben.

Die allgemeine Tendenz in der Geschichtsschreibung bestand in einer Entwicklung von einer fast vollständigen Verdrängung der deutschen Täterrolle zwischen 1945 und 1965, also der Zeit, als die ‚Tätergeneration' noch selbst an der Macht war, hin zu einer partiellen Form der Verdrängung, als die Macht nach 1965 auf die ‚Kinder der Tätergeneration' überging. Doch erst als die ‚Enkel der Tätergeneration' auf der historiographischen Bühne auftauchten, ungefähr ab 1990, begann diese partielle Verdrängung einer mehr oder weniger offenen Haltung Platz zu machen. In der deutschen Geschichtswissenschaft konnte folglich erst ab 1990 eine richtige Täterforschung entstehen.[6]

Auf der Grundlage der beiden genannten Leitperspektiven werden im Folgenden drei Thesen vertreten. Die erste dieser drei Thesen besteht darin, dass in der unmittelbaren Nachkriegszeit bis ungefähr 1965 der Holocaust in der deutschen Geschichtsschreibung unterschwellig mit der deutschen Katastrophe verknüpft wurde. Die deutsche und die jüdische Katastrophe wurden zwischen 1945 und 1965 von den meisten deutschen Historikern, die der ‚Tätergeneration' angehörten, sozusagen als vergleichbare Phänomene betrachtet. In dieser Sichtweise hatten Juden und Deutsche nach 1945 folglich eine entscheidende Gemeinsamkeit: beide waren die Hauptopfer des Zweiten Weltkriegs. Gemäß dieser Sichtweise war es dann auch ‚normal', dass die deutschen Historiker sich auf ‚ihre' und somit die deutsche Katastrophe konzentrierten und die jüdische Katastrophe den jüdischen Historikern überließen.[7]

Der zweiten These zufolge ändert sich diese Sichtweise nach 1965 mit dem professionellen Aufstieg der so genannten ‚Flakhelfergeneration' gründlich. Erst nach 1965 tritt die ‚verlorene deutsche Nation' als Hauptthema der Zeitgeschichte zurück und avanciert ‚der Nationalsozialismus' oder ‚der Faschismus' zum zentralem Problem. Dennoch war der Holocaust zwischen 1965 und 1990 weniger ein tatsächlicher Forschungsgegenstand als vielmehr ein abstraktes Bezugsobjekt. Das bemerkenswerteste Phänomen deutscher

---

6   Mit Täterforschung ist hier auch die Erforschung jener Personen und Organisationen gemeint, die nicht schon in Nürnberg als ‚kriminelle Täter' identifiziert worden waren, d.h. Personen und Organisationen außer der NSDAP-Spitze, der SS und der Gestapo.

7   Siehe hierzu R. MOELLER, *War Stories. The Search for a usable Past in the Federal Republic of Germany*, in: *American Historical Review* 101 (1996), S. 1008–1148; M.L. HUGHES, *„Through no fault of our own". Germans remember their war losses*, in: *German History* 18 (2000), S. 193–213; R. MOELLER, *Geschichten aus der „Stacheldrahtuniversität": Kriegsgefangene im Opferdiskurs der Bundesrepublik Deutschland*, in: *Werkstatt Geschichte* 9 (2000), S. 23–47; O. BARTOV, *Germany as a victim*, in: DERS., *Mirrors of Destruction: War, Genocide and Modern Identity*, Oxford 2000; L. KETTENACKER (Hrsg.), *Ein Volk von Opfern? Die neue Debatte um den Bombenkrieg 1940–1945*, Berlin 2003.

Geschichtsdebatten in dieser Zeit war somit die Präsenz des Holocaust durch seine Abwesenheit.[8]

Der jüdische Opferstatus wurde zwischen 1965 und 1990 zwar anerkannt, jedoch nicht besonders intensiv thematisiert. Über den deutschen Opferstatus wurde hingegen im Gegensatz zur unmittelbaren Nachkriegszeit nach 1965 in der Historiographie meistens geschwiegen. Der deutsche Opferdiskurs verlagerte sich zwischen 1965 und 1990 also vorwiegend ins Private.

Die dritte These lautet, dass sich nach 1990, nach der Wiedervereinigung und mit dem Aufrücken der ,Enkelgeneration der Täter', die historiographische Lage nochmals fundamental änderte. Durch die Öffnung der Archive in Osteuropa und durch die Absicht der jüngeren Historiker, diese neuen Quellen mit einem kritischen Blick zu verwenden, wurden der Holocaust und die Handlungen der relevanten Täter zum ersten Mal eingehend untersucht. Die Forschungen haben das Bild des Holocausts gründlich revidiert. Sie haben den Zusammenhang zwischen Holocaust, Vernichtungskrieg der Wehrmacht und wirtschaftlichen Plünderungen im Osten ebenso nachgewiesen wie die Beteiligung nahezu aller deutschen Organisationen an diesen Verbrechen. Durch den Nachweis der breiten deutschen Beteiligung am Holocaust ist die Frage nach der Beziehung der Deutschen zum NS-Staat wieder aktuell geworden. Und diese Frage wird seitdem oftmals sehr konkret, meistens in biographischer Form beantwortet. Es stellt sich also heraus, dass die ,Enkel der Täter', im Gegensatz zu deren ,Kindern', dazu fähig sind, auch das schlimmste Kapitel der deutschen Geschichte konkret zu beschreiben.

Im Folgenden werden die Inhalte der drei vorgestellten Thesen näher besprochen:

Die Dominanz der deutschen Katastrophe: 1945–1965

Die Mehrzahl der deutschen Historiker der bundesrepublikanischen Gründergeneration verwendete in den ersten zwanzig Jahren nach 1945 ihre Kräfte dazu, die moderne deutsche Geschichte von der ,Nazikatastrophe zu befreien.' Zu denken ist in diesem Zusammenhang an Namen wie Gerhard Ritter, Hans Rothfels, Ludwig Dehio, Karl-Dietrich Erdmann, Theodor Schieder und Werner Conze. Das fundamentale historiographische Anliegen dieser Wissenschaftler war die Legitimität und Normalität des deutschen Nationalstaats seit 1871 zu belegen. Ihr Vorgehen bestand dabei vor allem darin, dass sie Deutschland in ein Schema der allgemeinen europäischen oder Weltgeschichte einordneten. Die Auseinandersetzung mit der nationalsozialistischen Katastrophe in der deutschen Geschichtsschreibung lief zwei Jahrzehnte lang – wie Sebastian Conrad 1999 treffend bemerkte – im Wesentlichen auf eine „Suche nach der verlorenen Nation" hinaus.[9]

8   Vgl. D. LaCapra, *Representing the Holocaust. History, Theory, Trauma*, Ithaca 1994; H. Dubiel, *Niemand ist frei von der Geschichte. Die nationalsozialistische Herrschaft in den Debatten des Deutschen Bundestages*, München 1999.

9   S. Conrad, *Auf der Suche nach der verlorenen Nation. Geschichtsschreibung in Westdeutschland und Japan 1945–1960*, Göttingen 1999.

Die Deutschen als Täter wurden gleichzeitig an den Rand gedrängt: die Nazi-Spitze, unter Führung des ‚Österreichers' Adolf Hitler, der Golo Mann zufolge wie ein Dschingis Khan über die Deutschen geherrscht hatte, wurde einfach dämonisiert und weitgehend exterritorialisiert.[10] Die SS wurde als eine europäische Organisation dargestellt, die ‚im deutschen Namen' ihre Verbrechen verübt hätte. Im Gegensatz dazu hätten die meisten Deutschen in der ‚sauberen' Wehrmacht ihre patriotische Pflicht getan. Die Nürnberger Prozesse hatten also auch für die Historiker eine geschichtsprägende Kraft.

Die großzügige Verwendung solcher Kategorien wie „Katastrophe" (Meinecke) bzw. „Schicksal" oder „Dämonie der Macht" (Ritter) ging systematisch mit der Ausklammerung sämtlicher Fragen nach der deutschen Verantwortung einher. Die Zuflucht zu anonymen Strukturen (Schieder/Conze), angeblich kennzeichnend für die ‚moderne Massengesellschaft' im Allgemeinen, hatte denselben Effekt.[11] Im vorherrschenden historiographischen Diskurs, der sich um den Nationalstaat drehte, blieben die Juden nach 1945 somit fast zwei Jahrzehnte lang praktisch stumm.[12]

Friedrich Meineckes 1946 veröffentlichtes Buch *Die deutsche Katastrophe* liefert das deutlichste Beispiel für die deutsche Sichtweise in den ersten zwanzig Nachkriegsjahren.[13] Das ganze Buch ist im Grunde eine Apologie für den deutschen Geist und die deutsche Nation. Meinecke fürchtete die Identifizierung Deutschlands mit dem Nationalsozialismus und betonte daher den nahezu völlig ‚undeutschen' Charakter des Nazismus. Bei seinen Ausführungen handelt es sich folglich um ein Beispiel für die bereits angesprochene Exterritorialisierung. An einigen Stellen legt Meinecke sogar nahe, die Alliierten hätten mit dem Sieg über die Nazis den gemeinsamen Feind der Deutschen und Alliierten besiegt. Die gemeinsame Sache der Deutschen und der Alliierten wurde meist als die ‚europäische Kultur' charakterisiert. Diese Berufung auf das gemeinsame ‚europäische Erbe' der Deutschen und der westlichen Alliierten sollte auch vierzig Jahre später noch – also 1986 – von Andreas Hillgruber vertreten werden und wurde vor kurzer Zeit, unter völlig anderen Umständen, von der Regierung Schröder–Fischer verwendet.[14]

Die nachträgliche ‚Europäisierung' des alliierten Sieges über ‚die Nazis' hatte die bemerkenswerte Folge, dass es kaum identifizierbare deutsche Täter mehr gab – außer denjenigen, die schon in Nürnberg verurteilt worden waren. Die so genannte Vergangenheitspolitik der frühen Bundesrepublik, die auf die Transformation der Täter in sogenannte Mitläufer und auf deren Amnestierung ausgerichtet war, kann deshalb auch als eine Konsequenz die-

10   G. MANN, *Deutsche Geschichte des 19. und 20. Jahrhunderts*, Frankfurt 1973.

11   Siehe hierzu K. KWIET, *Die NS-Zeit in der westdeutschen Forschung 1945–1961*, in: E. SCHULIN (Hrsg.), *Deutsche Geschichtswissenschaft nach dem Zweiten Weltkrieg (1945–1965)*, München 1989, S. 191–199. Zu Conze und Schieder siehe: J.-S. CHUN, *Das Bild der Moderne in der Nachkriegszeit. Die westdeutsche Strukturgeschichte im Spannungsfeld von Modernitätskritik und wissenschaftlicher Innovation 1948–1962*, München 2000.

12   Siehe: KWIET, (wie Anm. 11), S. 195 f.

13   MEINECKE, (wie Anm. 5).

14   A. HILLGRUBER, *Zweierlei Untergang. Die Zerschlagung des Deutschen Reiches und das Ende des europäischen Judentums*, Berlin 1986.

ser ‚europäischen Sichtweise' interpretiert werden. Sie stufte auch die Deutschen als Opfer der Nazis ein.

Die jüdische Katastrophe blieb in Meineckes Buch auffällig abwesend.[15] Das heißt selbstverständlich nicht, dass es in Deutschland in den ersten zwanzig Jahren nach dem Krieg überhaupt keine Forschung zum Holocaust gab, sie war nur sehr selten. In der historiographischen Praxis glich die übliche Bezugnahme auf den Holocaust als ‚unaussprechliches Verbrechen', das ‚im Namen Deutschlands' begangen wurde, im Grunde einem Stillschweigen über die deutschen Täter und ihre jüdischen Opfer.[16]

Dazu kam, dass wenn von Opfern des Krieges die Rede war, die Kategorie der Opfer häufig so sehr ausgeweitet wurde, dass sie auch diejenigen einschloss, die als Soldaten im Dienst der Wehrmacht gestorben waren. In Andreas Hillgrubers 1986 veröffentlichtem Buch mit dem Titel *Zweierlei Untergang* wird dieser Sachverhalt noch einmal sehr deutlich. Hillgruber stellt darin die katastrophalen Schicksale der deutschen Bevölkerung – einschließlich der Wehrmacht – und die der Juden in getrennten Kapiteln einfach nebeneinander. Der Autor knüpft keinerlei direkte Verbindung zwischen den deutschen und den jüdischen ‚Untergängen' und erhebt den Verlust der deutschen Ostgebiete zur „wohl gravierendste[n] Kriegsfolge."[17]

Die Präsenz des Holocausts durch seine Abwesenheit: 1965 – 1990

Meiner zweiten These zufolge wird die ‚verlorene Nation' zwischen 1965 und 1990 als Hauptthema der Zeitgeschichte durch ‚den Nationalsozialismus' und ‚den Faschismus' abgelöst. Dies erklärt sich meines Erachtens hauptsächlich durch den professionellen Aufstieg der ‚Flakhelfergeneration', zu der unter anderem Martin Broszat, Hans und Wolfgang Mommsen, Hans Ulrich Wehler und Thomas Nipperdey gehören, und durch den professionellen Abstieg der ‚Tätergeneration'. Weiter behauptet meine zweite These, dass diese Veränderung der Perspektive zwar sehr wichtig war, aber dass sie trotzdem nur bedeutete, dass der Holocaust Bezugsobjekt der deutschen Zeitgeschichte wurde. Er war weiterhin nicht ihr Forschungsgegenstand. Das bemerkenswerteste Phänomen der deutschen Geschichtsdebatten dieser Zeit ist die abstrakte Präsenz des Holocaust, oder seine Präsenz durch seine Abwesen-

15 Vgl. jedoch J. HERF, *Legacies of Divided Memory for German Debates about the Holocaust in the 1990s*, in: *German Politics & Society* Bd. 3 (1999), S. 9–14.

16 Sebastian Conrad weist zurecht darauf hin, dass die vielfach festgestellte Verdrängung der Nazivergangenheit durch deutsche Historiker lediglich für die selektive Art der Behandlung des Themas gilt und nicht bedeutet, dass es gänzlich vermieden wurde. Vgl. S. CONRAD, *Auf der Suche nach der verlorenen Nation. Geschichtsschreibung in Westdeutschland und Japan 1945–1960*, Göttingen 1999, S. 135, 160 und 215. Zu den politischen Debatten siehe: H. DUBIEL, *Niemand ist frei von der Geschichte. Die nationalsozialistische Herrschaft in den Debatten des Deutschen Bundestages*, München 1999, S. 40.

17 A. HILLGRUBER, *Leserbrief an die FAZ*, 29. November 1986, abgedruckt in: R. AUGSTEIN u.a. (Hrsg.): ‚*Historikerstreit'. Die Dokumentation der Kontroverse um die Einzigartigkeit der nationalsozialistischen Judenvernichtung*, München 1987, S. 296.

heit. Es ist ganz typisch für die bundesrepublikanische Geschichtsschreibung zwischen 1965 und 1990, dass der Holocaust somit als eine Art Hintergrund des ‚Dritten Reichs' behandelt wurde, als impliziter Bezugspunkt, jedoch nicht als ein zentrales Merkmal dieses Systems.

Charakteristisch für die historiographische Perspektive dieser Periode ist die Sichtweise Martin Broszats. Broszat versuchte in den achtziger Jahren in seinem Briefwechsel mit Saul Friedländer die fundamentale ‚Exzentrizität' des Holocausts in der deutschen Geschichtsschreibung ‚objektiv' zu rechtfertigen: Da der Holocaust den meisten Deutschen während des Krieges nicht bewusst gewesen sei, dürften die Historiker ihn nicht im Nachhinein zum zentralen Ereignis und zentralen Merkmal Nazideutschlands machen.[18]

Der Holocaust wurde also zwischen 1965 und 1990 – außerhalb eines kleinen Kreises von Spezialisten – immer noch als abstraktes, ‚unaussprechliches Phänomen' behandelt, das identifiziert, aber nicht konkret erforscht und analysiert wurde. Die bemerkenswerte Präsenz des Holocausts durch seine Abwesenheit ist typisch für die großen historiographischen Auseinandersetzungen in den Jahren von 1965 bis 1990.[19]

Die Auseinandersetzung über den Untergang der Weimarer Republik war im Wesentlichen eine Auseinandersetzung über den Aufstieg der Nazidiktatur. Sie bezog daher ihre Intensität aus dem, was nicht diskutiert wurde. Dasselbe gilt für die Auseinandersetzung über den deutschen Sonderweg, die mit der Fischer-Kontroverse 1961 begann.[20] Hier wurde fast alle Energie in das Nachzeichnen des ‚langen Wegs nach Auschwitz' investiert, anstatt in die Forschung zu Auschwitz selbst.[21]

Einen ganz ähnlichen Energietransfer vom Holocaust auf dessen Kontext kann man sogar bei der Auseinandersetzung über die Struktur des nationalsozialistischen Staates selbst beobachten. Das Bezeichnende sowohl der intentionalistischen wie der strukturalistischen Interpretationen ist paradoxerweise, dass die eigentliche Praxis des Massenmords mehr oder weniger außen vor gelassen wurde, wie Ulrich Herbert in 1999 bemerkt hat.[22] Die Debatten über die monokratische oder die polykratische Struktur des NS-Regimes waren auf das Machtzentrum in Berlin bezogen und nicht auf die Peripherie des Reiches, wo das tatsächliche Morden stattfand. Hans Mommsen hat dieses

---

18 Broszats eigene Haltung zum Nationalsozialismus – einschließlich seiner Mitgliedschaft in der NSDAP – sorgte 2003 für einige Kontroversen. Vgl. N. BERG, *Der Holocaust und die westdeutschen Historiker. Erforschung und Erinnerung*, Göttingen 2003.

19 Siehe: M. SABROW/R. JESSEN/K. GROSSE KRACHT (Hrsg.), *Zeitgeschichte als Streitgeschichte. Große Kontroversen seit 1945*, München 2003.

20 Der Umstand, dass auch Fischer nicht vollständig über seine persönliche Beteiligung am Nationalsozialismus informiert hat, ist kürzlich von Klaus Große Kracht aufgedeckt worden. K. GROSSE KRACHT, *Fritz Fischer und der deutsche Protestantismus*, in: *Zeitschrift für Neuere Theologiegeschichte* 10 (2003), S. 224–252.

21 Siehe: C. LORENZ, *Beyond good and evil, The German Empire of 1871 an modern German historiography*, in: *Journal of Contemporary History* 30 (1995), S. 729–769.

22 U. HERBERT, *Academic und Public Discourses on the Holocaust: The Goldhagen Debate in Germany*, in: *German Politics & Society* Bd. 3 (1999), S. 35–54.

Wegschauen vom tatsächlichen Massenmord damals gerechtfertigt, indem er ein solches Interesse als „voyeuristisch" disqualifizierte .[23]

Zeitgleich mit diesen Debatten verlagerte sich auch der deutsche Opferstatus zwischen 1965 und 1990 immer mehr vom historiographischen und öffentlichen Diskurs in die Privatsphäre hinein. Das Täterbild aus der frühen Periode, das die Täter als weltanschauliche Fanatiker dämonisierte und die SS gleichzeitig exterritorialisierte, wurde zwischen 1965 und 1990 mit einem neuen Täterbild ergänzt: dem Bild des kühlen bürokratischen Schreibtischtäters, das namentlich Hannah Arendt und Raoul Hillberg präsentiert hatten.[24] Auch dieses Täterbild, das auf die ‚Banalität des Bösen' fokussierte, bewirkte eine Exterritorialisierung der deutschen Täter, denn ‚immoralische' Bürokratien findet man überall in ‚der Moderne'. Autoren wie Zygmunt Baumann hatten deshalb große Mühe die Verantwortung für den Holocaust allein in Nazi-Deutschland zu verorten.[25]

Alles in allem nahmen die deutschen Historiker, die sich zwischen 1965 und 1990 der schwierigen Frage „Wie war der Holocaust möglich?" widmeten, den Holocaust selber meistens als gegeben hin. Dies bringt mich zu meiner dritten und letzten These, die sich auf die Periode ab 1990 bis heute bezieht.

Die Rückkehr des Verdrängten: der Holocaust in der Geschichtsschreibung nach 1990

Meiner dritten These zufolge ist ab 1990 mit der Wiedervereinigung und mit dem Aufrücken der ‚Enkel der Tätergeneration' eine ganz neue Lage in der deutschen Geschichtsschreibung über den Nationalsozialismus und den Zweiten Weltkrieg entstanden. Nach der völlig unerwarteten Vereinigung der beiden deutschen Staaten war eine der beiden im Vorangegangenen angesprochenen Katastrophen – die deutsche – nicht mehr relevant. Der Schlussstrich unter die Nazivergangenheit, der seit 1945 so oft gefordert worden war, diente sich im Jahr 1990 plötzlich scheinbar als Geschenk der Geschichte selbst an. Infolgedessen bestand die ‚Last der Nazigeschichte' nach 1990 nur noch aus einer Katastrophe, und zwar der jüdischen. Dadurch sahen sich immer mehr junge deutsche Historiker dazu veranlasst, sich seriös mit Deutschlands Status als Täternation zu beschäftigen. Klaus Michael Mallmann merkte vor kurzem an, dass ein schlimmes Buch von Daniel Goldhagen, eine nicht perfekte Wehrmachtsausstellung aus Hamburg und ein Hol-

23 Vgl. U. HERBERT (wie Anm. 22), S. 42. Siehe auch: R.. BESSEL, *Functionalists vs. Intentionalists: The Debate Twenty Years on or Whatever Happened to Functionalism and Intentionalism?* in: *German Studies Review* 26 (2003), S. 15–21.

24 H. ARENDT, *Eichmann in Jerusalem; a report on the banality of the evil*, New York 1963 und R. HILBERG, *The destruction of the European Jews. With a new postscript by the author*, New York 1973.

25 Z. BAUMANN, *Modernity and the Holocaust*, Ithaca 1989.

lywood-Film über *Schindlers Liste* nötig waren, damit sich diese Richtung durchsetzen konnte. [26]

Die Debatten nach 1990 dokumentieren die wachsende Offenheit zur Nazivergangenheit inklusive des Holocausts. Der Unterschied zwischen den Kontroversen nach 1990 und dem Historikerstreit von 1986/87 ist im Hinblick auf den Holocaust auffällig. Der Historikerstreit kann als letzter großer Versuch des konservativen Lagers innerhalb der deutschen Historikerzunft betrachtet werden, die deutsche Katastrophe oben auf die Tagesordnung zu setzen und die jüdische demgegenüber zurückzustellen.[27] Es war nicht zufällig, dass das selbe konservative Lager sich damals vehement gegen die Interpretation der deutschen Niederlage als ‚Befreiung' zur Wehr setzte.

Die Goldhagen-Debatte ein Jahrzehnt später könnte man als eine verspätete Antwort auf die entscheidende Frage betrachten, die im Historikerstreit nicht gestellt worden war: „Wer waren außer der SS die Täter des Holocaust?" Im Historikerstreit wurden sämtliche Energien auf die Erörterung der ‚Singularität' des Holocausts verwendet, die Frage nach den eigentlichen Tätern war aus der Diskussion herausgehalten worden. Goldhagen brachte folglich eine neue und außerordentlich bedeutsame Fragestellung in die deutsche Debatte ein. In zugespitzter Form lautete seine Antwort auf diese Frage: „Die Täter waren die ganz normalen Deutschen, denn vor 1945 waren alle Deutschen geborene Antisemiten." Diese Sichtweise war natürlich falsch, aber Goldhagens öffentlicher Erfolg machte trotzdem deutlich, dass die deutschen Historiker der Suche nach der richtigen Antwort nicht genügend Zeit eingeräumt hatten. Die Goldhagen-Debatte zeigte zudem, dass die beiden früheren Täterbilder des Holocausts revisionsbedürftig waren. Die von Goldhagen recherchierten Mordpraktiken waren nämlich weder von fanatischen SS-Leuten verübt worden, wie die ‚Tätergeneration' meist behauptet hatte, noch passten sie in das Bild der quasi-industriellen ‚Todesfabriken', das von der ‚Flakhelfergeneration' entwickelt worden war.

Historiker der ‚Enkelgeneration' wie Christian Gerlach, Ulrich Herbert, Dieter Pohl, Thomas Sandkühler, Michael Wildt, Klaus-Michael Mallmann, Suzanne Heim und Götz Aly haben nach 1990 die Frage nach den Tätern

26 Vgl. K.M. MALLMANN, ‚Täterforschung', in: *Mitgliedermagazin der Wissenschaftlichen Buchgesellschaft Darmstadt*, Nr. 3 (2004), S. 32–33. Zum Buch von Goldhagen siehe: C. LORENZ, *Model-murderers. Afterthougths on the Goldhagen method and history*, in: *Rethinking History* 6 (2002), S. 131–150. Mit der Wehrmachtsausstellung setzen sich auseinander: C. GERLACH, *Männer des 20. Juli und der Krieg gegen die Sowjetunion*, in: H. HERR/K. NAUMANN (Hrsg.), *Vernichtungskrieg*, Hamburg 1996, S. 427–447; H. HEER, *Vom Verschwinden der Täter. Der Vernichtungskrieg fand statt, aber keiner war dabei*, Berlin 2003; C. HARTMANN/J. HÜRTER/U. JUREIT (Hrsg.), *Verbrechen der Wehrmacht: Bilanz einer Debatte*, München 2005.

27 U. HERBERT, *Der Historikerstreit. Politische, wissenschaftliche, biographische Aspekte*, in: M. SABROW/R. JESSEN/K. GROßE KRACHT (Hrsg.), *Zeitgeschichte als Streitgeschichte. Große Kontroversen seit 1945*, München 2003, S. 105–109; C. LORENZ, *Historisches Wissen und historische Wirklichkeit: Für einen ‚internen' Realismus*, in: J. SCHRÖTER/A. EDELBÜTTEL (Hrsg.), *Konstruktion von Wirklichkeit. Beiträge aus geschichtstheoretischer, philosophischer und theologischer Perspektive*, Berlin/New York 2004, S. 65–106.

inzwischen mit detaillierten Studien zur deutschen Besatzungs- und Vernichtungspolitik in Osteuropa – am tatsächlichen Hauptort des Mordens – zu beantworten gesucht. Sie alle betonen die Verwobenheit von Kriegsführung, rücksichtsloser ökonomischer Ausbeutung der besetzten Gebiete und Vernichtungspolitik gegen alle sogenannten ‚unnützen Esser‘. Diese ‚unnützen Esser‘ waren nicht nur die Juden, sondern auch 60 Prozent der sowjetischen Kriegsgefangenen und große Teile der russischen Zivilbevölkerung – in Weißrussland wurden etwa 20 Prozent der Gesamtbevölkerung getötet.[28]

Durch die Forschungen dieser Generation deutscher Historiker wurde also deutlich, dass Himmlers SS den Holocaust nicht im Alleingang durchgesetzt hat, wie seit Nürnberg so oft behauptet worden war. Die ‚Enkelhistoriker‘ machten auch klar, dass weder Organisationen, noch Strukturen morden können, sondern nur konkrete Menschen. Sie dokumentierten, dass es beim Holocaust ein hohes Maß an Lokalinitiativen, ein hohes Maß an Kooperation zwischen der Wehrmacht und allerlei Polizeieinheiten und ein hohes Maß an Freiwilligkeit und eben auch eine Lust an Mord und Raub gab. Dämonisierung und Exterritorialisierung gehören seitdem nicht mehr zu den möglichen Erklärungen für den Holocaust. Damit stehen die wichtigsten Stützen des bisherigen NS-Geschichtsbildes zur Diskussion.

Die Beteiligung der angeblich ‚sauberen Wehrmacht‘ am Holocaust war lange Zeit als ‚Lebenslüge‘ der frühen Bundesrepublik ein absolutes Tabu gewesen.[29] Dieses Tabu lässt sich nicht mehr aufrechterhalten und wird nun als Forschungsdesiderat anerkannt. Eine jüngere Generation deutscher Historiker, zu der Klaus Latzel, Ulrike Jureit und Wolfgang Wette gehören, versuchen deshalb beispielsweise die Alltagserfahrung und das Weltbild der Wehrmachtgeneration zu rekonstruieren. Sie benützen dazu nicht mehr die apologetischen Autobiographien der ehemaligen Wehrmacht-Generäle, sondern primär die Feldpost der normalen Soldaten. Das jüngste Interesse an der Geschichte der Deserteure ist ebenfalls ein Signal für den Wunsch, die althergebrachten Klischees über die Wehrmacht zu brechen und die Grauzone zwischen Tätern und Opfern zu erhellen.[30]

Zweitens bedeutete der Nachweis der Freiwilligkeit des Mordens eine Unterminierung des Bildes vom allgegenwärtigen Nazi-Zwang, und damit ging auch die Unterminierung des Bildes deutscher Täter als Opfer dieses Nazi-Zwanges einher. Beide Deutungskategorien waren lange verschwistert gewe-

28 Siehe U. HERBERT/G. ALY (Hrsg.), *Nationalsozialistische Vernichtungspolitik 1939–1945: Neue Forschungen und Kontroversen*, Frankfurt 1998; C. GERLACH, *Kalkulierte Morde. Die deutsche Wirtschafts- und Vernichtungspolitik in Weißrussland 1941 bis 1944*, Hamburg 1998.

29 Siehe H. HEER, *Killing fields. Die Wehrmacht und der Holocaust*, in: H. HEER/K. NAUMANN (Hrsg.), *Vernichtungskrieg*, Hamburg 1996, S. 57–78; O. BARTOV, *German Soldiers and the Holocaust. Historiography, Research and Implications*, in: G. NE'EMAN ARAD, *Passing into History: Nazism and the Holocaust Beyond Memory, History & Memory 9* (1997), S. 170.

30 Siehe M. HETTLING, *Täter und Opfer? Die deutschen Soldaten in Stalingrad*, in: *Archiv für Sozialgeschichte 35* (1999), S. 515–531; K. LATZEL, *Wehrmachtsoldaten zwischen ‚Normalität‘ und NS-Ideologie, oder: Was sucht die Forschung in der Feldpost?*, in: R.-D. MÜLLER/H.-E. VOLKMANN (Hrsg.), *Die Wehrmacht. Mythos und Realität*, MÜNCHEN 1999, S. 573–588; U. JUREIT (Hrsg.), *Feldpostbriefe*, Hamburg 1999, S. 7–75.

sen: das Bild der allmächtigen Gestapo und der verbrecherischen SS, die nicht nur die Juden, sondern auch die Deutschen selber terrorisierten, war lange Zeit das Komplement zum Bild des ,normalen Deutschen', der zur Beteiligung gezwungen worden war. Der Nachweis von Lokalinitiativen und Freiwilligkeit ,normaler Deutscher' bei dem Mordgeschäft unterminierte somit nicht nur das dominante Bild des Holocausts, sondern auch das dominante Bild des Funktionierens der Deutschen im NS-Staat. Somit brachte die Frage nach den Tätern des Holocausts auch die erneute Frage nach den Beziehungen der ,normalen Deutschen' zum Nazi-Staat mit sich.

Das Verhältnis der ,normalen Deutschen' zum Nazi-Staat

Die Beantwortung der Frage zum Verhältnis der Deutschen zum nationalsozialistischen Staat wird in den letzten 15 Jahren durch drei Forschungstendenzen geprägt. Erstens ist nach 1990 so etwas wie eine ,biographische Wende' in der NS-Forschung festzustellen: die Täter haben zum ersten Mal Gesichter bekommen, sowohl in individuellen Biographien – Ulrich Herberts Best-Biographie ist hier richtungweisend gewesen – als auch in kollektiven Biographien – in diesem Zusammenhang ist Michael Wildts Buch über das Personal des Reichssicherheitshauptamt mit dem Titel *Die Generation des Unbedingten* zu nennen.[31] Wildts Buch ist auch darum wichtig, weil es die übliche scharfe Trennung zwischen kühlem Schreibtischtäter und weltanschaulich fanatischem Killer – the men who pull the trigger – zur Diskussion stellt.[32]

Zweitens gibt es eine biographische Wende in der Forschung der so genannten ,Funktionseliten' im so genannten Dritten Reich. Sowohl im Bereich der Wirtschaft als auch im Bereich der Wissenschaft sind sehr viele Studien erschienen, die einzelne Konzerne und das Personal einzelner Universitäten, Forschungsinstitute und wissenschaftlicher Disziplinen in der NS-Zeit untersuchen. Als Beispiele dieser Wende ist das biographisches Lexikon der Germanistik zu nennen sowie die große Zahl an Publikationen aus dem Projekt

31 U. HERBERT, *Best. Biographische Studien über Radikalismus, Weltanschauung und Vernunft 1903–1989*, Bonn 1997; M. WILDT, *Generation des Unbedingten: das Führungskorps des Reichssicherheitshauptamtes*, Hamburg 2002.

32 Hinsichtlich der ,Täterforschung', die nur nach der ,Goldhagen-Kontroverse' und der Hamburger Ausstellung *Verbrechen der Wehrmacht* entstehen konnte, sei verwiesen auf: U. HERBERT/G. ALY, *Nationalsozialistische Vernichtungspolitik 1939–1945: Neue Forschungen und Kontroversen*, Frankfurt 1998; C. GERLACH (wie Anm. 28); C. GERLACH (Hrsg.), *Durchschnittstäter. Handeln und Motivation*, Berlin 2000; W. KAISER, *Täter im Vernichtungskrieg*, Berlin 2002; G. PAUL (Hrsg.), *Die Täter der Shoah. Fanatische Nationalsozialisten oder ganz normale Deutsche?*, Göttingen 2002; WILDT (wie Anm. 31); K.-M. MALLMANN/G. PAUL (Hrsg.), *Die Gestapo. Mythos und Realität*, Darmstadt 2003; DIES., *Karrieren der Gewalt: Nationalsozialistische Täterbiographien*, Darmstadt 2004; K. LATZEL, *Deutsche Soldaten – nationalsozialistischer Krieg? Kriegserlebnis – Kriegserfahrung 1939–1945*, Paderborn 1998; W. WETTE, *Deserteure der Wehrmacht: Feiglinge – Opfer – Hoffnungsträger: Dokumentation eines Meinungswandels*, Essen 1995; HARTMANN/HÜRTER/JUREIT (wie Anm. 26).

zur Kaiser-Wilhelm-Gesellschaft im Dritten Reich.[33] Durch diese Art der Forschung ist man zu neuen Erkenntnissen über das Handeln der Funktionseliten im Nationalsozialismus gelangt. Das ‚Mitmachen‘ und blanker Opportunismus waren bei diesen Personengruppen die Regel, individueller Widerstand und Resistenz bildeten die Ausnahme.

Die dritte und letzte Forschungstendenz seit 1990, die auch für die Zukunft von Interesse sein dürfte, wird durch Götz Alys letztes Buch *Hitlers Volksstaat. Raub, Rassenkrieg und nationaler Sozialismus* verkörpert.[34] Das Buch stellt von neuem die Frage nach der Beziehung zwischen den ‚normalen Deutschen‘ und dem NS-Staat. Aly gibt eine neue und provokative Antwort: die Verbrechen des NS-Staates – inklusive des Holocausts – dienten einem einfachen Ziel: organisiertem Raub. Mit dem geraubten Geld, Gold und Gütern bezahlten die Nazis ihre Soldaten und wohlfahrtstaatliche Maßnahmen für das deutsche Volk. Die Besteuerung der besetzten Länder diente demselben Zweck. Die meisten ‚normalen Deutschen‘ waren demnach also unmittelbare materielle Nutznießer der Nazi-Verbrechen und des Eroberungskrieges. Deshalb unterstützten sie das Nazi-Regime bis zum Ende – und nicht weil die Gestapo oder die SS allmächtig war.

Aly zufolge gab es folglich eine „Symbiose von NS-Volksstaat und Verbrechen“, die die bisherige Geschichtsschreibung noch nicht wahr haben will. „Für die Mehrzahl der jungen Deutschen bedeutete der Nationalsozialismus nicht Diktatur, Redeverbot und Unterdrückung, sondern Freiheit und Abenteuer“. Der NS-Staat sei eine „Gefälligkeitsdiktatur“ gewesen und „die Kosten dieser ‚Gefälligkeitsdiktatur‘ hatten Millionen von Europäern zu tragen, deren Besitz und Existenzgrundlagen zum Vorteil der deutschen Volks- und Raubgemeinschaft enteignet wurde.“ Aly äußert daher auch: „Wer von den vielen Vorteilen für Millionen einfacher Deutscher nicht reden will, der sollte vom Nationalsozialismus und vom Holocaust schweigen.“[35] Es ist sehr wahrscheinlich, dass Alys Anspielung auf Horkheimer die Historiker der NS-Zeit in der nächsten Zeit noch weiter beschäftigen wird.

---

[33] C. KÖNIG, *Internationales Germanistenlexikon 1800–1950*, Berlin 2002; R. RÜRUP/ W. SCHIEDER (Hrsg.), *Geschichte der Kaiser-Wilhelm-Gesellschaft im Nationalsozialismus*, Göttingen 2000–2005.

[34] G. ALY, *Hitlers Volksstaat: Raub, Rassenkrieg und nationaler Sozialismus*, Frankfurt 2005.

[35] Aly (wie Anm. 34), S. 11 f.

Peter Rohs

Spinoza – Wege in eine moderne Identität

Baruch de Spinoza gehört zu den wenigen Philosophen, von denen gesagt werden darf, dass ihr Leben ein Teil ihres philosophischen Werks ist. Für viele Theologen und Philosophen war sein Leben – wie von einigen zeitgenössischen Biographien bezeugt wird – fast genau so provokant wie sein Denken. Geboren 1632 als Jude in Amsterdam, erhielt er eine gründliche Ausbildung in der dortigen Talmudschule. Als jedoch seine philosophischen Gedanken sich zu entwickeln begannen, geriet er in Konflikt mit den Leitern seiner Gemeinde. Der Streit verschärfte sich so sehr, dass er schließlich 1656 mit Bann aus der Gemeinde ausgeschlossen wurde. Danach ist er keiner anderen religiösen Gemeinschaft beigetreten, sondern bis zu seinem Tode ohne kirchliche oder konfessionelle Bindung geblieben. Dass er dabei ein in moralischer Hinsicht untadeliges Leben geführt hat – zurückgezogen, bescheiden, nur auf Unabhängigkeit und die Entwicklung seiner metaphysischen Vorstellungen bedacht – hat die Zeitgenossen sehr erstaunt. Geradezu irritiert waren sie darüber, dass er schließlich am 21. Februar 1677 friedlich und ohne Herbeiziehung eines Geistlichen starb. Die ‚libertas humana', die Freiheit, die er auf den Begriff gebracht hat, hat er beispielhaft vorgelebt.

Dass Spinoza seinen Zeitgenossen als schlimmster aller Atheisten gegolten hat, beruht nicht nur auf dieser kirchlichen Bindungslosigkeit, sondern vor allem darauf, dass er eine philosophische Theologie entworfen hat, die von der herkömmlichen christlichen erheblich abweicht. Wenn man die christlichen Standardvorstellungen von Gott als Maßstab heranzieht, dann ist Spinoza in der Tat ein Atheist. Aber man kann diesen Umstand auch dazu benutzen, diese Standardvorstellungen in Frage zu stellen. So ist geurteilt worden, als Spinoza aufgrund der 1785 erschienenen Schrift *Über die Lehre des Spinoza in Briefen an Herrn Moses Mendelssohn* von Jacobi in den Mittelpunkt der philosophischen Diskussion gerückt ist. Jacobi berichtet darin über ein Gespräch mit Lessing kurz vor dessen Tod, in dem dieser sich zu Spinoza bekannt hat. „Die orthodoxen Begriffe von der Gottheit sind nicht mehr für mich; ich kann sie nicht genießen. Hen kai Pan! Ich weiß nichts anderes", so wird Lessing zitiert. Dies ist der zentrale Punkt: die orthodoxen Begriffe von der Gottheit sind nicht mehr für mich. Die Faszination Spinozas liegt vor allem darin, dass zu ihnen eine Alternative angeboten wird, die sehr rational und mit großer Originalität ausgearbeitet worden ist und deswegen immer wieder Anhänger gefunden hat. Für viele, wie schon für Lessing, befriedigt sie die Forderungen, die man an eine vernunftgemäße Religion stellen sollte besser als der orthodoxe Vorstellungskomplex. Die Formel „Hen kai Pan" ist zum Motto des Deutschen Idealismus geworden; Hegel hat das Erscheinen von Jacobis Schrift einen „Donnerschlag aus blauem Himmel" genannt. Von Herder, Goethe, Schleiermacher und vielen anderen gibt es Zeugnisse für die große Zustimmung, mit der die neuen ‚Begriffe von der Gottheit' zur Kenntnis genommen worden sind. Die orthodoxen waren eben nicht nur für Lessing ungenießbar geworden. Herder, der immerhin protestantischer Generalsuperintendent in Weimar war, bezeichnet Spinoza als „ohne Zweifel noch göttlicher als der heilige Johannes." In Briefen an Jacobi aber auch in seiner Schrift *Gott* von 1787 bekennt er sich zu Spinoza. Das „Hen kai Pan" ist auch ein Leitwort Herders geworden. Der verschriene Atheist war fast zum Heiligen avanciert. In Dokumenten der Zeit ist wiederholt vom „heiligen Spinoza" die Rede. Man muss sich dabei daran erinnern, dass Spinoza sein Leben ohne Bindung an eine Kirche oder Konfession geführt hatte. Für die neu intendierte Art religiösen Denkens und Lebens war eine solche Bindung unwesentlich geworden.

Der Tractatus theologico-politicus

Was aber war das Neue an Spinozas Gottesbegriff, das zum Beispiel Lessing dazu bewogen hatte, ihn dem orthodoxen vorzuziehen? Bevor auf die Theologie der *Ethica* eingegangen wird, noch ein Wort zum *Tractatus theologico-politicus*, den Spinoza 1670 hatte anonym erscheinen lassen. Diese Schrift ist im Wesentlichen ein kraftvolles Plädoyer für die Freiheit des Denkens. In die Zukunft hat die Auffassung gewiesen, dass die Interpretation der Heiligen Schriften mit derselben vorurteilslosen Rationalität erfolgen sollte, die auch sonst in historischen Forschungen am Platze ist. Was er im einzelnen über die ihm gründlich vertrauten Schriften der jüdischen Bibel sagt, interessiert nur noch historisch, doch die Maxime historisch-kritischer Exegese auch solcher Texte hat sich durchgesetzt. Spinoza ist hierin ein Vorläufer bedeutender Aufklärer wie Hermann Samuel Reimarus. In anderer Hinsicht weist er direkt auf Kant voraus: Wahrheit ist zuvörderst Sache der Vernunft. Welchen Altar kann der sich bauen, der die Majestät der Vernunft beleidigt?, so seine berühmte Frage. Auch Kant hat darauf bestanden, dass die Vernunft als das höchste Gut auf Erden, letzter Probierstein der Wahrheit bleiben müsse – so in dem Aufsatz *Was heißt: sich im Denken orientieren?* von 1786. Und wenn es dort heißt, Freiheit im Denken bedeute die Unterwerfung der Vernunft unter keine anderen Gesetze, als die sie sich selbst gibt, so ist auch das ganz im Sinne Spinozas.

Im letzten Teil des Traktats geht es dann um die für Spinoza entscheidende Frage. „Der Zweck des Staates ist in Wahrheit die Freiheit", so lautet die Kernthese – auch das ein Satz, der ein Stück moderner Identität ausmacht. Spinoza möchte zeigen, dass diese Bestimmung sich folgerichtig aus einer rational begründeten Theorie des Staates ergibt, aber er kämpft auch für seine Position und sein Recht darauf, ungefährdet von der Vernunft Gebrauch machen zu dürfen. In dieser Hinsicht hatte die Schrift keinen Erfolg: sofort nach dem Erscheinen setzte eine heftige Polemik der reformierten Theologen gegen den ‚liber pestilentissimus‘ ein. Da bald bekannt wurde, wer der Autor ist, geriet Spinoza in eine bedrohliche Situation. An eine Veröffentlichung seines Hauptwerks war jedenfalls nicht zu denken. Gemäß seinem Motto ‚Caute!‘ hat er sorgfältig geprüft, mit wem er über seine Gedanken sprechen konnte. Die Gefahr, denunziert zu werden, war sehr real. Die *Ethica* konnte so erst nach seinem Tod 1677 veröffentlicht werden.

Spinozas Ethica

In der *Ethica* finden sich nun die unorthodoxen Gedanken über die Gottheit, die Lessing, Herder und Goethe so sehr faszinieren sollten. Worum geht es? Spinozas Formel „Deus sive natura" oder Lessings „Hen kai Pan" deuten die Richtung an: Gott wird nicht mehr als transzendentes oder – wie Jacobi meist sagte – extramundanes Wesen gedacht. Gott gehört in Raum und Zeit und damit in die Natur, in die Welt hinein. „Deus est res extensa", Gott ist eine ausgedehnte Entität, so heißt es knapp und klar zu Beginn des zweiten Teiles der *Ethica*. Für die orthodoxe Theologie ist Gott ein körperloser Geist, er soll in einer transzendenten, intelligiblen Ewigkeit außer Raum und Zeit existieren. Für Spinoza dagegen kann es keine körperlosen Geister geben, und auch Gott ist keiner. Eine zeittranszendente Ewigkeit gibt es ebenfalls nicht. Kein Wunder, dass die Theologen, die sich eine solche Alternative zu ihrem Gottesbild gar nicht vorstellen konnten, sie für Atheismus gehalten haben. Bei Schleiermacher dagegen – auch er ein evangelischer Theologe – heißt es 1800 in *Über die Religion – Reden an die Gebildeten unter ihren Verächtern*: „Opfert mit mir ehrerbietig eine Locke den Namen des heiligen verstoßenen Spinoza! Ihn durchdrang der hohe Weltgeist, das Unendliche war sein Anfang und Ende, das Universum seine einzige und ewige Liebe, in heiliger Unschuld und tiefer Demut spiegelte er sich in der ewigen Welt, und sah zu wie auch Er ihr liebenswürdigster Spiegel war." Die ewige Welt, das Unendliche, das Universum ist zu einem Gegenstand der religiösen Einstellung, der Liebe geworden. Spinozas Konzeption hat genau diese Konsequenz. Was jedoch ist ihre philosophische Basis?

Der volle Titel des Hauptwerkes lautet *Ethica more geometrico demonstrata*. *Ethica* – das weist hin auf das Ziel der Schrift. Es geht darum, wie zu leben und zu sterben ist, – moralisch, religiös, in jedem Fall aber vernunftgeleitet. Von Bedeutung ist aber auch das „more geometrico demonstrata". Das Werk enthält Sätze (propositiones), die auf der Grundlage gewisser einsichtiger Definitionen und Axiome streng bewiesen werden sollen. Es geht Spinoza um unbedingte und unangreifbare Rationalität. Bekannt ist seine Entgegnung auf die Frage, woher er wissen wolle, dass seine Philosophie die beste von allen ist: „Ich erhebe nicht den Anspruch, die beste Philosophie gefunden zu haben, sondern ich weiß, dass ich die wahre erkenne." Der Anspruch, dass die vielen Beweise korrekt sind, ist aus der Perspektive unserer zeitgenössischen entwickelten Logik nicht zu halten, aber auch von heute aus gesehen gehört Spinozas Philosophie zu den argumentativ am besten begründeten. Der Spinoza-Forscher Alan Donagan meint deswegen im Vorwort seiner Monographie, diese Philosophie gehöre zu den ganz wenigen, die eine Chance hätten, wahr zu sein. Sagen wir also, sie sei zwar nicht bewiesen, aber doch wohlbegründet. Leibniz, Kant und Fichte sind aufgrund davon zu der Auffassung bewogen worden, wenn die jeweils eigene Philosophie falsch sein sollte, könne nur die von Spinoza wahr sein. Dies ist sicher ein Zeichen hoher Anerkennung.

Der Begriff der Substanz

Spinozas Ontologie beruht auf der Neudeutung eines der Grundbegriffe der klassischen Metaphysik, des Begriffs der Substanz. Dieser Begriff, der im wesentlichen auf Aristoteles zurückgeht, hatte erstens dazu gedient, dasjenige an einem Seienden zu kennzeichnen, das als Träger der Eigenschaften anzusehen ist. Eigenschaften sind stets Eigenschaften von etwas, sie bedürfen einer Sache, der sie inhärieren, und dies sollte die Substanz sein. Zweitens sollte die Substanz auch die Individualität eines jeden Seienden garantieren. Eigenschaften sind etwas Allgemeines; jede Eigenschaft kann an vielen Gegenständen realisiert sein. Die Substanz ist ihnen gegenüber das wesenhaft Einzelne.

Auch für Spinoza ist eine Substanz etwas Einzelnes, und sie ist Träger von Attributen und Modi. Sie sollte aber darüber hinaus etwas sein, das völlig selbständig in sich existiert und auch allein durch sich begriffen werden kann. Das ist Spinozas Grundforderung an den Substanzbegriff. Dadurch kommt nun das ins Spiel, was Schleiermacher so beschrieben hat, dass das Unendliche Spinozas Anfang und Ende gewesen sei und das Universum seine einzige Liebe. Spinoza will nachweisen, dass endliche Dinge wie ein Stein oder die Sonne dieser Bedingung nicht genügen, dass schon aus ihrer Endlichkeit folgt, dass sie nicht für sich existieren und für sich begriffen werden können. Wie das Scholium zu prop. 15 des ersten Teiles zeigt, ist dabei leitend die Vorstellung vom Raum. Die Extensio ist schon bei Descartes zur Grundbestimmung der materiellen Welt geworden. Beim Raum ist nun einsichtig, dass ein einzelnes Gebiet keine ontologische Selbständigkeit haben kann, sondern nur als unselbständiger Teil des umfassenden Ganzen möglich ist. Der Raum ist nicht ein Aggregat, das aus Teilräumen zusammengesetzt ist, vielmehr kann es hier Teile nur als Begrenzungen innerhalb des Ganzen geben. Teile können auch nicht aus dem Gesamtraum irgendwie verschwinden. Es gibt keinen Raum mit sozusagen ‚raumlosen Löchern‘. Weiterhin nimmt Spinoza an, dass der Raum als solcher unendlich ist. Es gibt zwar Grenzen im Raum, aber keine Grenzen des Raums. Gekrümmte, aber endliche Räume waren zu seiner Zeit noch undenkbar.

Diese Struktur überträgt sich nun auf die Materie. Auch die körperliche Substanz kann, wie er sagt, nur als unendlich, als einzig und unteilbar gedacht werden. Bennett hat dies als ‚Feldmetaphysik‘ beschrieben: Raum und Materie sind eigentlich nicht zweierlei – der Raum ein Behälter für etwas, die Materie das ihn Erfüllende –, sondern Raum und ausgedehnte Materie sind substantiell dasselbe. Für Spinoza kann es daher aus begrifflichen Gründen kein Vakuum geben. Wenn man bei Materie ausschließlich an Korpuskel denkt, ist das aus heutiger wie damaliger Sicht falsch; wenn man Strahlungen und Felder einbezieht, ist die Auffassung wohl korrekt. Daher die ‚Feldmetaphysik' – der erfüllte Raum ist die Substanz. Und weil dieser Raum eine unteilbare Einheit sein muss, kann es, wie Spinoza annimmt, nur eine Substanz geben. Was Grenzen im Raum hat, ist keine Substanz.

Konsequenzen aus der Konzeption der Substanz

Soweit scheint die Konzeption vielleicht eine interessante ontologische Basis für die damals sich entwickelnden Naturwissenschaften liefern zu können (an deren Ausbildung Spinoza ja durchaus produktiv beteiligt war), es ist aber nicht zu sehen, wie sich daraus ein interessanter neuer Gottesbegriff ergeben soll. Aber Spinoza will noch einiges mehr von dieser Substanz beweisen, nämlich erstens, dass sie auch ein denkendes Wesen ist, zweitens, dass sie Ausgangspunkt aller kausalen Prozesse ist, und drittens, dass es vernünftig ist, dieser Substanz gegenüber ein Gefühl der Verehrung und Liebe zu haben, und dass in dieser Liebe sogar das höchste für Menschen mögliche Glück liegt. Dies ist die „einzige und ewige Liebe zum Universum", von der Schleiermacher spricht, derentwegen er den ‚verstoßenen' Spinoza sogar ‚heilig' nennt.

Zunächst zum ersten, dem Denken. Wie für Spinoza eine Substanz eine Entität ist, die ganz aus sich existiert und auch nur so zu begreifen ist, so gibt es für ihn auch Eigenschaften, die nur aus sich selbst begriffen werden können, Grundcharaktere des Wirklichen, die nicht auf irgendwelche anderen Eigenschaften zurückgeführt werden können. Derartige Eigenschaften bezeichnet er als Attribute.

In der Nachfolge des cartesischen Dualismus ist er nun der Überzeugung, die er auch zu rechtfertigen versucht, dass nicht nur die Ausdehnung, sondern auch das Denken eine solche irreduzible Grundeigenschaften des Wirklichen ist. Damals wie heute gab es und gibt es Materialisten, die das Denken für etwas halten, was aus rein materiellen Prozessen hinreichend erklärt werden kann. Für Hobbes etwa war das Denken ein „motus corporeus", ein körperlicher Prozess ohne Selbständigkeit gegenüber dem materiellen Geschehen. Für Descartes dagegen sollte es zwei Typen von Substanzen geben, res extensa und res cogitans, die unabhängig voneinander existieren und natürlich auch nicht auseinander erklärbar sind. Für Spinoza gibt es keine Irreduzibilität von Substanzen, von Sachen, sondern eine von Eigenschaften. Die Wirklichkeit enthält nicht zwei grundsätzlich verschiedene und voneinander unabhängige Sorten von Gegenständen, – aber um zu wissen, was es heißt, zu denken, nützt kein Wissen von irgendwelchen materiellen Prozessen. Das schließt keineswegs aus, dass es enge Korrelationen gibt zwischen materiellen Prozessen und Denkprozessen; trotzdem sind die jeweiligen Prozesse nur aus sich selbst zu verstehen. Derartige irreduzible Eigenschaften müssen nach Spinoza Eigenschaften der einen Substanz sein, also allgemeine Eigenschaften der Wirklichkeit.

Eine unmittelbare Folge dieses Ansatzes ist, dass es so etwas wie einen körperlosen Geist schlechterdings nicht geben kann, auch im Fall Gottes nicht. Die neuplatonische Prämisse der traditionellen christlichen Theologie – dass unkörperliche denkende Wesen zumindest möglich sind – wird von Spinoza abgelehnt. Nur ein Wesen, das einen Körper hat, kann auch denken. Dies ist aber kein Materialismus im Sinne von Hobbes oder heutiger Materialisten; dass ein Wesen denkt, kann nicht daraus erklärt werden, dass es einen Körper hat, und ebenfalls nicht daraus, dass es einen bestimmt beschaffenen Körper (etwa ein komplexes Gehirn) hat, obwohl es durchaus sein kann, dass ein Wesen, das zu bestimmten denkerischen Leistungen befähigt sein soll, dafür ein komplexes Gehirn benötigt. Es handelt sich also um eine Position, die in sehr bemerkenswerter Weise in der Mitte steht zwischen einem hobbesianischen Materialismus und einem cartesianischen Dualismus und Züge von beiden vereinigt, – nur eine Substanz, doch zwei nicht aufeinander reduzierbare Eigenschaften. Eine solche Position ist für die Diskussion um das Verhältnis von Geist und Körper durchaus noch immer von Interesse. Und für Theologen, denen die neuplatonischen metaphysischen Prämissen der traditionellen christlichen Theologie suspekt geworden sind, kann diese Theologie ohne körperlosen Geist ebenfalls eine bedenkenswerte Alternative sein, wie sie es ja schon für Lessing, Herder, Goethe und Schleiermacher gewesen ist.

Spinoza betont, dass man nicht annehmen darf, die Materie sei sozusagen dessen unwürdig, zum Wesen Gottes zu gehören; es würde gleichsam Gott erniedrigen, wenn er ein zugleich materielles Wesen wäre. Diese Geringschätzung der Materie stammt gleichfalls aus neuplatonischen Quellen. Für Spinoza ist die Materie wie der Raum unendlich. Die Argumente, die traditionellerweise für die Immaterialität Gottes vorgebracht wurden, beruhen auf Vorurteilen und falschen Wertungen. Es handelt sich in den Augen Spinozas um etwas, was Whitehead bei Gelegenheit als „naive metaphysische Komplimente" für Gott bezeichnet. Man nahm ja an, man erweise Gott eine große Ehre, wenn man ihn als körperlosen Geist charakterisiert.

Die interne Struktur des Denkens konzipiert Spinoza in einer gewissen Analogie zu der des Raumes. Wie der Raum eine Ganzheit ist, in der es Gebiete nur als unselbständige, vom Ganzen abhängige Teile gibt, so ist auch das Denken, der unendliche Verstand Gottes eine Ganzheit, in der es ebenfalls Bereiche gibt (Spinoza nennt sie Ideen), die unselbständige Teile dieser Ganzheit sind. Es gibt also außer dem realen Raum auch einen „Ideenraum", – die eine Substanz, insofern sie eine res cogitans ist.

Spinozas Theorie der Kausalität

Dies ist von großer Bedeutung für Spinozas Theorie der Kausalität. Hier werden nur die Grundgedanken skizziert, soweit sie für die neuartige Theologie eine Rolle spielen. Erstens sind für Spinoza kausale Abhängigkeiten mit strenger Notwendigkeit verbunden. Er formuliert dies gern so, dass aus der Ursache die Wirkung mit derselben Notwendigkeit folgt wie aus der Natur des Dreiecks, dass seine Winkel gleich zwei rechten sind. Kausalgesetze gelten ausnahmslos und streng. Jeder Vorgang in der Welt ist kausal determiniert. Das ist der durchgängige Determinismus oder ‚Fatalismus', der zum Beispiel für Jacobi der entscheidende Einwand gegen den Spinozismus gewesen ist. Für Spinoza kann es Freiheit nur in einer Form geben, die man heute als ‚kompatibilistisch' bezeichnet, der zufolge ein und derselbe Vorgang sowohl frei wie kausal determiniert sein kann. Anhänger eines solchen kompatibilistischen Freiheitsbegriffs – sie sind heute ja durchaus in der Mehrzahl – haben in Spinoza gern ein Vorbild gesehen (so schon Hegel und Nietzsche). Spinoza bemüht sich zu zeigen – was die heutigen Kompatibilisten ebenfalls tun–, dass wir einen stärkeren Freiheitsbegriff nicht sinnvoll verlangen können. Es wäre töricht zu hoffen, dass wir in einer solchen Weise frei sein könnten, dass wir außerhalb der Ordnung der Natur stehen und uns über sie hinwegsetzen können. Dieser Freiheitsbegriff gilt auch für Gott. Auch Gott ist nicht frei in einem Sinne, der ihn über die Kausalordnung der Natur erheben würde; seine Freiheit besteht in der Verwirklichung dieser Kausalordnung. Wunder im Sinn einer Durchbrechung der Naturgesetze gibt es infolgedessen nicht. Wenn es sie gäbe, würde das beweisen, dass Gott nicht allmächtig ist.

Ein zweiter wichtiger Punkt von Spinozas Kausaltheorie ist, dass es Kausalbeziehungen zwischen den Attributen nicht geben kann. Weder kann das Denken materielle Prozesse kausal beeinflussen, noch ist das Umgekehrte möglich. Für Spinoza ist das eine Konsequenz aus den Schwierigkeiten, die die cartesische Annahme eines Interaktionismus zwischen res cogitans und res extensa mit sich gebracht hatte. Auch die Okkasionalisten und Leibniz hatten ihre Theorien entworfen in der Absicht, diesen Problemen zu entgehen. Für Spinoza folgt die Unmöglichkeit des Interaktionismus direkt aus seinem Begriff eines Attributes. Es soll sich bei ihnen ja um Eigenschaften handeln, die ausschließlich aus sich selbst verständlich sind. Wenn es kausale Wechselwirkungen zwischen ihnen gäbe, würde ihre Unabhängigkeit gegeneinander aufgehoben; es könnte sich nicht mehr um Attribute im Sinn der Definition handeln.

Nun ist offenkundig, dass das Denken in starkem Maße von materiellen Gegebenheiten abhängt, und wir nehmen auch an, dass wir durch unser Denken die Bewegungen unserer Glieder steuern können. Dies war für Descartes der Anlass gewesen, seine Hypothese des Interaktionismus zu formulieren. Spinoza möchte diesen Gegebenheiten dadurch gerecht werden, dass er einen Parallelismus zwischen den Modi beider Attribute annimmt. Modi sind speziellere, nicht rein aus sich selbst verständliche Eigenschaften, die meist auch nur lokal realisiert sind. Zum Beispiel die Eigenschaft, ein Stein zu sein, setzt die Extension voraus, und sie ist auch nur an einigen Orten realisiert. Die beiden Grundeigenschaften Denken und Ausdehnung sind nun Eigenschaften derselben Substanz. Für Spinoza folgt aus dieser monistischen Basis, dass jedem Modus des einen Attributs genau einer aus dem anderen entspricht. Wenn x also ein Modus aus dem Attribut der Ausdehnung ist, dann gibt es genau einen Modus aus dem Attribut des Denkens – nämlich die Idee von x –, der ihm entspricht. Die eine Substanz ist hinsichtlich beider Attribute in genau dieselben Modi gegliedert. Und nicht nur das, die Kausalstruktur in dem einen Attribut wird genau widergespiegelt in der des anderen. Das führt zu dem berühmten Satz: „ordo et connexio idearum idem est, ac ordo et connexio rerum" („die Ordnung und Verknüpfung zwischen den Ideen ist identisch mit der zwischen den Dingen"). Innerhalb eines jeden Attributs gibt es also einen durchgängigen kausalen Determinismus; die Gliederung beider in die einzelnen Modi entspricht sich so, dass die kausale Beziehung erhalten bleibt. Wenn also ein extensionaler Modus Ursache eines anderen ist, dann ist die Idee des ersten Ursache der Idee des zweiten. Während aber für Leibniz die prästabilierte Harmonie etwas ist, das Gott explizit einrichten muss, ergibt sich für Spinoza der Parallelismus aus der ontologischen Basis, also daraus, dass es dieselbe Substanz ist, der beide Attribute zukommen. Und wie diese Struktur für jedes Wesen im Universum gilt, so gilt sie auch für dieses selbst, also für Gott. Gott ist ein sowohl ausgedehntes wie denkendes Wesen, aber was in ihm geschieht, insofern er ausgedehnt ist, ist (nicht anders als beim Menschen) kausal unabhängig von dem, was in ihm geschieht, insofern er denkt. Auch in Gott gibt es keinen cartesischen Interaktionismus. Zu der strengen rationalen Geschlossenheit von Spinozas Theologie gehört, dass die ontologischen Grundbestimmungen auch für Gott keine Ausnahme zulassen. Für Gott kann lediglich das nicht gelten, was aus der bloßen Endlichkeit folgt. Spinoza protestiert deswegen heftig gegen jede teleologische Deutung des Geschehens in der Welt. Eine Überlagerung der kausalen Gesetze durch teleologische Bestimmungen ist nicht möglich. Gott ist freie Ursache in dem Sinn, dass er nicht von außen bestimmt wird, sondern allein aus sich selbst – aber die Gesetze, denen diese Bestimmung genügt, sind die Kausalgesetze der Natur. Gottes Denken steht so wenig wie irgendein anderes Denken außerhalb der Ordnung der Natur. Auch die Kompatibilisten von heute nehmen an, dass Freiheit in einer kausalen Determination besteht, die sich in Einklang befindet mit allen Naturgesetzen, die aber für den Handelnden innerlich und nicht auf äußere Faktoren zurückführbar ist. Das Handeln Gottes kann selbstverständlich nie auf äußere Faktoren zurückführbar sein; es gibt gar keine. Für manche Theologen seiner Zeit ist dieser kompatibilistische Begriff von der Freiheit Gottes ein wichtiger Grund gewesen, Spinoza Atheismus vorzuwerfen. Für die Anhänger des „Hen kai Pan" hat umgekehrt der an keine Gesetze (außer höchstens formallogische) gebundene Gott des Voluntarismus als abschreckend gegolten. Nach Spinoza gibt es keinen Grund, Ereignisse in der Welt als absichtlich und geplant von Gott herbeigeführt zu beurteilen – nicht die erfreulichen, aber auch nicht so unerfreuliche wie das Erdbeben, das neulich weite Teile von Pakistan verwüstet und so zahlreiche Opfer gefordert hat. Die Frage „Warum macht Gott so etwas?" ist beantwortet, wenn die naturkausalen Ursachen für das Geschehen angegeben worden sind. Ein Problem der Theodizee, das darüber hinausgeht, gibt es nicht.

Aber verdient ein solcher Gott auch Verehrung? Und vermag er für unser Heil zu sorgen? Die theologischen Gegner Spinozas waren überzeugt, dass auf beide Fragen mit einem klaren Nein geantwortet werden muss. Für Spinoza selbst sieht das aber ganz anders aus.

Weitere Inhalte der Ethica

Auf der Basis der skizzierten Ontologie entwirft Spinoza im zweiten Teil der Ethica eine differenzierte Erkenntnistheorie, die sowohl die Grundlagen der empirischen wie die der nichtempirischen apriorischen Erkenntnis anzugeben versucht. Dass beide Arten von Erkenntnis möglich sind, ergibt sich aus der kausalen Struktur des Ideenraumes. Gott als denkendes Wesen erkennt nur a priori, weil er alle Ideen umfasst und es infolgedessen keine kausale Einwirkung auf eine Idee in ihm von außen geben kann. Aber auch für Menschen sind vernünftige Einsichten möglich, weil es auch in ihnen Ideen gibt (Spinoza bezeichnet sie mit einem Ausdruck von Descartes als adäquate Ideen), die von derartigen äußeren Kausaleinwirkungen (immer von anderen Ideen außerhalb der gegebenen) frei sind. Insbesondere hat jedermann eine adäquate Erkenntnis der ewigen und unendlichen Wesenheit Gottes. In jeder Idee ist ein Wissen um die grundlegenden Strukturen des Ideenraumes enthalten. Dies Wissen ist ein Wissen von Gott. In der apriorischen Erkenntnis können wir uns sogar von den zufälligen Schranken der Zeitlichkeit befreien. Wir können, wie Spinoza sagt, die Dinge sub specie aeternitatis betrachten. Wie bei Descartes, so hat auch bei Spinoza die Zeit einen weniger eindeutigen Status als der Raum. Es gibt keine intelligible Ewigkeit wie im Neuplatonismus, aber mindestens die Bestimmungen von Vergangenheit, Gegenwart und Zukunft werden wie in manchen gegenwärtigen Zeittheorien der imaginatio zugewiesen. Auch der bekennende Spinozist Einstein hat diese modalen Zeitbestimmungen als Illusion bezeichnet, weil sie in der physikalischen Beschreibung der Wirklichkeit nicht vorkommen.

Der dritte Teil der Ethica behandelt die Affekte der menschlichen Seele, die als reine Naturvorgänge gesehen und einer strikt kausalen Untersuchung unterworfen werden. Spinoza definiert hier auch den Unterschied zwischen Handlungen und Widerfahrnissen auf der Basis seines kompatibilistischen Freiheitsbegriffs. Auch die heutigen Kompatibilisten sind auf die Möglichkeit einer solchen Unterscheidung angewiesen. Handlungen beruhen für Spinoza auf der Kausalität adäquater Ideen, so dass jedes Wesen umso mehr handelt, je mehr es adäquate Ideen sein eigen nennt. Aus der spinozistischen Ontologie ergibt sich also recht unmittelbar, dass Wissen frei macht. Von dieser Mechanik der Affekte soll nur Erwähnung finden, dass sich aus ihr folgerichtig ergibt, dass die positiven und für unser Leben förderlichen Affekte wie Freude oder Liebe einen hohen Wert haben müssen. Trauer und Hass sind etwas Widernatürliches wie Krankheiten, die den davon Befallenen ruinieren. Freude ist also in einem ganz wörtlichen Sinne ein „schöner Götterfunke". Für Selbstquälereien und ein destruktives Memento mori kann in einem vernünftigen und freien Wesen kein Platz sein. Traditionell christliche Werte werden so zum Teil kräftig umgewertet.

Auf die eigentliche Ethik in Teil 4 – sie enthält keine Sollenssätze, sondern ausschließlich deskriptive Aussagen darüber, was in vernünftigen bzw. unvernünftigen Menschen geschieht – soll hier nicht eingegangen werden. Vielmehr wird sich nun mit Spinozas Religionsverständnis auseinandergesetzt. Dieser Aspekt der *Ethica* hat wohl stets am meisten fasziniert.

Ihr letzter Teil handelt von der Freiheit des Menschen, de libertate humana. Freiheit besteht wie gesagt nicht in der Möglichkeit, die Ordnung der Natur zu durchbrechen, sondern in der Einsicht in sie. In besonderem Maße befreiend wirkt die Selbsterkenntnis. „Wer daher bemüht ist, seine Affekte und Triebe allein durch die Liebe zur Freiheit zu bemeistern, der wird alle Kräfte daran setzen, die Tugenden und ihre Ursachen kennen zu lernen und das Gemüt mit jener Freudigkeit zu erfüllen, die aus deren richtiger Erkenntnis entspringt." Das wichtigste Hilfsmittel dafür ist die Erkenntnis Gottes. Jede klare Idee kann zu einer Beziehung zu Gott führen; die klare und deutliche Einsicht in die eigenen Affekte führt gemäß der Natur der Affekte zur Liebe zu Gott, weil wir mit dieser Einsicht zu größerer Vollkommenheit übergehen und dies Gott als Ursache zuschreiben müssen. Diese Liebe ist vollständig uneigennützig; es liegt in ihrem Wesen, dass sie jede Form einer außerordentlichen und unnatürlichen Begünstigung durch Gott ausschließt. Satz 5, 19 – Goethe hat ihn besonders bewundert – sagt: Wer Gott liebt, kann nicht danach streben, dass Gott ihn wiederliebt. Die Liebe zu Gott hat schlechterdings nichts zu tun mit der Hoffnung auf irgendeine Gratifikation im Diesseits oder Jenseits. Wer derartige Erwartungen hegt, weiß nach Spinoza nicht, was Liebe zu Gott ist. Das Heil ist also nicht etwas, das uns irgendwann gnädigerweise von Gott beschert wird, es liegt in der uneigennützigen Liebe zu Gott selbst, die ihrem Wesen nach ein Affekt der Freude ist. Der Spinozist Lessing hat diese Gedanken in seine *Erziehung des Menschengeschlechts* aufgenommen. Dass der Spinozismus für so viele als eine besonders reine, integre Verwirklichung einer religiösen Einstellung angesehen worden ist, dürfte auch in dieser grundsätzlichen Kritik an jeder Form des religiösen Eudämonismus begründet sein. Wie nach Kant moralische Einstellungen ruiniert werden, wenn sie durch die Hoffnung auf eine Belohnung motiviert sind, so nach Spinoza die Liebe zu Gott.

Die letzten 22 Propositionen der Ethica haben viele Interpreten verwirrt, da Spinoza in ihnen die Möglichkeit beweisen will, dass etwas in unseren Seelen den Tod übersteht und ewig ist. Dem Parallelismus von Mentalem und Materiellem zufolge sollte das unmöglich sein. Das Argument, mit dem diese These mit den Grundlagen der Ontologie in Übereinstimmung gebracht und sogar aus ihnen bewiesen werden soll, wird vielfach als unhaltbar abgelehnt. Es geht darum, dass zum Wesen des Denkens ein Modus gehören soll, der die Wesenheit des Körpers unter einer Art von Ewigkeit ausdrückt und der darum selbst ewig sein muss. In diesen letzten Sätzen wird der strenge Rationalist Spinoza zu einem Mystiker des amor Dei intellectualis, einer Liebe zu Gott, die zur Seele gehört, insofern diese einen ewigen Kern besitzt. Der Form nach soll noch immer alles more geometrico bewiesen werden, aber diese Beweise, deren logische Unzulänglichkeit von den Kritikern betont worden ist, sind für die Wirkung der Sätze auch unwichtig. Diese Liebe zu Gott ist ein Teil der unendlichen Liebe, mit der Gott sich selbst liebt, sie ist als solche ewig und schließt eine Glückseligkeit ein, die nicht ein Lohn der Tugend, sondern diese selbst ist. Für Spinoza ist so zwar eine ewige Seligkeit möglich, eine ewige Verdammnis aber ist – entgegen traditionellen christlichen Vorstellungen – eine metaphysische Unmöglichkeit. Gott verdammt niemanden, aber menschliche Seelen sind endliche Teile des Ideenraumes, worin die Möglichkeit von Leiden analytisch eingeschlossen ist. Es gibt kein anderes Heilmittel dagegen als die Einsicht, die in ihrer höchsten Form in die geistige Liebe zu Gott mündet.

Wie einige Bemerkungen zeigen, war Spinoza sich über den systematisch prekären Status dieser Sätze durchaus selbst im klaren. Er betont daher, dass die eigentlichen Regeln einer vernünftigen Lebensführung, die zuvor entwickelten dictamina rationis, von ihnen unabhängig sind. Aber auch das, was den eigentlichen Spinozismus ausmacht, die antineuplatonische Theologie des Deus sive natura, ist davon unabhängig.

Fazit

Spinozas „Weg in eine moderne Identität" ist vor allem in dieser neuartigen Ontologie und der mit ihr verbundenen Abwendung von den ‚orthodoxen Begriffen von der Gottheit' zu sehen. Die Frage, wie Vernunft und Glaube zueinander stehen, ist heute so aktuell wie eh und je. In keiner anderen philosophische Theologie sind beide so eng und so stringent miteinander verzahnt wie bei der von Spinoza. Der Preis dafür war das Verschwinden der Transzendenz im Sinne des neuplatonischen, christlich rezipierten Dualismus. Eine Welt außer Raum und Zeit, bevölkert von körperlosen Geistern, aber auch ein Gott, der willkürlicher Herr der Naturgesetze ist und sie nach Belieben außer Kraft setzen kann – all das musste wegfallen. Was in kühler Rationalität gezeigt werden soll, ist, dass die geistige Liebe zu Gott – den Ausdruck „amor Dei intellectualis" hat Spinoza wahrscheinlich aus den *Dialoghi d'Amore* des Leone Ebreo übernommen, also aus einer neuplatonischen Quelle – in einer strikt antineuplatonischen Ontologie eine gesündere Basis hat als in dem traditionellen Dualismus. Für Theologen, die nicht mehr auf den Neuplatonismus schwören wollen, sollte Spinoza ein wichtiger Gesprächspartner sein.

Das größte Problem dabei dürfte in Spinozas Freiheitsbegriff liegen. Lessing meinte zu Jacobi, er begehre keinen freien Willen. Für diesen dagegen war der durchgängige Fatalismus, der sich aus Spinozas Theorie der Kausalität ergibt, der entscheidende Einwand gegen das ganze System. Nun haben auch traditionellere Theologen aus der Allmacht und dem Allwissen Gottes geschlossen, dass es keine wirkliche menschliche Freiheit gibt. Der Fatalismus kann eben auch mit einem anderen Bild von Gott verbunden werden. Und er folgt auch nicht aus der spinozistischen Ontologie, sondern aus der mit ihr nicht zwingend verbundenen Konzeption von Kausalität. Wer einen stärkeren Begriff von Freiheit sichern möchte, muss an dieser Stelle Modifikationen anbringen. Ein „Spinozismus der Freiheit" (Dieter Henrich) bleibt ein attraktives und sinnvolles Projekt.

Bei der sogenannten Spinoza-Konferenz 1784 in Weimar hat Jacobi seinen extramundanen Gott gegen Herder und Goethe verteidigen wollen. Was Goethe ihm entgegengesetzt hat, zeigen die berühmten Verse, die vielleicht das schönste Bekenntnis zu Spinoza darstellen:

> Was wär ein Gott, der nur von außen stieße,
> Im Kreis das All am Finger laufen ließe!
> Ihm ziemts, die Welt im Innern zu bewegen,
> Natur in Sich, Sich in Natur zu hegen,
> So dass, was in Ihm lebt und webt und ist,
> Nie Seine Kraft, nie Seinen Geist vermisst.

Karsten Hinrichs

Ein zweites Leben im Exil –
Felix Nussbaum und Belgien

Obwohl Felix Nussbaum immer wieder als ein Beispiel für den Künstler im Exil gesehen wird und tatsächlich sein gesamtes Schaffen oft auf den Begriff Exilkunst zusammengefasst wird, gibt es bislang noch kaum einen Text, der bemüht ist, das Leben des Malers im Exil nachzuzeichnen. Stets werden die Jahre, die er im Belgien der Vorkriegszeit verbrachte, wie eine Vorstufe zu dem Leben und Arbeiten im Versteck behandelt.

Doch bei genauerer Betrachtung – vor allem der wenigen erhaltenen wörtlichen Äußerungen von Felix Nussbaum selbst – wird erkennbar, dass das Leben in Belgien nicht ein tristes Ausharren im Exil, sondern vielmehr ein Versuch war, eine Künstlerkarriere dem Exil zum Trotz zu gestalten.

Eine neue Heimat?

> „Wir erreichten Ostende an einem Winterabend. – Ich werde es nie vergessen, – so prächtig war das. Wir waren ziemlich herunter. – Müde im Kopf – müde in den Füßen. – Wie ein Fischerboot ruhten wir uns im Hafen Ostende aus."

Auf diese Weise beschrieb Felix Nussbaum in einem Brief an Ludwig Meidner aus dem Jahr 1937 seine Ankunft in Ostende.[1] Am 02. Februar 1935 begann für Felix Nussbaum und seine Freundin und spätere Ehefrau Felka Platek ein neues Leben in Belgien.

Fast scheint es, als wollte er das eben zitierte in einer ganzen Serie von Bildern auch optisch wiedergeben. Die auf der nächsten Seite abgebildete Tuscharbeit *Angler am Hafen* aus dem Jahr 1935 kann hierfür als beispielhaft gesehen werden.[2] Allerdings wird in späteren Hafenbildern die Ruhe, die hier herrscht, wie erstarrt wirken oder einer angespannten Erwartung weichen.

---

[1] Zitiert nach: E. BERGER u.a., *Felix Nussbaum – Verfemte Kunst – Exilkunst– Widerstandskunst*, Bramsche 1995, S. 174.

[2] Alle hier wiedergegebenen Abbildungen sind der oben zitierten Monographie entnommen. Die Originale befinden sich im Felix-Nussbaum-Haus, Osnabrück, die Urheberrechte liegen bei VG Bild-Kunst Verwertungsgesellschaft, Bonn.

Ihr vorheriges Künstlerleben, das sie, durchaus mit Erfolgen verbunden, in Berlin gelebt hatten, wird nur mehr Erinnerung sein – nie werden sie in Belgien in vollem Umfang daran anknüpfen können. Die Berliner Zeit dürfte im Großen und Ganzen eine glückliche gewesen sein. Dort hatte Nussbaum seit 1924 studiert und ab 1928, nachdem er als Meisterschüler bei Hans Meid sein Studium beendet hatte, als freischaffender Künstler gelebt. Bald schon begannen Galeristen und Kritiker sich für ihn zu interessieren. Die Besprechungen seiner Ausstellungen und Bilder waren durchweg positiv.[3] Aufgrund eines Geschäftsabkommens mit seinem Vater, der im Osnabrücker Raum sein Kunsthändler wurde, kannte Nussbaum auch kaum finanzielle Sorgen. Hinzu kam, dass seine Freundin Felka Platek – die beiden waren seit 1924 ein Paar – als Portraitmalerin zu überzeugen wusste und so mit ihrer Kunst auch etwas zum gemeinsamen Leben beisteuern konnte.

1932 verließen die beiden gemeinsam Berlin. Felix Nussbaum war mit dem Rompreis – einen Atelierplatz an der Villa Massimo in Rom – ausgezeichnet worden. Sicherlich war eine Rückkehr nach Berlin fest eingeplant. Rom sollte Nussbaum als Karrieresprungbrett dienen. Doch mit der Machtübernahme durch die Nationalsozialisten stand eine Rückkehr in dieses Deutschland außer Frage. Die nächsten zwei Jahre verbrachten sie in Norditalien als, wie Nussbaum es beschrieb, „malende Touristen". Doch bald schon wurde deutlich, dass Italien keine neue Heimat werden konnte. Niemand interessierte sich für den Berliner Maler. Der zuvor durchaus erfolgreiche Nussbaum erhielt zum Beispiel keine Ausstellungsmöglichkeit.

Also beschlossen die beiden über die Schweiz und Frankreich nach Ostende in Belgien zu gehen. Nussbaum kannte diese Hafenstadt bereits von Urlaubsreisen mit seiner Familie. So kehrte er an einen Ort seiner Jugend zurück, der aber darüber hinaus die Heimat eines Künstlers war, für den sich Nussbaum schon zuvor interessiert hatte – James Ensor, der Nussbaum in der folgenden Zeit freundschaftlich unterstützte.

Felix Nussbaums erste Jahre in Belgien werden in der Forschung durchweg als eine Zeit der Krise dargestellt. Tatsächlich erwies sich für ihn die Frage nach seiner Identität als Künstler als zentrales Problem. Seit seinem Weggang aus Berlin hatte er keine Ausstellung mehr gehabt und jetzt musste er sich sein Künstlertum erst durch anerkannte Fachleute bestätigen lassen. Dies geschah Ende August 1935 durch Dr. Désiré Steyns und James Ensor.

---

3   Nussbaum selbst sammelte die Kritiken in einem Buch, das sich heute im Besitz des Felix-Nussbaum-Hauses befindet.

Doch so sehr er sich auch auf seine Kunst konzentrierte – 1935 besucht ihn sein Freund Rudi Lesser, ebenfalls Maler aus Berlin, und berichtet: „haben kaum über Politik gesprochen, Nussbaum war intensiv und ausschließlich mit seiner Arbeit beschäftigt"[4] –, er wurde kaum beachtet.

Aber nicht nur die offizielle Anerkennung als Maler war in Frage gestellt. Er selbst stellte fest, dass seine Kunst unter den neuen Lebensumständen brüchig geworden war. In Berlin war er vor allem für seine heiteren, ironischen, manchmal schwarzhumorigen Bilder beliebt gewesen. Diese Art zu malen konnte jedoch im Exil nicht ungebrochen weitergeführt werden. Nussbaum fing an, seine Identität zu hinterfragen. Ausdruck dieser Krise sind vor allem die vielen Selbstbildnisse, die zwischen 1935 und 1938 entstanden.

Eines der letzten dieser von Selbstzweifel geprägten Werke ist das hier wiedergegebene *Selbstbildnis im Atelier* aus dem Jahr 1938. Ratlos schaut der Maler aus dem Bild. Letztlich verweist nur seine Kleidung und der Hintergrund auf seine Identität als Künstler. Er scheint sich in seinen Möglichkeiten eingeschränkt zu sehen. Vor allem empfindet er sich als sprachlos. Nicht nur die Hand vor dem Mund, auch das Fehlen von Malwerkzeug und das graue Bild, bzw. die zugebundene Mappe im Hintergrund drücken diese Wahrnehmung seiner selbst aus. Auch die Positionierung seiner Signatur – in vielen Bildern hat diese einen eigenen Bedeutungswert – spricht Bände, erscheint sie doch unten rechts in eben der Ecke, wo keine Malerei, sozusagen ein malerisches Nichts ist.[5]

Allerdings war Felix Nussbaums Zeit in Belgien, wie bereits einleitend angedeutet, nicht nur eine düstere Phase der Krise. Ihm gelang es allmählich aus der künstlerischen Isolation der italienischen Zeit zu entkommen. Bis 1939 hatte der Maler mindestens fünfmal die Gelegenheit seine Werke in Ausstellungen zu präsentieren.

Auch gelang es Nussbaum allmählich Kontakte zu anderen Künstlern zu knüpfen. So etwa zu Carl und Erna Rabus, ebenfalls emigrierte Künstler, die er bei James Ensor kennen lernte. Erna Rabus äußerte sich später irritiert über den „behüteten Osnabrücker Fabrikantensohn", der eine finanzielle

4 BERGER (wie Anm. 1), S. 193.
5 Siehe hierzu auch: J. H. V. WALDEGG, *Identitätszeichen? Zu Signatur und Sprachlichkeit der Bilder Nussbaums und Ensors*, in: R. NEUGEBAUER (Hrsg.), *Zeit im Blick – Felix Nussbaum und die Moderne*, Bramsche 2004.

Sicherheit von drei Monaten brauchte, während sie oft nicht das Geld für den nächsten Tag gehabt hätten.[6]

Diese finanzielle Sicherheit erhielt Nussbaum sich durch kunstgewerbliche Arbeiten oder auch durch den Verkauf von betont unpolitischen Bildern. So lässt das hier abgebildete *Stilleben mit Zitronen*, das 1940 entstand, nichts erkennen, was auf einen Zeitbezug deuten würde. Ein solches Stilleben ist bewusst ohne zu entschlüsselnden Inhalt gemalt. Man kann dieses Bild durchaus als Wandschmuck bezeichnen. Nussbaum malt in der zweiten Hälfte der 30er Jahre eine ganze Reihe solcher Stilleben, die ihren Gelderwerbscharakter durchscheinen lassen. Wie er zu diesen unpolitischen Bildern steht, erklärt Nussbaum in einem Brief vom 23.07.1938 an die befreundete Familie Klein in Buffalo/USA:

„Ihre Ausführungen über die Art der Verkaufsmalerei, – so wollen wir sie nur ruhig nennen, – dürften mir bekannt sein, denn es scheint mir, dass allerorten die gleichen Leute und gleichen Geschmäcker wohnen. Ob in Amerika oder Europa. – Es ist aber gut, dass sie mir das mitteilen, ich kann mich danach richten. – Es ist, – möchte ich sagen, fast verständlich, dass das Publikum seine Zuflucht nach dem harmlosen nimmt... – der Mensch will seinen alltäglichen Sorgen nicht noch einmal im Bilde wiederbegegnen."[7]

Mit Kunst Geld verdienen zu wollen war in den Augen Nussbaums keineswegs anrüchig. In seinen Berliner Jahren blickte er durchaus mit Stolz auf seine Fähigkeit, den Kunstmarkt erfolgreich bedienen zu können; jetzt ist es lästige Pflicht geworden, die sich von wirklicher Kunst deutlich unterscheidet. „Zwischen Geldverdienenmüssen und sonstigen alltäglichen Sorgen und Ruhestörungen, die wir Entwurzelten zu tragen haben, verliere ich nicht den Willen zu guter Arbeit." Dies sagte er zu Emile Langui – einem belgischen Kunsthistoriker – der anlässlich einer Ausstellung im Jahr 1938 einen Artikel über Nussbaum schrieb. Es ist neben den erhaltenen Briefen eines der wenigen Dokumente, in denen sich der Maler selbst zu seiner Kunst äußerte.[8]

---

6   Siehe BERGER (wie Anm. 1), S. 231.

7   Zitiert nach W. ZIMMER: *FN – Nachrichten der Felix-Nussbaum-Gesellschaft* Bd. 2 (2001), S. 3.

8   Siehe hierzu BERGER (wie Anm. 1), S. 279f.

Jedoch ist es gerade diese Verkaufsarbeit und das Kunsthandwerk, mit dem er sich beschäftigte, die den Humor und die Phantasie des Malers nochmals deutlich werden lassen. So wurden etwa Kinderschulbücher von ihm illustriert. Auch hat Nussbaum zusammen mit W.M. Loewen an zwei Zeichentrickfilmprojekten gearbeitet – das eine ein Kinderfilm und das andere ein Werbefilm für Gevaert-Farbfilme. Leider zerschlugen sich beide Projekte.

Doch in besonderem Maße wird die heitere Harmlosigkeit seiner Erwerbsarbeiten deutlich, wenn er erfolgreiche Motive aus der Berliner Zeit aufgriff. So geschehen bei dem Gemälde *Turner* aus dem Jahr 1929. Zwischen 1938 und 1942 nutzt Nussbaum dieses Motiv, um damit die hier wiedergegebene Kachel zu verzieren. Auch Tierdarstellungen oder Madonnen können auf solchen Keramiken erscheinen. Darüber hinaus verzierte er auch Geschirr, das er im Kaufhaus erstand. Tatsächlich scheinen diese Keramikarbeiten ein florierendes Geschäft für Nussbaum gewesen zu sein. Am 21.07.1939 schreibt er an die Familie Klein: „Von früh also bis spät wurde gearbeitet: Teeservice, – Bonbonieren, – Aschenbecher und ganze Fliesentische. ... so ist mein

Tag stets ganz ausgefüllt mit Arbeit.“[9] Doch erschien ihm diese kunsthandwerkliche Tätigkeit nicht wirklich als befriedigend. Im eben zitierten Brief fährt Nussbaum fort:

> „Gewiss der Schornstein muss rauchen aber ich finde doch, dass wir, und besonders ein ernstmeinender Künstler nicht schlappmachen darf, – und so male ich zwischen vergnügten Bonbonieren und Fliesentischen für verwöhnte Leute auch noch meine Bilder weiter.“

Gerade um seiner Kunst willen waren für Nussbaum Freundschaften mit anderen Künstlern sehr wichtig. So etwa mit dem Brüsseler Bildhauer Dolf Ledel, dank dessen Verbindungen sich am Ende des Jahres 1938 die Möglichkeit abzeichnete, im „Sozialistischen Club 38“ in Brüssel auszustellen. Wie wichtig Ausstellungen für den seit 1932 weitgehend isolierten Maler waren, zeigt folgende Sequenz aus dem bereits zitierten Brief an Ludwig Meidner:

> „...ohne Echo zu schaffen ist bedrückend – Man steht zwischen unendlich vielen Bergwänden und ruft und schreit – und kein Echo klingt zurück. Bedrückend auch sind die vielen Bilder, die man gemalt hat und malt und stumm auf Mansarden und sonstigen Dachkammern herumstehen und sich langweilen.“

9 Zitiert nach ZIMMER (wie Anm. 7), S. 8.

Doch bei aller Wichtigkeit von Ausstellungen, mit den belgischen Ge-
pflogenheiten hat der Berliner Maler auch seine Probleme. Auch dies wird in
obigem Brief deutlich:

> „Bedrückend auch wenn einer einem 25 Francs für ein Bild
> bietet – und der Kunde sich darüber beschwert, daß man sich
> den Einheitspreisgeschäften noch nicht angepasst habe. –
> Bedrückend wenn man Bilder mit Glas ausstellt und Herren und
> Damen sich darin spiegeln."[10]

Auch wenn sich soweit ein Wiederaufleben von Nussbaums Karriere als
Künstler abzeichnete, das Leben in Belgien erwies sich nicht als problemlos.
Eine grundsätzliche Schwierigkeit für ihn und Felka stellte die Verlängerung
ihrer Touristenvisa dar, die maximal 6 Monate Gültigkeit hatten. Da es leichter war, an einem anderen Ort ein neues Visum zu erhalten, als das bisherige
verlängern zu lassen, zogen die beiden in den nächsten zwei Jahren häufig
um. In Ostende, Molenbeek und Brüssel lebten sie jeweils in Pensionen, von
denen Nussbaum im Brief an Meidner nur zu berichten wusste: „die waren
klein und hatten sämtlich grausam geblümte Tapeten."

Erst im September 1937 haben Felix Nussbaum und Felka Platek eine
Wohnung in Brüssel auf Dauer bezogen. Am 6. Oktober des gleichen Jahres
heirateten sie – vielleicht auch um ihre rechtliche Position in Belgien zu
verbessern. Denn kurz vor und nach der Hochzeit versuchte Felka bzw. das
Ehepaar Nussbaum eine belgische Identitätskarte zu erhalten. Doch beide
Anträge wurden ohne weitere Begründung abgelehnt.

Mag dies auch ein kleiner Rückschlag gewesen sein, so zeichneten sich für
Felix Nussbaum doch auch weitere positive Entwicklungen ab. Im Sommer
1938 träumte er sogar davon, einen eigenen Bilderladen aufzubauen. Er
schrieb darüber in einem Brief an seine Freunde in den USA, mit denen er in
dieser Zeit ebenfalls Geschäfte machte – es gelangten über diese Verbindung
31 Arbeiten in die Staaten.[11] Das Angebot von ihnen, in die USA zu kommen, lehnte Felix Nussbaum allerdings ab. Er schrieb am 10. April 1938:
„Offengesagt ist mir das ein bischen zu weit, – aber wenn hier in Belgien mal
irgendsoein Nazi an's Ruder kommt, – ist es nicht ausgeschlossen."[12] Es
scheint, als hätte er den drohenden Krieg ignoriert. Außerdem hatte Deutschland doch am 3. Oktober des Vorjahres die Unverletzlichkeit der Niederlande
und Belgiens als Gegenleistung für deren Einlenken in die deutsche Außenpolitik formal garantiert. Fast könnte man den Eindruck erhalten, dass sich
der Maler auf solche vagen Friedenshoffnungen eingelassen hätte.

Doch spricht ein Ölgemälde aus dem Jahr 1938 deutlich gegen diese Annahme. Das Bild *Die Perlen* malte er extra für die wohl wichtigste Ausstellungsmöglichkeit seiner Exilzeit: die Ausstellung *Freie Deutsche Kunst*, die in
jenem Jahr in Paris stattfand.

---

10 Zitiert nach: BERGER (wie Anm. 1), S. 274.
11 Vgl. ZIMMER (wie Anm. 7), S. 9.
12 Vgl. ZIMMER (wie Anm. 7), S. 7.

Eine weinende Mutter mit Kind erscheint vor einem Hintergrund, in dem ein Krieg thematisiert ist. Man erkennt einen Soldatenfriedhof und links, schwerer wahrnehmbar, eine Schlachtfeldszene. Entgegen der weitverbreiteten Meinung, dieses Bild bezöge sich auf den spanischen Bürgerkrieg, ist vielmehr anzunehmen, dass der Maler die allgemeine Angst vor einem neuerlichen Weltkrieg ins Bild zu setzten wünschte. Hierauf verweist vor allem die formale Anlehnung an Mariendarstellungen insbesondere an die Pietà. Doch verändert Nussbaum den Zeitbezug einer solchen. In der Pietà beweint Maria den Leichnam des erwachsenen Jesus;  hier dagegen hält die Mutter ein Kind und doch vergießt sie Tränen der Trauer. Diese bezieht sich dann nicht auf etwas bereits Geschehenes, sondern auf die Zukunft des Kindes, die im Hintergrund bereits Realität geworden ist.

Das Verwenden von Bildideen, die aktuellen Zusammenhängen angepasst werden, sollte in den folgenden Jahren ein zentraler Faktor in der Malerei Nussbaums werden. So ist das Bild *Die Perlen* ein Schlüsselwerk zum Verständnis der Intentionen Felix Nussbaums und zugleich ist es ein politisches Gemälde.

Offensichtlich erkannte Felix Nussbaum sehr wohl die Zeichen der Zeit, war aber nicht bereit, konsequent auf diese zu reagieren. Ein Weggang aus Belgien hätte schließlich bedeutet, alle positiven Ansätze, die er sich dort erarbeitet hatte, aufzugeben und in einer ihm völlig fremden Welt neu beginnen zu müssen. Daher lehnte er sowohl die Einladung nach Buffalo, als auch die seines Freundes Fritz Steinfeld, nach Palästina zu kommen, ab.

Ein zweiter Bruch des Lebens

Mit dem deutschen Überfall auf Polen wurden die Nussbaums von der historischen Entwicklung eingeholt. Nicht nur, dass das Geschehen in Polen sie bestimmt berührte[13] – Felka war in Warschau geboren und aufgewachsen – auch ihre Situation in Belgien wurde beeinflusst. Zwar versuchte die belgische Regierung noch immer sich mit Deutschland zu arrangieren – noch am 7. November 1939 richteten die belgische und niederländische Regierung einen Friedensappell an die Welt – doch zugleich begann unter dem Eindruck der deutschen Aggression die Überwachung von Ausländern.

13 Tatsächlich gibt es Tuscharbeiten, vielleicht Studien zu Gemälden, die sich auf die Bombardierung Warschaus beziehen lassen.

Als dann der zweite Weltkrieg auch an der Westfront begann, wurde Felix Nussbaum am 10. Mai 1940 von den belgischen Behörden als feindlicher Ausländer verhaftet. Er wurde in das am Fuß der Pyrenäen gelegene, Internierungslager von St. Cyprien gebracht. Aus diesem vom Roten Kreuz als ‚Pyrenäenhölle‘ bezeichneten Lager gelang Nussbaum allerdings die Flucht. Er schaffte es sogar von Südfrankreich aus, durch das mittlerweile besetzte Frankreich und Belgien, nach Brüssel zurückzukehren.

Direkt nach seiner erfolgreichen Flucht aus dem Internierungslager begann der Maler sich mit dem gerade überlebten Horror auseinander zu setzen. Eine ganze Serie von Arbeiten entstanden zu diesem Themenkomplex, oft nur Studien – wie die hier abgebildete aus dem Jahr 1940 – aber auch beeindruckende Gemälde. Aus der Gestalt des kauernden Gefangenen machte Nussbaum noch im gleichen Jahr die Hauptfigur eines Gemäldes. Es sollte allerdings bis zum Februar 1942 dauern, bis Felix Nussbaum sein Hauptbild zu der in Saint Cyprien erfahrenen Hölle malte. In ihm wird er die bereits bestehenden Studien und Entwürfe wieder aufgreifen. Die oben abgebildete Figur wird nahezu unverändert auch in diesem Gemälde Verwendung finden. Es zeigt, wie weit die Bildidee schon gereift war. Doch kurz nach der Flucht schien ihm die Kraft zu fehlen, ein Bild zu schaffen, in dem er mit Saint Cyprien hätte abschließen können.

Nach seiner Rückkehr zu der in Brüssel zurückgebliebenen Felka fand er Unterstützung von Freunden, die mit der Resistance in Verbindung standen. Die Nussbaums konnten dank der Unterstützung durch diese Freunde selbst im besetzten Brüssel relativ sicher leben. Noch am 24. Dezember 1940 ließen sich die Nussbaums offiziell in das Judenregister der Stadt Brüssel eintragen. In diesem Register wurde Felix Nussbaum ein letztes Mal mit deutscher Staatsangehörigkeit geführt. Sie wurde ihm erst 1941 aberkannt – von da an galt er den Behörden nur mehr als staatenloser Jude.

In den nächsten Monaten verschärften sich die Repressalien gegen Juden immer mehr. Seit dem 28. Mai 1942 musste auch in Belgien der Judenstern getragen werden und wenige Tage später, am 1. Juni 1942, tritt eine weitgehende Ausgangssperre für Juden in Kraft. Dies führte bei Nussbaum dazu, dass er ab dem Frühsommer 1942 begann, seine Werke bei Dr. Grosfils und Dr. Levefre in sichere Verwahrung zu geben.

Seit Anfang August 1942 wurden Juden aus Belgien in den Osten verschleppt. Schon am 24. September 1942 berichtete die deutsche Botschaft nicht ohne Stolz, dass bereits „10 000 hier ansässige staatenlose Juden" in den letzten Wochen „abgeschoben" worden seien.[14]

Im Herbst 1942 erfuhren die Nussbaums, dass die Gestapo gezielt nach ihnen fahndete – ein ‚Freund', nur der Nachname Kern ist bekannt, entpuppte sich als Spitzel. Sie flohen zu dem befreundeten Bildhauer Dolf Ledel, wo sie das nächste halbe Jahr versteckt lebten. Dort trafen sie auch Carl Rabus wieder, der ebenfalls bei den Ledels Zuflucht gefunden hatte. In dieser Zeit schuf Nussbaum keine Gemälde – seine kunsthandwerklichen Arbeiten dieser Monate dürfen getrost als eine Ablenkung für ihn betrachtet werden. So bemalte er die Tapete des Kinderzimmers der damals zweijährigen Karin Ledel mit einem Zug von Elefanten und zusammen mit Carl Rabus verzierte er eine Truhe. Auch schuf er weiterhin Keramikbemalungen für den Broterwerb, die durch Frau Ledel verkauft wurden. In dieser Zeit fertigte Dolf Ledel auch eine, heute im Felix-Nussbaum-Haus befindliche Büste Felix Nussbaums.

Im März 1943 musste sich allerdings auch die Familie Ledel verstecken, da Frau Ledel zum Arbeitsdienst nach Deutschland sollte. Sie gingen in die Ardennen, wo sie den Krieg überlebten. Sie boten den Nussbaums an, mit ihnen zu gehen. Diese entschieden sich aber in Brüssel zu bleiben und kehrten in ihre alte Wohnung in der Rue Archimède zurück. Schon zuvor hatte Felix Nussbaum gelegentlich zu ergründen versucht, ob eine Rückkehr in die Wohnung möglich wäre. Der Hausbesitzer richtete ihnen auf dem Dachboden eine versteckte Mansarde ein, damit bei Kontrollen die Wohnung als leerstehend vorweisbar war.

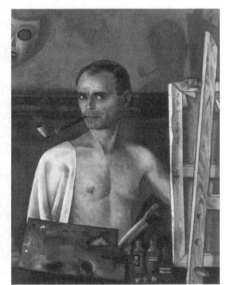

Im Frühsommer 1943 mietete Felix Nussbaum ein Kelleratelier in der Rue General Gratry an, wo er wieder begann, an Ölgemälden zu arbeiten. Im gemeinsamen Versteck mit seiner Frau konnte er das Risiko, mit Ölfarben zu arbeiten, nicht auf sich nehmen.[15] Der Geruch von Farbe und Terpentin konnte allzu leicht auf den Maler aufmerksam machen. Die Malerei stellte also für Felix Nussbaum ein lebensbedrohliches Risiko dar.

Die nächsten Monate verbrachte der Maler pendelnd zwischen angsterfülltem Ausharren im Versteck und gefahrvoller Arbeit im Atelier. Zunächst überarbeitete er einige seiner älteren Werke. Doch recht bald entwarf er neue Ideen. Aus diesen entstanden die beeindruckendsten Gemälde Felix Nussbaums.

---

14 Siehe: BERGER (wie Anm. 1), S. 374.
15 Im gemeinsamen Versteck entstanden nur Zeichnungen oder Arbeiten mit Wasserfarben.

Zu diesen Bildern gehören auch die beiden letzten vielleicht bedeutend-
sten Selbstbildnisse des Malers. Noch zweimal stellte er die Frage nach seiner
Identität und fand zwei grundverschiedene Antworten. In seinem auf der
vorherigen Seite abgebildeten *Selbstbildnis an der Staffelei* aus dem August 1943
zeigt er sich so, wie er sich sieht. Nahezu entspannt blickt uns das Spiegelbild
eines Malers entgegen. Auch wenn der Blick prüfend auf das eigene Ich ge-
lenkt ist und in der Nacktheit nichts verborgen werden kann, vor dem Maler
kennt Felix Nussbaum keine Angst. Vielmehr trägt er dafür Sorge, dass dem
Betrachter deutlich wird, wie sehr es bei diesen letzten Bildern Nussbaums
auf künstlerische Qualität in einem handwerklichen Sinne ankommt. Er malt
so fein er kann, was auch in dieser Abbildung noch deutlich wird, etwa in der
Art, wie das Holz der Staffelei ausgearbeitet ist. Dennoch drängt sich die
Angst in Form der bedrohlichen Maske, die ihm im Nacken sitzt, auch in
dieses Bild. Allerdings erkennt der Maler, dass nicht er in Angst leben muss –
verfolgt wird nicht ein Künstler, sondern der, den er uns in seinem letzten
Selbstbildnis zeigt.

In seinem *Selbstbildnis mit Judenpass*, das zeitlich direkt nach dem oben be-
sprochenen entstanden ist, tritt uns Felix Nussbaum durchaus selbstbewusst
entgegen. Geradewegs blickt er dem Betrachter in die Augen und präsentiert

das, auf was seine Verfolger ihn
reduzieren wollen. Der Judenstern und auch der Stempel im
Pass weisen ihn deutlich als Juden aus. Doch er akzeptiert diese aufgezwungenen Zeichen
nicht als Teil seiner Identität.
Den Stern heftet er an die falsche Mantelseite unter das Re-
vers. Doch noch vielsagender
ist, dass er selbst auf seinem
Passbild einen Hut trägt, der in
Nussbaums Bildern stets ein
Würdesymbol ist – er lässt sich
eben nicht abstempeln. Nicht als
passives, hilfloses Opfer, gezwungen sich zu offenbaren,
sondern als aktiver Ankläger tritt
Felix Nussbaum dem Betrachter
entgegen.

Dabei ist auch bei diesem Gemälde deutlich zu erkennen, wie viel Wert
der Künstler auf die Malweise legt. Es geht ihm nicht nur darum, etwas zu
dokumentieren, sondern seine letzten Bilder sind immer darauf ausgelegt, als
Kunstwerke gesehen zu werden. Wie sehr dieses Selbstbewusstsein des
Künstlers diese beiden Selbstbildnisse durchdringt, zeigt schon ein flüchtiger
Vergleich mit dem sprachlosen *Selbstbildnis im Atelier* von 1938. Diese beiden
letzten Selbstbildnisse zeigen, wie sehr Nussbaum gerade in der beklemmen-
den Situation des Lebens im Versteck darum bemüht war, seine Identität als
Künstler zu wahren. So groß auch das Risiko der Ölmalerei für ihn war; nur

durch sie verstand er sich als lebendig. Schon als er seine Bilder zu verstecken begann, zeichnete sich diese Haltung ab. Er übergab die Bilder an Dr. Grosfils und Dr. Levefre mit den Worten: „Wenn ich untergehe, lasst meine Bilder nicht sterben."[16]

Ein letztes Mal arbeitete Felix Nussbaum am 18. April 1944 in seinem Atelier – zumindest ist dieses Datum in seinem letztem Gemälde, dem *Triumph des Todes*, angegeben. Nach diesem Datum gab es kein Lebenszeichen des Malers mehr.

Am 20. Juni 1944 wird das Versteck der Nussbaums gezielt von der Wehrmacht aufgespürt. Ihr Aufenthaltsort war vermutlich durch eine Denunziation bekannt geworden. Sie wurden verhaftet und in das Sammellager Mechelen gebracht, das am 31. Juli 1944 vom letzten von insgesamt 26 Transporten nach Auschwitz verlassen wurde. Felix und Felka Nussbaum waren als Nummern XXVI/284 und XXVI/285 auf diesem Transport. Am 2. August 1944 traf er an seinem Bestimmungsort ein und spätestens eine Woche später kann der Transport als ‚abgearbeitet' gelten, weshalb der 9. August 1944 von den belgischen Behörden als offizielles Todesdatum von Felix und Felka Nussbaum benannt wurde.

---

[16] Zitiert nach: BERGER (wie Anm. 1), S. 373.

Das landeskundliche Schulprojekt

D as *Internetbasierte Schulprojekt zur politischen Bildung Niederlande* am Zentrum für Niederlande-Studien verfolgt das Ziel, landeskundliche Unterrichtsmaterialien über die Niederlande für den Fach- und Projektunterricht an deutschen Sekundarschulen zu entwickeln und verfügbar zu machen. Auf der Internetseite *http://www.niederlande-im-unterricht.de*, die das Herzstück des Projekts bildet, stehen seit nunmehr drei Jahren verschiedene Themenkomplexe zur Verfügung, mit deren Hilfe sich landeskundliche Aspekte im Unterricht thematisieren lassen.[1] Inzwischen stehen zwölf so genannte ‚Reihen‘ zur Verfügung, und die Phase der Materialentwicklung wurde abgeschlossen. Es können nun folgende Bereiche genutzt werden:

- Die Niederlande – unser Nachbar im Westen
- Deutsch-niederländische Beziehungen
- Multikulturelle Gesellschaft
- Wasser – Segen oder Fluch für die Niederlande?
- Die deutsche Besatzungszeit
- Raumnutzungskonflikte und Raumordnungspolitik
- Schule, Ausbildung und Arbeitsmarkt
- Die niederländische Kolonialzeit
- Soziale und wirtschaftliche Rahmenbedingungen
- Staat und Politik
- Dekolonisierung
- Literatur

Seit 2004 wurden in verschiedenen Reihen Ergänzungen oder Veränderungen vorgenommen: Nachdem etwa in der Vergangenheit bereits niederländisch-sprachige Parallelversionen einiger Arbeitsmaterialien erstellt wurden, um deren Einsatz auch im Niederländisch- oder im bilingualen Fachunterricht zu ermöglichen, wurde 2005 auf vielfältigen Wunsch von Niederländischlehrerinnen und -lehrern eine Übersetzung der Reihe ‚Staat und Politik‘ vorgenommen. Somit wird der Tatsache Rechnung getragen, dass das Angebot des *Schulprojekts* insbesondere auch im Bereich des schulischen Spracherwerbs eingesetzt wird.

Der im Rahmen des *Schulprojektes* in Kooperation mit der Bundeszentrale für politische Bildung erarbeitete *Länderbericht Niederlande*, der im Februar 2004 veröffentlicht wurde, erschien in einer Auflage von 11.700 Exemplaren,

---

1 Siehe hierzu auch die Beiträge in: ZENTRUM FÜR NIEDERLANDE-STUDIEN (Hrsg.), *Jahrbuch* 12 (2001), S. 223–227, 13 (2002), S. 177–179, 14 (2003), S. 165–166 und 15 (2004), S. 211–212.

welche im Dezember 2005 nahezu vergriffen waren.[2] Der *Länderbericht* stellt somit eine wichtige und viel genutzte Informationsquelle für Interessierte dar, die sich über das online-Angebot des *Schulprojekts* hinaus mit den Niederlanden beschäftigen möchten.

Um die Nutzung der Schulmaterialien auch offline und damit denjenigen zu ermöglichen, die über keinen oder einen nur unzureichenden Internetzugang verfügen, wurde im März 2005 die CD-ROM *NIEDERLANDE-IM-UNTERRICHT.de* veröffentlicht. Sie umfasst dieselben Inhalte wie das Internetangebot (Stand: Dezember 2004) und kann gegen die Übernahme der Versandkosten beim Zentrum für Niederlande-Studien bezogen werden. Die erste Auflage von 2.000 Exemplaren war innerhalb von nur neun Monaten vergriffen. Neben der eigentlichen Zielgruppe der Lehrenden, Schülerinnen und Schüler sowie Sekundarschulen aus dem deutsch-niederländischen Grenzgebiet bekundeten auch Volkshochschulen, Weiterbildungszentren von Bund, Ländern und privaten Trägern sowie Institutionen außerhalb Nordrhein-Westfalens und Niedersachsens ein hohes Interesse an Materialien und der CD-Rom. Eine Nachpressung von 1.000 Exemplaren wurde daher vorgenommen. Die Datenträger liegen zum Versand bereit.

Sowohl die mit der CD-Rom verbundenen Reaktionen als auch andere Anfragen und Rückmeldungen sowie die Statistik der Aufrufe der Homepage zeigen, dass sich das Schulprojekt seit seinem Internetauftritt im Mai 2003 eines stetig wachsenden Bekanntheitsgrades erfreut. Hierzu beigetragen hat unter anderem eine gezielte Öffentlichkeitsarbeit, in deren Zuge verschiedene Ausgaben der Tagespresse entlang der deutsch-niederländischen Grenze über das Projekt ebenso informierten wie Artikel in der didaktischen Fachpresse oder auf Internetseiten des Bildungssektors das Angebot vorstellten. Dank auch dieser Maßnahmen darf das Angebot des *Landeskundlichen Schulprojekts* inzwischen als in der (grenznahen) Bildungslandschaft etabliert angesehen werden. Nichtsdestotrotz bilden bis zum Abschluss der Projektphase im Herbst 2006 – danach wird die Internetseite ohne nennenswerte Veränderungen weiter bestehen bleiben – die Durchführung von Informationsveranstaltungen und Fortbildungsangebote für Fachlehrerinnen und -lehrer einen Arbeitsschwerpunkt des Projektteams. Auf diese Weise soll das Angebot des *Landeskundlichen Schulprojekts* einem möglichst weit gefassten Personenkreis zugänglich gemacht werden, um auch weiterhin eine intensive Nutzung der Materialien zu gewährleisten.

Christoph Meyer

---

2 F. WIELENGA/I. TAUTE (Hrsg.), *Länderbericht Niederlande. Geschichte – Wirtschaft – Gesellschaft*, Bonn 2004. Der Band ist über die Bundeszentrale für politische Bildung in Bonn (*http://www.bpb.de*) zu beziehen.

NiederlandeNet

Seit zwei Jahren ist *Niederlandenet* – das Online-Portal über die Niederlande und die deutsch-niederländischen Beziehungen – im Internet unter *http://www.niederlandenet.de* abrufbar. *NiederlandeN*et ist ein deutschsprachiges Informationsangebot, welches aus der Dokumentationsstelle im Haus der Niederlande hervorgegangen ist. Online werden Basisinformationen zu den Niederlanden im Allgemeinen und weiterführende Informationen zu längerfristigen gesellschaftlichen Diskussionen im Besonderen einem breiten Nutzerkreis zur Verfügung gestellt. Im Geschäftsjahr 2005 wurde kontinuierlich an der inhaltlichen Erweiterung und technischen Optimierung der Website gearbeitet.

Im Vordergrund der inhaltlichen Erweiterung stand die aktuelle Berichterstattung über Ereignisse in den Niederlanden sowie die Ausweitung der Hintergrundinformationen und Analysen in der Rubrik *Dossiers*. Bis zu viermal wöchentlich bieten innerhalb der Rubrik *Aktuelles* kurze deutschsprachige Meldungen Einblick in politische, gesellschaftliche, kulturelle und wirtschaftliche Neuigkeiten in den Niederlanden. Zudem widmet sich seit einigen Monaten eine eigene Subrubrik den Neuigkeiten aus der deutsch-niederländischen Grenzregion. Die Rubrik *Dossiers* umfasst inzwischen 27 Hintergrund-Dossiers. Die folgenden Themenbereiche wurden in den vergangenen Monaten erarbeitet: Halbzeitbilanz Balkenende II, Anti-Terror-Maßnahmen in den Niederlanden, Das Jahr des Wassers, Kinderbetreuung in den Niederlanden, Religion und Glaube, Das niederländische Mediensystem, Das niederländische Gesundheitssystem, Niederländische Kunstgeschichte, Grenzüberschreitende Grenzpendlermobilität sowie Tourismus in den Niederlanden.

Die Vielfalt der Themen zeigt sehr deutlich, dass sich *NiederlandeNet* als ein Portal versteht, welches von unterschiedlichsten Nutzergruppen verwendet wird. Zum Publikum von *NiederlandeNet* zählen neben Multiplikatoren wie Journalisten, Wissenschaftlern, Vertretern aus Politik und Wirtschaft auch Schüler und Studenten sowie weitere Niederlande-Interessierte. Pro Monat besuchen über 2.000 Nutzer die Website. Insgesamt können im Durchschnitt monatlich 12.000 Klicks verzeichnet werden. 250 Besucher der Website nutzen derzeit auch das Newsletter-Angebot. Alle zwei Monate wird dieser per E-mail verschickt und informiert über neue Themen auf NiederlandeNet.de. Bei besonderen Anlässen erhalten die Newsletter-Abonnenten einen Themenspezial-Newsletter. *NiederlandeNet* beinhaltet neben Basisinformationen zu den Niederlanden und den deutsch-niederländischen Beziehungen (Rubriken *NL-Info* und *D-NL*) sowie den oben aufgeführten aktuellen und hintergründigen Informationen auch Service-Angebote für die Nutzer: Datenbanken, kommentierte Links und ein Adressenverzeichnis niederländischer und deutsch-niederländischer Institutionen helfen bei der weiteren Recherche. Die Rubrik Veranstaltungen informiert unter anderem über Konferenzen, Vorträge und Lesungen zu niederländischen und deutsch-niederländischen Themen. Die technische Optimierung der Website betrifft vor allem das Layout. Die erste Seite des Portals wurde komplett überarbeitet. Neben einer leichtverständlichen Navigation, mit welcher die Nutzer gezielt die gewünschten Informationen per Rubrik aufsuchen können, weisen Kurzinformationen auch auf Neuigkeiten aus den Niederlanden hin und leiten direkt zur Rubrik *Aktuelles* weiter. Auch wurde eine Suchfunktion eingerichtet, welche die gezielte Informationssuche unterstützt.

Initiiert wurde NiederlandeNet vom Zentrum für Niederlande-Studien der Westfälischen Wilhelms-Universität Münster. Im Rahmen der Interreg III A Maßnahme People-to-People wird das Portal von der EUREGIO in Gronau und dem niederländischen Außenministerium finanziell unterstützt. Das niederländische Außenministerium sowie weitere Euregios haben ihre Unterstützung bis Mitte 2008 zugesagt. Mit dem Duitsland Instituut Amsterdam und der Königlich niederländischen Botschaft in Berlin werden regelmäßig Informationen ausgetauscht.

NRW-Benelux-Net

Die Kooperation zwischen Nordrhein-Westfalen und den Niederlanden, Belgien und Luxemburg wird von Jahr zu Jahr intensiver und vielfältiger. Im Auftrag des Ministeriums für Bundes- und Europaangelegenheiten des Landes Nordrhein-Westfalen wurde am Zentrum für Niederlande-Studien das bereits in 2004 freigeschaltete Internet-Portal zum Thema NRW-Benelux-Kooperation in den vergangenen Monaten kontinuierlich erweitert.

Hintergründe zur Gütertransportstrecke Betuwelinie wurden ebenso eingebunden wie ein analytisches Dossier zum Niederländisch-Unterricht an nordrhein-westfälischen Schulen. Zusätzliche Einzelbeiträge informieren über grenzüberschreitende Projekte zwischen NRW und den BeNeLux-Ländern. Hierdurch wird die Vielfalt der wechselseitigen Beziehungen zwischen Nordrhein-Westfalen und den Nachbarländern Niederlande, Belgien und Luxemburg genauer beleuchtet. Das Portal informiert über historische, politische, wirtschaftliche und kulturelle Themen bezüglich der Region NRW-Benelux. Die Website wurde in den Online-Auftritt des NiederlandeNet eingebunden, ohne dabei an Eigenständigkeit zu verlieren. Durch die Vernetzung der beiden Projekte (NiederlandeNet und NRW-BeNeLux-Net) wurde ein Forum geschaffen, auf dessen Grundlage eine breit gefächerte Nutzergruppe unmittelbar mit allen Aktivitäten und Veranstaltungen der Benelux-Kooperationen vertraut gemacht wird.

Katrin Arntz

Zivilgesellschaftliche Verständigungsprozesse vom 19. Jahrhundert bis zur Gegenwart. Deutschland und die Niederlande im Vergleich – Antrag auf ein Graduiertenkolleg

In Zusammenarbeit mit Kollegen verschiedener Fachbereiche der Westfälischen Wilhelms Universität Münster hat das Zentrum für Niederlande-Studien im Jahr 2005 bei der Deutschen Forschungsgemeinschaft einen Antrag zur Einrichtung eines Graduiertenkollegs gestellt. Über die Bewilligung dieses Antrags wird im Sommer 2006 entschieden. Im Falle einer positiven Entscheidung werden in den nächsten Jahren etwa zehn Doktorandenstellen und eine Postdocstelle zu besetzen sein. Die übergreifende Forschungsperspektive des geplanten Graduiertenkollegs ist die Frage nach der Genese und Entwicklung zivilgesellschaftlicher Verständigungsprozesse in Vergangenheit und Gegenwart. Untersucht werden die Wechselwirkungen zwischen der Selbstorganisation von Bürgern, dem Staat und dem Markt vor dem Hintergrund unterschiedlicher und sich wandelnder politischer Systeme. Ferner geht es um den Zusammenhang von *governance*, politischer Kultur und Konsolidierung zivilgesellschaftlicher Netzwerke in Vergangenheit und Gegenwart. Schließlich will das Graduiertenkolleg untersuchen, welche Prozesse zivilgesellschaftlicher Interaktion die Etablierung, Bindungsfähigkeit und das Integrationsvermögen demokratischer Praktiken und Prozesse fördern.

Aufgrund des dichten deutsch-niederländischen Beziehungsgeflechts, interdependenter Entwicklungen, vergleichbarer Basisprozesse, aber auch gravierender Unterschiede ist eine Vergleichs- und Transferforschung sinnvoll, die sich auf eine historische, politikwissenschaftliche, soziologische und kulturwissenschaftliche Analyse Deutschlands und der Niederlande vom 19. bis ins 21. Jahrhundert konzentriert. Für eine vergleichende Perspektive ist ein ausgewogenes Maß an übereinstimmenden und unterschiedlichen Faktoren unerlässlich. Dies ist im Fall Deutschlands und der Niederlande gegeben. In beiden Ländern entwickelten sich in ähnlichen Phasen eine bürgerliche Gesellschaft und eine Fülle zivilgesellschaftlicher Vereinigungen, die in vergleichbarer Weise auf die Herausforderungen ihrer Zeit reagierten. Die Industrialisierung und die Entstehung einer Arbeiterbewegung vollzogen sich zwar phasenverschoben. Aufgrund ihrer starken Integration in die Weltwirtschaft stellten sich mit diesen Phänomenen zusammenhängende Fragen wie Sozialreformen, die Ausweitung staatlicher Funktionen oder die Bildungspolitik in den Niederlanden jedoch zu ähnlichen Zeiten mit gleicher Dringlichkeit. Schließlich vollzogen sich die für die weitere Entwicklung der Zivilgesellschaften in beiden Ländern so wichtigen Prozesse der ‚Versäulung‘ und der Milieubildung im 19. Jahrhundert beziehungsweise die Auflösung sozialer und lebensweltlicher Segmentierung aufgrund ideologischer und religiöser Kriterien seit Mitte der 1950er Jahre grundsätzlich ähnlich.

Gleichzeitig sind die gesellschaftlichen Entwicklungen in beiden Ländern durch große Unterschiede gekennzeichnet, die für die Ausprägung zivilgesellschaftlicher Netzwerke und Strukturen von großer Bedeutung waren. Hier sind vor allem ein grundsätzlich anderes Staatsverständnis, die unterschiedlichen Erfahrungen von Krieg und Frieden im 20. Jahrhundert, der Nationalsozialismus und die revolutionären politischen Systemwechsel in Deutschland zu nennen, denen eine evolutionär demokratische Entwicklung in den Niederlanden gegenüber steht. Evident ist, dass die verschiedenen politischen Kulturen die Entwicklung der Bürgergesellschaft, die Position und Rolle der Öffentlichkeiten, der Kirchen, des Vereinswesens und das Verhältnis zwischen Bürger, Staat und Markt insgesamt beeinflussten. Realhistorische und gegenwartsbezogene Analysen spielen dabei ebenso eine Rolle wie die Frage nach Symbolen in der Politik und Ritualen der Gesellschaft und ihrer Segmente. Schließlich sind mit Blick auf die Zeitgeschichte nach 1945 sowie die Gegenwart zwei Komplexe von besonderer Bedeutung, die eine deutsch-niederländische Vergleichs- und Transferforschung aus der Perspektive zivilgesellschaftlicher Verständigungsprozesse sinnvoll erscheinen lassen: die Größendifferenz zwischen beiden Gesellschaften und die Unterschiedlichkeit der staatlichen Systeme und politischen Kulturen. In diesem Zusammenhang gilt es, die These empirisch zu erhärten, der kleine Zentralstaat zeichne sich durch ein größeres Anpassungsvermögen an die mit der Globalisierung, der Krise des Sozialstaates oder der Entwicklung der multikulturellen Gesellschaft verbundenen Probleme aus als der vergleichsweise größere föderale Staat. Besonderes Gewicht kommt dabei zivilgesellschaftlichen Verständigungsprozessen und ihren Akteuren zu.

Die sich aus der inhaltlichen Dimension und den Fragestellungen ergebenden Forschungsprojekte werden in drei miteinander verwobenen, aber thematisch und funktional differenzierten Bereichen bearbeitet:

1) *Staat – Nation – Zivilgesellschaft.* Einerseits fördern zivilgesellschaftliche Verständigungsprozesse soziale und kulturelle Inklusion. Andererseits verfolgen gesellschaftliche Selbstorganisationen den Zweck partikularer Interessenvertretung. Häufig waren zivilgesellschaftliche Inklusions- und Exklusionsmechanismen an die Nation gekoppelt. Daher wird von der Hypothese ausgegangen, dass sich zivilgesellschaftliche Assoziationen in den Staaten besser entwickelten und verdichteten (etwa in den Niederlanden oder in Großbritannien), in denen die nationale Einigung nicht machtpolitisch oktroyiert wurde. Besondere Bedeutung kommt in diesem Zusammenhang der Frage zu, ob liberale Gruppierungen gegenüber der konfessionellen Herausforderung und vor allem gegenüber den mit der Industrialisierung verbundenen Problemen aus einer Position institutioneller Stärke heraus verhandelten oder nicht. Entscheidend scheint auch der Charakter liberaler zivilgesellschaftlicher Vernetzung und deren Verbindung zu parlamentarischen Institutionen gewesen zu sein. Für diesen historisch und kulturwissenschaftlich angelegten Bereich ergeben sich folgende Forschungsstränge:

-    der Zusammenhang von Governance als der Gesamtheit von Regeln, Prozessen und Praktiken, die gestaltendes Handeln in Organisationen bedingen, und zivilgesellschaftlicher Entwicklung;
-    die gesellschaftliche Organisation und Entwicklung des politischen Systems;

- die Wechselwirkungen von politischer Kultur und zivilgesellschaftlichen Verständigungsprozessen.

2) *Zivilgesellschaftliche Verständigung zwischen Markt und Staat.* Das Verhältnis von Markt und Zivilgesellschaft ist umstritten. Wirtschaftliche Aktivität und Expansion muss nicht notwendigerweise mit einer Verdichtung zivilgesellschaftlicher Aktivität und demokratischer Partizipation einhergehen. Soziales Kapital – Vertrauen, Kalkulierbarkeit und gesellschaftliche Bindungsfähigkeit – kann aber wesentlich der Stabilität und Prosperität von Marktwirtschaften dienen. Dieser Zusammenhang ist historisch nicht selbstverständlich. Es gilt ihn vielmehr zunächst zu rekonstruieren. Für die Forschungsperspektive ‚zivilgesellschaftliche Verständigungsprozesse‘ erscheinen drei Bereiche von besonderem Interesse:

- das Selbstverständnis von Unternehmern als gesellschaftliche Akteure im Wandel der Zeit;
- transnationale Ressourcentransfers und ihre Träger;
- Diskurse über Marktordnung, Verteilung und Problemlösungen im Spannungsfeld von Markt, Staat und Zivilgesellschaft.

3) *Zivilgesellschaft – europäische Integration – Nationalstaat.* Die ‚Europäisierung‘ Europas ist ein Prozess der jeweiligen ‚Europäisierung‘ der Nationalstaaten, der in allen Ländern Europas unterschiedlich verläuft. Andererseits ist nicht zu verkennen, dass sich auf vielen Ebenen transnationale Prozesse der Verdichtung und Integration Europas beobachten lassen, etwa in den Bereichen Markt, Rechtsnormen oder Öffentlichkeit. Im Hinblick auf soziale und politische Handlungspraktiken und sinnstiftende kulturelle Orientierungen stehen Europa und Nation in einer sich ergänzenden Beziehung. Ähnliches gilt im Übrigen für das Verhältnis zwischen Nation und subnationalen Einheiten: auch die Region ist in ihrer Beziehung zu Nation und Europa als relationaler Bezugsrahmen anzusehen. Es bietet sich daher für die Untersuchung zivilgesellschaftlicher Verständigungsprozesse seit 1945 und in der Gegenwart an, von einem Mehrebenensystem auszugehen, das subnational und supranational differenziert ist und lokale, regionale, nationale und europäische Dimensionen beinhaltet. Folgende Problemfelder stehen im Mittelpunkt des Forschungsinteresses:

- zivilgesellschaftliche Problemanalysen und Problemlösungen im Mehrebenensystem;
- Europagedanke und Europapolitik;
- Symbole und Rituale im Spannungsfeld von zivilgesellschaftlicher Vernetzung, Persistenz des Nationalstaats und Europäisierung;
- zivilgesellschaftliche Organisation in Gegenwart und Zukunft.

Friso Wielenga/Marc Frey

Die Entwicklung der kulturellen Beziehungen zwischen den Niederlanden und Deutschland von 1945 bis zur Gegenwart (Dissertationsprojekt)

Die ersten Kulturabkommen der jungen Bundesrepublik Deutschland, die auf eine Empfehlung der Vereinten Nationen aus den 40er Jahren zurückgehen, wurden bereits Anfang der 50er Jahre abgeschlossen. Die kulturellen Beziehungen zwischen dem Königreich der Niederlande und der Bundesrepublik wurden dagegen, im Vergleich zu den anderen Benelux-Staaten, den europäischen Staaten und weltweit erst spät auf staatlicher Ebene organisiert. Das Abkommen wurde am 27. April 1961 nach einer fünf-jährigen Verhandlungsphase in Den Haag unterzeichnet. Die Ratifikations-urkunden wurden am 21. März 1962 in Bonn ausgetauscht. In diesem Abkommen verpflichten sich die Vertragsparteien, „die kulturelle Zusam-menarbeit zwischen ihren Ländern zu fördern und zu schützen."[1] Diese Ziel-setzung geht bereits aus der UN-Empfehlung hervor.[2] Zur Erreichung der generellen Zielsetzung wurden unter anderem Absichtserklärungen zu den Bereichen kultureller Austausch, Sprach- und Kulturpflege, Förderung von kulturellen Einrichtungen auf dem fremden Hoheitsgebiet, gegenseitige An-erkennung von Bildungsnachweisen und Schulbuchverbesserung formuliert. In den einzelnen Artikeln wird gesondert auf den Jugendaustausch, den Aus-tausch von Personen auf Hochschulebene, Schulebene und auf außerschu-lischem Gebiet, sowie auf den Austausch von Medien (Bücher, Presseer-zeugnisse, Filme) und deren Verbreitung eingegangen. Kunstausstellungen, Konzerte und Vorträge, Theater- und Filmaufführungen werden als Vermitt-lungsformen eigens genannt.

Aus der generellen Zielsetzung und den Sachgebieten, die im gemeinsa-men Abkommen genannt sind, ergeben sich die zentralen Felder der kulturel-len Beziehungen zwischen den Niederlanden und der Bundesrepublik Deutschland. Sie entsprechen einem pragmatisch-politischen Kulturbegriff, der den traditionellen Begriff der Hochkultur enthält und ihn in spezifischer Weise erweitert. Politische Geschichte, die Geschichte der Mentalitäten und die Sozialgeschichte in ihren Unterschieden und Gemeinsamkeiten bilden die Folie, auf denen die Geschichte der kulturellen Beziehungen als Geschichte von unterschiedlichen Kulturpolitiken zwischen Deutschland und den Nie-derlanden als spezifischer, unverwechselbarer Gegenstand der Geschichts-schreibung erscheint.

Die Vorgeschichte des Abkommens, seine Entwicklung und die Ausge-staltung der Kulturbeziehungen lassen sich damit nur auf dem Hintergrund der politischen Annäherung der beiden Staaten nach dem Tiefstand nach

---

1   *Kulturabkommen Deutschland-Niederlande*, Artikel 1, veröffentlicht in BGBl. 1962 II, S. 497 ff.

2   Vgl. K. SCHIRMER, *Die klassischen Kulturabkommen der Bundesrepublik Deutschland mit auswärtigen Staaten*, Göttingen 1970, S. 6 ff.

1945 beschreiben. Das Feld der kulturellen Beziehungen war, wie das der politischen, historisch durch die Naziherrschaft in Deutschland und die Besetzung der Niederlande belastet. Bereits seit dem Jahre 1933 konnte man von einem Kulturaustausch kaum mehr sprechen. Nach der Machtübernahme durch die Nazis waren die kulturellen Beziehungen zur Einbahnstraße aus Deutschland heraus geworden. Die politische Flucht war zugleich eine kulturelle.[3] In Folge der Machtübernahme Hitlers 1933 kam es zu einer Emigration deutscher Kultur in die Niederlande, da sich unter den deutschen Flüchtlingen zahlreiche Intellektuelle und Künstler befanden.[4] Dieser Kulturimport trat in Konkurrenz zu der, nach dem Überfall auf die Niederlande 1940 staatlich durchgesetzten massiven Beeinflussung im Sinne einer großgermanischen Ideologie. Sie konnte den Namen eines Kulturaustauschs nicht mehr verdienen. Die niederländische Distanznahme nach 1945 ergab sich folgerichtig aus dieser gewalttätigen Einseitigkeit. Bis zum Neuanfang im neuen institutionellen Rahmen einer Partnerschaft vergingen mehr als 15 Jahre ihrer Aufarbeitung. Von einem vollständigen Abbruch der kulturellen Beziehungen konnte man jedoch selbst im Jahr 1945, dem so genannten ‚Nullpunkt‘, nicht sprechen. Vielmehr ergab sich nach 1945 ein komplexes Beziehungsgeflecht, das private, gesellschaftliche und auch, nach Gründung der Länder und des Bundes, staatliche Aktivitäten umfasste, die dann mit Abschluss des Abkommens 1961 in die offiziellen staatlichen Kulturbeziehungen einmündeten.

Folgt man dem Konzept einer ‚schichtweisen‘ Normalisierung, das Friso Wielenga aus dem Verlauf der bisherigen bilateralen Beziehungen abgeleitet und in seinem Buch *Vom Feind zum Partner* eingeführt hat, kann das Kulturabkommen als ein wichtiger politischer, aber auch kultureller Schritt im Normalisierungsprozess der Beziehungen zwischen den beiden Ländern angesehen werden.[5] Kultur folgt der Politik, wie umgekehrt erfolgreich Politik durch ein vertieftes kulturelles Verständnis füreinander ihre Begründung erfährt. Das Kulturabkommen fiel, zeitlich betrachtet, in die Phase der ‚Generalbereinigung‘. Vor seinem Abschluss mussten die Voraussetzungen für einen Neuanfang auf politischer Ebene geschaffen werden. Die Generalbereinigung zog einen sprichwörtlichen Strich unter die Vergangenheit im Verhältnis der Niederlande zu Deutschland, ohne aber die Vergangenheit in Vergessenheit geraten zu lassen.[6] Dieser Schritt erfolgte am 8. April 1960 durch die Unterzeichnung des Ausgleichsvertrages, der unter anderem die Grenzfragen und die Entschädigungsfragen regelte. 1961, das Jahr der Unterzeichnung des Abkommens, war damit nicht nur ein neuer Anfang, sondern auch das Resultat vielfältiger kultureller Normalisierungsschritte auf mehreren

---

3 Vgl. H. VON DER DUNK, *Deutsche als Holländer. Zum Thema nationaler und kultureller Amphibien*, in: W. MÜHLHAUSEN (Hrsg.), *Grenzgänger. Persönlichkeiten des deutsch-niederländischen Verhältnisses*, Münster 1998, S. 27–49, bes. S. 36 ff.

4 Vgl. H. VON DER DUNK, *Nederlandse cultuur in de windstilte*, in: K. DITTRICH (Hrsg.), *Berlijn-Amsterdam. 1920–40 wisselwerkingen*, Amsterdam 1982, S. 25–30, hier S. 30.

5 F. WIELENGA, *Vom Feind zum Partner. Die Niederlande und Deutschland seit 1945*, Münster 2000.

6 Vgl. WIELENGA (wie Anm. 5), S. 261.

Feldern und auf vielen Ebenen. So konnte der vorsichtige Neuaufbau der kulturellen Beziehungen an eine gemeinsame ‚Moderne' der 20er Jahre in allen kulturellen Bereichen anknüpfen, gegen die sich die nationalsozialistische völkische Politik gewandt hatte. Zahlreiche niederländische Künstler waren damals nach Berlin gezogen, das sich in den 20er Jahren zu einem internationalen Brennpunkt der Moderne entwickelt hatte.[7]

Für den institutionellen Neuanfang war nicht zuletzt auch die dezidierte Westorientierung der jungen Bundesrepublik entscheidend. Diese war verbunden mit zwei scheinbar gegenläufigen Tendenzen: einerseits einer transatlantischen, andererseits einer europäischen Ausrichtung der Politik. Hieraus ergab sich eine gemeinsame Basis für den Ausbau der kulturellen Beziehungen. Die Hegemonie der USA im Zeitalter des Kalten Krieges führte zu einer Amerikanisierung beider Kulturen. Die politische wie kulturelle Tendenz der Europäisierung in Deutschland wie in den Niederlanden, ja ihre Vorreiterrolle, ließ sich an der Bildung europäischer Einrichtungen und Regionen festmachen, die eine Umorientierung des ‚Grenzlands' und die Entwicklung neuer kultureller Identitäten auf der Basis einer gleichberechtigten Zusammenarbeit in überschaubaren Zusammenhängen und in konkreten Institutionen ermöglichten. Die Euregios, (Emsland, Rhein, Rhein-Maas) gelten heute weltweit als Musterbeispiele für gutnachbarschaftliche Zusammenarbeit auch in kultureller Hinsicht.[8] Inoffizielle Kontakte in diesen Grenzregionen waren schon früher entstanden als die offiziellen. Die kulturellen Beziehungen im weiteren Sinn konnten hier eine besondere Rolle spielen, auch in der Vorbereitung der offiziell politischen. Durch das Interesse von Organisationen und Einzelpersonen, sich mit der Kultur des Nachbarlandes auseinander zu setzen, konnte der tiefe Einbruch in den kulturellen Beziehungen auf dem Hintergrund der Instrumentalisierung der großgermanischen Kulturpolitik durch die Naziherrschaft in den Niederlanden auf regionaler Ebene schneller überwunden werden als auf der nationalen. Beispiele aus der Praxis zeigen, dass in der ersten Phase nach 1945 kulturelle Kontakte reaktiviert werden konnten. Dem Sonderheft *Das schöne Münster. Kulturelle Beziehungen mit den Niederlanden* kann man zum Beispiel entnehmen, dass schon im Januar 1951 das Städtische Orchester Münster an einer *Freischütz*-Aufführung in Enschede mitgewirkt hat und dass es danach jährlich zu gegenseitigen Aufführungen gekommen ist.[9] Im Aachener Theater und auch in Münster trat der 1933 vertriebene jüdische Kapellmeister Paul Pella, der in den Niederlanden vor den Nazis versteckt worden war und dort inzwischen ein eigenes Opernen-

---

7   Vgl. R. ROWAAN, *Deutsch-niederländische Beziehungen zur Zeit der Weimarer Republik 1918–1933. Erste Thesen und Ergebnisse zum Forschungsprojekt*, in: ZENTRUM FÜR NIEDERLANDE-STUDIEN (Hrsg.), *Jahrbuch* 13 (2002), Münster 2003, S. 187–193, hier S. 192; U. SCHÜRINGS, *Provincie zoekt metropol. De reputatie van Berlijn in de Nederlandse literatuur van het interbellum*, in: F. BOTERMAN/M. VOGEL, *Nederland en Duitsland in het interbellum*, Hilversum 2003, S. 69–86.

8   Vgl. K. PROTTE, *Vom Streitfall zum „Mustergarten Europas"– Drei Beispiele aus dem Grenzgebiet*, in: HAUS DER GESCHICHTE (Hrsg.), *Deutschland-Niederlande. Heiter bis wolkig*, Bonn 2001, S. 126–132.

9   G. KASCHNER, *Kulturelle Beziehungen mit den Niederlanden*, Münster 1961.

semble gebildet hatte, wieder auf.[10] Nicht nur die Felder der kulturellen Traditionsbestände, auch die aus dem Bereich der ‚klassischen Moderne' trugen zur erneuerten Verständigung bei. Ein Beispiel war die Ausstrahlung des Kröller-Müller-Museums bei Arnheim, das bereits in den 50er Jahren zum begehrten Ziel der deutschen Kunstfreunde wurde. Der Neuanfang von 1961 blieb weiter auch mit Problemen behaftet. Nur scheinbar lösten sich im Zeitalter der Globalisierung (Nord-Süd-Konflikt, Migrantenkulturen) die nachbarlichen Differenzen völlig auf. Sie traten, wie man der Studie des Clingendael-Instituts von 1993 entnehmen kann, vielmehr sogar verstärkt auf.[11] Die Frage ist, ob und inwieweit sich diese Aussagen auch auf die kulturellen Felder beziehen lassen, und, wenn ja, welcher Begriff der Kultur hierbei Anwendung gefunden hat. Betroffen waren die Felder des Jugendaustauschs und der Medien.

In den Diskussionen um die Ausführung des Kulturabkommens selber spielte die ‚Erweiterung des Kulturbegriffs' bereits in den 70er Jahren eine Rolle.[12] Eine Darstellung der kulturellen Beziehungen muss deshalb den Wandel des Kulturbegriffs von einem Begriff der ‚Hochkultur' zu einem ‚breiten Kulturbegriff', wie ihn die ‚Cultural Studies' anwenden, mit einbeziehen. Es lag hier der Versuch vor, den politischen Kulturbegriff, wie ihn das Abkommen als Rahmen setzt, neu zu interpretieren. Eine nennenswerte Umorientierung der Förderungsaktivitäten selber, die über den politisch gesetzten Rahmen hinausging, ergab sich aus diesem Ansatz jedoch nicht.

An diesem Beispiel zeigen sich auch die Grenzen, die der Arbeit bei der Auswertung der Akten im kulturpolitischen Bereich gesetzt sind. Sie kann nur den Rahmen der zwischenstaatlichen Kulturpolitik abstecken und nur an wenigen Beispielen auf kulturelle Ereignisse selber eingehen, wie zum Beispiel auf die Mondrian-Ausstellung in Berlin 1968 und das Festival *Berlin – Amsterdam 1920–1940* in den Jahren 1982/83, die eine besondere Förderung erfuhren. Dem vielschichtigen Prozess der Normalisierung entspricht ein ebenso vielschichtiger Kulturbegriff. Es kann nicht nur eine Ebene (zum Beispiel offizielle Kulturpolitik, Hochkultur: Literatur, Kunst, Theater, Musik, Medienkultur, Alltagskultur) betrachtet werden, es müssten, wollte man dem Anspruch des Themas umfassend gerecht werden, die kulturellen Relationen auf allen Ebenen eines erweiterten Kulturbegriffs in den Blick genommen werden.

Auch wenn sich die vorzulegende Darstellung auf die kulturpolitischen Entwicklungen im engeren Sinn beschränkt, sind bei der Interpretation der konkreten staatlichen Verhandlungen und Förderungsmaßnahmen die Fragen nach der Vielzahl der kulturellen Relationen von Einzelpersonen, Gruppen, Institutionen und der unterschiedlichen politischen Kulturen stets in Rechnung zu stellen. Während in den 60er und 70er Jahren die so genannten

---

10 Vgl. H. VON DER DUNK (wie Anm. 3), S. 44.

11 Dagegen argumentieren u.a. B. MÜLLER/F. WIELENGA (Hrsg.), *Kannitverstan? Deutschlandbilder aus den Niederlanden*, Münster 1995.

12 Vgl. BuZa, Code 8/75–84/ Invnr: 561, Ergebnisprotokoll der 9. Sitzung Gemischter Ausschuss, Vlaardingen 30.–31.10.1975, S. 12 f.

‚Mittlerinstitutionen' (wie die Goethe-Institute) und ihr Auf- und Ausbau im Mittelpunkt kulturplanerischer Überlegungen standen, waren es in den 80er Jahren die Großereignisse und die internationale Zusammenarbeit im Bereich der Fernsehproduktionen. Als Stichwort bietet sich der Begriff der ‚Ökonomisierung' der Kultur an. Die Frage des ‚Kulturexports' und der Rückzug der Kulturpolitik auf Setzung von Rahmenbedingungen stehen für diese Tendenz. In den 90er Jahren stellten sich die Niederlande kulturpolitisch auf das wiedervereinigte Deutschland ein. Einerseits wurden die Schwerpunkte der Förderung von Kulturprojekten im Blick auf die ‚Neuen Bundesländer' geplant, andererseits eine beiderseitige Stärkung der grenznahen Kulturbeziehungen vorgenommen, die in den Niederlanden unter dem Stichwort ‚cultuur over grenzen' verhandelt wurde.

Quellenlage und Methode

Für die vorliegende Untersuchung steht ein reiches, aber hochkomplexes Quellenmaterial unterschiedlichster Qualität zur Verfügung. Seine Auswertung bedarf einer Methode, welche die einzelnen Quellenarten beschreibt und eine Auswahl der relevanten Quellen ermöglicht. Hierzu zählen neben den Dokumenten aus verschiedenen Archiven, Zeitungsartikel, zeitgenössische Veröffentlichungen und Interviews. Nach Sichtung des Materials jedoch musste aus Gründen der Quantität eine Vorentscheidung getroffen werden. Sie zielt darauf, die Grundlinie der Darstellung auf Analyse der offiziellen Dokumente der Kulturabteilungen der Botschaften und der zuständigen Ministerien, das heißt der beiden Außenministerien und auf niederländischer Seite ebenfalls des Kulturministeriums, zu stützen, die anderen Quellen dagegen nur hilfsweise und zur Quellenkritik herbeizuziehen.[13]

Auf deutscher Seite ergab sich in Bezug auf die Quellen und ihre Auswertung ein Problem aus der grundgesetzlich geregelten Kulturhoheit der Bundesländer. Sie hat allerdings nicht zu einer reichen Überlieferung auf Länderebene geführt. So hat das Staatsarchiv NRW in Düsseldorf nach eigener Recherche nur einen sehr beschränkten und wenig aussagekräftigen Bestand aufzuweisen. Wichtiger sind dagegen die lokalen und regionalen Kontakte und deren archivische Überlieferung (z. B. Archiv des Kreises Steinfurt, Euregio Gronau-Enschede, Euregio Rhein-Maas), die allerdings, wie eine Durchsicht zeigte, wenig zur Darstellung der Grundlinie beitragen können, da sie zum Teil persönliche und lokale Kontakte repräsentieren. Eine Aus-

---

13 Das Ressort Kultur gehörte seit 1945 verschiedenen niederländischen Ministerien an: Von 1918–1965 dem Ministerie van Onderwijs, Kunst en Wetenschappen (OKW), von 1965–1982 dem Ministerie van Cultuur, Recreatie en Maatschapplijk Werk (CRM), von 1982–1994 dem Ministerie van Welzijn, Volksgezondheid en Cultuur (WVC) und seit 1994 dem Ministerie van Onderwijs, Cultuur en Wetenschappen (OCW). Dies erschwerte die Recherche erheblich, da einige Akten in den heutigen umbenannten Ministerien – vor allem im Ministerie van Volksgezondheid, Welzijn en Sport (VWS) – verblieben, andere an das neue zuständige Ministerium weitergeleitet und wiederum andere vernichtet wurden.

nahme bildet hier die Überlieferung zur so genannten Mozer-Kommission, die offiziell am 18. Januar 1971 eingesetzt wurde.

Auf niederländischer Seite ist das offizielle Quellenmaterial dagegen weitaus homogener. Es liegen die Berichte des Minsterie van Buitenlandse Zaken von 1945 bis heute vor, aus denen sich, ergänzt durch die Berichte des Kulturministeriums, eine kulturpolitische Grundlinie der niederländischen Regierung, aber auch deren Wandel ableiten lässt. Zu beachten ist, dass die Beteiligungsformen gesellschaftlicher Institutionen in den Niederlanden anders geregelt und praktiziert werden als in Deutschland. Organisationen wie der Koordinationsausschuss für Kulturbeziehungen mit Deutschland (CCCD) oder die Genootschaap Duitsland-Nederland lieferten einen wichtigen Beitrag bei dem Aufbau und der Pflege der kulturellen Kontakte. Eine grundsätzliche Beschränkung wie in Deutschland, wo die diplomatischen und politischen Quellen erst nach 30 Jahren zugänglich sind, gibt es in den Niederlanden nicht. Dies macht auch die quellenmäßige Darstellung der kulturellen Beziehungen zwischen Deutschland und den Niederlanden in den 80er und 90er Jahren bis in die Gegenwart möglich. Die Arbeit soll im Laufe des Jahres 2006 abgeschlossen werden.

Wolfgang Schanze

Politik und Medien in Deutschland und den Niederlanden – eine komparative Analyse zum Wandel politischer Kommunikationskulturen (Dissertationsprojekt)

In regelmäßigen Abständen schwappt die Welle der wechselseitigen Kritik von Politikern und Journalisten wieder hoch. Die einen werfen den anderen Manipulation, Negativismus, Verflachung und Hypes vor, die anderen beklagen Inszenierung, Instrumentalisierung und Negierung. Gleichzeitig sind sich beide, Journalisten und Politiker, darüber bewusst, dass sie einander brauchen. Denn Öffentlichkeit und Aufmerksamkeit sind für den Politiker in der massenmedialen Gesellschaft immer wichtiger, um seine Politik zu legitimieren und Willensbildungs- und Entscheidungsprozesse dem Wähler zu veranschaulichen – nicht nur in Zeiten von Wahlkämpfen. Journalisten derweil benötigen Informationen und Hintergründe, um ihre Vermittlungsleistung, das heißt die Her- und Bereitstellung von Themen aus der und für die Öffentlichkeit, zu erfüllen. Dies gilt nicht allein für Politiker und Journalisten in Deutschland, sondern auch für die Akteure vieler anderer westlichdemokratischen Gesellschaften. In dem Forschungsvorhaben *Politik und Medien in Deutschland und den Niederlanden* soll speziell die politische Kommunikationskultur in den Nachbarstaaten Deutschland und den Niederlanden verglichen werden.

Beiden Ländern ist gemein, dass sie den westlich-demokratischen Gesell-schaften angehören, bei denen Medien und Politik ähnliche Aufgaben, wie zum Beispiel Kontrolle und Kritik, wahrnehmen sollen. Gleichzeitig haben sich Medien und Politik in Deutschland und den Niederlanden jedoch struk-turell und kulturell unterschiedlich entwickelt. Während die niederländische politische Kultur eher durch Konsens geprägt ist, kommt in Deutschland der konfliktbetonten Auseinandersetzung eine wichtige Funktion zu. Vor dem Hintergrund der auf unterschiedlichen lebensanschaulichen Modellen ba-sierenden Segmentierung der niederländischen Gesellschaft im Zuge der Ver-säulung können die medialen Strukturen in den Niederlanden analysiert wer-den. In Deutschland kennzeichnen föderalistische Elemente, Regio-nalisierung und parteipolitische Polarisierung die Medienlandschaft.

Dies sind nur einige wenige Beispiele, die zeigen, dass Politiker und Jour-nalisten, als wesentliche Akteure politischer Kommunikation, in ihren jeweils eigenen systembedingten und kulturell geschuldeten Strukturen und Organi-sationskontexten verhaftet sind. Der Journalist arbeitet im Auftrag einer Me-dienorganisation, ist in der Regel eingebunden in eine Redaktion und einen Kollegenkreis, folgt tradierten Normen und Regeln, die er im Laufe seiner (journalistischen) Sozialisation erlernt hat. Parteistrukturen, Politikerkollegen und politische Entscheidungsprozesse beeinflussen ebenso das Handeln des Politikers wie individuelle Darstellungsmotive und Machtkalküle. Journalisten und Politiker agieren also als Teil ihrer jeweiligen ‚Kultur', beeinflussen diese und werden von ihr beeinflusst.

Abbildung 1:   Politische Kommunikationskultur: Interaktion von Politikern und Journalisten

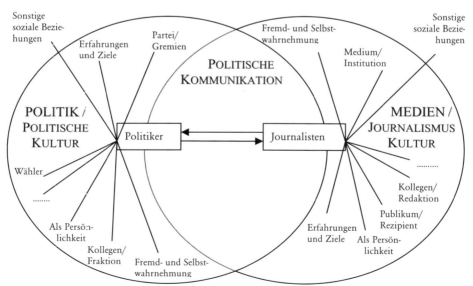

Quelle: Eigene Darstellung

Politische Kommunikation, als Schnittmenge politischer und journalistischer Kultur, kann folglich als „politisch-publizistischer Resonanzraum mit wechselseitiger Beobachtung der am Kommunikationsprozess beteiligten politischen und medialen Akteure"[1] verstanden werden. Der Begriff der Kultur ermöglicht es, nicht nur die sozio-politischen und institutionellen Strukturen zu erklären, sondern die „Grundwerte, Kenntnisse und gefühlsmäßige Bindungen, die die Art und Weise bestimmen, in der Menschen innerhalb des Rahmens politischer Institutionen handeln"[2] zu hinterfragen. Übertragen auf die politische Kommunikation bedeutet dies, dass „das politische Kommunikationssystem nicht nur mit Indikatoren der institutionellen Struktur des politischen und des Mediensystems erklärbar ist, sondern auch die subjektiven Orientierungen der Akteure in diesem System einbeziehen muss."[3] Der internationale Vergleich bietet das nötige Erkenntnispotenzial, um das Wechselspiel von Strukturen und Akteuren zu untersuchen und dabei kulturell geschuldete Unterschiede herauszufiltern. Dabei betrifft „die Struktur der politischen Kommunikation [.] die institutionellen Bedingungen des politischen Systems und des Mediensystems auf der Makro- und Mesoebene. Die kulturelle Dimension zielt auf die Beobachtung der Akteure und bezeichnet die Prozesse der Interaktion von politischen Akteuren und Medienakteuren sowie deren Grundlagen, Ergebnisse und Wirkungen."[4]

Dass das Verhältnis von Politikern und Journalisten als angespannt bezeichnet werden kann, zeigt ein flüchtiger Blick in die Berichterstattung über ihre Interaktion bzw. über das Verhältnis von Politik und Medien im Allgemeinen. So beklagt Gesine Schwan, Präsidentin der Europa-Universität Viadrina und ehemalige Kandidatin für das Amt des Bundespräsidenten, in einem Bericht in der Frankfurter Rundschau die Verflachung der Berichterstattung und das Verhältnis zu Journalisten: „Ich habe im letzten Jahr ein paar Mal Interviews gegeben, die mir eigentlich nicht besonders provokant erschienen. Ich habe aber gemerkt, dass die jeweiligen Interviewer an nur einer einzigen Aussage interessiert waren. Und die haben sie dann sofort zur Agenturmeldung gemacht: ‚Schwan kritisiert Schröder' oder ‚Schwan greift Merkel an'. [...] Der kommunikative Mehrwert solcher Aktionen scheint mir gering und er hat zumindest mein Vertrauensverhältnis zu diesen Journalisten beeinträchtigt."[5] Auch der ehemalige Bundestagspräsident Wolfgang Thierse hat sich in einer politischen Fernsehsendung dem Verhältnis von Politik und

1   U. SARCINELLI, *Politische Kommunikation in Deutschland. Zur Politikvermittlung im demokratischen System*, Wiesbaden 2005, S. 15.

2   S. VERBA, *Conclusion: Comparative Political Culture*, in: DERS./ L.W. PYE (Hrsg.), *Political Culture and Political Development*, Princeton, N.J 1965, S. 541.

3   B. PFETSCH, *Politische Kommunikationskultur. Politische Sprecher und Journalisten in der Bundesrepublik und den USA im Vergleich*, Wiesbaden 2003, S. 34.

4   B. PFETSCH/F. ESSER, *Politische Kommunikation im internationalen Vergleich. Grundlagen, Anwendungen, Perspektiven*, Wiesbaden 2003, S. 26.

5   G. SCHWAN, *Das aufgeklärte Publikum muss sich wehren. Die Medien hängen einem Negativismus an, werden selbst zu politischen Akteuren und schaffen ihre eigenen Debatten*, in: *Frankfurter Rundschau*, 05.09.2005, http://www.fr-aktuell.de/ressorts/nachrichten_und_politik/dokumentation/?cnt=721230 (06.09.2005).

Medien angenommen und meint, dass Politiker immer mehr dem Einfluss der Medien, vor allem des Fernsehens, ausgesetzt sind und sich dem gar nicht mehr voll entziehen könnten, wenn sie keine politischen Selbstmörder sein wollten. Gleichzeitig kritisiert Thierse jedoch auch die mangelnde Reflexionsleistung von und den erhöhten Druck auf Journalisten: „Der Konkurrenzkampf in Berlin ist viel härter geworden. Der Tempodruck [ist] unerhört, so dass die Seriosität von Berichterstattung, die ja immer auch Nachfragen, Zeit für Reflexion, auch das Moment der Distanz voraussetzt, dass das verloren gegangen ist."6

Auch ein Blick in die Berichterstattung der Niederlande unterstützt diese Annahme. Anlässlich des 50-jährigen Bestehens der öffentlich-rechtlichen Nachrichtensendung *NOS Journaal* appellierte der niederländische Ministerpräsident Jan Peter Balkenende an die Medien, weniger zynisch zu sein und für eine ausgewogene Berichterstattung zu sorgen: „Es gibt mehr als nur Chaos und Elend in der Welt. Realisiere, dass ein Großteil der Bevölkerung sein Weltbild durch die Medien vermittelt bekommt. Mehr Gleichgewicht in der Berichterstattung ist von Interesse. Hüte dich vor Zynismus bei der Nachrichtenberichterstattung."7 Niederländische Journalisten beklagen hingegen, dass sie immer weniger Informationen von Politikern erhalten. Statt mit einem Politiker selbst sprechen zu können, würden häufig Pressereferenten vorgeschoben. So äußert sich Rimmer Mulder, Chefredakteur bei der niederländischen Regionalzeitung *Leeuwarder Courant*, in einem Themendossier der niederländischen Tageszeitung *NRC Handelsblad* besorgt über den Umgang zwischen Regierungsapparat und Journalisten: „Die staatlichen Institutionen empfinden die Presse als lästig, als Risikofaktor. Für eine unabhängige Betrachtung gibt es nur noch wenig Respekt. Bei allem was der Staat macht, stülpt er lieber ein eigenes Kommunikationspaket drüber. Dies endet in einer grässlichen Gesellschaft. Big Brother kommt näher: eine große Zentrale, die für uns entscheidet was wir wissen dürfen oder auch nicht und wie wir darüber zu denken haben. So wie der Staat derzeit mit der Presse und mit Informationen umgeht, ja, das finde ich anti-demokratisch."8

Inwiefern das hier suggerierte angespannte Verhältnis zwischen Politik und Medien tatsächlich Abbild eines Veränderungsprozesses der politischen Kommunikation ist, welche Ursachen sich hierfür verantwortlich zeichnen und welche Bedeutung dies für das Verhältnis von politischen und journalistischen Akteuren sowie für die Stabilität der politischen Kommunikationskultur eines Landes hat, soll in der vorliegenden Arbeit komparativ am Beispiel der Niederlande und Deutschland analysiert werden. Dabei soll das Wechselspiel von akteurszentrierter Mikroebene, der organisations- und institutionen-

6   W. THIERSE, *Hart aber Fair. Politik in der Medienfalle. Das Interview mit Wolfgang Thierse*, Sendung vom 29.09.2004, Interviewskript.

7   N.N., *Balkenende: goed nieuws is ook nieuws*, in: *Apeldoornse Courant*, 08.11.2005. (Übersetzung d.d. Verf.)

8   G. VAN WESTERLOO, *Oorlog tussen pers en politiek*, in: *M. Het Maandblad van NRC Handelsblad*, 9/2004, S. 49 f. (Übers. d.d. Verf.)

orientierten Mesoebene mit der system- und kulturorientierten Makroebene berücksichtigt werden.

Vor diesem Hintergrund erfolgt zunächst eine systematische Betrachtung der verschiedenen Einflussfaktoren auf die politische Kommunikationskultur eines Landes. An Hand von Normen-, Struktur-, Funktions- und Rollenkontexten werden wesentliche Unterschiede und Gemeinsamkeiten der medialen und politischen Systeme in Deutschland und den Niederlanden aufgezeigt, um in einem zweiten Schritt das Verhältnis von Politik und Medien nach dem Zweiten Weltkrieg für Deutschland und die Niederlande chronologisch zu beschreiben. Wichtige Meilensteile des Wandels politischer Kommunikationskulturen sollen dargestellt und ihre Bedeutung für die Veränderung politischer Kommunikationskulturen eines Landes und deren Akteure hinterfragt werden. Zeitlicher Schwerpunkt der Analyse bildet die Periode 1990 bis 2005. Denn gerade die 1990er-Jahre markieren politisch und medial einen Wendepunkt. Politisch insofern, als das Parteibindungen abnehmen, die Zahl der Wechselwähler deutlich zunehmen und symbolisch-mediale Elemente in der Politik einen immer wichtigeren Stellenwert einnehmen. Dieser Prozess wird in der Politik- und Kommunikationswissenschaft häufig als Mediatisierung oder Medialisierung angedeutet. Auf der Seite der medialen Entwicklung hält kommerzielles Privatfernsehen Einzug in die niederländischen und deutschen Haushalte. Öffentlich-rechtliche Sender müssen sich ihrer neuen Rolle und Funktion bewusst werden. Das Fernsehen baut seine Vormachtsstellung weiter aus. Wirtschaftliche Einsparungen sind notwendig, Medienkonzentrationen nehmen zu. Ende der 1990 Jahre rückt zudem auf der Skala der Medienevolution das Internet und die damit verbundenen Dienste wie Email und World Wide Web in den Vordergrund. Die hier beschriebenen medialen Entwicklungen können mit dem Stichwort ‚Ökonomisierung‘ zusammengefasst werden.

Inwiefern Medialisierung und Ökonomisierung in Deutschland und den Niederlanden Einfluss auf die politische Kommunikationskultur ausüben und ob und inwiefern dies auch die Interaktion von Politikern und Journalisten in der Periode 1990 bis 2005 beeinflusst hat, soll durch die Verwendung empirischer Methoden analysiert werden. Ein Methoden-Mix bietet sich an, um die Komplexität des Untersuchungsgegenstandes fassen zu können. Neben Leitfadengesprächen mit Akteuren aus Politik und Medien soll ebenfalls eine qualitative Inhaltsanalyse von Meta-Kommunikation über Politik und Journalismus in (Fach-) Publikationen und Leitmedien Aufschluss geben.

Der Vergleich der politischen Kommunikationskulturen in Deutschland und den Niederlanden ist ein Novum. Nur wenige Studien haben sich bisher mit der politischen Kultur beider Länder beschäftigt, ein fruchtbarer wissenschaftlicher Vergleich der medialen Strukturen liegt nicht vor. So ist es auch nicht verwunderlich, wenn sich bisher – soweit bekannt – keine Forschungsarbeit mit der politischen Kommunikationskultur beider Länder auseinandergesetzt hat. Und das, obwohl regelmäßig beide Länder den grenzüberschreitenden Blick wagen, um voneinander zu lernen. Bei Fragen der Arbeitsmarkt-, Familien-, Integrations- oder Gesundheitspolitik wird immer häufiger auf Lösungskonzepte des jeweils anderen Landes geschaut. Die in Deutschland und den Niederlanden parallel laufenden Prozesse besagen jedoch nicht, dass zwangsläufig auch die gleichen Wege eingeschlagen werden, um sich den Herausforderungen der Moderne zu stellen. So konstatiert der Historiker Wielenga, dass „die niederländische Antwort auf politische und gesellschaftliche Herausforderungen eher gemäßigt und pragmatisch ausfällt und von einer Suche nach Konsens und Gemeinsamkeiten bestimmt ist. In Deutschland hingegen werden die Gegensätze stärker betont, es wird kontroverser diskutiert und es entsteht schneller der Eindruck unüberwindbarer Klüfte. Während in den Niederlanden eher davon ausgegangen wird, dass alle Betroffenen einen Grundkonsens mittragen, wird in der Bundesrepublik sogleich den Kontrahenten ein Abweichen von dieser Vereinbarung unterstellt (‚Sie wollen eine andere Republik!‘)."[9]

Institutionalisierte Formen, bei denen der grenzüberschreitende Austausch von Problemen und Lösungswegen zentral steht (deutsch-niederländische Parlamentariergruppen auf Bundes- und Landesebene, Austauschprogramme für Journalisten, Deutsch-Niederländische Kulturvereine und dergleichen) zeigen, dass die Frage „Wie macht ihr das eigentlich?" vermehrt gestellt wird. Doch sobald diese Frage aufgeworfen wird, muss klar sein, dass Lösungswege in beiden Ländern immer auch mit einem gesellschaftlich-kulturellen Kontext verbunden sind, der sich vielfach voneinander unterscheidet.

Das vorliegende Forschungsvorhaben will gerade diese gesellschaftlich-kulturellen Kontextunterschiede für das Gebiet der politischen Kommunikation in Deutschland und den Niederlanden aufzeigen. Wie eingangs deutlich wurde, ist dieser Bereich eine wesentliche Schnittstelle bei der Politik und Medien aufeinander treffen und somit auch ein wesentlicher Bereich für die Funktionsfähigkeit moderner Gesellschaften. Denn fraglich ist, um bei der eingangs verwendeten Metapher zu bleiben, ob die Welle der wechselseitigen Kritik tatsächlich seit vielen Jahren und Jahrzehnten zur Interaktion von Politikern und Journalisten zählt, oder aber, ob sich die Welle der Kritik inzwischen zu einer Flutwelle des gegenseitigen Misstrauens aufbaut, welche den politischen Kommunikationsraum zu überfluten droht und die Interaktion von Politikern und Journalisten gefährdet. Wenn dies der Fall wäre, dann geriete auch der Tausch von Aufmerksamkeit und Information, welcher Öffentlichkeit bzw. die öffentliche Diskussion als Basis der Demokratie überhaupt erst ermöglicht, in Bedrängnis.

Der grenzüberschreitende Blick kann dabei helfen, diese „nationale Kontroversen und Probleme zu klären, neu zu interpretieren und Hinweise zu deren Lösung zu bieten."[10]

Katrin Arntz

---

9   F. WIELENGA, *Einleitung*, in: DERS. (Hrsg.): *Politische Kulturen im Vergleich. Beiträge über die Niederlande und Deutschland seit 1945*, Bonn 2002, S. 15.

10 F. ESSER, *Journalismus vergleichen. Journalismustheorie und komparative Forschung*, in: M. LÖFFELHOLZ (Hrsg.), *Theorien des Journalismus. Ein diskursives Handbuch*, Wiesbaden 2000, S. 141.

Lehre am Zentrum für Niederlande-Studien

Die Statistik der Studierendenzahlen am Zentrum für Niederlande-Studien weist im Sommersemester 2005 eine Zahl von 124 (SS 2004: 143) Studierenden für den binationalen Diplomstudiengang *Niederlande-Deutschland-Studien* sowie von 165 (SS 2004: 200) Studierenden für den Magisterstudiengang *Niederlande-Studien* (49 Hauptfach, 116 Nebenfach) aus. Im Wintersemester 2005/06 waren 152 Studierende für den Diplomstudiengang *Niederlande-Deutschland-Studien* (WS 2004/05: 149) und 159 Studierende für den Magisterstudiengang *Niederlande-Studien* in Haupt- und Nebenfach eingeschrieben (WS 2004/05: 181). Insgesamt studierten im Wintersemester 2005/06 somit 311 Studierende einen vom Zentrum für Niederlande-Studien angebotenen Studiengang. Die Lehrtätigkeiten erstrecken sich darüber hinaus auf jene Studiengänge, in denen das Zentrum für andere Einrichtungen der Universität Münster spezielle Module anbietet. Hierzu zählen der Studiengang *Europe across borders*, den das Institut für Politikwissenschaft gemeinsam mit der Universität Twente durchführt, sowie das Zusatzfach *Niederlande-Studien*, das das Zentrum seit dem Wintersemester 2003/04 für den Diplomstudiengang *Geographie* anbietet.

Auch wenn das Gesetz zur Einführung von Studienkonten und zur Erhebung von Hochschulgebühren in Nordrhein-Westfalen zu einer gestiegenen Zahl an Exmatrikulationen geführt hat – für das Zentrum für Niederlande-Studien ergab sich die Notwendigkeit zum Wintersemester 2004/05 einen Numerus clausus einzuführen. Die Einführung einer solchen Zulassungsbeschränkung ermöglicht es, gleichermaßen die begrenzten Lehrkapazitäten des Zentrums zu berücksichtigen und die Qualität der universitären Lehre für die eingeschriebenen Studierenden auch weiterhin gewährleisten zu können. Auch in der nächsten Zeit werden die vom Zentrum angebotenen Studiengänge, dem allgemeinen Kurs der Universität Münster folgend, mit einem Numerus clausus belegt sein.

Das Zentrum für Niederlande-Studien hat seine Bemühungen um die Einführung eines neuen Bachelorstudiengangs in den letzten Monaten intensiviert. Die Vorbereitungen zur Akkreditierung sind mittlerweile abgeschlossen. Der neue Studiengang, dessen Einführung zum WS 2006/07 geplant ist, wird voraussichtlich den Titel *Niederlande-Deutschland-Studien* tragen. Es wird sich um einen sogenannten Zwei-Fach-Bachelorstudiengang handeln. Das Fach *Niederlande-Deutschland-Studien* wird somit mit anderen Studienangeboten der Universität Münster kombinierbar sein.

In Kontinuität zu den bisherigen Studienangeboten des Zentrums für Niederlande-Studien, die durch den neuen Studiengang abgelöst werden, zeichnet sich auch der neue Bachelorstudiengang vor allem durch seine interdisziplinäre, internationale und arbeitsmarktorientierte Ausrichtung aus. Den

Absolventen wird hierdurch sowohl die Möglichkeit des Berufseinstiegs als auch die Chance auf eine wissenschaftliche Weiterqualifizierung gegeben. Die Planung und Einrichtung eines Masterstudiengangs, der unter anderem für die Absolventen des Bachelorstudiengangs offen stehen wird, stellt eines der zentralen Ziele des Zentrums für Niederlande-Studien für die nächsten Monate dar.

Markus Wilp

Veröffentlichungen

Im Berichtszeitraum ist das Jahrbuch 15 (2004) des Zentrums erschienen.

In der Reihe ‚Niederlande-Studien‘ sind im Berichtszeitraum folgende Bände erschienen:

Band 35   HARALD FÜHNER, *Nachspiel. Die niederländische Politik und die Verfolgung von Kollaborateuren und NS-Verbrechern, 1945–1989*, Münster: Waxmann 2005.

Band 36   SVEN PASTOORS, *Anpassung um jeden Preis? Die europapolitischen Strategien der Niederlande in den Neunziger Jahren*, Münster: Waxmann 2005.

Band 37   JOHANNES KOLL (Hrsg.), *Nationale Bewegungen in Belgien*, Münster: Waxmann 2005.

Band 38   HEINZ EICKMANS/LUT MISSINNE (Hrsg.), *Albert Vigoleis Thelen. Mittler zwischen Sprachen und Kulturen*, Münster: Waxmann 2005.

Band 39   MARTINA DLUGAICZYK, *Der Waffenstillstand (1609–1621) als Medienereignis. Politische Bildpropaganda in den Niederlanden*, Münster: Waxmann 2005.

Band 40   HELMA LUTZ/KATHRIN GAWARECKI (Hrsg.), *Kolonialismus und Erinnerungskultur. Die Kolonialvergangenheit im kollektiven Gedächtnis der deutschen und niederländischen Einwanderungsgesellschaft*, Münster: Waxmann 2005.

In den Kleineren Schriften ist erschienen:

Heft 9   KARSTEN POLKE-MAJEWSKI, *Kriminalität und Sicherheit in den Niederlanden*, Münster: Waxmann 2005.

Vor der Drucklegung stehen folgende Bände:

Band 34   CHRISTIANE MÖLLER, *Jacob Cornelisz. van Oostsanen und Doen Pietersz. Studien zur Zusammenarbeit zwischen Holzschneider und Drucker im Amsterdam des frühen 16. Jahrhunderts*, Münster: Waxmann 2006.

Band 41   CHRISTOPH SCHÄFER, *‚Krygsvernufteligen‘. Militäringenieure und Fortifikation in den Vereinigten Niederlanden*, Münster: Waxmann 2006.

Band 42   SIMONE SCHROTH, *Das Tagebuch/The Diary/Le Journal: Übersetzungen von Anne Franks Het Achterhuis im kritischen Vergleich*, Münster: Waxmann 2006.

In den Kleineren Schriften ist in Vorbereitung

Heft 8   FRITS ZWART, *Willem Mengelberg. Leben und Werk des niederländischen Dirigenten und Komponisten*, Münster: Waxmann 2006.

In der Reihe ‚Deutsch-Niederländische Beziehungen‘ sind folgende Bände in Vorbereitung:

Band 3:   RIES ROOWAAN, *Im Schatten der großen Politik. Deutsch-Niederländische Beziehungen zur Zeit der Weimarer Republik 1918-1933*, Münster: Agenda 2006.

Band 4:   BEATRICE DE GRAAF, *Frieden und Freiheit. Die niederländischen Kirchen, die Friedensbewegung und die DDR 1973-1989/90*, Münster: Agenda 2006.

Ferner ist erschienen:

Die Nachbarn im Visier. 10 Jahre Ausstellungen und Veranstaltungen im Haus der Niederlande in Münster 1995-2005. Katalog zur Ausstellung, herausgegeben von Amand Berteloot, Loek Geeraedts, Lut Missinne und Friso Wielenga, Münster 2005.

Loek Geeraedts

Veranstaltungen

Im Berichtszeitraum organisierten die Institute, die sich im Haus der Niederlande zu Münster befinden, d.h. das Zentrum für Niederlande-Studien und das Institut für Niederländische Philologie der Westfälischen Wilhelms-Universität Münster, folgende Veranstaltungen:

Dr. Harald Führer, Leer
Nachspiel. Die niederländische Politik und die Verfolgung von Kollaborateuren und NS-Verbrechern, 1945-1989

Mehr als 100.000 Menschen wurden in den Niederlanden nach dem Ende der deutschen Besatzung verhaftet und abgeurteilt. Ihre Zahl sank in der Folgezeit rasch, und 1962 waren nur noch vier Delinquenten – allesamt Deutsche – inhaftiert. Dann aber kam es zum Bruch, und erst 1989 wurden die letzten beiden NS-Verbrecher aus dem Gefängnis entlassen. Im Vortrag wurden die Entscheidungsfindung und die zum Teil äußerst emotionalen Debatten um die Behandlung der ‚Politischen Delinquenten' analysiert. Ferner fand eine Auseinandersetzung mit der Rolle von Regierung und Parlament sowie mit dem Einfluss von Interessenorganisationen und der öffentlichen Meinung statt. Darüber hinaus wurde aufgezeigt, wie sich Wandlungen im Umgang mit der Besatzungsvergangenheit in den Diskussionen widerspiegelten. Die Buchpräsentation fand am 12. Januar 2005 in der Bibliothek des Hauses der Niederlande statt.

Felix Nußbaum und das Exil in Belgien

Zum 100. Geburtstag des Osnabrücker Künstlers Felix Nußbaum fand am 22. Januar 2005 eine Exkursion zum Felix-Nußbaum-Haus und ein Kolloquium zum Thema *Felix Nußbaum und das Exil in Belgien* statt. Die Machtergreifung der Nationalsozialisten 1933 verhinderte die Rückkehr des jüdischen Künstlers Felix Nußbaum von einer Rom-Reise nach Deutschland. Er ließ sich in Belgien nieder, wo er nach dem Einmarsch der deutschen Truppen 1940 zunächst verhaftet wurde, dann untertauchen konnte. 1944 wurden er und seine Frau aufgrund einer Denunziation wiederum verhaftet, letztlich nach Auschwitz transportiert und am 9. August 1944 ermordet. Im Kolloquium wurden zunächst die Person und das Werk Nußbaums vorgestellt. In einem zweiten Vortrag stand vor allem der Aufenthalt des Künstlers in Belgien im Mittelpunkt. Eine Besichtigung des Nußbaum-Hauses, das nach dem Entwurf des Star-Architekten Daniel Libeskind erbaut wurde, schloss die Exkursion ab.

Tonnus Oosterhoff

Das Œuvre des Niederländers Tonnus Oosterhoff (*1953), der 1990 mit dem Gedichtband *Boerentijger* debütierte, wurde bereits mehrfach ausgezeichnet. Zuletzt erhielt er 2003 den namhaften VSB-Poesiepreis für den Band *Wij zagen ons in een kleine groep mensen veranderen*. Die Poesie zeichnet sich durch typographische, musikalische und digitale Experimente und einen spielerischen, unabgeschlossenen Charakter sowohl im Inhalt als auch in der Form aus. Doch Oosterhoff schreibt auch Essays und Prosa (zuletzt erschienen 2003 vier Erzählungen unter dem Titel *Dans zonder vloer*). Ihnen liegt die gleiche poetologische Auffassung zugrunde. Oosterhoff zufolge bildet die Sprache in der Literatur nicht die Wirklichkeit ab, sondern repräsentiert eine eigene Wirklichkeit. Das Sprachmaterial hierfür muss in einem kreativen Prozess entfremdet werden. Deswegen verwendet Oosterhoff Worte in ungewohnten Zusammenhängen, um ihre Bedeutung aufzubrechen und zu verflüssigen. Als Kind des Postmodernismus holt er sein Material aus der Umgangssprache und dem Alltäglichen. Der Autor parodiert selbst sein eigenes Schreiben. Die Lesung fand am 25. Januar 2005 in der Bibliothek des Hauses der Niederlande statt.

Karsten Polke-Majewski, Bielefeld
Land in Angst. Kriminalität und Sicherheit in den Niederlanden

Vor wenigen Monaten warnte die australische Regierung ihre Bürger vor Reisen in die Niederlande – sie könnten dort Opfer von Überfällen werden. Auch die niederländischen Medien zeichnen das Bild eines Landes, in dem offenbar ganze Stadtviertel von kriminellen Jugendbanden und Rauschgifthändlern regiert werden, Schüler Waffen tragen und Diebstähle auf offener Straße Normalität sind. Hysterie oder Realität? Tatsächlich hat sich die Wahrnehmung der Bürger von den Umständen, in denen sie leben, in den vergangenen Jahren dramatisch verändert. Immer mehr Menschen fühlen sich unsicher und wünschen sich mehr Recht und Ordnung; ein Trend, der sich in vielen westeuropäischen Staaten abzeichnet. Einerseits. Andererseits zeugt das Verlangen nach mehr Sicherheit von großer Nervosität in einem Land, das seinen Nachbarn als Vorbild für freiheitliches und tolerantes Zusammenleben gilt. Die Buchpräsentation fand am 2. Februar 2005 in der Bibliothek des Hauses der Niederlande statt.

Anne Frank – ein Mädchen aus Deutschland. Eine multimediale Wanderausstellung

In dieser Ausstellung wurden anhand des Schicksals Anne Franks Fragen für heute gestellt: Wie reagieren wir auf Unrecht? Welche Folgen hat mein persönliches Handeln? Was heißt es heute, einer Minderheit anzugehören? Die Ausstellung, die vom 13. März bis zum 23. April 2005 im Zunftsaal des Hauses stattfand, lieferte keine einfachen Antworten. Sie zeigte, wie Verfolgte, Täter, Mitläufer und Helfer gehandelt haben, und fragte nach ihren verschiedenen Sichtweisen. Die Ausstellung regte dazu an, viele Fragen neu zu stellen, mit denen Anne Frank unter lebensbedrohlichen Bedingungen konfrontiert war. Die Ausstellung richtete sich, auch in einem pädagogischen Rahmenprogramm, vor allem an Jugendliche zwischen 12 und 18 Jahren. Die Ausstellung war nicht chronologisch, sondern thematisch aufgebaut. Die Themen Identität, Krieg, Holocaust und Untertauchen wurden mit verschiedenen Medien dargestellt. Die Ausstellungsgestaltung war auf die Arbeit mit Jugendlichen und Gruppen ausgerichtet. Dazu fanden vorab ein Lehrerseminar sowie eine Schülerausbildung, die von der Anne Frank Stiftung geleitet wurden, statt. Einen ausführlichen Bericht finden Sie auf Seite 224.

Philipp Poeth, Bocholt
Von dem Fuchs Reinart. Eine Neufassung des mittelniederländischen Textes „Van den vos Reynaerde"

Ausgehend von den mittelniederländischen Handschriften stellt der Autor (*1941 in Frankfurt/Main) unter seinem Pseudonym eine Übersetzung vor, welche das Tierepos „Van den vos Reynaerde" in deutsche Reime fasst. Da die Universitäts- und Landesbibliothek Münster mit der so genannten Dyckschen Handschrift 1991 einen der beiden mittelalterlichen Sammelbände erwerben konnte, die diese literarische Kostbarkeit aus dem 13. Jahrhundert überliefern, ist die Berücksichtigung der etwa ein halbes Jahrhundert älteren Fassung in seiner Bearbeitung Absicht. Prof. Dr. Amand Berteloot gab bei dieser Matinee vor der Lesung eines Abschnitts aus dem Tierepos eine kurze Einführung zum Werk. Der Münsteraner Markus von Hagen trug die Dichtung insgesamt am Pfingstmontag im Erbdrostenhof zu Münster vor. Die Lesung fand am 24. April 2005 in der Bibliothek des Hauses der Niederlande statt.

Deutschland in niederländischen Karikaturen

Nach dem Zweiten Weltkrieg erschienen in der niederländischen Presse eine Reihe antideutscher politischer Zeichnungen – kein Wunder, nach fünf Jahren deutscher Besatzung. Wie aber wurde Deutschland nach der von Bismarck 1871 geschaffenen Einheit gesehen? In den Jahren 1914–1918, den Jahren des „großen Krieges", gehörten die Niederlande offiziell zu den neutralen Mächten. Hielten sich die Zeichner daran? Wie wurde die Zeit zwischen den Kriegen dargestellt, und wie wurde der Aufstieg von Hitlers nationalsozialistischer Bewegung beurteilt? Wurde Deutschland als aggressiver Staat gezeichnet? In den Jahren 1940–1945 wurde die niederländische Presse gleichgeschaltet und mundtot gemacht, aber in illegalen Zeitungen und Pamphleten erscheinen weiterhin unabhängige politische Zeichnungen. Die von Koos van Weringh zusammengestellte Ausstellung „Deutschland im Spiegel der niederländischen politischen Karikatur, 1871–2005", bot einen spannenden Überblick über niederländische Deutschlandbilder seit der

Gründung des Kaiserreiches. Die Ausstellung fand vom 9. Mai bis zum 2. Juni 2005 im Zunftsaal des Hauses der Niederlande statt.

10 Jahre Haus der Niederlande

Im Mai 1995 wurde das Haus der Niederlande im Krameramtshaus feierlich eröffnet. Aus Anlass des zehnjährigen Jubiläums fand am 12. Mai 2005 im Festsaal des Rathauses der Stadt Münster ein Festakt mit Ansprachen von niederländischen und deutschen Vertretern aus Politik, Wissenschaft und Gesellschaft statt. Festredner war Prof. Dr. Paul Schnabel (Direktor des Sociaal Cultureel Planbureau) mit einem Vortrag über die Niederlande im Jahre 2020. Anläßlich der 10-Jahres-Feier erschien eine Zeitungsbeilage zu den Westfälischen Nachrichten und der Rheinischen Post in einer Gesamtauflage von 550.000 Exemplaren.

2. Deutsch-Niederländische Hochschultage

Nach dem Erfolg der ersten Deutsch-Niederländischen Hochschultage im Jahr 2003 konnten Schüler, Studierende, Wissenschaftler und Vertreter von akademischen Auslandsämtern sowie sonstige Interessierte sich erneut über Studienmöglichkeiten in und Austauschprogramme mit den Niederlanden informieren. Im Foyer des Schlosses präsentierten sich niederländische Universitäten, und in mehreren Hörsälen fanden parallel Veranstaltungen über verschiedene Studiengänge in den Niederlanden statt. In Workshops wurde über die Intensivierung der Wissenschaftsbeziehungen sowie über die Möglichkeiten für deutsche Absolventen auf dem niederländischen Arbeitsmarkt diskutiert. Die Veranstaltung fand am 23. und 24. Mai 2005 im Schloss der Universität statt und wurde von circa 500 Interessierten besucht.

Cees Nooteboom und Remco Campert

Cees Nooteboom und Remco Campert gehören zu den großen Männern der niederländischen Literatur. Beide debütierten in den fünfziger Jahren und schrieben im Laufe eines halben Jahrhunderts ein beeindruckendes Œuvre, das sowohl Dichtung und Erzählungen als auch Romane und Essays umfasst. Campert und Nooteboom schrieben einander Briefe in Form von Gedichten, die zwischen Menorca, Iviers und Amsterdam verschickt wurden. Es sind Briefe, die sich durch ihre Bildmächtigkeit, Sensibilität und Relativierung auszeichnen. Die deutsche Ausgabe dieser in Buchform veröffentlichten Briefe, *Hin und her. Gedichte als Briefe*, Verlag Kleinheinrich, Münster, wurde am 31. Mai 2005 um 20.00 Uhr im Lesesaal des Landesmuseums für Kunst und Kulturgeschichte (Domplatz 2) in einer Lesung vorgestellt. Der Dichter, Kritiker und Nooteboom-Übersetzer Michael Krüger moderierte den Abend.

Prof. Dr. Paul Sars, Nijmegen
Asymmetrische Grenzen: ,... Schmerz, der die Länder verbrüdert'

Obwohl die jüngste Umfrage ergibt, dass die Deutschen besonders bei den
Niederländern gut abschneiden, herrschen in der Öffentlichkeit oft negative
Bilder vor. Abgesehen von Vorurteilen, gibt es charakteristische Züge im
Selbst- und im Fremdbild der beiden Völker. Diese Züge haben sich – trotz
der Verwandtschaft – seit dem 16. Jahrhundert entwickelt, mit der Herausbildung der nationalen Staaten. In seinem Vortrag, der am 29. Juni 2005 in
Raum 1.05 des Hauses der Niederlande stattfand, ging Paul Sars zunächst
auf das Wechselspiel von Annäherung und Abgrenzung ein. Dabei zeigte
sich, dass die niederländische Intoleranz gegenüber den Deutschen nicht so
sehr mit der deutschen Besetzung 1940–1945 zu tun hat, als vielmehr mit
einer Identitätssuche der Niederländer.

*„Kulturen der Lüge." 16. Kolloquium der Société Internationale Renardienne/Inter-
national Reynard Society*

Im Jahre 2005 feiert die International Reynard Society-/Société Internationale Renardienne, die 1975 von Prof. Kenneth Varty (Glasgow) gegründet
wurde, ihr dreißigjähriges Bestehen. Seitdem tagen die Mitglieder der Gesellschaft im Abstand von zwei Jahren für eine Woche in den verschiedensten
europäischen Gastgeberländern. Dort stellen sie ihre neuesten Forschungsergebnisse bezüglich des ,Reineke Fuchs' einem internationalen und renommierten Wissenschaftlerpublikum vor. Der thematische Schwerpunkt
war diesmal die Lüge im Tierepos, daher der Titel *Kulturen der Lüge*. An dem
Kolloquium, das vom 1. bis zum 5. August 2005 stattfand, nahmen mehr
als 80 Philologen, Historiker und Kunsthistoriker aus aller Welt teil. Im
Zusammenhang mit dem Kongress fand eine Ausstellung in der hiesigen
Universitäts- und Landesbibliothek statt, in der alte und wertvolle Textzeu-
gen rund um das europäische Tierepos aus dem In- und Ausland gezeigt
wurden.

10 Jahre Ausstellungen und Veranstaltungen im Haus der Niederlande in Münster

Seit 1995 haben im Zunftsaal des Hauses der Niederlande regelmäßig Ausstellungen über die Niederlande und Flandern stattgefunden. In den knapp
50 Ausstellungen präsentierten niederländische und flämische Künstler ihre
jüngsten Werke. Daneben fanden literarische Ausstellungen zu bedeutenden
Schriftstellerinnen und Schriftstellern der niederländische Sprache statt.
Thematische Ausstellungen historisch-politischer Themen, Themen zur Architektur und zu Karikaturen in Zeitungen und Zeitschriften der Niederlande und Flanderns runden das Spektrum der Expositionen ab. Die in dieser Ausstellung gezeigten Plakate und Faltblätter ließen noch einmal das
breite Themenspektrum der Ausstellungen im Haus der Niederlande von

der Anfangszeit bis heute Revue passieren. Die Ausstellung fand vom 3. bis zum 27. August 2005 im Zunftsaal des Hauses der Niederlande statt.

CAUTE. Spinoza – Grenzgänge

Baruch de Spinoza: Der bedeutendste Philosoph der Niederlande, ein Amsterdamer Jude ohne Gemeinde, aus der Synagoge ausgestoßen, von der Stadtobrigkeit verbannt, als Häretiker und Atheist beschimpft und bekämpft, in seinem untadeligen, bescheidenen Lebenswandel um so mehr bestaunt, mit 45 Jahren an Lungentuberkulose gestorben. *CAUTE Spinoza – Grenzgänge* stellt anlässlich des 10jährigen Bestehens des Hauses der Niederlande in Münster die Aktualität des berühmten Niederländers zur Debatte, sein Werk als Grundlage einer modernen Auseinandersetzung mit Gott und der Welt, seinen Beitrag zur Herausbildung neuzeitlicher Identität. Dabei nutzt das Projekt unterschiedlichste Zugänge: Spinozas Werk in seiner Relevanz für unsere Gegenwart in einem neuen Jahrtausend, sein Leben und Wirken als ein Beispiel europäischer Existenz, sein intellektuelles Streben als Grenzüberwindung und – in unserem Kontext – als Inspiration für wissenschaftliche und künstlerische Annäherungen. In der Begegnung von Wissenschaft und Kunst verfolgt CAUTE einen multidisziplinären und multimedialen Ansatz. Denn die Bedeutung des Menschen Spinoza und seiner Philosophie für den Menschen des 21. Jahrhunderts zeigt sich auf vielerlei Ebenen.

In einer Ausstellung zeigte die Münsteraner Künstlerin Heidemarie Wenzel Metallskulpturen unter dem Titel *Sätze in geometrischer Form*. Großobjekte aus Stahl visualisieren als Würfel und Kugeln auf unterschiedliche Weise Sätze aus Spinozas Hauptwerk Ethik, in geometrischer Ordnung dargestellt. Die Metallbildhauerin und Initiatorin des Spinoza-Projekts Heidemarie Wenzel hat zuletzt insbesondere mit dem Philosophischen Projekt in Münster erfolgreich gearbeitet. Zur Eröffnung der Ausstellung sprach die Münsteraner freie Kuratorin Petra Lindner. Die von der Künstlerin in Zusammenarbeit mit Petra Lindner sehr ansprechend gestaltete Ausstellung wurde von 2.100 Personen besucht und in einem Gästebuch überaus positiv beurteilt und kommentiert.

Robert Menasse (Wien/Amsterdam) las am 9. Oktober 2005 aus seinem Roman *Die Vertreibung aus der Hölle*. Werk und Leben Spinozas können nur verstanden werden in jenem Kontext von Verfolgung, Flucht und Exil, den der Philosoph mit der portugiesisch-jüdischen Gemeinde Amsterdams teilte. Diese historischen Hintergründe hat der Wiener Schriftsteller und Essayist Robert Menasse eindrucksvoll zu seinem opus magnum *Die Vertreibung aus der Hölle* verarbeitet. Der Autor brachte uns den Lehrer Spinozas, den berühmten Amsterdamer Rabbi Manasseh ben Israel näher, spannend kontrastiert mit einer zeitgenössischen jüdischen Biographie aus dem Wien der (Nach-) 68er-Ära.

Prof. Dr. Peter Rohs (Münster) hielt am 11. Oktober einen Vortrag zum Titel *Spinoza – Wege in eine moderne Identität*. Mit dem Münsteraner Philosophen Peter Rohs stellte ein ausgewiesener Kenner Person und Schaffen Spi-

nozas einem breiten Publikum vor. Die anschließende Diskussion wurde
von Münsteraner Philosophen Prof. Dr. Kurt Bayertz moderiert. Peter Rohs
hat sich insbesondere mit seinem Entwurf für eine feldtheoretische Trans-
zendentalphilosophie einen Namen gemacht, dem Versuch, zwischen der –
gerade bei Spinoza grundlegenden – Kausalität der Natur und der freiheitlichen Subjektivität, wie sie bei Kant und Fichte formuliert wird, zu vermitteln.

Als Linsenschleifer arbeitete Spinoza in Bereichen aktuellster Spitzen-
technologie seiner Zeit. Heute wäre er vielleicht Nanotechnologe oder Pro-
grammierer künstlicher Realitäten. Der Münsteraner Autor Thomas Seifert
nähert sich der frühen Biographie Spinozas mit virtuellen Mitteln: Bruch-
stückhafte Überlieferungen, Gewissheiten neben lediglich Plausiblem – die
Fragen um den jungen Spinoza lassen sich kaum besser denn als Virtualitä-
ten erfassen. Seit dem 14. Oktober 2005 erprobt er unter *http://www.caute-
spinoza.de* unter dem Titel Spinoza und Rembrandt diese virtuelle Annäherung.

Das ›theater der neuen medien‹ unter der Leitung von Art Clay (U-
SA/CH) hat Spinoza als Hauptperson für seine Inszenierung am 21. und
22. Oktober 2005 im Theater im Pumpenhaus unter dem Titel *Spinoza is(s)t*
nach einem Text von Urs Jaeggi gewählt. Eine Aufführung, die bereits für
Furore gesorgt hat: Theater als Installation, als visuelles Brevier, Spinozas
Philosophie und Leben als Fenster zur Gegenwart und zu aktuellen gesellschaftlichen Befindlichkeiten.

Wie Spinoza antizipiert hat – und wie wir heute wissen –, sind die fundamentalen Naturgesetze in der Sprache der Mathematik verfasst. Heute
besteht die zentrale Herausforderung darin, die Gesetze des Kleinsten und
des Größten miteinander zu vereinbaren. Als aussichtsreichster Kandidat
für diese Vereinheitlichung von Quantenmechanik und Relativitätstheorie
gilt gegenwärtig die String-Theorie. Prof. Dr. Robbert Dijkgraaf, der am
27. Oktober 2005 einen Vortrag zum Thema *Von Spinoza zur Stringtheorie*
hielt, zählt zu den weltbesten theoretischen Physikern und hat 2003 für seine Forschungen über die String-Theorie den Spinoza-Preis – die höchste
wissenschaftliche Ehrung der Niederlande – verliehen bekommen. Dijkgraaf, der auch Kunst studiert hat, setzt sich für die Vermittlung von Wissenschaft in der Öffentlichkeit ein und gilt als unkonventioneller Brücken-
bauer zwischen Kunst und Wissenschaft.

Zum Ausklang der Veranstaltungsreihe *CAUTE Spinoza - Grenzgänge* ver-
arbeiteten zwei bekannte Münsteraner Künstler Spinozas Inspirationen zu
einer spannenden Performance. Münsters Krimi-Autor und Wilsberg-
Schöpfer Jürgen Kehrer hat sich in einem seiner historisch grundierten Kri-
minalromane schon einmal von *Spinozas Rache* anregen lassen. Jan Klare ist
einer der herausragenden Saxophonisten in NRW und begeistert seit Jahren
sein Publikum – auch über die Landesgrenzen hinaus – mit innovativer
Musikalität.

Die sehr erfolgreiche Reihe *CAUTE Spinoza - Grenzgänge* war eine gemeinsame Veranstaltung der SpinozaProjektPartner c/o Zentrum für Niederlande-Studien und der Gesellschaft für Christlich-Jüdische Zusammenarbeit Münster e.V. und wurde freundlich unterstützt vom Förderverein für

das Zentrum für Niederlande-Studien, vom Senatsausschuss für Kunst und Kultur und von den Fachbereichen Philosophie und Physik der Westfälischen Wilhelms-Universität sowie von der Stadt Münster, vom Theater im Pumpenhaus, von der Euregio, vom Suhrkamp Verlag und vom Prins Bernhard Cultuurfonds.

Felix Timmermans in deutschen Übersetzungen

Die Bücher Felix Timmermans' (1886–1947) sind fast alle ins Deutsche übersetzt worden und – oft über die deutsche Übersetzung – in weitere 25 Sprachen. Das erste in Deutsch erschienene Timmermansbuch war 1919 *Das Jesuskind in Flandern* (1917) in der Übersetzung von Anton Kippenberg, das letzte umfasste 1978 fünf Erzählungen unter dem Titel *Dämmerungen des Todes* (1910), übersetzt von Rein A. Zondergeld. Im Rahmen der diesjährigen Jahrestagung der Timmermans–Gesellschaft, die am 5. November 2005 im Haus der Niederlande stattfand, referierten Prof. Dr. Guillaume van Gemert (Nijmegen) und Dr. Heinz Eickmans (Duisburg/Essen) über die Rezeption Timmermans' in Deutschland.

Zivilgesellschaft und politische Kultur in den Niederlanden und Deutschland nach 1945

Die Tagung, die am 1. und 2. Dezember 2005 im Freiherr vom Steinsaal zu Münster stattfand, widmete sich zeithistorischen und aktuellen politischen Problemen in Deutschland und den Niederlanden. Im Mittelpunkt der Diskussion stand das Konzept der ‚Zivilgesellschaft‘. Es verweist auf die sich jenseits von Staat und Markt selbst regulierende Gesellschaft und auf das Engagement des Individuums im Interesse einer Gemeinschaft. Die Tagung befasste sich zum einen mit einem Vergleich zivilgesellschaftlicher Entwicklungen in Deutschland und den Niederlanden aus historischer und politikwissenschaftlicher Perspektive. Darüber hinaus wurde die Frage diskutiert, mit welchen zivilgesellschaftlichen Verständigungsprozessen beide Länder auf die Herausforderungen von Globalisierung, europäischer Integration und struktureller Reformen in Staat und Gesellschaft reagieren. Schließlich wurde nach zivilgesellschaftlichen Prozessen gefragt, welche die Bindungskraft und Integrationsfähigkeit von Gesellschaften stärken. Damit wollte die Tagung einen Beitrag zum besseren Verständnis der Partizipationsdemokratie, der Rolle von Medien in Politik und Öffentlichkeit und der Funktionen zivilgesellschaftlichen Engagements leisten.

Barock im Gewölbekeller

Virtuose Instrumentalkunst, perfektes Zusammenspiel und bezaubernde Klanggestaltung sind ihre Markenzeichen. Birgit Schwab (Gitarre/Lauten), Daniel Ahlert (Mandoline) und Alessandro Sbrizzi (Cembalo) spielen Mu-

sik aus der Blütezeit des Barock. Mit ihrer frischen und lebendigen Spiel-
kultur begeistern sie seit Jahren das Publikum im In- und Ausland. Im Kel-
lergewölbe des Hauses der Niederlande, das am 5. Dezember 2005 zum ersten Mal für ein Konzert genutzt wurde, entstand ein spannungsreiches
Wechselspiel von Klang und Raum. Das Konzert fand im Rahmen der
Konzertreihe *mommenta münster* statt.

Kolonialismus und Erinnerungskultur. Die Koloniale Vergangenheit im kollektiven
Gedächtnis der deutschen und niederländischen Einwanderungsgesellschaft

Die seit Jahren intensiv geführte wissenschaftliche Auseinandersetzung mit
Erinnerungskultur hat sich bisher sowohl auf deutscher als auch auf niederländischer Seite vor allem auf die Erinnerung an den deutschen Faschismus
konzentriert. Was in der Regel weniger Berücksichtigung fand, ist die Erinnerung an den Kolonialismus. In einer Tagung Anfang 2004 wurde der
Stand der Auseinandersetzungen mit der jeweiligen kolonialen Vergangenheit in den Bereichen der Literatur, der Museen, Gedenkstätten und
Mahnmale sowie der Curricula der Bildungseinrichtungen thematisiert. Die
Ergebnisse der Tagung sind in einem Band der Reihe ‚Niederlande-Studien‘
gesammelt und wurden am 15. Dezember 2005 im Haus der Niederlande
präsentiert. Zur Veranstaltung hielten Dr. Stef Scagliola (Rotterdam) und
Dr. Astrid Messerschmidt (Darmstadt) Impulsreferate zum Thema *Die Kolo-*
nialvergangenheit in der Erinnerungskultur der Einwanderungsgesellschaft.

                                                            Loek Geeraedts

Anne Frank – ein Mädchen aus Deutschland.
Eine Multimedia-Wanderausstellung

Noch nie haben so viele Menschen eine Ausstellung im Haus der Niederlande am Alten Steinweg in Münster besucht. Im zehnten Jahr
des Kulturzentrums im Krameramtshaus war die dort vom 14. März
bis zum 23. April gezeigte Wanderausstellung *Anne Frank – ein Mädchen aus*
Deutschland ein nie dagewesener Erfolg. Über hundert Schulklassen aus
Münster und dem Münsterland konnten bislang in der multimedialen Ausstellung das Leben Anne Franks, ihre Lebensumstände im *Achterhuis*, ihr
Tagebuch und die Bedeutung des Tagesbuches bis in unsere Zeit näher ken-
nenlernen.
    In dieser Ausstellung wurden anhand des Schicksals Anne Franks Fragen
für heute gestellt: Wie reagieren wir auf Unrecht? Welche Folgen hat mein
persönliches Handeln? Was heißt es heute, einer Minderheit anzugehören?
Die Ausstellung lieferte keine einfachen Antworten. Sie zeigte, wie Verfolgte,

Täter, Mitläufer und Helfer gehandelt haben, und fragte nach ihren verschiedenen Sichtweisen. Die Ausstellung regte dazu an, viele Fragen neu zu stellen, mit denen Anne Frank unter lebensbedrohlichen Bedingungen konfrontiert war. Die Ausstellung richtete sich, auch in einem pädagogischen Rahmenprogramm, vor allem an Jugendliche zwischen 12 und 18 Jahren. Die Ausstellung war nicht chronologisch, sondern thematisch aufgebaut. Die Themen Identität, Krieg, Holocaust und Untertauchen wurden mit verschiedenen Medien dargestellt. Die Ausstellungsgestaltung war auf die Arbeit mit Jugendlichen und Gruppen ausgerichtet. Vergrößerte Fotos sowie Filme mit großformatigen Bildschirmen konnten von allen Mitgliedern einer Gruppe gleichzeitig betrachtet werden. Dies bot einen guten Ausgangspunkt für Gespräche über die geschilderten Ereignisse, aber auch eigene Erfahrungen und Gedanken. Zugleich konnte jeder Besucher seinen eigenen Weg in der Ausstellung gehen.

Die Ausstellung wurde am Sonntag, dem 13. März 2005 in Anwesenheit eines sehr zahlreichen Publikums eröffnet. Neben Grußworten von Prof. Dr. Friso Wielenga, Direktor des Zentrums für Niederlande-Studien der Westfälischen Wilhelms-Universität Münster, Frau Ruth Frankenthal, Vorsitzende der Gesellschaft für Christlich-Jüdische Zusammenarbeit Münster e.V., Frau Maria Springberg-Eich, Leiterin der Landeszentrale für politische Bildung Nordrhein-Westfalen sowie Hans-Bernd Wolberg von der WGZ-Bank in Düsseldorf, bot Herr Thomas Heppener, Vorstandsvorsitzender und Deutschlandbeauftragter des Anne Frank Hauses Amsterdam eine Einführung in die Ausstellung. Die Eröffnungsfeier wurde von der Münsteraner Flötistin Martina Reuter musikalisch umrahmt.

Das Werkstattseminar für Lehrerinnen, Lehrer und Mitarbeiterinnen und Mitarbeiter der außerschulischen Jugendarbeit fand jeweils am 2., 3. und 4. März 2005 im Seminarraum des Hauses der Niederlande statt. Das Seminar war Bestandteil des Rahmenprogramms der Multimedia-Ausstellung *„Anne Frank – ein Mädchen aus Deutschland."* Das Leben der Anne Frank, einer ganz normalen Jugendlichen mit Stärken und Schwächen, Sorgen und Freuden, lässt sich (nicht nur) in der Schule anschaulich darstellen. Das Tagebuch bietet eine Vielzahl thematischer Ansatzpunkte, die Geschichte und Gegenwart verbinden: „Helfen", „Zivilcourage", „Ausgrenzung", „Erste Liebe", „Alltag im Versteck", „Flüchten" oder Annes Überlegungen, wie ein friedliches Zusammenleben von Menschen aussehen kann. Das Werkstattseminar sollte dazu beitragen, den Unterricht über den Nationalsozialismus zu überdenken und interessant zu gestalten, mit Anne Franks Geschichte an den Alltag heutiger Jugendlicher anzuknüpfen, für aktuelle Erscheinungsformen von Diskriminierung und Rassismus zu sensibilisieren und zu demokratischem Verhalten und Respekt zu ermutigen. Hierzu wurden pädagogische Materialien des Anne Frank Hauses (Video, Anne Frank Zeitung, CD-ROM) vorgestellt, praktisch erprobt und ausgewertet. Dazu gehörten interaktive, diskursive Methoden sowie die Arbeit mit historischen Fotos und neuen Medien. Das Werkstattseminar war eine gemeinsame Veranstaltung der Landeszentrale für politische Bildung NRW, des Zentrums für Niederlande-Studien, der Gesellschaft für Christlich-Jüdische Zusammenarbeit Münster e.V. sowie des Anne Frank Zentrums Berlin. Die pädagogische Leitung war in Händen von Frau Judith Steinkühler vom Anne Frank Zentrum Berlin. Am Werkstattseminar haben insgesamt 46 Lehrerinnen und Lehrer sowie Mitarbeiterinnen und Mitarbeiter der außerschulischen Jugendarbeit aus Münster teilgenommen.

Ebenfalls zur Vorbereitung der Ausstellung fand am 11. und 12. März 2005 ein Trainingsseminar für Begleiterinnen und Begleiter in der Ausstellung im Seminarraum des Hauses der Niederlande statt. Das Anne Frank Haus in Amsterdam und das Anne Frank Zentrum in Berlin machen seit Jahren gute Erfahrung damit, dass alle Jugendgruppen und Schulklassen in der Ausstellung durch Ehrenamtliche begleitet werden. Meist sind die Ausstellungsbegleiterinnen und -begleiter selbst gleichaltrige oder geringfügig ältere Jugendliche. Durch den allenfalls geringen Altersunterschied finden die Gespräche mit den besuchenden Schulklassen in einer offenen Atmosphäre statt. Für die Begleiterinnen und Begleiter selbst ist die verantwortliche Mitarbeit am Ausstellungsprojekt eine prägende Erfahrung. In dem zweitägigen Trainingsseminar wurden Fragen der Gruppendynamik angesprochen: Wie sieht eine interessante Begleitung aus? Was für schwierige Situationen können im Rahmen der Gruppenbegleitung entstehen, und wie gehe ich damit um? Worauf sollte ich achten, wenn ich zum ersten Mal vor einer Gruppe stehe? Hinzu kamen vielfältige Informationen zum Tagebuch der Anne Frank und zur Ausstellung. Schriftlich aufbereitetes Material lieferte weitere wertvolle Hintergrundinformationen. Insgesamt nahmen 29 Schülerinnen und Schüler aus den verschiedenen Schultypen, d.h. Hauptschulen, Realschulen, Gymnasien, Gesamtschulen und Berufsbildenden Schulen, mit großer Begeisterung teil. Das Trainingsseminar war eine gemeinsame Veranstaltung der Landeszentrale für politische Bildung NRW, des Zentrums für Niederlande-Studien, der Gesellschaft für Christlich-Jüdische Zusammenarbeit Münster e.V. sowie des Anne Frank Zentrums Berlin. Die pädagogische Leitung war in Händen von Almuth Heek und Florian Druckenthaner vom Anne Frank Zentrum Berlin.

Zur Ausstellung gab es ein umfassendes Begleitprogramm statt. Am 17. März 2005 fand in der Bibliothek des Hauses der Niederlande eine Lesung unter dem Titel „...und doch wenn ich nach dem Himmel sehe, denk ich, dass alles sich wieder zum Guten wenden wird" statt. Einige Schülerinnen und Schüler der Friedensschule Münster haben im letzten Jahr ihre Facharbeit für den Deutschunterricht über die Tagebücher und andere Handschriften von Anne Frank geschrieben. Aus ihren Arbeiten haben sie einen Text zusammengestellt, aus dem sie auf sehr eindrucksvolle Weise vorgelesen haben. Am 6. April 2005 präsentierten Dr. Volker Jakob und Dr. Gerhard Schiller eine zweisprachige DVD mit dem Titel Alltag und Schrecken der deutschen Besatzungszeit in den Niederlanden 1940-1945. Sie richtet sich an Lehrer, Schüler und alle Interessierte, die mehr über die Zeit des Zweiten Weltkrieges erfahren wollen. Im Zentrum steht die kleine Grenzstadt Aalten in der Provinz Gelderland. In einem ca. 30minütigen Film wurden Sicht- und Verhaltensweisen von Besetzten und Besatzern anhand von historischem Filmmaterial und Interviews mit Zeitzeugen vorgestellt. Vorab stellte der Vorsitzende der Stiftung Gedenkstätte Aalten das neu errichtete Museum vor.

Am 12. April 2005 hielt Frau Dr. Simone Schroth einen Vortrag zum

Thema *Das Tagebuch/The Diary/Le Journal: Übersetzungen von Anne Franks Het Achterhuis im kritischen Vergleich*. Millionen Menschen auf der ganzen Welt kennen Anne Franks *Het Achterhuis*, die wenigsten können die Aufzeichnungen aus dem Versteck in der Originalsprache Niederländisch lesen. Der Vergleich der Übersetzungen von *Het Achterhuis* ins Deutsche, Englische und Französische zeigt, dass sich die Zieltexte nicht nur im Tonfall voneinander unterscheiden: Auch Elemente wie Bildersprache, Neologismen, deutsche Begriffe in der Vorlage oder historische und kulturgebundene Realia stellten eine Herausforderung dar. Weil Übertragungen aus der unmittelbaren Nachkriegszeit sowie aus den neunziger Jahren Berücksichtigung finden, interessiert nicht nur das Verhältnis zwischen ausgangs- und zielsprachlicher Version, sondern auch die Übersetzung als Ausdruck einer zeitspezifischen Interpretation des Originals.

Die letzte Veranstaltung im Rahmen der Anne Frank-Ausstellung war ein Kolloquium zum Thema *60 Jahre Ende des Zweiten Weltkrieges. Deutschland und die Niederlande - Historiographie und Forschungsperspektiven*, das am 21. April 2005 in der Bibliothek des Hauses der Niederlande stattfand. Sowohl für Deutschland als auch für die Niederlande gilt, dass über keinen Zeitraum in der Geschichte mehr geschrieben worden ist, als über die Jahre des Nationalsozialismus und des Zweiten Weltkrieges. Auch sechzig Jahre nach Kriegsende gibt es immer noch eine beeindruckende Zahl an Publikationen und neuen Forschungsarbeiten, die auch weiterhin - nicht nur in Fachkreisen - auf ein breites Interesse zählen können. Auch der Umgang mit der NS-Zeit und dem Zweiten Weltkrieg in der Nachkriegszeit ist seit langem Bestandteil der Forschung, und er ist bis zum heutigen Tag in beiden Ländern untrennbar mit der Entwicklung von politischer Kultur und Identität verbunden. Ziel des Symposiums war es, einen vergleichenden, von 1945 bis heute reichenden Überblick über die Historiographie zu den Themen Nationalsozialismus, Krieg und Besatzung zu bieten. Dabei fällt auf, dass es ungeachtet der verschiedenen Ausgangspunkte und historischen Erfahrungen übereinstimmende historiographische Entwicklungen und Tendenzen gibt. Wie sind diese zu erklären, und kann man dabei von einer wachsenden Zahl grenzüberschreitender Fragestellungen und Herangehensweisen sprechen? Darüber hinaus wurde - ebenfalls vergleichend - die Frage des gegenwärtigen und des zukünftigen Inhalts von Zeitgeschichte thematisiert. Welche Entwicklungen sind in den Niederlanden und in Deutschland auf dem Gebiet der Zeitgeschichte zu erwarten, und welche Rolle sollten zeitgeschichtliche Institutionen künftig spielen? Es referierten Prof. Dr. Hans Blom vom Nederlands Instituut voor Oorlogsdocumentatie Amsterdam über *Die Besatzungszeit 1940-1945 in der niederländischen Historiographie*, Prof. Dr. Chris Lorenz von der Freien Universität Amsterdam über *Der Nationalsozialismus, der Zweite Weltkrieg und die deutsche Geschichtsschreibung seit 1945*, Prof. Dr. Gerhard Hirschfeld von der Bibliothek für Zeitgeschichte Stuttgart über *Niederländische Zeitgeschichte im Schatten des Zweiten Weltkrieges. Fragen und Perspektiven der Forschung* sowie Prof. Dr. Hans-Ulrich Thamer von der Universität Münster über *Zeitgeschichte in Deutschland. Perspektiven und künftige Aufgaben*.

Insgesamt waren die Ausstellung, die Schulungen, das Trainingsseminar und Begleitprogramm außerordentlich erfolgreich. In der Ausstellung waren gut 4.500 Besucher, davon etwa 2.500 Schülerinnen und Schüler. Die Reaktionen in der Öffentlichkeit und in den Medien (Presse, Rundfunk und Fernsehen) waren durchweg positiv. Unser Dank gilt dem Anne Frank Zentrum Berlin für das überzeugende Konzept der Ausstellung sowie für die sehr umsichtige pädagogische Begleitung der Schulungen und des Trainingsseminars sowie für die ausgezeichnete organisatorische Zusammenarbeit. Gleiches gilt auch für die Landeszentrale für politische Bildung NRW, die Gesellschaft für Christlich-Jüdische Zusammenarbeit Münster e.V., sowie dem Förderverein für das Zentrum für Niederlande-Studien Ein ganz besonderer Dank gebührt der WGZ-Bank Düsseldorf und deren Vorstand, Herrn Hans-Bernd Wolberg, ohne deren tatkräftige finanzielle Unterstützung die Ausstellung nicht möglich gewesen wäre.

Loek Geeraedts

MIRJAM BOLLE, *Ik zal je beschrijven hoe een dag er hier uitziet. Dagboekbrieven uit Amsterdam, Westerbork en Bergen-Belsen*, eingeleitet von Johannes Houwink ten Cate, Amsterdam/Antwerpen: Uitgeverij Contact 2003.

Am 27. Januar 1943 begann die damals 26 Jahre alte Mirjam Levie, Briefe an ihren Verlobten Leo Bolle zu schreiben. Damals Sekretärin eines leitenden Mitarbeiters des Amsterdamer Judenrates, war sie als Zeugin der Gratwanderung der jüdischen Funktionäre und der täglichen Deportationsfolge großer Belastung ausgesetzt. Die Briefe, die sie nie abschickte und auch nicht abschicken konnte, waren für Mirjam eine Möglichkeit der Zuflucht und Reflektion. Jahrzehntelang bei der Verfasserin in Jerusalem aufbewahrt, wurden sie 2003 vom Amsterdamer Centrum für Holocaust- und Genozidstudien, dessen Leiter Johannes Houwink ten Cate die Einleitung schrieb, als erstes Buch in dessen Reihe der *Bibliothek des Genozids* publiziert.

Mirjams Stellung beim Judenrat war eine vergleichsweise bevorrechtigte. Leo war 1938 nach Palästina gefahren, um dort Bedingungen für die Gründung einer Familie zu schaffen. Mirjam, die aus einer assimilierten bürgerlichen, zionistisch engagierten und gläubigen Familie stammte und über Gymnasialabschluss sowie Sekretärinnenausbildung verfügte, fing nach seiner Abfahrt an, beim Komitee für jüdische Flüchtlinge zu arbeiten, das von David Cohen geleitet wurde. Als die Nationalsozialisten das Komitee im März 1941 zum Judenrat (Joodse Raad) umbildeten, wurde Mirjam übernommen. Sie erlebte die Entwicklung des Judenrates zu einer Dachorganisation, durch welche die Gestapo sämtliche niederländischen Juden kontrollierte. Zudem arbeitete Mirjam für die Expositur, jene Abteilung des Judenrates, die für den eigentlichen Kontakt zwischen der deutschen Zentralstelle für jüdische Auswanderung und dem Judenrat zuständig war.

Mirjam verfolgte somit aus der größten Nähe das ‚Abholen‘ all jener, die nicht ‚gesperrt‘ waren – nach Herbst 1942 blieben nur noch diejenigen Juden von der Deportation verschont, die entweder über eine ‚Sperre‘ verfügten, die untertauchten, oder in einer Mischehe lebten. Die Polizei ging regelmäßig auf Razzien, kämmte Häuser durch und nahm alle diejenigen mit, die keine entsprechenden Papiere hatten. Im Juni 1943 wurde Mirjam mit ihrer Familie selbst abgeholt und ins Durchangslager Westerbork eingeliefert. Dadurch, dass die Familie Levie über Palästina-Zertifikate verfügten, waren sie vor den Deportationen nach ‚Polen‘ (also Auschwitz oder Sobibór) ausgenommen. Später kam die Familie mit einem der Austauschtransporte nach Bergen-Belsen und nahm an dem einzigen Austausch im Juli 1944 teil. Mit der Ankunft in Palästina endet das Tagebuch.

Das Buch mit dem Titel *Ich werde Dir beschreiben, wie ein Tag hier aussieht*, ist ein faszinierendes Selbstzeugnis, und zwar aus mehreren Gründen. Zum einen verdeutlicht das Tagebuch die Gewöhnung an die schrecklich belastende Situation der eigenen Kennzeichnung, Ausgrenzung und die Zeit, wie sie zuletzt zum Freiwild wurde. Zum anderen zeigt sich Mirjam stets bewusst, dass die Ereignisse, die sie beschreibt, außergewöhnlich sind; die Vorkriegswelt bleibt immer ihr Bezugspunkt. Das ist auch der Grund dafür, dass sie zur Gattung der Tagebuchbriefe greift; Leo verließ die Niederlande, bevor der Krieg angefangen hatte. Bei einem Tagebuch würde eine selbstverständliche Akzeptanz der Umgebung eher nahe liegen. Die erlebten und berichteten Schrecken machen einen der stärksten Aspekte des Tagebuchs aus; denn ein Tagebuch ist der Text dennoch, in Funktion des „Territorium des Selbst" (Erving Goffman), ein gedachtes Rückzugsgebiet innerhalb der auseinander fallenden Sicherheiten. Bei der Lektüre werden die Geschlechter-, Alltags- und Selbstverständniskonzepte deutlich, für die Mirjam als Vertreterin ihrer Klasse (assimiliertes niederländisches jüdisches Bürgertum) stand, die heute sonst schwer rekonstruierbar sind. Gerade vor dem Hintergrund des steigenden Forschungsinteresses für Tagebücher und andere subjektiven Quellen aus der Zeit des Holocaust erscheint Mirjam Bolles Tagebuch besonders wertvoll.

Nicht zuletzt liegt das Gewicht des Buches auf der faktischen Ebene, gerade für die Amsterdamer Zeit. Mirjam ‚erklärt' die Vorgeschichte so, dass der Leser einen in vielen Details neuen Blick – nämlich von unten – auf die Geschehnisse um den Judenrat bekommt, die in der niederländischen Historiographie in der Regel von oben beschrieben wurden. Gerade dabei wird allerdings ein gewichtiger Mangel deutlich: nämlich ein Defizit der Edition. In der knappen Einleitung von Johannes Houwink ten Cate werden weder die Textüberlieferung noch die genaue Position Mirjams und deren Abteilung innerhalb des Judenrates zufriedenstellend aufgeklärt. Im Tagebuch tauchen zahlreiche Personen aus Mirjams Umkreis auf; für ein besseres Textverständnis wäre die Aufklärung von deren Beziehung zur Autorin wünschenswert gewesen. Noch irritierender wirkt der Anmerkungsapparat, der recht inkonsequent gestaltet wurde (und dessen Bearbeiter im Buch anonym bleibt). Die Auswahl der übersetzten deutschen Zitate wurde eher willkürlich vorgenommen (mit manchen Fehlübertragungen, so *Leibesvisitation* mit *naakt uitkleiden*, S. 247).

Das wirkt fast nebensächlich neben der Tatsache, dass kommentierende Anmerkungen vielerorts einfach fehlen. Die faktische Ebene, die gerade für die Amsterdamer Zeit besonders interessant ist, wäre dann in Vielem verständlicher – der Leser könnte so einiges in den richtigen Kontext stellen. Hinzu kommt, dass Mirjam zwar eine große Beobachtungsgabe hatte, sie manches aber verzerrt oder irrig wiedergibt (so z.B. die Rückkehrer aus Westerbork 1942, S. 37); an solchen Stellen wäre eine faktische Anmerkung von großem Nutzen für den Leser, ohne dass der Herausgeber sofort das Buch zu einer kritischen Edition hätte machen müssen.

Kurzum, das Buch von Mirjam Bolle hätte eine umsichtigere Edition verdient. Es bleibt zu hoffen, dass sich der Eichborn-Verlag Berlin, der eine deutsche Übersetzung schon für das Frühjahr 2006 plant, dieser Herausforderung stellt. Zusammenfassend betrachtet, bleibt das Tagebuch ein wichtiges Zeugnis aus der ungewöhnlicher Perspektive einer jungen, tatkräftigen und pragmatischen Frau, wie es bisher in den niederländischen Sichtweisen von Jacques Presser über den Weinreb-Rapport bis zu Anne Franks Tagebuch fehlte.

Anna Hájková

AUKE KOK, *1974. Wij waren de besten*, Amsterdam: Thomas Rap 2004.

W ir waren zu sehr damit beschäftigt gewesen zu zeigen, daß wir die Besten waren", wird Oranje-Verteidiger Ruud Krol in Auke Koks Buch *1974. Wij waren de besten* zitiert.[1] Die Besten – dass das bei der Fußball-Weltmeisterschaft 1974 in Deutschland nur das Oranje-Team um Kapitän Johan Cruijff gewesen sein konnte, daran bestand für die meisten Niederländer in den vergangenen drei Jahrzehnten kein Zweifel. Kein Zweifel wurde auch daran geäußert, dass der Endspielgegner Bundesrepublik Deutschland nur mit unfairen Mitteln den Titel errungen hat, der normalerweise an die Niederlande hätte gehen müssen. Der Journalist Kok hat 30 Jahre nach der für die Niederlande so bittersüßen WM einen Bestseller publiziert, der noch mal das gesamte WM-Geschehen von der Vorbereitung von Cruijff & Co. bis zum begeisterten Empfang des Vizeweltmeisters in der Heimat nachzeichnet. Er konzentriert sich neben dem niederländischen besonders auf das bundesdeutsche Team, das als amtierender Europameister als Mitfavorit auf den WM-Titel ins Turnier gegangen war. Bei seinen Recherchen hat Kok ehemalige niederländische und deutsche Spieler beziehungsweise Trainer wie Arie Haan, Rinus Michels, Wolfgang Overath und Bernd Hölzenbein interviewt. Auch mit beteiligten Journalisten aus beiden Ländern hat er gesprochen. Anhänger beispielsweise der 1974 so hervorragenden polnischen Mannschaft oder diejenigen, die besonders das deutschdeutsche Duell im Auge haben, werden wegen der Fokussierung auf die Rivalen aus der Bundesrepublik und den Niederlanden etwas zu kurz kommen.

Rückblende. Am 18. November 1973 qualifizieren sich die Niederlande erstmals seit 1938 wieder für eine WM-Endrunde, und das nur dank der im Vergleich zum Gruppengegner Belgien besseren Tordifferenz. Fast hätte noch in letzter Minute ein belgischer Treffer in Amsterdam die lange Reihe der gescheiterten Qualifikationsversuche verlängert. Doch das belgische Tor wird vom russischen Schiedsrichter nicht gegeben – zu Unrecht, wie Auke Kok schreibt. Und er wird in seinem spannend geschriebenen und gut recherchierten Buch noch mehrmals ein „zu Unrecht" hören lassen.

Der Oranje-Kader reist am 12. Juni 1974 per Bus zur WM-Endrunde über die niederländisch-deutsche Grenze. ‚Basislager' wird das Hotel Krautkrämer im damals kurz vor der Eingemeindung nach Münster stehenden Hiltrup. Obwohl die Vereinsmannschaften Ajax und Feyenoord in den Jahren ab 1970 einen Europapokal nach dem anderen gewonnen haben, sind die Erwartungen an das Team von ‚Supervisor' Rinus Michels, der zeitgleich den FC Barcelona trainiert, nicht gerade hochgespannt. Dafür hat die Geschichte der niederländischen Nationalmannschaft bis dahin entschieden zu wenige Höhepunkte gekannt, wie Kok zurecht noch mal vor Augen führt.

Eine Wohltat für die niederländische Spielerseele sind die 25.000 meist spontan nach Hannover gereisten Oranje-Fans, die das Auftaktmatch ihrer Mannschaft am 15. Juni im Niedersachsenstadion gegen Uruguay sehen. Cruijff & Co. haben nicht annähernd mit so vielen Fans gerechnet. Die werden für ihr Kommen belohnt, sehen eine niederländische Nationalmannschaft, die den Gegner

---

1 A. KOK, *1974. Wij waren de besten*, Amsterdam 2004, S. 338.

schwindelig spielt und ihn mit einem 2:0 noch ziemlich gnädig davonkommen lässt. Einem sparsamen 0:0 gegen Schweden folgt wieder ein überzeugender 4:1-Erfolg mit niederländischem ‚totaalvoetbal' gegen das hoffnungslos unterlegene Bulgarien.

Während die Niederlande angesichts ihrer herzerfrischend abwechslungsreichen Offensivspielweise auch in der deutschen Presse als Titelfavorit gehandelt werden, enttäuscht die Mannschaft des WM-Gastgebers zu Beginn des Turniers. Die Bundesrepublik Deutschland muss sich nach dem mageren 1:0 gegen Chile und dem 3:0-Sieg über Australien vom eigenen Publikum auspfeifen lassen. Während bei den niederländischen Vorrundenspielen ein ‚Oranjegevoel' entsteht, hat die Animosität des deutschen Publikums gegen das Spiel seiner Mannschaft zur Folge, dass Kapitän Franz Beckanbauer sich dazu hinreißen lässt, in Richtung Tribüne zu spucken. Das Team von Trainer Helmut Schön hat sich zwar vorzeitig für die Zweite Finalrunde qualifiziert, doch spätestens beim 0:1 im Prestigespiel gegen den kleinen sozialistischen Bruder DDR am 22. Juni im Hamburger Volksparkstadion wird klar: So kann der Gastgeber alle Hoffnungen auf den Titel begraben. Laut Paul Breitner, damals mit seinen 22 Jahren einer der Jüngsten der Auswahl, hat sich das 0:1 als eine der wichtigsten und positivsten Niederlagen in der Geschichte des DFB (Deutscher Fußball-Bund) herausgestellt, „weil wir ohne diese Niederlage niemals Weltmeister geworden wären."[2] Nach dem Match reißt Franz Beckenbauer die Initiative an sich, und nun erst bildet sich eine richtige Mannschaft.

Deutsche Fußballfreunde können sich zu dem Zeitpunkt fürs niederländische, nicht fürs deutsche Spiel begeistern. Oranje-Fans, die eine deutsche Kneipe betreten, werden anerkennend beklatscht, weiß der Autor zu berichten. Die siegreiche Mannschaft wird bei ihrer Rückkehr ins Mannschaftshotel von freundlichen Hiltrupern erwartet. Und das Team des ganz im Gegensatz zum DFB WM-unerfahrenen KNVB (Koninklijke Nederlandse Voetbalbond) kann in der Zweiten Finalrunde die Begeisterung noch steigern. Zuerst wird Argentinien beim 4:0 in Gelsenkirchen nicht der Hauch einer Siegchance gelassen. Dann wird die nach dem Sieg gegen die Bundesrepublik sowieso schon saturierte DDR mit einem 2:0 nach Hause geschickt. Schließlich heißt es am 3. Juli mit einem überragenden Regisseur Cruijff auch gegen den amtierenden Weltmeister Brasilien 2:0.

Einen Tag zuvor hat die *Bild-Zeitung* einen Artikel mit der Überschrift *Cruyff, Sekt, nackte Mädchen und ein kühles Bad* veröffentlicht. Cruijff, Rob Rensenbrink, Piet Schrijvers und Pleun Strik sollen danach mit „drei knusprige[n] Mädchen" sowie einigen Sektflaschen bis in die Morgenstunden nackt im Hotelbad „fröhliche[..] Wasserspiele" veranstaltet haben.[3] Und damit kommen wir zu dem, was Auke Koks Buch – das von April 2004 bis September 2005 beachtliche vier Auflagen erlebt hat – besonders interessant macht. Kok, 1974 achtzehn Jahre alt geworden, schaut genau hin, stellt bisher in niederländischen Augen als unumstößliche Wahrheiten erscheinenden Ansichten und Aussagen anderes entgegen. Das wird denen, die noch vom eigenen Erleben des 74er Endspiels traumatisiert

---

2   P. BREITNER in W. BIEREICHELS Dokumentarfilm *Der Triumph von München* aus dem Jahr 2004.

3   Vgl. A. HILLER, *Cruyff, Sekt, nackte Mädchen und ein kühles Bad*, in: *Bild*, 02.07.1974, S. 5.

sind, und denen, die überkommene Ansichten vertreten, oftmals nicht gefallen. Den *Bild*-Beitrag bezeichnet Kok als „auf jeden Fall bis zum Ende des zwanzigsten Jahrhunderts [...] meistzitierten und im Verhältnis am wenigsten gelesenen Zeitungsartikel in der niederländischen Sportgeschichte." Rinus Michels stellt den Artikel während der WM als deutsches Pressemachwerk dar, das bewusst gegen die Niederlande, den möglichen deutschen Finalgegner, lanciert worden sei und eine Kriegserklärung bedeute. Er reagiert darauf unter anderem damit, dass er auf den WM-Pressekonferenzen nicht mehr Deutsch redet. Johan Cruijff spricht der Berichterstattung jeglichen Wahrheitsgehalt ab. Auke Kok aber merkt kritisch an, dass von seiten niederländischer Journalisten so gut wie nicht nach den wahren Begebenheiten gefragt worden ist. Das Zusammengehörigkeitsgefühl zwischen Spielern und Presse im niederländischen Lager war dafür nach Koks Darstellung schon zu tief. Als jetzt von deutscher Seite Schmutz über Teile dieser niederländischen Einheit ausgekippt wurde, richteten sich alle dagegen und hatten ihr (deutsches) Feindbild. Das war genau das, was Rinus Michels hatte bewirken wollen, und dank der zahlreich vorhandenen niederländischen Vorurteile gegenüber dem großen Nachbarn wurde dieses Ziel umso leichter erreicht. Der Autor demonstriert: Nicht die Schwimmbadgeschichte war erfunden, sondern die deutsche Kampagne gegen Oranje existierte nicht.

Während die Niederlande spielerisch begeistern, findet auch die deutsche Mannschaft zu ihrer Form. Nach einem wenig aufregenden 2:0 gegen Jugoslawien kämpft die deutsche Nationalmannschaft Schweden mit 4:2 Toren nieder. Jetzt muss mindestens ein Unentschieden gegen die starken Polen her. Die Bundesrepublik geht aus der ‚Regenschlacht' im Frankfurter Waldstadion dank einem späten Treffer von Gerd Müller als Sieger hervor und ist fürs Münchner Endspiel am 7. Juli 1974 qualifiziert. Als Finalgegner steht nach dem 2:0 gegen Brasilien definitiv das Oranje-Team fest.

Zweckmäßigkeit und Schönheit treffen im Endspiel im Münchener Olympiastadion aufeinander. Und das vor den Augen der Welt, in Anwesenheit zahlreicher Prominenter, darunter aus den beiden teilnehmenden Ländern Prinz Bernhard, Walter Scheel, Helmut Schmidt und Joop den Uyl. Dieses Finale ist die zweite Station, an der Kok mit klarem Blick Urteile, die sich in den Köpfen festgefressen haben, revidieren kann. Bereits in der zweiten Spielminute gelingt es den Niederländern, durch einen Elfmeter in Führung zu gehen. Zu dem Zeitpunkt hat noch kein deutscher Spieler den Ball berührt. Auke Kok hat sich nicht nur die bekannten Fernsehbilder angeguckt und kommt zu dem Schluß: Das Foul von Uli Hoeneß an Cruijff ist vor der Strafraumgrenze erfolgt. Johan Neeskens hätte mithin gar nicht schießen dürfen.

24 Minuten später – die Niederländer haben inzwischen statt ein weiteres Tor zu schießen den Ball hin- und hergespielt und damit ungewollt den deutschen Widerstandswillen angestachelt – fällt zuerst Bernd Hölzenbein, dann durch den Elfmeter von Breitner der Ausgleich. Für Niederländer war Hölzenbeins Fall immer ganz klar eine ‚Schwalbe'. Der Mann ist nicht zu Fall gebracht worden, er hat sich fallen lassen – ein typisch deutscher Betrug! Wie wichtig die ‚Schwalben'-Frage in den Niederlanden nach 1974 geblieben ist, zeigt zum Beispiel der Beitrag von Simon Kuper in der sehr lesenswerten, teils auch recht

amüsanten zweisprachigen Ausgabe der Zeitschrift *Hard gras* von Juni 2004.[4] In diesem Band wird klar, wie emotional viele Niederländer mit dem Verlust des teilweise mit einem Weltkrieg gleichgesetzten Endspiels umgehen und wie schlimm es für sie sein muss zu merken, dass Deutsche den WM-Sieg 74 – im Gegensatz zum ‚Wunder von Bern‘ 20 Jahre zuvor – relativ indifferent betrachten. Auke Kok kann die in den Niederlanden weitverbreitete Auffassung, dass der deutsche Sieg tatsächlich eine Freveltat gewesen sei, nicht stehen lassen. Es gab nach Koks Ansicht tatsächlich eine leichte Berührung durch Wim Jansen – was von dem immer bestritten worden ist –, deren Effekt Hölzenbein übertrieben hat. Kok spricht von einer deutschen Dominanz in Teilen des Endspiels und stellt den von niederländischer Seite oftmals so geschmähten deutschen 2:1-Siegtreffer von Gerd Müller (nach einer Bonhof-Vorlage) [5] als Lohn harter Trainingsarbeit dar. Schließlich weist er sogar darauf hin, dass es für die DFB-Auswahl 4:1 hätte stehen können, wenn das Schiedsrichtergespann besser aufgepasst hätte: Ein reguläres Müller-Tor sei zu unrecht aberkannt worden und einen Elfmeter habe Schiedsrichter Jack Taylor den Deutschen vorenthalten – eine Darstellung, die manchem Niederländer als zu deutsch erscheinen könnte.

Mit Auke Kok können wir jedenfalls feststellen: Die Niederländer waren im Endspiel nicht die Besseren. Oranje hatte zwar im Gegensatz zur deutschen Nationalmannschaft in den begeisternden Spielen bis zum Finale Millionen Sympathisanten hinzugewonnen, das Endspiel selbst aber war ein Match zuviel gewesen. Wie die niederländische Mannschaft hat auch Koks Buch eine Menge Sympathien verdient. Es ermöglicht einem breiten sport- und geschichtsinteressierten Publikum einen erfrischend kritischen Blick hinter die Kulissen eines sportlichen Weltereignisses, das zu einem Stück deutsch-niederländischer Geschichte geworden ist.

Ingo Schiweck

---

4   Vgl. S. KUPER, *Hong Kong Memories*, in: *Zij waren beter. Hard gras* 39 (2004); M. VAN NIEUWKERK u.a. (Hrsg.), *Der Rauch vieler Jahre. Deutsch-holländische Wahrheiten über das WM-Finale 1974*, Amsterdam/Göttingen 2004, S. 7–16.

5   KOK läßt Rainer Bonhof auf S. 136 seines Buches irrtümlicherweise in den Niederlanden auf die Welt kommen. Tatsächlich ist Bonhof gebürtiger Emmericher. Durch seinen niederländischen Vater hat er bis 1970 die niederländische Staatsbürgerschaft besessen. Mehr über Bonhof und zahlreiche andere Niederländer und Deutsche, die im jeweiligen Nachbarland gespielt/trainiert haben oder dies noch tun, Mitte 2006 in meinem Buch mit dem Titel *Kicken beim Feind? Der ganz alltägliche Frieden hinter dem deutsch-niederländischen Fußballkrieg*. Während die deutsch-niederländischen Länderspielbegegnungen teilweise von einer feindseligen Stimmung geprägt wurden, herrschte bei der Zusammenarbeit in den Vereinen nach Walstra und Köster ein „unaufgeregte[r] Alltag". H. WALSTRA/P. KÖSTER, *Die Erzrivalen*, in *11 Freunde* 35 (2004), S. 32–35, hier S. 35.

ANKE STRÜVER, *Stories of the ‚Boring Border‘: The Dutch-German Borderscape in People's Minds*, Münster: LIT-Verlag 2005.

Europas innere Grenzen verlieren mit der zunehmenden europäischen Integration an Bedeutung. Dieses Bild beherrscht den offiziellen geopolitischen Diskurs innerhalb der Europäischen Union. Gleichzeitig vertreibt ein niederländischer Hersteller von Fanartikeln anlässlich der Fußballweltmeisterschaft in diesem Jahr orangene Wehrmachtshelme mit der Aufschrift „Hup, Holland, Hup“. Diese Diskrepanz zwischen ‚eurokratischem‘ Wunschdenken und Alltagskultur ist Ausgangspunkt der Untersuchungen, die Anke Strüver in der vorliegenden Veröffentlichung über den deutsch-niederländischen Grenzraum vorstellt.

Zugleich unternimmt die Autorin einen Streifzug durch poststrukturalistische Theorien und verbindet wichtige Ansätze dieser Denkschule(n) geschickt mit einer Sichtweise auf Grenzräume als *geographical imaginations* – mit Auswirkungen auf alltägliche Praxen.

Stories of the ‚boring border‘ ist eine Sammlung von sechs thematisch zusammenhängenden, in sich geschlossenen Aufsätzen – ‚Geschichten‘, die vorab in verschiedenen Fachzeitschriften veröffentlicht wurden und zusammengenommen die Dissertation der Autorin bilden. Gerahmt werden diese Aufsätze von kurzen Überleitungen, einer thematischen Einleitung und einer zusammenfassenden Schlussfolgerung.

In der Einleitung stellt die Autorin zunächst den Forschungsstand im Bereich der Grenzforschung vor. Unter anderem beschreibt sie hier auch Michel de Certeaus Konzept der Alltagspraxis, das zentral für die weiteren Ausführungen ist. Im vorliegenden Fall geht es dabei vor allem um die Praxis der ‚Nicht-Praxis‘, das heißt des nicht-grenzüberschreitenden Handelns, das ein zentrales Element ihrer Arbeit darstellt.

Ausgehend von der Tatsache, dass sich trotz der Beseitigung administrativer Hürden und der Komplementarität beider Arbeitsmärkte bisher kein grenzüberschreitender Arbeitsmarkt zwischen Deutschland und den Niederlanden entwickelt hat, sucht die Autorin nach Gründen für diesen Sachverhalt, beschäftigt sich mit der Wahrnehmung und Wirkung der ‚offenen‘ Grenze und beschreibt diese als kognitive Grenze. Derartige Grenzen werden durch Repräsentationen z.B. in den Medien (re-)produziert, wie die Autorin am Beispiel der Berichterstattung über eine Ausstellung über die deutsch-niederländschen Beziehungen nach dem Zweiten Weltkrieg zeigt.

Ihre Ausführungen zur Bedeutung von Repräsentationen sowie von Stereotypen, die größtenteils noch auf die Besatzung der Niederlande während des Zweiten Weltkrieges zurückgehen, vertieft die Autorin im zweiten Artikel. Die der gesamten Arbeit zugrunde liegende konstruktivistische Sichtweise auf Grenzen (und Räume) ist dabei methodologisch von Geographen wie Anssi Paasi, aber auch von der Schule der cultural studies um Stuart Hall und den allgemeinen Grundzügen poststrukturalistischer Denkweisen inspiriert.

Die empirischen Untersuchungen zum dritten und vierten Artikel sind bemerkenswert. Die Autorin untersucht nicht nur die Repräsentationen der Grenze, sondern sie zeigt auch Wege auf, die Rezeptionen dieser Repräsentationen zu analysieren. Ein solches Vorgehen wird vielfach in der methodologischen Literatur gefordert, aber nur selten in ein konkretes Forschungsdesign umgesetzt.

Beispiele für alltägliche Repräsentationen des jeweiligen Nachbarlandes findet die Autorin in einer Ausstellung (die schon im ersten Artikel thematisiert wurde), die von Photographien bis zu offiziellen Dokumenten Artefakte deutsch-niederländischer Begegnungen umfasst und so die Beziehungen der Nachbarländer zum Thema haben. Neben diesen ‚Erzählungen‘ wertet sie die Kommentare von Besuchern in den Gästebüchern des Hauses der Gesichte in Bonn und des Rijksmuseums in Amsterdam aus, wo diese Ausstellungen gezeigt wurden.

Der vierte Aufsatz interpretiert zum einen das Theaterstück *Achter de grens ligt een ander land* des Theater mini-art und zum anderen dessen Rezeption von den im Publikum sitzenden Kindern bei verschiedenen Aufführungen im deutschen Grenzgebiet. Hier wird in der Diskussion deutlich, dass sich Kinder der Problematik des Grenzziehens und Ausgrenzens durchaus bewusst sind, in ihrer Alltagspraxis dessen ungeachtet jedoch ausgrenzend handeln.

Im folgenden Artikel kritisiert Anke Strüver mit Hilfe einiger Beispiele aus der Euregio Rhein Waal die Ignoranz europäischer und grenzüberschreitender Institutionen im Hinblick auf die Bedürfnisse der lokalen Bevölkerung, aber auch das Nichtwissen und -nutzen dieser Bevölkerung über solche Institutionen und ihrer Angebote.

Der letzte Aufsatz beschäftigt sich am Beispiel einer Neubausiedlung im deutschen Kranenburg in der Nähe der Stadt Nijmegen mit dem Phänomen des Transnationalismus. Aufbauend auf der Beobachtung, dass die niederländischen Einwohner Kranenburgs, die von den niedrigen Immobilienpreisen dort angelockt wurden, in Deutschland nur schlafen, den Rest ihrer Zeit aber vornehmlich in den Niederlanden verbringen, wird der Grenzraum als potentieller transnationaler Raum der Begegnung konzeptionalisiert, der allerdings – je nach Standpunkt – als Ex- oder Enklave der Nederduitsers wahrgenommen wird.

Das abschließende Kapitel des Buches lässt zunächst in einer Zusammenfassung die sechs Aufsätze Revue passieren, bevor die Autorin anhand ihrer Ergebnisse und mit Hilfe von Judith Butler und Michel de Certeau die theoretische Lücke zwischen Repräsentationen und Alltagspraktiken schließt: Aus Erzählungen, Bildern und Vorstellung, die zusammengenommen eine (konstruierte) Realität bilden, resultieren auch alltägliche Praxen, die wiederum reflexiv auf dieses Realitätsbild wirken.

Insgesamt zeigt Anke Strüver ausgehend von der nicht-grenzüberschreitenden Interaktion zwischen Deutschland und den Niederlanden, dass es nicht die strukturellen bzw. die administrativen Grenzen sind, die für dieses Leben mit dem ‚Rücken zur Grenze‘ verantwortlich sind, sondern die Grenzen in den Köpfen der Menschen, die eine ‚kognitive Distanz‘ erzeugen. Vor diesem Hintergrund ist der ‚langweilige‘, da konfliktarme und strukturell offene Grenzraum zwischen den Niederlanden und Deutschland als Untersuchungsgebiet klug gewählt. Die Gründe für das Unterbleiben von grenzüberschreitendem Handeln können nur bedingt in den ohnehin an Bedeutung verlierenden strukturellen Hemmnissen liegen – vielmehr scheinen Darstellungen und Vorstellungen von der Grenze dafür verantwortlich zu sein.

Dass die Autorin längere Zeit selbst im deutsch-niederländischen Grenzraum gelebt hat, merkt man an mehreren ‚kleinen‘ Beobachtungen und an der einfühlsamen Interpretation des Materials. Im Gegensatz zu vielen anderen poststrukturalistischen Autoren vermag sie es ihre Gedanken, trotz ihrer Komplexität, klar und stringent auszudrücken. Dem Aufbau des Buches aus sechs unabhängig voneinander veröffentlichten Aufsätzen ist es geschuldet, dass es zuweilen zu inhaltlichen Wiederholungen kommt.

Die Geschichten über den langweiligen deutsch-niederländischen Grenzraum bieten einen interessanten neuen Blickwinkel auf diesen zumeist unter positivistischen Vorzeichen betrachteten Raum und bieten einen inspirierenden Einblick in die Anwendung poststrukturalistischer Ansätze in sozialwissenschaftlicher und speziell sozialgeographischer Forschung.

Jörg Mose

NATHAN MAGEEN, *Zwischen Abend und Morgenrot. Eine Geschichte aus dem niederländischen Widerstand*, Düsseldorf: Gesellschaft für Christlich-Jüdische Zusammenarbeit in Düsseldorf/Mahn- und Gedenkstätte der Landeshauptstadt Düsseldorf 2005.

Namen wie Anne Frank und Kurt Gerron sind in der ganzen Welt bekannt. Doch wer kennt Nathan Mageen? Mit den beiden von Deutschland in die Niederlande geflohenen und später in deutschen Lagern umgekommenen Juden teilt er das Schicksal partiell. Mageen wird 1922 in Düsseldorf als Hans-Nathan Mogendorff geboren. Der Schüler der Jüdischen Schule verlässt seine Geburtsstadt 1937 und geht in die benachbarten Niederlande auf Hachschara. Das hebräische Wort bedeutet Vorbereitung oder Tauglichmachung. Gemeint ist die Vorbereitung auf ein Leben in Palästina, für das die jugendlichen Juden nicht nur handwerkliche Fähigkeiten erlernen, sondern sich auch an die hebräische Sprache und jüdische Kultur gewöhnen sollen.

Über die Vereniging tot Vakopleiding van Palestina-Pioniers (Deventer Vereniging) kommt Mogendorff an die Philips-Berufsschule in Eindhoven und macht eine Schreinerlehre. Der Junge hat in der Lichtstadt Verwandte und beherrscht durch frühere regelmäßige Besuche bereits das Niederländische. 1938 gelingt es ihm, eine Aufenthaltsgenehmigung für seine in Düsseldorf immer stärker drangsalierten Eltern zu erwirken, die nun auch nach Eindhoven ziehen.

Als die Wehrmacht die Niederlande überfällt, wird Mogendorff mit nichtjüdischen Deutschen und Anhängern der Nationaal-Socialistische Beweging (NSB) interniert und dazu erst im Autobus durch die halben Niederlande gefahren. Er schreibt darüber in seinen jetzt auf deutsch unter dem Titel *Zwischen Abend und Morgenrot* erschienenen Erinnerungen an die Jahre bis 1947:

„Das war das Absurdeste, was ich jemals mitgemacht habe." Doch tatsächlich wird Mogendorffs Geschichte noch viel absurder.[1]

Jacques Presser hat 1965 in *Ondergang* über die so genannte Westerweel-Gruppe berichtet, es falle schwer, darüber zu schreiben, da von mehreren Seiten die Bitte an ihn herangetragen worden sei, keine Überlebenden zu nennen, die die Solidarität mit der Gemeinschaft wahren wollten.[2] Nun sind in den vergangenen Jahren schon einige Beiträge in deutscher Sprache erschienen, die ein Licht auch auf die Überlebenden werfen.[3] Nathan Mageen alias Hans-Nathan Mogendorff ist einer dieser Überlebenden. Er ist einer derjenigen Juden, die nicht den Forderungen der Besatzer nachkommen, teils aktiven Widerstand leisten – und nicht wie die eingangs Erwähnten in einem deutschen Lager sterben.

Mogendorff geht 1941 auf landwirtschaftliche Hachschara zu einem Bauern bei Enschede. Er lernt beim wöchentlichen Iwrit-Unterricht Sophie „Fietje" Bina de Winter kennen, die er im August 1942 heiratet. Inzwischen besitzt er gefälschte Papiere, nach denen er der nichtjüdische Niederländer Adrian „Addie" Franz Josef Klerkx ist. Am Tag vor der Hochzeit erhält er mit vielen anderen Chaluzim die Aufforderung, sich am 1. September in einem Arbeitslager einzufinden. Sich freiwillig hinter deutschen Stacheldraht zu begeben, kommt für ihn nicht in Frage: Mogendorff beschließt nun unterzutauchen. Als ihm am 1. Oktober 1942 seine Frau folgt, sind Mogendorffs Eltern bereits über Westerbork nach Auschwitz deportiert und dort vergast worden. Joachim „Schuschu" Simon nimmt Kontakt mit Mogendorff auf. Der gebürtige Berliner Simon ist einer der Leiter der Jugend-Farm in Loosdrecht. Auch die dort tätigen Jugendlichen und das gesamte Personal haben Aufrufe erhalten, sich in ein deutsches Arbeitslager zu begeben. Der Beschluss lautet auch hier: untertauchen. Joop Westerweel, ein nichtjüdischer pazifistischer Lehrer, hilft dabei. Mogendorff schließt sich der Gruppierung an, die nach dem Krieg als Westerweel-Gruppe bekannt wird.

Die meisten Untergetauchten der Gruppe sind bedeutend schlechter dran als Mogendorff, der nicht nur einwandfrei Niederländisch spricht, sondern durch seine neue Identität auch relativ viel Bewegungsfreiheit hat. Es entsteht die Idee, für die Untergetauchten einen Weg nach Südfrankreich und von dort über Spanien nach Palästina zu finden. Tatsächlich werden es circa 100 Jugendliche nach Spanien schaffen, einige davon auch bis nach Palästina. Von 716 (andere Quelle: 821) Chaluzim erleben 393 (361) das Kriegsende – anders als Westerweel und Simon, die beide in deutscher Haft sterben.

Richtig absurd wird Mogendorffs Lage im Sommer 1943. Er hat sich inzwischen an der Zerlegung deutscher Blindgänger und an der Entwendung

---

1   Auf Niederländisch hat Mageen die Erinnerungen 2004 unter dem Titel *Van Zonsondergang tot Dageraad* im Selbstverlag veröffentlicht.

2   Vgl. J. PRESSER, *Ondergang. De Vervolging en Verdelging van het Nederlandse Jodendom 1940–1945*, Bd. 2, Den Haag 1965, S. 12.

3   Vgl. vor allem P. SIEGEL, *In ungleichem Kampf. Christlich-jüdische Rettungsaktion der Westerweel-Gruppe. Von Köln nach Holland durch Westerbork über Frankreich und Spanien nach Israel 1924–1947*, Konstanz 2001.

des Soester Melderegisters beteiligt[4]. Nun will er mit seiner Frau nach Spanien gelangen. Doch schon beim Versuch, die niederländisch-belgische Grenze zu überschreiten, werden die beiden mit über 30 anderen verhaftet. Mogendorff und Fietje haben Glück im Unglück, denn ihre gefälschten Papiere, die sie als Nichtjuden ausweisen, bedeuten einen gewissen Schutz. Die Verhaftung hat jedoch zur Folge, dass der aus Deutschland stammende Jude Mogendorff im Juli 1943 als nichtjüdischer Niederländer Klerkx zum Arbeitseinsatz nach Deutschland geschickt wird. Hochtief stellt ihn in Essen als Bauzeichner ein – eine Situation, die Mogendorff angesichts der Deportation der Essener Juden als grotesk empfindet.

Der junge Mann erlebt in Essen das Elend des Bombenkriegs. Das spätere Wissen um die Ausmaße des Holocausts teilweise vorwegnehmend, schreibt er (S. 60/61): „Schrecklich war das persönliche Leid, das hier gelitten wurde. Ich lief weiter und dachte an die Zahllosen, die in den Konzentrationslagern, in Auschwitz, Birkenau, Maidanek und Mauthausen umkamen. Ich dachte an meine Eltern – und doch empfand ich keine Genugtuung." Er warnt andere Kameraden, deren wahre Identität aufgedeckt zu werden droht, scheitert aber selbst am illegalen Grenzübertritt. Er wird zu einem halben Jahr Haft verurteilt. Erst im April 1944 kann er in die Niederlande zurückkehren. Die Zeit bis zur Befreiung im April des darauf folgenden Jahres verbringt er mit seiner Frau und anderen Untergetauchten im Rauchkanal einer alten Ziegelei in Terwolde. 1945 beziehungsweise 1946 kommen Tochter Mirjam und Sohn Jeschajah auf die Welt, und 1947 erfolgt die Auswanderung nach Palästina. In der neuen Heimat wird Mogendorff, der sich ab 1950 Nathan Mageen nennt, eine ganze Reihe von Funktionen im Bereich Architektur und Stadtplanung übernehmen. Doch darüber unterrichtet *Zwischen Abend und Morgenrot* nur noch in einem kurzen Lebenslauf.

Nathan Mageen ist weder Literat noch Historiker. Hier berichtet ein Unbeugsamer, der sich seine eigenartige deutsch-niederländisch-israelische Ge-

---

4 An der Genauigkeit mangelt es zuweilen. So war nicht Pietro Badoglio Benito Mussolinis Schwiegersohn (S. 69/70), sondern Galeazzo Ciano. Mageen lässt auf S. 44 die Briten Anfang 1943 versuchen, die Rijksinspectie voor de Bevolkingsregisters in Den Haag aus der Luft zu zerstören. Laut Lou de Jong ging es im Mai 1943 jedoch darum, den Haager Verkehr durch Angriffe auf die Telefon- und die Elektrizitätszentrale lahm zu legen, um zu verhindern, dass die ehemaligen Angehörigen der niederländischen Armee zum Arbeitseinsatz nach Deutschland transportiert werden können. Erst am 11. April 1944 greift die RAF die Rijksinspectie an, bei der die mit allen Personendaten versehenen Empfangsbestätigungen aller niederländischen Personalausweise gelagert werden. Dieses ungemein wichtige Kontrollinstrument der deutschen und niederländischen Behörden wird durch den Präzisionsangriff vom April '44 teilweise zerstört. Vgl. L. DE JONG, *Het Koninkrijk der Nederlanden in de Tweede Wereldoorlog 1939–1945*, Bd. 7.2: Mei '43-Juni '44, Den Haag 1976, S. 797–804 sowie *ebd.*, Bd. 9.1: Londen, Den Haag 1979, S. 410.
Ein weiteres Beispiel: Was den Aufruf betrifft, sich am 1. September 1942 beim Besatzer zum Arbeiten zu melden, so wird nicht sofort klar, an wen er sich nun richtet: an den Juden Mogendorff, wie man aus Mageens Erzählung zu erkennen glaubt (S. 31), oder an den nur auf einem gefälschten Ausweis existenten Nichtjuden Klerkx, wie Angela Genger in der Einleitung zum Buch schreibt (S. 3).

schichte nicht ausgesucht hat, über unvorstellbare Gefahren. Er tut das in einer Art, die beim Leser oft die Frage nach den Emotionen aufkommen lässt: Was mag in dem jungen Mann vorgegangen sein, als er vom Tod seiner Verwandten erfahren hat; ist er im gefahrvollen Kontakt mit den deutschen Behörden und gerade auch im nationalsozialistischen Deutschland als Jude mit gefälschten Papieren wirklich so kaltblütig gewesen, wie es seine Erzählung vermittelt? Auf Nachfrage schreibt Mageen unter anderem: „Sei ohne Furcht gegenüber dem Verhörer, er ist auch nur ein Mensch und hat seine Schwächen, denke ihn dir mit Bauchschmerzen oder mit Durchfall. Es gibt keine Übermenschen."[5]

Ingo Schiweck

5 *E-Mail* von NATHAN MAGEEN an Ingo Schiweck, vom 4. März 2006.

Bibliographie deutschsprachiger Literatur über Flandern und die Niederlande für das Jahr 2005

In der folgenden Bibliographie ist deutschsprachige Literatur aufgenommen, soweit sie im Jahr 2005 erschienen ist und sich mit Themen befasst, die zum Sammelgebiet des Zentrums für Niederlande-Studien bzw. des Sondersammelgebiets Niederländischer Kulturkreis der Universitäts- und Landesbibliothek Münster gehören. Philologische und literaturwissenschaftliche Untersuchungen wurden nicht aufgenommen. Übersetzungen belletristischer Literatur aus dem Niederländischen können der regelmäßig erscheinenden Bibliographie der Zeitschrift *nachbarsprache niederländisch* entnommen werden.

Der besseren Übersichtlichkeit halber wird die Literatur nach Sachgebieten gegliedert, wobei die Zuordnung verständlicherweise nicht immer eindeutig ist. Die Bibliographie erhebt keinen Anspruch auf Vollständigkeit.

Politik

M. DRÖGEMÖLLER, *Zwei Schwestern in Europa: die deutsche und niederländische Sozialdemokratie zur Zeit der Teilung Deutschlands 1945-1990*, 2005 (zugl. Diss. Münster 2005).

I. HANTSCHE (Hrsg.), *Johann Moritz von Nassau-Siegen (1604-1679) als Vermittler: Politik und Kultur am Niederrhein im 17. Jahrhundert*, Münster 2005 (Studien zur Geschichte und Kultur Nordwesteuropas 13).

S.M.H. JANSSEN, *Belgien - Modell für eine föderal verfasste EU?* Bonn 2005 (Discussion Paper/Zentrum für Europäische Integrationsforschung C150).

H. JOCHEMSEN, *Sterbehilfe in den Niederlanden: medizinische und politische Entwicklungen*, in: *Deutsche Richterzeitung* 83 (2005), S. 255-256.

N. KONEGEN (Hrsg.), *Staat bei Hugo Grotius*, Baden-Baden 2005 (Staatsverständnisse 9).

J.E. LUNSHOF, *Lebensbeendigung auf Verlangen - Praxis, Hintergründe und Perspektiven in den Niederlanden*, in: *Aktive und passive Sterbehilfe*, München 2005, S. 99-115.

S. Pastoors, *Anpassung um jeden Preis? Die europapolitischen Strategien der Niederlande in den Neunzigerjahren*, Münster 2005 (Niederlande-Studien 36) (zugl. Diss. Münster 2004 unter dem Titel *Von Maastricht bis Laeken: die europapolitischen Konzeptionen und die Europapolitik der Niederlande in den neunziger Jahren*).

K. Polke-Majewski, *Frau Antje kifft nicht mehr? Die Drogenpolitik der Niederlande steht vor einem Umbruch*, in: *Die Kriminalprävention* 9 (2005), S. 15–21.

M. Schmid-Drüner, *Integrationspolitik à la Niederlande – ein Vorbild für Deutschland?*, in: *ZAR* 25 (2005), S. 93–100.

H. Schmidt, *Problemlösungsorientierte Außenpolitik in der Weltgesellschaft. Ein Vergleich der politischen Netzwerke der Klimaaußenpolitik zwischen der Bundesrepublik Deutschland, den Niederlanden, Großbritannien und den USA*, 2005 (zugl. Diss. Techn. Univ. Darmstadt 2005).

H.-L. Schreiber, *Die Neuregelung der Sterbehilfe in den Niederlanden und Belgien – Vorbild für die Bundesrepublik?*, in: *Aktive und passive Sterbehilfe*, München 2005, S. 117–126.

Wesen und Wurzel des Parteiverbots mit Schwerpunkt Niederlande, Göttingen 2005 (Das verbotene Parteiverbot IV/1).

Wirtschaft, Arbeit und Gesellschaft

E. Ache, *„Das kommt bei uns nicht vor!" Arbeitsmaterialien zur sexuellen Diskriminierung am Ausbildungsplatz*, Herbolzheim 2005 (Frauen, Gesellschaft, Kritik 40).

J. Ballendowitsch, *Der öffentliche Dienst in den Niederlanden und der Schweiz. Sozialstruktur und soziale Sicherung im Wandel*, Göttingen 2005 (zugl. Diss. Mannheim 2005).

U. Bieber/D. Bannink, *Ausflug ins Reform-Labyrinth der niederländischen Erwerbminderungsrenten*, in: *Deutsche Rentenversicherung*, Bad Homburg 2005, S. 599–620.

H. Blom, *„Managing Diversity" bei der Polizei. Vergleich zur Praxis Deutschland-Niederlande*, in: *Jahrbuch für öffentliche Sicherheit* (2004–2005), S. 277–298.

O. Bruttel, *Die Privatisierung der öffentlichen Arbeitsvermittlung: Australien, Niederlande und Grossbritannien: ein Vergleich aus neo-institutionenökonomischer Perspektive*, Baden-Baden 2005 (Schriften zur Governance-Forschung 3) (zugl. Diss. Berlin 2005).

R. HUIRNE/R. HOSTE/G.B.C. BACKUS, *Wettbewerbsfähigkeit der Schweineproduktion im internationalen Vergleich: Kosten der Schweineerzeugung in Brasilien, Kanada, China, Polen und den USA im Vergleich zu den Niederlanden*, in: *Effiziente Schweineproduktion in Europa* 41 (2005), S. 17–32.

B. IKING, *Regionales Innovation Scoreboard 2004: vergleichende Analyse von Innovationsfähigkeit und -fertigkeit innerhalb der EU-15 mit regionalem Fokus auf Bayern, Baden-Würtemberg, Nordrhein-Westfalen und die Niederlande; [Ergebnisse für Nordrhein-Westfalen, Bayern und Baden-Würtemberg im nationalen und europäischen Vergleich ; modifiziert und angepasst in Anlehnung an das European Innovation Scoreboard 2004]*, Mühlheim a.d. Ruhr 2005.

E.J. JAHN, *Was macht den Unterschied? Determinanten der Nachfrage nach Leiharbeit in Deutschland und den Niederlanden*, in: *Industrielle Beziehungen* 12 (2005), S. 393–423.

G. JUMPERTZ/M. OBLAU, *Das Dritte Zusatzprotokoll zum DBA Deutschland-Niederlande: grenzüberschreitende Gewerbegebiete erstmals steuerlich geregelt*, in: *Recht der internationalen Wirtschaft* 51 (2005), S. 917–921.

R. LEIPRECHT, *Populismus und Polarisierung in den Niederlanden*, in: *Migration und soziale Arbeit* 27 (2005), S. 141–152.

G. MAK, *Der Mord an Theo van Gogh: Geschichte einer moralischen Panik* (aus dem Niederländischen von M. MÜLLER-HAAS), Frankfurt a.M. 2005.

H.C. OPITZ, *Der juristische und gesellschaftliche Umgang mit den Ansprüchen auf Teilzeitarbeit in den Niederlanden und in Deutschland*, in: *Kritische Justiz* (2005), S. 164–177.

M. OTTERPOHL, *Niederländische Verlage als Publikationsort deutschsprachiger Wissenschaftsliteratur 1933-1940*, Mainz 2005 (zugl. Magisterarbeit Univ. Mainz 2005).

C.W.A.M. VAN PARIDON, *Wirtschaftspolitik in den Niederlanden*, in: *Institutionelle Grundlagen effizienter Wirtschaftspolitik* (2005), S. 167–186.

G. PEBESMA, *Zum Stellenwert der sozialen Diagnose in den Niederlanden*, in: *Sozialmagazin: die Zeitschrift für soziale Arbeit* 30 (2005), S. 46–49.

K. POLKE-MAJEWSKI, *Land in Angst. Kriminalität und innere Sicherheit in den Niederlanden*, Münster 2005 (Niederlande-Studien, Kleinere Schriften 9).

H. PRANGE-GSTÖHL, *Wege zum Innovationsstaat: der Wandel der Forschungs- und Technologiepolitiken in Deutschland, den Niederlanden, der Schweiz und Schweden im Globalisierungszeitalter*, München 2005 (zugl. Habil-Schr. Techn. Univ. München, 2004).

J. SCHMID, *Politische Ökonomie des Wohlfahrtsstaates: Deutschland, Schweden, Großbritannien und die Niederlande im Vergleich; Kurseinheiten 1-3*, Hagen 2005 (MA-Studiengang Governance; Modul 4.1 Politische Steuerung und Koordinierung in der Wirtschaft).

C. STECKER, *Vom Ausland lernen? Schlussfolgerungen aus Schweden und den Niederlanden für eine etwaige Bürgerversicherung in Deutschland*, in: *Das Prinzip Bürgerversicherung: die Zukunft im Sozialstaat*, Wiesbaden 2005, S. 157–188.

R. VAN DEN TILLAART, *Akquisitionsfinanzierung in den Niederlanden*, in: *Internationales Steuerrecht* 14 (2005), S. 767–773.

C. TRAMPUSCH, *Industrielle Beziehungen als Flexibilitätsressource korporatistischer Wohlfahrtsstaaten: der Fall Sozialpolitik durch Tarifvertrag in den Niederlanden*, in: *Industrielle Beziehungen: Zeitschrift für Arbeit, Organisation und Management* 12 (2005), S. 93–119.

K. VOSS/S. SANDERS, *Tonnagesteuer in den Niederlanden*, in: *Hansa: international maritime journal*, 142 (2005), S. 10–18.

I. WILKENS, *Arbeitnehmerüberlassung in den Niederlanden*, in: *Bundesarbeitsblatt*, (2005), S. 18–25.

I. WILKENS, *Leiharbeit in den Niederlanden: Soziodemographie, Beschäftigungsbedingungen und soziale Absicherung*, in: *Zeitschrift für Sozialreform*, 51 (2005), S. 394–415.

H. ZINGEL, *Leitbilder der Alterssicherung: Deutschland und Niederlande im Vergleich*, 2005 (zugl. Diss. Univ. Frankfurt a.M. 2005).

Recht

S. AHRENS, *Der Vollzug von Steuergesetzen durch den niederländischen Belastingsdienst im Vergleich zur deutschen Finanzverwaltung*, Berlin 2005.

G. ALBRECHT, *Das Recht der Arbeitsförderung in den Niederlanden: mit vergleichenden Anmerkungen zum deutschen Recht*, Baden-Baden 2005.

I. ASSCHER-VONK, *Verbot der Diskriminierung wegen Alters in den Niederlanden und Deutschland: die Umsetzung der EG-Rahmenrichtlinie gegen Diskriminierung 2000/78/EG*, in: *Recht der Internationalen Wirtschaft* 51 (2005), S. 503–511.

R. BATTES, *Zur Stellung des überlebenden Ehegatten nach der niederländischen Erbrechtsform*, in: *Gedächtnisschrift für Meinhard Heinze*, München 2005, S. 17–29.

M. VAN DEN BERG, *Das neue niederländische Gesetz zur Jugendfürsorge und dicke Kinder*, in: *Zentralblatt für Jugendrecht* 92 (2005), S. 242–245.

K. BOELE-WOELKI, *Geplante Änderung im niederländischen Familienrecht*, in: *FamRZ* 52 (2005) S. 1632–1633.

I. DÖRR/C. KÜPPERS, *Überblick über das Steuerrecht der Niederlande*, in: *Internationale Wirtschaftsbriefe* (2005), S. 411–424.

R. GAENSLEN, *Die Behandlung rückfallgefährdeter Sexualstraftäter: Forschung und Gesetzgebung in Deutschland, USA und den Niederlanden* [elektronische Ressource: *http://www.bsz-bw.de/cgi-bin/xvms.cgi?SWB12046214*] 2005 (zugl. Diss. Tübingen 2005).

P. GILHUIS/H.F.M.W. VAN RIJSWIJK, *Auswirkung der Wasserrahmenrichtlinie auf das Wasserrecht und das Umweltmanagementgesetz in den Niederlanden*, in: *Ansätze zur Kodifikation des Umweltrechts in der Europäischen Union: die Wasserrahmenrichtlinie und ihre Umsetzung in nationales Recht*, Berlin 2005, S. 69–83.

S. HÖRDEGEN, *Chancengleichheit und Schulverfassung: unter Berücksichtigung sozialliberaler Gerechtigkeitstheorien und der niederländischen Bildungsverfassung*, Zürich 2005 (zugl. Diss. Luzern 2004) (Luzerner Beiträge zur Rechtswissenschaft 6).

R. JÄNIG, *Die aktienrechtliche Sonderprüfung: eine rechtsvergleichende Untersuchung zur außerordentlichen Kontrolle der Verwaltung im deutschen, schweizerischen, französischen, englischen und niederländischen Aktienrecht*, Baden-Baden 2005.

A. JANSSEN, *Nach welchem Recht richtet sich die Einbeziehung von Allgemeinen Geschäftsbedingungen in den Niederlanden? Zugleich Anmerkung zum Urteil des Hoge Raad der Nederlanden vom 28.01.2005*, in: *Internationales Handelsrecht* 5 (2005), S. 155–158.

M. LINDEMANN, *Zur Rechtswirklichkeit von Euthanasie und ärztlich assistiertem Suizid in den Niederlanden*, in: *Zeitschrift für die gesamte Strafrechtswissenschaft* 117 (2005), S. 208–235.

J. MEUNIER-SCHWAB/M. HINRICHS, *Benchmarking in der niederländischen Justiz: das Projekt Agil*, in: *Deutsche Richterzeitung* 83 (2005), S. 50–55.

O. MOORMAN VAN KAPPEN, *Zur Vorgeschichte der Staatsangehörigkeit in der Republik der Vereinigten Niederlande*, in: *Recht als Erbe und Aufgabe*, Berlin 2005, S. 78–89.

W.P.J. PETERS, *Das Enquêterecht bei schlechter Unternehmensführung gemäß Art. 2 344FF. BW (Niederländisches Bürgerliches Gesetzbuch) - ein Vorbild für Europa?* [elektronische Ressource] 2005 (zugl. Diss. Univ. Düsseldorf 2005).

S. REULAND, *Die strategische Umweltprüfung in den Niederlanden. Eine Untersuchung vor dem Hintergrund der Richtlinie 2001/42/EG unter besonderer Berücksichtigung der Offshore-Windenergie*, Berlin 2005 (Lüneburger Schriften zu Umwelt- und Energierecht 10).

M. SCHLACHTER, *Funktion und rechtliche Ausgestaltung zusätzlicher Alterssicherung: Reformen in der Schweiz, den Niederlanden, Großbritannien, Schweden und Deutschland mit ihren internationalen und gemeinschaftsrechtlichen Bezügen*, Baden-Baden 2005 (Studien aus dem Max-Planck-Institut für Ausländisches und Internationales Sozialrecht 34).

J. SCHÜTZENBERG, *Der Notar in Europa: eine rechtsvergleichende Untersuchung des deutschen, französischen, niederländischen end englischen notariellen Berufsrechts*, Bonn 2005 (Schriftenreihe des Instituts für Anwaltsrecht an der Universität Köln 68) (zugl. Diss. Köln 2004).

J.B.H.M. SIMMELINK, *Der EU-Rahmenbeschluss über Geldstrafen und die Auferlegung von Geldbußen für Verkehrsdelikte in den Niederlanden*, in: *Deutsches Autorecht* 75 (2005), S. 367–377.

H. SUDEROW, *Die Geschäftsführung ohne Auftrag: ein Rechtsvergleich zwischen Deutschland, Frankreich und den Niederlanden*, Konstanz 2005 (Konstanzer Schriften zur Rechtswissenschaft 217) (zugl. Diss. Konstanz 2004).

U. THIEMANN, *Netzanschlussbedingungen für Tarifkunden im Vergleich: eine Gegenüberstellung ausgewählter Vorschriften des deutschen Entwurfes der AVBEItNetzanschluss und der niederländischen Anschlussbedingungen*, Berlin 2005 (Schriften zur Rechtswissenschaft 45).

Kunst, Architektur und Kultur

S. BARTILLA, *Die Wildnis: visuelle Neugier in der Landschaftsmalerei. Eine ikonologische Untersuchung der niederländischen Berg- und Waldlandschaften*, Freiburg (Breisgau) 2005 (zugl. Diss. Freiburg 2000).

A.N. BAUER (Bearb.), *Die holländischen Gemälde des 17. und 18. Jahrhunderts*, Dößel 2005 (Kataloge der Anhaltischen Gemäldegalerie Dessau 13: Kritischer Bestandskatalog 3).

B. BAUMGÄRTEL, *Ein Fest der Malerei: die niederländischen und flämischen Gemälde des 16.-18. Jahrhunderts*: Bestandskatalog der Gemäldesammlung Museum Kunst-Palast - Sammlung der Kunstakademie Düsseldorf; [anlässlich der Ausstellung *Ein Fest der Malerei - Gemälde des 16.-18. Jahrhunderts aus den Niederlanden und Flandern* mit Gemälden aus eigenem Bestand und Leihgaben aus öffentlichen und privaten Sammlungen im Museum Kunst-Palast, Düsseldorf, vom 16. Juli bis 6. November. 2005], Leipzig 2005.

P. BELINDA/U. HARTMANN, *13x13: die Welt im Quadrat; niederländische Fliesen aus zwei rheinischen Privatsammlungen*, [erschienen anlässlich der gleichnamigen Ausstellung im Couven-Museum Aachen, 04.12.2005–02.04.2006 und im Schloss Oranienbaum, 10.06.2006–08.10.2006], Aachen 2005.

A.-M. BERNARDT, *Unterwegs auf den Spuren des belgischen Bieres*, [mit Sonderteil *13 Highlights*] Eupen 2005.

N. BÜTTNER, *Dortmund und die Niederlande, Kunsttransfer als logistische Herausforderung*, in: DERS. (Hrsg.), *Städtische Repräsentation: St. Reinoldi und das Rathaus als Schauplätze des Dortmunder Mittelalters*, Bielefeld 2005 (Dortmunder Mittelalter-Forschungen 5), S. 167–180.

H. CANTZ, *Van Gogh bis Beuys: Meisterwerke der Moderne aus zehn deutschen und niederländischen Museen*, (erschienen anlässlich der gleichnamigen Ausstellung in der Kunst- und Ausstellungshalle der Bundesrepublik Deutschland, 12. August bis 6. November 2005), Deutsch-Niederländische Ausgabe, Ostfildern-Ruit 2005.

S. DORSCHEID, *Staatliche Kunstförderung in den Niederlanden nach 1945: Kulturpolitik versus Kunstautonomie*, Frankfurt a.M. 2005.

H. EICKMANS (Hrsg.), *Albert Vigoleis Thelen: Mittler zwischen Sprachen und Kulturen*, Münster [u.a.] 2005 (Niederlande-Studien 38).

P. FORSTER, *Der Zauber des Alltäglichen: holländische Malerei von Adriaen Brouwer bis Johannes Vermeer*, [Begleitheft zur Ausstellung in: Das Städel, Städelsches Kunstinstitut und Städtische Galerie, 10. Februar bis 1. Mai 2005], Frankfurt a.M. 2005.

L. HELTEN, *Zur Architektur des späten Mittelalters in den Niederlanden*, in: *Kunst & Region: Architektur und Kunst im Mittelalter* (2005), S. 117–129.

C. ITZEL, *Der Stein trügt: die Imitation von Skulpturen in der niederländischen Tafelmalerei im Kontext bildtheoretischer Auseinandersetzungen des frühen 15. Jahrhunderts* [elektronische Ressource: *http://deposit.ddb.de/cgi-bin/dokserv? idn=976051303*] 2005 (zugl. Diss. Heidelberg 2004).

A.A.M. DE JONG, *Volkskultur und Nationalimaginationen in den Niederlanden 1814–1940*, in: *Jahrbuch für Volkskunde* 28 (2005), S. 7–26.

P. KEMMLER, *Franz Radziwill - Blick nach Holland*, [erschienen anlässlich der gleichnamigen Ausstellung im Franz Radziwill Haus, Dangast 2005], Oldenburg 2005.

T. KETELSEN, *Das Geheimnis des Jan van Eyck: die frühen niederländischen Zeichnungen und Gemälde in Dresden*, [ersch. anlässlich der gleichnamigen Ausstellung im Residenzschloß Dresden, 13. August bis 31. Oktober 2005], München 2005.

R. KREMER (Hrsg.), *Dreißig Jahre Kunstsammlung der Deutschsprachigen Gemeinschaft Belgiens*, Eupen 2005.

S.H. KU, *Vision und Realität: die Darstellung des Kirchenraums in der niederländischen Malerei des 15. Jahrhunderts*, Marburg 2005.

R.B. LENAERTS, *Die Kunst der Niederländer: eine Beispielsammlung zur Musikgeschichte*, Laaber 2005 (Das Musikwerk 10).

H. MELKERT, *Zwischen Amstel und Orient: Der Niederländer Theo Loevendie*, in: *Musik Texte* 105 (2005), S. 49–63.

R. MOHLMANN, *Naar het leven - neuer Realismus in den Niederlanden*, [ersch. anlässlich der gleichnamigen Ausstellungen im Panoramo-Museum Bad Frankenhausen, 18. Juni–25. September 2005 und im Museum Mùhlmann, Venhuizen, NL, 15. Okt.–26. Dez. 2005], Bad Frankenhausen 2005.

I. OSTERMANN, *Niederlande - Aufbruch international: the fifties, sixties and seventies*, Darmstadt 2005.

K. RENGER/N. SCHLEIF/R. BAUMSTARK (Hrsg.), *Flämische Barockmalerei*, München 2005.

I. SCHWECK (Hrsg.), *„Lass dich überraschen..." Niederländische Unterhaltungskünstler in Deutschland nach 1945*, Münster 2005.

K. THOMAS, *Van Gogh bis Beuys: Meisterwerke der Moderne aus zehn deutschen und niederländischen Museen*, [diese Publikation erschien anlässlich des Ausstellung „Crossart: Van Gogh bis Beuys..." 12. August - 6. November 2005], Ostfildern-Ruit 2005.

L. TOMCZYK, *Meisterwerke des niederländischen Kunsthandwerks im Spessartmuseum in Lohr a.M.*, Spessart 2005.

R. UHDE, *Neue Architektur in den Niederlanden*, Delmenhorst 2005.

T. VIGNAU-WILBERG, *In Europa zu Hause - Niederländer in München um 1600*, [Katalog zur Ausstellung der Staatlichen Graphischen Sammlung München, Neue Pinakothek, 12. Okt. 2005 - 8. Jan. 2006], München 2005.

S. WENIGER, *Die Beseitigung der Diskriminierung gleichgeschlechtlicher Partnerschaften: ein niederländisch-deutscher Vergleich*, in: G. KOSMEHL (Hrsg.): *Liber amicorum: Thomas Rauscher zum 50. Geburtstag*, Leipzig, 2005, S. 181–192.

E. WIEMANN, *Die Entdeckung der Landschaft: Meisterwerke der niederländischen Kunst des 16. und 17. Jahrhunderts*, [erschienen anlässlich der Ausstellung in der Staatsgalerie Stuttgart, 15. Oktober–5. Februar 2006], Köln 2005.

K. VAN WERINGH, *Ständig auf der Lauer: das Deutschlandbild in der niederländischen Karikatur 1871--2005*, Heidelberg 2005.

Geschichte

H. BIERSCHWALE, *Wie man eine Stadt regieren soll: deutsche und niederländische Stadtregimentslehren des Mittelalters*, Frankfurt am Main 2005 (Medieval to Early Modern Culture 8).

W. BLOCKMANS, *Das Ringen Bayerns und Burgunds um die Niederlande*, in: *650 Jahre Herzogtum Niederbayern-Straubing-Holland*, Straubing 2005, S. 321–345.

W. BLOCKMANS, *Von der Stratifikation zur Gestalt, der Paradigmenwechsel in der Stadtgeschichte der Niederlande*, in: H. DUCHHARDT (Hrsg.): *Stadt und Region*, Köln 2005 (Städteforschung: Reihe A, Darstellungen 65), S. 1–11.

P. BLUME, *Belgische Heeresstreitkräfte in Deutschland. 1946 bis 2002*, 2005.

J. DIEKHOFF, *Späte Entlastung vom Mordversuch: niederländische Zwangsarbeiter im Lager Brockzetel*, in: *Heimatkunde und Heimatsgeschichte* 3 (2005).

K. DITT, *Franz Petri und die Geschichte der Niederlande: Vom germanischen Kulturraum zur Nation Europas*, in: *Tijdschrift voor Geschiedenis* 118 (2005), S. 169-187.

H. FÜHNER, *Nachspiel. Die niederländische Politik und die Verfolgung von Kollaborateuren und NS-Verbrechern, 1945-1989*, Münster 2005 (Niederlande-Studien 35).

M. GIES, *Meine Zeit mit Anne Frank: der Bericht jener Frau, die Anne Frank und ihre Familie in ihrem Versteck versorgte, sie lange Zeit vor der Deportation bewahrte – und sie doch nicht retten konnte*, Augsburg 2005.

F.G. HIRSCHMANN, *Landesbewußtsein im Westen des Reiches? Die Niederlande, die Rheinlande und Lothringen*, in: M. WERNER (Hrsg.), *Spätmittelalterliches Landesbewusstsein in Deutschland*, Ostfildern 2005 (Vorträge und Forschungen/Konstanzer Arbeitskreis für mittelalterliche Geschichte 61), S. 223–264.

M.B. KLUG, *Arbeit und Armut in der Devotia Moderna: Studien zum Leben der Schwestern in niederrheinischen Gemeinschaften*, Münster [u.a.] 2005 (Studien zur Geschichte und Kultur Nordwesteuropas 15).

J. KOLL (Hrsg.), *Nationale Bewegungen in Belgien. Ein historischer Überblick*, Münster 2005 (Niederlande-Studien 37).

J. KOLL, *Preußischer Westen - belgischer Osten. Eupen, Malmedy und St. Vith zwischen Reichsgründung und Zweitem Weltkrieg*, in: P. HASLINGER/D. MOLLENHAUER (Hrsg.), *„Arbeit am nationalen Raum". Deutsche und polnische Rand- und Grenzregio-*

nen im Nationalisierungsprozess, (Leipziger Beiträge zur Universalgeschichte und vergleichenden Gesellschaftsforschung 15 (2005)), S. 101-125.

M. KORFF, *Das Mehrebenenproblem in Besatzungsregimen: eine Untersuchung am Beispiel der Arbeitskräfterekrutierung unter der deutschen Besatzung in Belgien und Norwegen während des Zweiten Weltkrieges* [elektronische Ressource: *http://www.bsz-bw.de/cgi-bin/xvms.cgi?SWB11729976*] 2005.

C.A. LEE, *Otto Franks Geheimnis: der Vater von Anne Frank und sein verborgenes Leben*, München 2005.

A. VAN LIEMPT, *Kopfgeld. Bezahlte Denunziation von Juden in den besetzten Niederlanden*, München 2005.

H. LUTZ/K. GAWARECKI (Hrsg.), *Kolonialismus und Erinnerungskultur. Die Kolonialvergangenheit im kollektiven Gedächtnis der deutschen und niederländischen Einwanderungsgesellschaft*, Münster 2005 (Niederlande-Studien 40).

D. MACZKIEWITZ, *Der niederländische Aufstand gegen Spanien (1568-1609). Eine kommunikationswissenschaftliche Analyse*, Münster 2005 (Studien zur Geschichte und Kultur Nordwesteuropas 12).

M. MIDDELBERG, *Hans Calmeyer - Schindler oder Schwindler? Ein Anwalt aus Osnabrück als „Judenreferent" in den besetzten Niederlanden während des Zweiten Weltkrieges*, in: *Studien zur Rechts- und Zeitgeschichte*, Göttingen 2005, S. 181-201.

M. MIDDELBERG, *Judenrecht, Judenpolitik und der Jurist Hans Calmeyer in den besetzen Niederlanden 1940-1945*, Göttingen 2005.

S. ZIEGLER, *Gedächtnis und Identität der KZ-Erfahrung: niederländische und deutsche Augenzeugenberichte des Holocaust*, Würzburg 2005 (Epistema/Reihe Literaturwissenschaft 543).

Geographie

M. BONTJE, *Der Amsterdamer Südraum: eine dynamische Wachstumszone*, in: J. BURDACK, *Europäische metropolitane Peripherien*, Leipzig 2005, S. 193-205.

S. BUTZENGEIGER/B. HORSTMANN, *Klimawandel: ein Phänomen, verschiedene Konsequenzen. Meeresspiegelanstieg in Bangladesch und den Niederlanden*, in: *Praxis Geographie* 35 (2005), S. 46-48.

M JANSSEN, *Grenzüberschreitende Zusammenarbeit in der Planung von Schienenverkehrsinfrastrukturen. Eine Analyse der deutsch-niederländischen Kooperation am Beispiel der Grossprojekte Betuweroute und der deutschen Anschlussstrecke*, Münster 2005 (Europa in Regionen, European Regions 2).

U. FISCHER, *Niederlande: Mehr als Tulpen und Käse*, Ostfildern 2005 (HB-Bildatlas 275).

W. SCHÖNBÄCK, *Internationaler Vergleich der Siedlungswasserwirtschaft. Überblicksdarstellungen Deutschland und Niederlande*, 2005.

T.J. SCHOUTEN, *Impulsstatement: zwischen Kooperation und Konkurrenz: Städtenetze in den Niederlanden*, in: *Ausgleich versus Wachstum - Paradigmenwechsel in der räumlichen Planung?*, Aachen 2005, S. 58–63.

Erziehungswissenschaft und Bildung

H. BEELEN (Hrsg.), *Niederländisch im Europa der Regionen: ausgewählte Beiträge des Kolloqiums zum Niederländischunterricht*, Münster 2005.

D. FROMMEBERGER, *Modernisierung der beruflichen Bildung durch Internationalisierung: eine Studie zu Situation und Zukunft der grenzüberschreitenden Berufsbildung am Beispiel der Region Weser-Ems, Nord-Niederlande*, Oldenburg 2005.

A. KNOLLMANN, *Interkulturelle Trainingsmaßnahmen: Zielland Niederlande*, Osnabrück 2005.

I. NOR, *Niederländische Vorschulprogramme in Einrichtungen der Kinderbetreuung und Grundschulen: ein Erfahrungsbericht aus Amsterdam*, in: *Migration und soziale Arbeit* 27 (2005), S. 232–235.

J. REEF, *Über die niederländische Grenze: Methode und Praxis interkulturellen Lernens in binationalen Tandems*, Münster 2005.

Philosophie, Ethik und Religion

B. BLEY, *Wieviel Schuld verträgt ein Land? Die Kriegsschuldfrage im Spannungsfeld der deutsch-belgischen Beziehungen während der Weimarer Republik* [elektronische Ressource: CD-ROM], Bielefeld 2005.

M.J.F.M. HOENEN, *Johannes Tauler († 1361) in den Niederlanden: Grundzüge eines philosophie- und rezeptionsgeschichtlichen Forschungsprogramms* [elektronische Ressource: http://www.bsz-bw.de/cgi-bin/xvms.cgi?SWB11759068] 2005.

Sonstiges

W. ALT, *Sprache und Macht: das Spanische in den Niederlanden unter Philipp II. bis zur Eroberung Antwerpens (1555-1585)* [elektronische Ressource] 2005 (zugl. Diss. Univ. Trier 2005).

H. ALTHOFF, *Straffälligen- und Bewährungshilfe im Ausland: ein Praxisbericht über die Arbeit der Kontakt- und Beratungsstelle für niederländische Inhaftierte im Ausland*, in: *Zeitschrift für Strafvollzug und Straffälligenhilfe*, (Bd. 54), Wiesbaden 2005, S. 158–166.

M. BOUMAN, *Sex und Soaps, Entertainment-Education in niederländischen TV-Serien*, in: *Televizion/Internationales Zentralinstitut für das Jugend- und Bildungsfernsehen (IZI) beim Bayerischen Rundfunk* 2 (2005), S. 47–54.

M. BOURSMA, *Entwicklung der Versicherung von Gewächshäusern in den Niederlanden: 28. Kongress der Internationalen Vereinigung der Hagelversicherer vom 3.-5. Oktober in Madrid*, 2005.

T.A. DORELEIJERS, *Screening und Diagnostik bei jugendlichen Sexualstraftätern in den Niederlanden*, in: *Sexualstraftaten* (2005), S. 195–204.

F. VAN EDEN, *Logische Grundlage der Verständigung: niederländisch-deutsche Paralleledition*, Stuttgart 2005 (Zeitschrift für Dialektologie und Linguistik: Beihefte 127).

L. EEKHOUT, *Die Hof Wagenfabrik Hermans Et Co aus Den Haag und die Crème Calèche: niederländischer Kutschenbau im 19. und frühen 20. Jahrhundert*, in: *Achse, Rad und Wagen* 13 (2005), S. 94–105.

É. HÁZ, *Deutsche und Niederländer: Untersuchungen zur Möglichkeit einer unmittelbaren Verständigung*, Hamburg 2005.

J. HELSLOOT, *Das Schweigen durchbrechen. Der Triumphzug des Valentinstags in den Niederlanden – nach 50 Jahren*, in: *Rheinisch-westfälische Zeitschrift für Volkskunde* 50 (2005), S. 141–168.

J. HEMELS, *Regulierung, Selbstregulierung und Medienkompetenz in den Niederlanden: die Entwicklung und die öffentliche Debatte*, Hilversum 2005.

F.J. HOOGEWOUD, *Deutsche Stationen „sichergestellter" jüdischer und freimaurischer Bibliotheken aus Frankreich und den Niederlanden (1940-1949)*, Hameln 2005 (auch online: *http://deposit.ddb.de/cgi-bin/dokserv?id=2624444&prov=M&dok_var=1&dok_ext=htm*).

R. KOSSIAN, *Nichtmegalithische Grabanlagen der Trichterbecherkultur in Deutschland und den Niederlanden*, Halle (Saale) 2005.

P. VAN LEEUWEN, *Die niederländische Uhr aus deutscher Sicht*, in: *Jahresschrift/Deutsche Gesellschaft für Chronometrie* 44 (2005), S. 115–120.

H. MARTENS, *Kriminalitätsbrennpunkt Binnengrenze: die grenzpolizeiliche Aufgabenwahrnehmung der Bundespolizei im Bereich der EU-Binnengrenze zu den Niederlanden und Belgien*, in: *Die Polizei* 96 (2005), S. 317–325.

J.B. MENCKE, *Das holländische Journal 1698-1699: (Ms. Germ. Oct. 82 der Staatsbibliothek Berlin)*, Hildesheim 2005 (Philosophische Texte und Studien 77).

H.S. OKEL, *Die Bürger, die Tugend und die Republik: „Bürgerliche Leitkultur in den Niederlanden im 18. Jahrhundert im Spiegel der Moralischen Wochenschriften* [elektronische Ressource: *http://deposit.ddb.de/cgi-bin/dokserv?idn=974508209*] 2005 (zugl. Diss. Trier 2004).

P. SARS, *Assymetrische Grenzen: „... Schmerz, der die Länder verbrüdert... "; rede uitgesproken bij de aanvaarding van het ambt van hoogleraar Duitse taal en cultuur, in het bijzonder Duitslandstudies, aan de Faculteit der Letteren van de Radboud Universiteit Nijmegen op 15 december 2004*, Nimwegen 2005.

E. WIESE, *Hafen: Schlepperkrieg beendet? Die EU-Kommission sorgt endlich für gleiche Wettbewerbsbedingungen zwischen deutschen und niederländischen Schleppern*, in: *Hamburger Klönschnack* 23 (2005), S. 42.

M. WILKEN, *Verschiedene Wege zur Zweisprachigkeit: empirische Untersuchung zur Zweisprachigkeit am Beispiel von Kindern in der Deutschsprachigen Gemeinschaft (DG) in Ostbelgien* [elektronische Ressource: *http://deposit.ddb.de/cgi-bin/dokserv?idn=976792109*] 2005 (zugl. Diss. Aachen 2005).

Rebecca Behrens

Autorenverzeichnis

Drs. Katrin Arntz promoviert an der Westfälischen Wilhelms-Universität Münster und betreut als Wissenschaftliche Mitarbeiterin die Online-Redaktion *NiederlandeNet*.
katrinarntz@uni-muenster.de

Rebecca Behrens ist Studentische Hilfskraft in der Bibliothek des Hauses der Niederlande.
rebecca.behrens@uni-muenster.de

Prof. Dr. Hans (J.C.H.) Blom ist Direktor des Nederlands Instituut voor Oorlogsdocumentatie (NIOD) und Professor für niederländische Geschichte an der Universität Amsterdam.
h.blom@niod.nl

Mareike Blömker, M.A. arbeitet neben ihrer Promotion als Wissenschaftliche Mitarbeiterin in einem Abgeordnetenbüro des Europäischen Parlaments in Brüssel.
mareike@bloemker.de

Prof. Dr. Gabriel van den Brink ist Professor für gesellschaftliche Verwaltungslehre an der Universität Tilburg.
ga.brink@wxs.nl

PD Dr. Marc Frey, ehemaliger wissenschaftlicher Mitarbeiter des Zentrums für Niederlande-Studien, vertritt im akademischen Jahr 2005/06 eine Professur für Neuere Geschichte an der Universität zu Köln und ist ab August 2006 Professor für Geschichte an der International University Bremen.
marc.frey@uni-koeln.de bzw. http://www.iu-bremen.de

Dr. Loek Geeraedts ist Geschäftsführer des Zentrums für Niederlande-Studien der Westfälischen Wilhelms-Universität Münster.
geeraed@uni-muenster.de

Anna Hájková ist wissenschaftliche Mitarbeiterin des Institut Theresienstädter Initiative, Prag, welches sie in Deutschland vertritt.
hajkova@terezinstudies.cz

Karsten Hinrichs ist Kunsthistoriker und Mitarbeiter am Felix-Nussbaum-Haus in Osnabrück.
k.hinrichs@gmx.net

Prof. Dr. Gerhard Hirschfeld ist Direktor der Bibliothek für Zeitgeschichte und lehrt am Historischen Institut der Universität Stuttgart.
hirschfeld@wlb-stuttgart.de

Prof. Dr. Peter Lösche ist Professor am Seminar für Politikwissenschaft der Georg-August-Universität Göttingen.
ploesch@gwdg.de

Prof. Dr. Chris Lorenz lehrt Geschichtstheorie und Historiographie an der Vrije Universiteit Amsterdam.
cfg.lorenz@let.vu.nl

Drs. Christoph Meyer promoviert und arbeitet als wissenschaftliche Hilfskraft für das *Internetbasierte Schulprojekt zur politischen Bildung Niederlande* am Zentrum für Niederlande-Studien.
c.meyer@uni-muenster.de

Dipl. Geogr. Jörg Mose ist wissenschaftlicher Mitarbeiter des Instituts für Geographie der Westfälischen Wilhelms-Universität Münster
mosej@uni-muenster.de

Dr. Claudia Neusüß ist selbständige Projekt- und Politikberaterin für (inter)nationale Organisationen im Profit- und Non-Profitbereich und freie Autorin. Ihre Arbeitsschwerpunkte sind: EU-Osterweiterung, Gender Mainstreaming, Geschlechterdemokratie und innovative Ökonomie.
neusuess@aol.com

Prof. Dr. Joyce Outshoorn ist Professorin für Frauenforschung an der Universität in Leiden, Direktorin des Joke-Smit-Zentrums für Frauenforschung und ein Mitglied der politikwissenschaftlichen Abteilung.
outshoorn@fsw.leidenuniv.nl

Prof. Dr. em. Peter Rohs war bis 2001 Professor am Philosophischen Seminar der Universität Münster.
peterrohs@t-online.de

Wolfgang Schanze, M.A. promoviert an der Westfälischen Wilhelms-Universität Münster und arbeitet als Wissenschaftliche Hilfskraft am Zentrum für Niederlande-Studien.
schanzw@uni-muenster.de

Dr. Ingo Schiweck ist freier Journalist und Historiker aus Düsseldorf.
Ingo.Schiweck@gmx.de

Prof. Dr. Paul Schnabel ist Soziologe, Direktor des Sociaal en Cultureel Planbureau (SCP) der Niederlande und Universitätsprofessor an der Universität Utrecht.
p.schnabel@scp.nl

Prof. Dr. Bart Tromp ist außerordentlicher Professor für Theorie und Geschichte der internationalen Beziehungen an der Universität von Amsterdam und Visiting Senior Fellow des Nederlands Instituut voor Internationale Betrekkingen „Clingendael". Daneben ist er politischer Kolumnist für die Tageszeitungen *Het Parool* und *De Gelderlander* und Kolumnist für internationale Angelegenheiten für die Zeitschrift *Elsevier*.
bartromp@xs4all.nl

Drs. Jacques Wallage war von 1994 bis 1998 Fraktionsvorsitzender der PvdA im niederländischen Parlament. Seit 1998 ist er Bürgermeister von Groningen.
a.alkema@bsd.groningen.nl

Prof. Dr. Friso Wielenga ist Direktor des Zentrums für Niederlande-Studien der Westfälischen Wilhelms-Universität Münster.
wielenga@uni-muenster.de

Markus Wilp, M.A., arbeitet als wissenschaftlicher Mitarbeiter am Zentrum für Niederlande-Studien der Universität Münster
mwilp@uni-muenster.de

Reinildis van Ditzhuyzen
»Deine getreuwe Muter allezeit«
Juliana von Stolberg 1506–1580

Juliana van Stolberg (1506–1580), die Mutter von Prinz Wilhelm von Oranien und somit Stammmutter des niederländischen Königshauses, war eine bemerkenswerte Persönlichkeit. Sie wurde auf Schloss Stolberg im Harz geboren, heiratete zweimal, bekam siebzehn Kinder, wohnte als Gräfin von Nassau viele Jahre lang auf Schloss Dillenburg und hatte , als sie starb, rund 160 Nachkommen. Es ist daher auch keineswegs erstaunlich, dass sämtliche europäischen Fürstenhäuser von Juliana abstammen. Dieses Buch behandelt alle Aspekte des Lebens von Juliana; ihren familiären Hintergrund, ihr tägliches Leben, die Orte, an denen sie gewohnt hat, die Weise, in der sie in einer Zeit religiöser Auseinandersetzungen ihren Glauben lebte, die Reisen, die sie unternahm und die Probleme, mit denen sie konfrontiert wurde. Viele der zahlreichen Illustrationen in diesem Buch, die sich teilweise in Familienbesitz befinden, sind zum ersten Mal zu sehen.

Gräfin Juliana fühlte sich ihren Kindern eng verbunden und unterzeichnete die vielen Briefe, die sie ihnen schrieb, meist mit Deine getreuwe muter allezeit – daher der Titel dieses Buches. Um Gräfin Juliana und das Leben zu jener Zeit möglichst lebendig schildern zu können, behandeln spezielle Kapitel die Kleidung, die Juliana trug, das Essen am gräflichen Hof (einschließlich der Rezepte zweier Gerichte, die bei ihrem Hochzeitsbankett gereicht wurden) und die Gartenkunst ihrer Zeit.

Juliana van Stolberg (1506–1580), moeder van de beroemde prins Willem van Oranje en daarmee stammoeder van het Nederlandse Koninklijke Huis, was een belangwekkende persoonlijkheid. Ze werd geboren op slot Stolberg in de Harz, trouwde twee keer, kreeg 17 kinderen, woonde als Gravin van Nassau vele jaren op slot Dillenburg en had bij haar dood zo'n 160 nakomelingen. Het is dan ook niet verwonderlijk dat álle Europese vorstenhuizen van haar afstammen. Dit boek belicht haar leven in al zijn facetten: haar familieachtergrond, haar dagelijks leven, de plaatsen waar zij woonde, haar geloofsleven in een tijd van godsdiensttwisten, haar reizen en de moeilijkheden waarmee zij te maken kreeg. Van de vele illustraties die hierbij zijn afgebeeld – deels afkomstig uit familiebezit - is een groot aantal voor het eerst te zien. Gravin Juliana had een hechte band met haar kinderen die zij veel brieven schreef, doorgaans ondertekend met 'Deine getreuwe muter allezeit'. De titel van het boek verwijst hiernaar. Om een zo levendig mogelijk beeld van gravin Juliana en het leven in haar tijd te kunnen geven zijn aparte hoofdstukken ingevoegd die nader ingaan op de kleding die Juliana droeg, het eten aan het grafelijke hof (met twee recepten van haar huwelijksdiner) en de tuinkunst van haar tijd.

2006, 120 Seiten, zahlreiche farbige Abbildungen
Englische Broschur, 12,80 €. ISBN 3-402-00236-1

ASCHENDORFF VERLAG
www.aschendorff.de/buchverlag

Reinhard Ittermann / Marcel Daniel (Hrsg.)
Der deutsch-niederländische Grenzraum zwischen Ems und Issel
Het Duits-Nederlands grensgebied tussen Eems en Ijssel

Inhalte und Ergebnisse des Studienprojektes EURODIDAKT
Inhouden en resultaten van het studienproject EURODIDAKT

Autoren dieser Publikation sind sowohl Wissenschaftler der Universität Münster und der Pädagogischen Hochschule Hengelo als auch Lehrer und Schulleiter aus dem deutsch-niederländischen Grenzraum.
Das insgesamt gesehen landeskundliche Buch (3 Teile) behandelt geographische, historische, volkskundliche und landschaftsökologische Themen. Auch grenzüberschreitendes Lehren und Lernen ist ein wichtiger Schwerpunkt: Vergleich beider Schulsysteme; Austausch zwischen Schulen; Sprachkontakt im Primarbereich. Die Europäisierung der Lehrerausbildung im Primarbereich und die Evaluation des Studienprojektes EURODIDAKT der Universität Münster und der Pädagogischen Hochschule Hengelo stehen zentral im dritten Teil.

De auteurs van deze publicatie zijn zowel wetenschappers van de Universiteit Münster en van de Pedagogische Hogeschool Hengelo als leraren en schoolleiders uit het Duits-Nederlandse grensgebied.
Het over het geheel gezien kennis van land en volk gevende boek (3 hoofdstukken) behandelt geografische, historische, volkskundige en landschapsecologische onderwerpen.
Ook grensoverschrijdend onderwijzen en leren is een belangrijk thema: vergelijking van beide schoolsystemen; uitwisselingen tussen scholen; taalcontact in het primair onderwijs.
De europeanisering van de lerarenopleiding primair onderwijs en de evaluatie van het studieproject EURODIDAKT van de Universiteit Münster en de Pedagogische Hogeschool Hengelo staan centraal in het derde hoofdstuk.

2004, 360 Seiten/pagina's, zweisprachig/tweetalig, kart. 16,90 €. ISBN 3-402-06286-0

ASCHENDORFF VERLAG
www.aschendorff.de/buchverlag